識字と学びの社会史

日本におけるリテラシーの諸相

大戸安弘・八鍬友広 編

思文閣出版

目　次◎識字と学びの社会史──日本におけるリテラシーの諸相──

識字と学びの社会史

――日本におけるリテラシーの諸相――

序論

大戸安弘
八鍬友広

一　本書の目的

近世期における日本の識字率は、当時にあっては世界的に高い水準であったということが、研究者の間でも、ある種の定説のように受けとめられているようである。しかし本当にそうなのだろうか。近代学校制度が導入される以前の日本において、実際に、識字能力はどの程度普及していたのだろうか。そのような識字力は、近世に至るまでの間に、どのようにして形成されてきたものなのか、またそれは、近世期を通じて、あるいは近代学校制度の導入によってどう変容していくのか。これらの問いのいずれをとっても、すぐに答えの出そうなものはみあたらない。ということは、近世日本の識字率がことさらに高かったとする根拠も、それほど明確であるとはいえないようだ。

本書の目的のひとつは、すぐに答えの出そうにないこれらの問題について、多少なりとも実証的に接近してみるということである。すなわち、日本における識字の歴史的な展開過程について、実証的な検討をくわえてみようというわけである。とはいえ、識字率の全国的な推移を正確にトレースするなどということは、もとより不可能である。このようなことは、今日の識字についてさえ、容易なことではないだろう。識字といわれるものの定義それ自体が、必ずしも明確とはいえず、その時々の社会的な要請によっても、異なるものを意味してきたからである。ましてや、識字の歴史的な展開となれば、さまざまな状況証拠のようなものを積み上げるしかないのが現状である。それでも、状況証拠を積み上げていく以外に、史実を解明する方法がないこともまた明らかである。本書の試みが、少しでもそのような研究の蓄積に貢献できれば幸いである。

ところで、近世における高い識字率という認識は、近世社会の全体的な特質を語るときにも、その重要な要素のひとつとして捉えられるようになってきた。たとえば、近世における「公論社会」の形成は、近代において新聞が形成する世論へと接近していく動向だといってよいだろうが、その基盤には、人びとの読み書き能力がなければならない。風説留《ふうせつどめ》を読みまた書く人々が現れ、そのようにして書かれた情報が流通するための人的なネットワークが、近世社会において次第に構築されつつあったことが明らかにされている。この結果、幕末維新期における情勢や政局に関する情報が、瞬時に全国に伝播し、人々がそれを凝視する社会が出現していたとされる。

宮地正人は、以上のような社会の在り方を「あらゆる局面の背後に、その展開を凝視する三千数百万人の日本人の目があること、この衆人監視の舞台において幕府が自らを国家としてふるまわざるをえなかった」社会として描いている(1)。もちろん宮地も、この「三千数百万人の日本人」すべてが文字を通じて情報に接していたと考えているわけではないだろう。文字情報を中核としながら、口頭の世界で急速に伝播していく情報の広がりこそ、宮地のいう「凝視する人びと」の内実であることは間違いない。しかしそうはいっても、情報のいわば臨界的な拡散のためには、識字力の相当の分布が想定されていなければならないだろう。

高木不二は、近世社会の特質のひとつとして、人々の心性の変化をあげている(2)。すなわち、人々の心に占める「感情」の比率の低下と、「理性」の比重の増加および合理的思考への傾斜などが、近世社会における特質の重要な一側面だというのである。そしてこの場合も、こうした社会的な変容を支えたひとつの要因として、近世に入ってからの文字と教育の普及があげられているのである。また高木は、このようにして構築されていった近世期の識字率は、世界的に高度な水準に達していたと認識されていることを紹介している。高木がこれについて触れるのは、近世期におけるもうひとつの特質である、「平和」を求める心性が幕末期に失われ、多様な暴力が出現していったとき、世界的にも高度な水準に達していたとされる識字率や教育が、暴力を抑止するのではなく、むしろそれを政治行動として肯定化する役割を果たしていったという文脈においてであった。その後、国民皆兵と学校教育によって制度化されていくことになる、国家暴力への国民の巻き込みの下地が、こうして幕末維新期における暴力の日常化のなかで準備されていたというのである。ここでは、高い識字率や教育が、自動的によい価値をもたらすというものではないことが指摘されているとみることができる。しかしいずれにせよ、近世社会における心性の形成およびその変容とかかわって、高い識字率や教育の普及ということが、重要な役どころを担ったと考えられているようである。

三谷博は、近世日本におけるナショナリズムの形成とかかわって、文字の普及がもたらす影響について述べている(3)。中世に原形が固まった漢字仮名交じり文は、全国的に均質な書き言葉の世界をもたらした。三谷によれば、このような均質なコミュニケーションの手段が書き言葉によって成立し、大名による「国家」の範囲や、身分の違いを超えて展開したことこそ、日本におけるナショナリズムを準備するひとつの要素となったものであった。そして書籍の普及や、往来物と寺子屋（手習塾）による教育の普及とによって、識字能力がより下層の庶民にまで展開していたことこそが、書き言葉の斉一な展開をもたらしたものであった。

このように、識字率の高さや民衆への教育の普及は、近世社会の全体的な特質ともかかわって、ひとつの重要な側面をなしていると考えられるのである。であるならば、そこでいわれている識字率の高さや民衆への教育の普及について、より実証的な研究が求められるのではないだろうか。識字はどの程度の範囲に及んでいたのか、またそれは、どのようにして形成されたのか、文字によって共有されていた知識や情報はいかなるものだったのか、そのような知識や情報の共有は、どのような社会的な機能を発揮したのか、解明すべき点は多岐にわたっている。

ところで、近世日本における識字率の高さというものは、これまで、いかなる状況認識にもとづいていわれてきたのだろうか。近世期における文書量の激増や書籍流通の大展開、あるいは寺子屋（手習塾）をはじめとする教育機関の隆盛などからして、近世期が、日本社会における文字の普及という点で画期性を有していることは、確かであると思われる。近世期の諸史料に接するなかで、ある程度経験的に共有されてきた認識であるといえるかもしれない。

近世日本の高い識字率ということへの言及は、実はさまざまになされてきた。まずはハーバート・パッシン（Herbert Passin）をあげることができる。[4] 戦後ＧＨＱに随行して来日したパッシンは、日本に関する多数の論考を著したが、そのうちのひとつ『日本近代化と教育』において、寺子屋（手習塾）への就学などに関する先行研究にもとづいて、明治以前の男子の識字率を四〇～五〇％と推定している。日本の近代化の条件が近世においてすでにある程度成熟していたとする、この近代化論的な見方は、日本社会の特質を封建遺制などの歴史的後進性に見いだそうとしていた戦後における歴史学の動向と大きく異なるものであり、あまり歓迎されたとはいえないようである。しかし、一九八〇年代になってクローズアップされていく識字率に関する言説は、奇妙にパッシンの推定と符合するところもあり、この推定は、案外水面下で影響力を発揮していたのではないか、とも思われるのである。

一九八〇年代において、日本の識字率が最も大きな注目を浴びた事件は、中曽根康弘首相（当時）のいわゆる「日本人の知的水準」発言（一九八六年）であった。[5] 多くの政治的問題をひきおこしたこのスピーチのなかで中曽根は、徳川時代における識字率を五〇％程度として、そのころのヨーロッパの国々はせいぜい二〇から三〇％

であるから、日本は、奇跡的に教育が進んでいた国であったと結論づけている。政治家の発言であるから、もとより典拠は不明であるが、中曽根のいう識字率が男子に関するものだとすれば、パッシンの推定とも近似している。

実はこの時期に、日本の識字率に関して、何人かの研究者も同様の言及をしている。その一人は梅棹忠夫である。梅棹は、近世期の日本が独自の近代化の過程にあった根拠として、都市の発達、商業の展開などと並んで、人口の五〇％を超える識字率をあげ、この時代の世界のほかのいかなる国も、このような高い教育水準を有してはいなかったと述べている(6)。しかし典拠はとくに示されていない。

もう一人は網野善彦である。後に、日本史の学術書籍としては異例の売り上げをみせた『日本の歴史をよみなおす』には、かなり具体的な識字率についての言及がある。このなかで網野は、「世界でも稀にみる江戸時代における識字率の高さは、すでに十三世紀後半以降に用意され、その土台は室町期にはいれば、すでにかなりの程度まで形成されていた」と、日本の識字率が世界でも稀にみる高さであるとする認識を示しつつ、「江戸時代後期の識字率は五〇～六〇％まであったという人もいますが、平均して四〇％ぐらいまでは字を識っていたといわれています」としている(7)。文面から明らかなように、網野の自説というよりも、他説の引用のようであるが、その典拠はここでも示されていない。なお同書の文字社会についての論考は、一九八八年の「日本の文字社会の特質をめぐって」をもとにしたものである(8)。

具体的な識字率を示したものではないが、一九八〇年代には、このほかにも近代以前の日本の識字に関する言及がなされている。まず黒田日出男は、民衆教育の高まりはじめる時期を中世末期に求めている(9)。黒田は、一四世紀から一七世紀にかけての時代が日本史における画期であり、近代日本につながる諸特徴が形成される時代であったとしている。具体的には工業・農業の技術の発達や職人集団の形成などであるが、その前提には、読み書き計算能力などの民衆の基底的な知的能力の高まりがあったというのである。黒田がその際に根拠としているのは、中世惣村の文書が鎌倉末期から急速に増えはじめ、村落自身が、自ら管理・保存する文書を持ち、それを利用するようになってきたということである。

青木美智男は、近世初頭と幕末期の二つの時期に日本を訪れた外国人の日本記録をもとに、近世期を通じて日本の教育水準が大きく高まったと述べている[(10)]。とくに幕末期の日本旅行記から、当時の日本の教育水準が外国人の目に驚きをもって受けとめられるほどの浸透ぶりをみせていると指摘した。この言及は、滞在外国人の伝聞によるものであるが、識字に直接関連する伝聞を引いており、最も根拠の明確な主張であると、ひとまずはいうことができる。少なくとも、これらの外国人が滞在した地域では、日本の識字や教育が、外国からの訪問者に印象深く思われたということはできそうだからである。また青木は、近世期における以上のような識字力の背景として、兵農分離・村請制という社会システムが、村落における識字層の存在を前提とするものであり、近世期を通じて展開した商品生産の発達が、寺子屋（手習塾）などの教育普及の背景となったことを指摘している。幕藩制国家や、商品生産の発展といった、近世における社会的な構造との関係において、民衆の教育を捉えようとしたものであった。

一九九一年に刊行された『争点 日本の歴史 五 近世編』は、「近世の民衆の多くはなぜ字が読めたか」という一章をかかげている[(11)]。斉藤純によるこの論考は、識字率について具体的な言及をしているわけではないが、表題からも明らかなように、近世の民衆の多くは文字が読めたという前提に立つものである。そしてそれは、テレビドラマなどにしばしば登場する、江戸時代の民衆の多くは文字が読めなかったというステレオタイプに修正をせまることを目的としたものでもあった。この論考において目を引くのは、ロナルド・P・ドーア（Ronald P. Dore）やパッシンなどの近代化論者が、それまでの近世教育史研究に重大な衝撃を与えたということが指摘されている点である。近代化論についての批判的態度は維持されているものの、近世における高い識字率という枠組みは受け入れられているとみることができる。

以上のように、一九八〇年代後半から一九九〇年代のはじめにかけて、近世における高い識字率という言説が、主として日本史の研究分野においてなされるようになってきたのである。封建遺制の克服が目指された戦後の日本史学からみれば、大きな様変わりということができるだろう。

識字の全国的な状況についての正確なトレースが不可能であることは、先にも述べたとおりであるが、実は、識字に関する実証的な事例研究も、一九九〇年代以後出現しはじめており、断片的ながら、最低限の識字能力の地域的な分布状況が明らかになりつつある。結論的にいえば、それらが与える識字状況に関する示唆は、性と地域による落差があまりにも大きいものであり、容易に一般的な知見を結ぶことを許さないものとなっている。

これらの実証的な研究の多くは、署名能力に関する史料を用いたものである。これまで、花押《かおう》・入札《いれふだ》・署名自記に関する行政調査の三種類の史料が分析対象とされている。これらによって、自己の（あるいは他人の）姓名を記しえる人が、把握された集団のなかにどのような比率で存在しているかが検討されてきたのである。もちろん、署名をなしえることと、十全な識字能力を有していることとの間には、大きなギャップがあることはいうまでもない。しかし種々の文書に署名したり花押を書いたりできるということは、まったくの無筆ではないことを示していると思われる。したがって、このような人々がどのように存在していたのかは、貴重な情報といってよいだろう。

一七世紀前半の京都と長崎における花押に関する木村政伸の分析結果は衝撃的なものである。木村は、宗門人別帳に記される花押・略押・筆軸印などを分析して、男性当主層のかなりの部分が、花押を記しえたことを明らかにしたのである。京都や長崎のような大都市においては、すでに近世の初期から、花押を記しえる程度の識字力が、男性当主層を中心として広く普及していたことが明らかになった[12]。

このような識字力は、近世後期になると、農村にも及んでいたことが、高橋敏の入札に関する考察によって明らかにされている[13]。高橋は、駿河国駿東郡御宿村における相役名主役および百姓代役に関する入札を詳細に検討し、入札を実行した当主層の九〇％以上が、判読可能な水準で推薦する人物の名前を記していることを明らかにしたのである。地域によっては、農村においてさえ、男性当主層の大部分に、他人の名前を記しえる程度の識字力が普及していたのである。

しかしながら、明治期にいくつかの県でおこなわれた自己の姓名を記しえる者についての調査結果によれば、以上のような状況が決して全国的に一般化しえるものではなかったことは明らかである。これらの調査は、それぞれの県が独自におこなったものであり、その調査結果の一部が『文部省年報』に掲載されている。またいくつかの地域では、『文部省年報』に掲載されていない調査結果を有していることも明らかになってきている。これらの調査に関する研究からは、自己の姓名を記しえる程度の水準の識字力の分布においてさえ、男女間および地域間において、きわめて大きな格差を有するものであったことが明らかになりつつある。

また、川村肇が本書において初めて体系的な分析をおこなった和歌山県のいくつかの地域における明治初期の識字調査では、署名能力だけでなく、実用的な識字能力に関しても調査している。詳しくは第九章を参照いただきたいが、これによれば、実用的な識字力を有している人口は、実際にはきわめて少なく、またその比率は村によっても大きく異なるものであった。またこの史料から、自己の姓名を記しえることと、文通等の実用的な文字の使用ができることの間に、かなり大きな差異があることが具体的に明らかになった点も重要である。花押や入札などに関する一部地域の実態から得られる印象だけで、近世の民衆の大部分が実際に読み書きができたなどと判断すれば、大きな間違いをおかすかもしれないのである。

長年、日本の教育と識字に関心を向けてきたリチャード・ルビンジャー（Richard Rubinger）は、二〇〇七年に、“*Popular Literacy in Early Modern Japan*”という著書を刊行した。その邦訳書が翌年、『日本人のリテラシー　1600—1900年』と題して出版されている[14]。ルビンジャーは、このなかで、近代以前の日本の識字率が極端に高いものであったとする見解には、一貫して慎重な態度をとっている。青木美智男が紹介した外国人の識字や教育への言及についても、これらを文字通り受けとめることには危険がともなうと批判する。とくにシュリーマンについては、「日本の読み書き能力に関する見方も誇張され、架空のもののようにさえ見えるが、恐らく実際に見たものよりも、彼が見たいと願っていたものが反映しているようである」とその批判は厳しい[15]。結局ルビンジャーは、「二つの文化」という言い方で、近世の村落には、読み書き能力を基盤とする文化の点で、階層による大きな断絶が存在していたと結論づけている。

以上のように、近世期から明治初期にかけての識字についてのイメージは、大きく分裂している。ある史料によれば、署名のような最低限の識字能力ならばかなり広範に普及しているように思われるが、別の史料によれば、少数の人のみが、実用的な識字能力を有しているに過ぎないようにも思われる。識字に関するイメージのこのような分裂状況は、本書においても、必ずしも解消されているとはいえない。残念ながら、以上のような分裂を解消して、ひとつの歴史像を結ぶことは、現在の識字史研究においては可能となっていないというほかないのである。必要なことは、特定の史料から性急に結論を得ようとせず、さまざまな史料が語る多様な実態を、可能なかぎり復元していくということであろう。識字と学びの諸相を、多面的に掘り起こし、それらが結ぶ像をできるかぎり立体的なものにしていくということこそが重要である。

本書がこのような企てを十分に成功させているとは、もとより思っていないが、しかし日本における識字の歴史的形成ということを正面からかかげて、有力な事例研究を示すことはできたと考えている。

二　本書の構成

識字と学びとの相方向からのアプローチによって明示された多面的様相を時系列的に提示することにより、この国の識字状況の歴史的展開過程を辿ろうとする本書の構成を、以下に示しておこう。

木村政伸による第一章「前近代日本における識字率推定をめぐる方法論的検討」は、日本における識字率の推定に関する方法論的な検討をおこなったものである。木村は、漢字・ひらがな・かたかなを用い、さらにそれぞれに多様性――漢字については無限ともいうべきであるが――を有し、アルファベットの組み合わせで言語表記をおこなうヨーロッパ系の言語と比して、きわめて複雑な表記法を伴う近世日本における「識字」の持つ意味を問いかけることから出発し、さらに代表的な在来の研究方法論についての吟味をおこなっている。また、文献資料からの推定、寺子屋（手習塾）への就学率からの推定、署名による識字率の推定という、三つの大きな角度からの区分をおこないながら、それぞれの方法論による代表的な研究成果の到達点とそこに依然として残されている課題とを明示している。その結果として、たとえば文部省編『日本教育史資料』などを用い、広範囲を対象とした、ときには全国的な規模での統計的手法に依拠したような推定を、今後の研究において継続することの有効性への疑問を明確に示している。さらに、このような方法論上の隘路を切り開くためには、木村の先駆的試みをはじめとするいくつかの成果で示されているように(16)、一定の限定された地域内で成立した具体的な文書の分析を通して識字状況に迫っていくことを、着実に積み重ねていくことに尽きると結ばれている。

このような前提に立って本書では、古代から中世、近世、そうして近代初期へと至る長い時間軸のなかで、九の課題を設定し、それぞれ地域性と個別性を意識しながら個別の識字状況を提示することとした。地域性と限定性を特徴とする研究の蓄積が期待されるなかで、新たな個別の識字状況を時系列にそって連ねることが、この国の識字をめぐる研究状況を少しでも前進させることにつながる第一歩となりえるのではないかという認識が、執筆者一同の共通基盤としてあったからである。

古代の識字状況やその背景として存在する諸問題については、大学寮をはじめとする古代教育史の研究において屹立する成果を残した久木幸男によって、これまで多面的に論じられてきたと言ってよいであろう。とりわけて古代民衆層についての識字・学習状況をめぐる問題への試論的試みによって、識字率三・八〜七・二％という具体的な数値を導き出したことは特筆に値する[17]。

これに対して、古代社会の支配層たる貴族の識字力についてという未開拓の課題への取り組みが、鈴木理恵による第二章「「一文不通」の平安貴族」においてなされている。平安貴族の学びに関する研究としては、大学寮や家学をめぐる多様な状況が検討の俎上に載せられてきたことから、上級貴族から中下級貴族に至るまで、宮廷政治の諸々の場面や官人としての職務の場などで、貴族社会を支える基礎的能力として相当に高度な識字能力が必須のものとして求められていたものという理解が一般的にはなされてきたといえよう。しかし鎌倉時代初期に至ると、東野治之によって指摘されているように[18]、様相が変わりつつあった。「文盲」の貴族が登場するのである。鈴木は、こうした貴族の存在に着目し、より広範な視点からの事例を提示しながら、読み書き能力不足と指摘された貴族、しかもその多くは政治を主導する場にある上級貴族の実態を明らかにしている。さらに識字力が不足し十分とは言えないにもかかわらず、貴族社会で相応の昇進を果たし、そのことに伴う政務をこなしえたことの意味を検討した結果として、次のような指摘をおこなっている。平安中期以降の王朝国家体制の成立以降に、中国文化の影響が弱まっていくなかで、上級貴族の漢字・漢文に関する識字力には多様性がみられ、漢字の読み書き能力を基礎教養とする意識がさして強いものではなかったと。平安貴族の識字状況は時間軸に沿って直線的に展開したのではなく、停滞や後退をも含めて、そこには政治状況や文化状況からの大きな投影がみられたことが明らかにされている。

中世社会を底深く支えた人々の学びの状況を、その基盤としての文字使用能力、識字状況から考察しているのが、第三章・第四章・第五章である。中世教育の諸相については、在来の研究成果によって重層的に検討されてきているが[19]、識字状況に正面から取り組んだ成果としては、一六世紀の越前国江良浦の村堂を民衆教育施設と捉えて浦の小百姓層の識字力について論じた久木幸男[20]、一三世紀以降の紀伊国阿弖河荘の在地社会における識字状況について、地頭・公文層が漢字とひらがなを用い、百姓層が少々の漢字とかたかなを用いていたというように、身分階層が識字力に投影されていることを明らかにした黒田弘子によるもの[21]などがあるが、複雑な様相を呈する中世社会における識字状況の解明については、さらなる多面的な試みが必要である。

大戸安弘による第三章「一向一揆を支えたもの——一向宗門徒の学習過程を中心として——」では、一六世紀の越中国五箇山地方の一向宗門徒の道場における学びの在りようから、その基盤としての門徒の識字状況についての検討が加えられている。対織田信長政権の激闘を展開する一向宗門徒を支える精神的基盤形成の場として、各地に設けられていた施設に道場があった。道場は門徒の信仰・学習・集会の場として機能しており、五箇山の道場では多様なテキストが用いられた学習が進められていた。とりわけ高度な内容を含むことから難解な教義書ともいえる『安心決定鈔』が重視され、学習されていたことが明らかになったが、そうした高度な水準の仏教学習に取り組む人々の基礎的能力としての識字力が不可欠であり、また識字力形成が可能となる条件にも恵まれていたと捉えている。道場に集う門徒相互間には教育的関係が成立していたのであるが、そうした場での主導的な役割を担うことが多かったと推測される階層の門徒のなかには、文書への花押の署判能力に恵まれていた者も多かった。言い換えれば熟達した筆遣い能力とかなりの程度の識字力を持っていたと推察される人々の存在が、たしかな割合でみられたことを明らかにしている。中世社会に爆発的な広がりをみせた仏教の理論的理解の場でもある村落の寺院や、それに類する場での人々の学びをめぐる基礎的状況として、多様な識字力形成の過程が想起されるところである。

第四章・第五章では、中世から近世に至る時間軸のなかで、民衆層の識字状況についての分析を試みている。

一六世紀にキリスト教信仰がこの国にもたらされたが、その活動の中心勢力としてあったイエズス会は、その布教伝導を効果的ならしめるために、種々の方策を用いていた。とりわけ西洋式の学校教育の展開とキリシタン版などの出版活動に重点を置いていたことは、識字力を媒介としたキリスト教信仰の拡大と定着とを重視したことの現れといえる。

木村政伸による第四章「キリシタンの信仰を支えた文字文化と口頭伝承」では、キリシタン禁教後にそれまでの活動の根幹が大きく変容するなかで、多くのキリスト教徒が約二〇〇年間という長期間にわたって信仰を秘匿し保持し続けたことの意味を問うている。宣教師の追放が始まり、信仰の理論的根拠を明示した出版物が焚書・禁書とされるなかで、かつてのように文字を介して信仰を形成し継承することは不可能となった。キリスト教信仰を表面化させることなく、守り伝えるために用いられたのは口伝という方法であった。秘教を保持し他者に伝えるために、信徒相互の強固な繋がりが共同体的な組織を育んでいったのであるが、その精神的象徴ともいえる儀式を荘厳するオラショを習得することが、信徒としての基本的証の重要な一つとして求められていたといえる。権力からの監視の目を意識しながら、幾重にも慎重にも慎重を期したなかで一対一で執りおこなわれる口伝による伝達行為に、教育的機能を見出すことも可能である。もちろん、このような過程では、当初に示されていた信仰の基本的枠組が徐々に崩れ去り、本来の意味を確認することもかなわない呪術化という問題も生じていった。文字による伝達が縮小し制限されるなかで、精神的価値の継承がいかにして可能であったのかという好個の事例として、隠れキリシタンの生き死にを賭けた試みが照射されている。

梅村佳代による第五章「近世農民の自署花押と識字に関する一考察――中世末期～近世初期、近江国『葛川明王院史料』を中心として――」では、近江国葛川明王院に関する史料のなかに、葛川の農民が連署し名前と花押あるいは略押を自署しているものを三六点見出し、それぞれの時代の葛川農民の識字状況の推移を追跡している。それらの花押・略押自署史料は、一四世紀の「起請文」や「請文」からはじまり、一六世紀から一八世紀に至るまでの「請文」「誓約状」などに長期間にわたっての推移を確認することができる。そこからは中世の葛川村落では、有力階層に花押自署の傾向がみられるものの、花押を自署する階層と略押を自署する階層とに截然と区分されることはないと指摘されている。時と場合により花押と略押とを使い分けることがままみられ、一定しているとはいえないからである。近世に入ると、この区分はさらに複雑な様相を呈してくることになる。略押を用いている階層に中世の頃には有力層であった者が多くみられるからである。中世にあっては識字力が伴っていたと考えられる百姓層が、この近世期には略押を自署していることが目立つ。また、村落内の身分関係が明確化され、宛先との関係、内容に応じた役目等により、花押と略押とが使い分けされていることも示されている。一七世紀に入ると印章を用いる者が一部に登場するが、やがて正徳期には花押・略押から印章への移行が進んでいることが明らかにされている。

人々が識字力を有することを前提とした社会として成立したとされる近世社会において[22]、個別の地域性を意識しながら民衆層の識字状況についての考察を試みているのが、第六章・第七章・第八章である。

八鍬友広による第六章「越前・若狭地域における近世初期の識字状況」では、民衆が自己の意思確認のためにおこなった自署が残されている史料を分析し、一七世紀前半の越前・若狭地域の識字状況が検討されている。一七世紀が、この国の人々とりわけ民衆層の識字力の歴史的形成過程という観点からみて、節目となる時期であることが、近世初期からの村請制の成立や一七世紀前期までの花押・略押・筆軸印などの自署史料の残存状況から、まず確認されている。そして、花押・略押などの自署行為の有する意味についても、あらためて問い直されている。花押・略押による自署は、印鑑を用いるという行為と比較して、より強い本人の厳格な意思表示が求められる場においてなされるものであり、緊張と覚悟とが伴う「書く」という行為であると捉えられている。

さらに、一六世紀末の若狭国今泉浦で同一日の同一人が書き残した複数の花押の比較検討の結果として、花押という複雑な構成の文様をほぼ同様に記すためには、文字を記すことに十分に対応しえる、かなり高度な運筆能力が要求されるという指摘がなされている。これらの人々は「流暢に筆を使う人」と表現されており、第六章では、このような「流暢に筆を使う人」の存在状況にもとづいて、一七世紀越前・若狭の地域別の識字状況に光があてられている。小浜のような都市部では男性当主層は京都・長崎の当主層と同様にほぼ花押自署能力を持ち、これに対して農村部はその所持者は限定的であるが、各村の惣代クラスのような一定の所持者の存在が予測される状況であったことが明らかにされている。ただし、今立郡岩本村のように商業化が進展した地域では、急速に花押を自署できる人々の割合が高まったという、注目するべき状況の提示もなされている。都市と農村といったような地域間の差異はみとめられるものの、都市化と商業化が地域の識字状況を促進することが再確認されている。畿内周辺地域であるという条件の下で、総じて越前・若狭地域での識字水準の高さが浮き彫りとなった。

畿内およびその周辺地域の識字状況については、第六章の分析結果から類推することが可能であろうが、それ以外の地域ではどのような現象がみられるのであろうか。

太田素子による第七章「『継声館日記』にみる郷学「継声館」の教育――近世会津地方における在郷商人の教育意識――」では、一八世紀末から一九世紀にかけて会津藩領の門前町である会津高田町において、近隣の子どもたちへの教育活動を展開した郷学である継声館に関する史料の分析から、同地域に生活する商家を中心とする人々の識字力の獲得も含む幅広い学びの状況を検討している。伊佐須美神社の門前町としての長い歴史を持ち、中世以降は街道沿いの商人町としての側面が強まり、駅所であり代官所も設置されていた地域であった。会津藩では、三段階の身分に応じた藩士教育が徹底されていたようであるが、在郷町での教育機関設置という政策も進められ、一八世紀末に継声館が創設された。代々の郷頭であった田中家の当主が師範役としてあり、文政三年（一八二〇）までは藩からの財政支援もわずかながらなされたように、公的性格もみとめられた。その後の嘉永六年（一八五三）までの後半期は田中家が支えて活動を継続していたが、その時期の田中家当主の重好は、郷頭とともに師範役としてあり、町内の子どもたちの教育の任にあたっていた。この間、重好は『継声館日記』上下二巻を残し、文化文政期の同校の様子を詳細に記録しているが、太田は微細にわたりこの日記の分析を進めている。

記録されている門人数は一三五人であり、女子一九人も含まれる。藩士のなかの上士の子弟を対象とする藩校日新館では一〇歳入学とされていたのに対して、入門年齢で目につくのは九歳であり、下参つまり学業に一応の区切りをつけるのが一三～一五歳あたりだったようである。会津地方の在郷町に設立された継声館は、手習指導にはじまり基本的な漢籍の手ほどきに至るまでの階梯で、その周辺の商人層の子弟を受け入れていた。畿内からはるか遠方の東北会津の門前町を構成する商人層の少なくとも男児が、十分な識字力形成を経て、経書の学習に積極的に取り組むというあり方が一般化されていたという実態が、ここでは明らかにされている。

都市化と商業化の進展とが識字状況に投射されるということであれば、徳川幕府の膝下である江戸およびその周辺について目配りする必要が出てくる。

大戸安弘による第八章「武蔵国増上寺領王禅寺村における識字状況――寛政・文化期村方騒動を通して――」では、江戸近郊農村の典型である一九世紀初頭の武蔵国増上寺領王禅寺村が分析の対象とされている。同村では寛政期から文化期にかけての間に継続性のみられる村方騒動が発生し、名主と小前層を中心とする一般百姓との間で、年貢高と土地所有に関する文書の扱い方をめぐって緊張感の伴う駆け引きがみられた。重要な事柄を文書によって確認することを前提とする文書主義は、近世農村においても一般にみられたことであるが、王禅寺村では各家にまで個別に文書が行き渡っていた。小前農民層にまで複数の「手帳」が配布され、その管理が各家で徹底されるべきという原則を破った名主や村役人層と小前層を中心とする村民との間での村方騒動が、二〇年ほどの時間的経緯のなかで生じた。この騒動は、原則の徹底を求める村民の主張を村役人層が受け入れるという結果に落着するのであるが、そうした過程のなかで、文書の自己管理に拘り続ける人々のあり方とその文書の内容とが持つ意味についての考察がなされている。一九世紀中期の王禅寺村は、上層農民は在郷商人化し、中下層農民においても小規模な農間商人・職人化が進んでいた。総じて離農化が加速していく状況にあったのだが、そうした生活を支える多面的諸能力が必要とされたはずであり、それらのなかでも基礎的な文字使用能力や計数力は大きな意味を持っていたはずである。王禅寺村を含む周辺地域での村民の手習い学びの状況の層の厚さが示されていることも、そこから発しているものとみられている。文書の自己管理の原則を重視して止まない村民の姿勢から、各家の当主層のうちの少なからずの人々は、日常出納の文書を十分に取り扱うことが可能な水準において、識字力につながる基礎的能力を形成していたものと捉えている。

前近代の識字状況としての一応の区切りの時期として、最後に検討されるのが明治初年ということになる。明治五年（一八七二）に全国統一の学校制度が創設されて以降、急速に西洋式の近代学校が普及していった。この間もその後も、寺子屋（手習塾）の役割は依然として根強く残り続けるという面はあるものの、一方で、近代学校を介した学びの場が徐々に広がりをみせていったことも、またたしかだからである。

川村肇による第九章「明治初年の識字状況――和歌山県の事例を中心として――」では、この明治初年の和歌山県での識字状況が検討の対象とされている。同時期の識字状況については、明治一〇年代半ばの長野県北安曇郡常盤村での調査結果が知られる程度であったが、これまであまり注目されることのなかった和歌山の事例が照射されたことになる。川村が分析している文書は、旧野上町野上八幡宮所蔵文書二点、かつらぎ町教良区文書、同町佐野区文書、美浜町吉原浦戸長文書の三種五点である。いずれも和歌山県からの指令を受けたことから成立した明治七年（一八七四）前後のものと考えられる文書であるが、そこには二つの大きな特徴がある。第一は、文通可能か否かの水準までの能力の有無について、曖昧な部分もあるものの明らかにしていることである。ここでは文通可能層を実用的識字層と捉えている。第二は、近接した五〇以上の村落ごとに、総数一万名を超える村民の調査結果を確認できるということである。この調査結果の詳細な分析の結果として、文通することができる実用的識字層は全体の一割以下であり、男性に限っても二割に達していないという状況が一般的であったことが指摘されている。また、男女差が存在することは予測されるところであるが、女性が全員非識字者である村が三割ほどあり、実用的識字層となると女性には皆無の村が七割を超えていたというように、その差がきわめて大きいものであったことも示されている。さらに、村々の状況の差がかなり大きく、そのことが近隣の村との間においてみられたことも明らかにされている。総じて和歌山の農村部の識字状況は、やはり農村部である長野県常盤村の状況と類似した傾向にあると指摘されている。和歌山の都市部の状況についての解明が待たれるところであるが、ここでは近畿農村部の実態の一つとして提示されている。

古代から中世・近世を経て明治初年に至るまでの長い時間軸の中で、それぞれの区切りとした時代の識字状況を把握するために見逃すことのできないと思われる重要な課題を以て、各章を構成した。繰り返しの指摘になるが、統計的概括的手法ではなく、地域性と個別性とを意識した識字に関する歴史的研究は、必ずしも十分とはいえない状況にあって、本書での試みは限定的ではあるがその間隙を埋めることとなり、この国の識字をめぐる多くは無名の人々の営みの足跡を辿ることができるのではないかと思う。もちろん、各時代で取り上げるべき課題はまだまだ多く残されており、今後のさらなる研究史の蓄積が待たれることは言うまでもないが、各章を読み進めることにより、次のようなことを確認できるのではないかと思う。

それは、平安貴族において、それも様々に重要な役割を担うことになる相当高位な上級貴族であっても、国風文化を尊重する状況にも応じて、とても十分とは言えない識字力で宮廷における身過ぎ世過ぎを何とかやり通せることが可能であったということ。その具体相の一端をここでは捉えることになる。一方で、少なくとも中世・近世の民衆層が示していた多層的な識字力は、それぞれの時代を生き抜く上での大きな支えの一つとなり、それ故に識字力を獲得しようとする人々の意識は強くあったといえる。彼らは制限や困難の伴う状況のなかで多様な取り組みをなし、そのことが民衆層の識字状況の多様性や豊かさとして結実していたということになろう。

ただし、このことは全体的均一的な広がりを持つものではなく、地域間の落差が非常に大きかったということにも留意しておかなければならない。それも紀伊和歌山や越前の事例にもあるように、近畿やその周辺であるから豊かな識字状況が一般に現れるというような、広域的なものではないことも明らかにされているからである。さらに、近畿と比較すると、近畿から遠隔地の民衆層の識字力は薄く乏しいものではないかという一般的な思い込みも覆されることになる。越中五箇山という冬期には豪雪に埋もれる厳しい環境にある山間部に生きるなかで、限りなく強い信仰への希求を絶やすことのなかった人々や、奥州会津の高田町という門前町で商業活動を担った人々が示した識字力を礎石とした学びの深さも、印象に残ることであろう。

この国の前近代社会に生きた人々の識字力の水準は、同時代の世界水準のなかで圧倒的に高い位置にあったというような、大まかな思い込みともいうべき状態から一旦自由になり、あらためて個別具体的に、それぞれの時代の社会を支えていた人々の識字力形成や学びの深まりについて、一つひとつ明らかにすることを、今後も進めていくこととしたい。

（1）宮地正人『幕末維新変革史 上』（岩波書店、二〇一二年）一一一頁。
（2）高木不二『日本近世社会と明治維新』（有志舎、二〇〇九年）。
（3）三谷博『明治維新を考える』（岩波現代文庫、岩波書店、二〇一二年）。
（4）H・パッシン（國弘正雄訳）『日本近代化と教育』（サイマル出版会、一九六九年）。
（5）「全採録 中曽根首相「知的水準」講演」（『中央公論』一九八六年一一月号）。
（6）梅棹忠夫『日本とは何か――近代日本文明の形成と発展』（NHKブックス、日本放送出版協会、一九八六年）。
（7）網野善彦『日本の歴史をよみなおす』（筑摩書房、一九九一年）一五頁。
（8）網野善彦「日本の文字社会の特質をめぐって」（同編『列島の文化史 五』、日本エディタースクール出版部、一九八八年）。
（9）黒田日出男「戦国・織豊期の技術と経済発展」（歴史学研究会・日本史研究会編『講座日本歴史 四』東京大学出版会、一九八五年）。
（10）青木美智男「幕末期民衆の教育要求と識字能力」（青木美智男ほか編『講座日本近世史 七 開国』有斐閣、一九八五年）。
（11）斉藤純「近世の民衆の多くはなぜ字が読めたか」（青木美智男ほか編『争点 日本の歴史 五 近世編』新人物往来社、一九九一年）。
（12）木村政伸「近世識字研究における宗旨人別帳の史料的可能性」（『日本教育史研究』第一四号、一九九五年、のち、同『近世地域教育史の研究』思文閣出版、二〇〇六年に収録）。
（13）高橋敏「村の識字と「民主主義」――近世文書「村役人入札」を読む――」（国立歴史民俗博物館編『新しい史料学を求めて』吉川弘文館、一九九七年）。
（14）Richard Rubinger, *"Popular Literacy in Early Modern Japan"*, University of Hawaii Press, 2007.（川村肇訳『日本人

のリテラシー　1600―1900年』柏書房、二〇〇八年）。

(15) 同前邦訳書、二二二頁。

(16) たとえば、八鍬友広「近世社会と識字」（『教育学研究』第七〇巻第四号、二〇〇三年）。

(17) 久木幸男編『日本子どもの歴史　一　夜明けの子ども』（第一法規出版、一九七七年）第四章「早稲田のあげまき」において、「村邑の小学」の存在という切り口から発して、下級官人というべき「写経生」「書生」を担った古代民衆の文字学びの可能性について論じている。同『日本古代学校の研究』（玉川大学出版部、一九九〇年）の第一〇章「古代識字層の存在形態」、第一一章「古代民衆学校の二態様」では、古代民衆の識字状況について論じ、識字率も提示している。

(18) 東野治之『書の古代史』（岩波書店、一九九四年）二〇九頁。

(19) 中世教育に関する研究史については、大戸安弘『日本中世教育史の研究――遊歴傾向の展開――』（梓出版社、一九九八年）「序説」を参照されたい。

(20) 久木幸男「中世教育施設としての村堂について」（『日本教育史研究』第六号、一九八七年）。

(21) 黒田弘子『ミミヲキリ　ハナヲソギ――片仮名書百姓申状論――』（吉川弘文館、一九九五年）。

(22) 辻本雅史ほか編『新体系日本史　一六　教育社会史』（山川出版社、二〇〇二年）第三章「文字社会の成立と出版メディア」。

1 前近代日本における識字率推定をめぐる方法論的検討

木村政伸

はじめに

昨今ではあまり目にすることがなくなったが、一時期日本の教育を語る上で日本の「近代化の成功」の基盤として近世日本における教育の普及を高く賞揚する「日本近代化論」と呼ばれた一連の論考が著されたことがあった。H・パッシン、R・P・ドーアなどを中心とするこれらの論考は、そのほとんどで日本の教育の普及、とりわけ識字能力の普及を指摘していた。たとえば、ドーアはその著書 “*Education in Tokugawa Japan*” において、その最終章を「遺産」というタイトルで構成しているが、その問題意識は「何故日本が、アジア諸国の中で日本だけが、独立を保持し、高度工業国家に脱皮するために政治を主導因として遂行された変革の過程を全うすることができたのかという問題に対して、それら（学校教育…引用者）の発展は果たして密接な関連性をもっているのだろうか(1)」というものである。結論的に見れば、近世社会において民衆の中に普及した読み書き能力、あるいは学校教育を受けるという習慣の定着を、日本の近代化の基盤として高く評価したものであった。

同じくパッシンにおいても、その著書〝*Society and Education in Japan*〟において、安政二年（一八五五）の「日本は、近代に移行するためのすべての傾向と準備を示した社会だった[2]」として、中央集権国家であったことなどと並んで読み書き能力が高い比率で普及していたことをあげている。パッシンはさまざまな論者の推計をあげながら、「通学することがそのまま〝読み書き能力〟に通じるという仮定に立つとするならば」という留保をつけて、「家庭内での教育をも考慮に入れるなら男子の読み書き能力が、四〇％から五〇％であったと推計することも、決して不合理ではないだろう[3]」とした。

こうした「日本近代化論」についての批判的検討が本章での課題ではない。ここでは、「日本近代化論」が前提にしていた近世日本における教育の普及、その中でも識字能力の普及について、その根拠となる識字率の推定に関係する方法論を整理し、これまでの到達点とこれからの課題を明らかにすることをめざしたい。

識字率の推定については、壮丁教育調査をもとにした明治期を対象にしたものもあるが、ここでは前近代を対象にした研究にしぼりたい。その理由は、学校制度や軍隊のような全国的に統一された行政組織が確立し、民衆の教育や識字力についてのまとまった史料を獲得しやすい明治期以降に対して、前近代社会においては史料の選択の持つ意味が格段に大きく、それだけ研究方法において可能性と検討課題が広範囲になるからである。

一　「識字」とは何か——何をもって読み書きができると定義するのか——

識字には、検討しなければならない多様な問題を含んでいる。その最初にして最大の問題が、「何をもって読み書きができるというか」である。

この問題については、たとえばヨーロッパの識字研究では、結婚の際の新郎・新婦のサインをもとに推測する方法がとられている。こうした方法は、確かに一定の確度をもった数字として識字率を導き出すことに有効である。その有効性を担保する大きな要因は、ヨーロッパ諸国のほとんどの言語圏ではアルファベットを中心とした表記法を採用していることである。この表記法によれば、四十弱の基本文字（大文字、小文字、書体の別を除く）の組み合わせで言葉を表記できるわけで、文字そのものの習得に大きな負担を伴う漢字圏とは、文字学習の負担において大いに異なるといわなければならない。

さて、この節で問題とする「何をもって読み書きができると定義するか」という点に引き戻して考えてみよう。ヨーロッパの識字率推定の基礎資料となった結婚証明では、各自が自らの名前を書けるかどうかを基準とした。文字を正しく綴れるかどうかの問題は大きいが、文字そのものは限られている。しかし、近世日本の場合を考えると、「与作」という名前を例にすると、「与作」と漢字で書く場合、「与さく」と漢字・ひらがな混じりで書く場合、「よさく」「ヨサク」とかなで書く場合が考えられる。正しくは漢字で書くのであろうが、では、かなで書いた場合は「書けない」と判断するのかという問題が残る。ひらがな・かたかなに加えて無限とも思われる漢字を使う日本語の場合、「書ける」と判断する基準が、文字の用途などによって大きく異なることが予想されうる。しかも、近世日本においては多様な変体仮名や書体が用いられており、表記法の複雑さはヨーロッパの言語の比ではあるまい。

加えて、「読み」と「書き」の違いは大きな課題となる。現在でも「読めるが書けない」ということはしばしば経験されることであり、単純に「読み書き」と連続して表現できるものではないことは簡単に理解されよう。現代日本語では、かなの場合助詞の「は」「へ」、あるいは長母音などごく少数の例外を除けば、発音と表記はおおむね一致する。しかし近世日本においては歴史的かな遣いが非常に多く、たとえかなであっても正確に音読することは相応の学習を経てでなければ難しい。ましてや漢字の場合、ひとつの文字が音読み・訓読みなど複数の読み方を有しており、文脈によって読み方や意味を使い分ける必要に迫られる。「読み」と「書き」とが密接な

関連性をもっていることは間違いないが、厳密には分けて考察することが求められる場面もあるのである。(4)

二　文献資料からの推定

(1) 文献の記述内容からの直接的推定

アメリカにおける日本教育史研究者の代表的存在であるR・ルビンジャーは、その著書 *"Popular Literacy in Early Modern Japan"* において、識字率推定の史料として、花押、日記、農書、百科辞典（節用集）、農村の句会（前付）、入札、帳簿、さらには明治期壮丁教育調査など多様なものを挙げている。(5) こうした多様な史料が研究上価値を持ちうる可能性を有していることは、日本における識字研究の可能性を示すとともに、逆に決定的な史料をめぐって試行錯誤しているこれまでの研究史の姿をも示しているといえよう。

そこで、まずこれまでの識字率推定の研究史を見ながら、それぞれの方法の特徴と課題を整理してみよう。

①『吾妻鏡』（鎌倉時代末期）

まず、史料として検討したいのは、当代の文献に記された識字に関する記述から推定する方法である。

その最初の例として、しばしば取り上げられる『吾妻鏡』を見よう。たとえば、名倉英三郎は承久の乱（一二二一年）の時、北条泰時の部下五千人のうち、後鳥羽上皇の院宣を読めた者はわずか一名であったという記述をもとに、当時の関東武者の識字率の低さを指摘している。(6) この記述を単純に受け止めれば、識字率は〇・〇二％ということになる。この指摘について、『吾妻鏡』の該当の記述を見ると、次のようになっている。

武州称可拝院宣。下馬訖。共勇士有五千余輩。此中可読院宣之者候歟之由。以岡村次郎兵衛尉。相尋之処。勅使河原小三郎云。武蔵国住人藤田三郎。文博士者也。召出之。藤田読院宣。(7)

この記述を識字の観点から見た場合、二つの問題が指摘できよう。まず、確かにこの部分では五千人の武士の中で藤田三郎が院宣を読めたことはわかるが、藤田以外に読めた者がいなかったとは断定できないという問題である。

次に、そもそも院宣なるものがどのようなものであったかである。当時の公式文書はまず間違いなく漢文で書かれている。『吾妻鏡』自体も漢文で書かれている。であるならば、通常の日本語とは異なる文法を前提とした漢文の読み書きには、相当程度の教養とその裏づけとなる学習が必要となる。『吾妻鏡』の記述にも藤田三郎は「文博士」であるとあるように、藤田三郎の読み書き能力は、ここで我々が検討しているそれとはまったく水準を異にしているといわざるをえない。したがって、仮に五千人の中に藤田三郎以外に院宣を読めるものがいなかったとしても、そのことで識字率が低かったと断定することは無謀である。

②『日本幽囚記』（ゴロヴニン、文化一三＝一八一六年）

近世末期に日本を訪れた外国人は多くの日本社会の観察を残している。[8] その中には日本人の識字能力の高さを顕彰したものが見られる。その代表的なものがゴロヴニン（Головнин）の『日本幽囚記』である。このロシア人の観察によれば、日本の教育や識字は次のようなものであった。

日本の国民教育については、全体として一国民を他国民と比較すれば、日本人は天下を通じて最も教育の進んだ国民である。日本には読み書きの出来ない人間や、祖国の法律を知らない人間は一人もいない。[9]

この記述によれば、日本人の識字率は一〇〇％ということになり、明らかに誇張であることがわかる。ロシア人から見ると、一般大衆にまで識字能力が普及していたことが驚きだったことは事実であろうが、識字率の推定という課題に応えられるものではないことは明らかである。

文献に著された識字に関する記述から直接的に識字率を推定することは、一つの出来事や印象などから得られるものでしかなく、具体的な数字の根拠を突き詰めると簡単には採用できないものであるといわざるをえない。

（2）統計的手法による推定

文献に著された記述から確度の高い識字率を推定することが難しいとすれば、何らかの方法で統計的な数字を模索する必要がある。次にそうした方法を採用した研究を検討してみよう。

統計的な方法から識字率を推定する方法においては、どのような史料を基礎資料として用いるかによっていくつかの方法に分けられるが、まず久木幸男のユニークな方法から検討してみよう。

久木は、読み書き能力を必要とする職務とその推定人数を割り出し、それを当時の推定人口で割るという方法を考えた。それによると、八世紀末から九世紀にかけての日本社会には、郷長（里長）のように全国の基礎行政単位の長から、勘造授田口書生のように京と諸国に配置された職務が数多くあった。それらの職に就く者を識字能力者として推定し、そのうち「民衆」と考えられる者を五〇％と仮定して、約五万人の「民衆識字者」を割り出した。これらの計算から「少なくとも五万から十万に近い民衆識字者がいた」[10]という。さらに、この数字に基づいて当時の推定人口から一八歳以上男子の識字率を試算し、「成人男子識字者が五万人なら識字率は三・八％、九・五万人なら七・二％」[11]と推定した。

この推定方法は、多くの仮定を前提にしていることから、確度という点では評価に一定の留保が必要である。

三　寺子屋への就学率からの推定

（1）聞き取り調査の統計的処理

これまで必ずしも実態を踏まえたとはいいがたい史料を使っての推定方法を見てきたが、次に寺子屋への就学率をもって識字率を推定した方法を検討してみたい。この就学率の推定については、すでに海原徹が整理をしているので、それを参考にしながら検討を加えていくことにしたい[12]。

寺子屋への就学率を推定の根拠とする方法にも、研究者によって多様なものがある。そのひとつに聞き取り調査の結果をもとにした乙竹岩造『日本庶民教育史』（一九二九年）がある。

本書には、当時生存していた寺子屋での学習経験者などへの聞き取り調査が多く所載されている。その中に、寺子屋の識字状況についての古老への聞き取りの結果として一三三一の回答があり、それによると識字状況は以下のようになる[13]。

「地区児童の殆ど全部が通学した」……………一〇五（七・八九％）
「地区児童の大多数が通学した」……………二一六（一六・二三％）
「地区児童の過半数が通学した」……………一二四（九・三一％）
「地区児童の約半数が通学した」……………一九四（一四・五七％）
「地区児童の過半数が通学し無かった」…………四三五（三二・六八％）
「地区児童の大多数が通学し無かった」…………二五七（一九・三一％）

この調査は、寺子屋時代を経験した者を対象とした調査だけに貴重ではあるが、調査対象の古老の印象以上に頼るものはないため、客観的な数字として用いることには慎重でなければならないだろう。

（2）『日本教育史資料』を基礎データとする推定

①乙竹岩造『日本庶民教育史』（一九二九年）

乙竹は、同じ著書の中で前述の聞き取り調査とは別の試算をおこなっている。それは、明治期に作成された『日本教育史資料』を用いたものである。

これによれば、『日本教育史資料』の東京市分で所載された寺子屋数は二九七校、これらの寺子屋の平均生徒数は一二三名である。『有徳院殿御実紀』によれば、享保四年（一七一九）の東京府内の寺子屋師匠は八百余人とされている。また『維新前東京市私立小学校教育法及維持法取調書』には、「終始八九百ハ之アリシモノ、如シ」とある。さらに明治五、六年（一八七二、七三）頃でも東京市内に七百内外の私立小学校があったことから、約千の寺子屋の存在を推測する。『日本教育史資料』に所載されない寺子屋は小規模のものが多いので、仮に千校の寺子屋の平均を七五名とすると、寺子数は七万五千人となる。

また乙竹は、詳述は避けるが江戸の人口をさまざまな史料を用いて約七〇万人と推計し、そのうち学齢児童の割合は一九二九年当時の東京市を参考に一二・五％と推定して、七〇万人の同比率は、約八万七千人となる。推定寺子数七万五千人から、該当年代の子どもの八六％という数字が導き出される。この数字は、学制による学校制度制定当初の小学校の就学率よりもかなり高い(14)。

この乙竹の試算も、先に見た久木と同じように大胆な仮定の上でなされたものであるといえよう。海原が指摘しているように、学齢人員を昭和初年の六年制小学校に見合う八万七千人とすることの妥当性に、疑問を持たざるをえない。寺子屋の就学年齢には相当の多様性があり、また在学期間もまちまちである。海原は、乙竹の推計に対して別の根拠を挙げて計算しなおし、寺子屋時代の学齢人員を一一万六千人、寺子屋への就学者数を六万四千八百人と推計し、その結果就学率は五五・九％という数字を導き出した。これは『文部省第三年報』（明治八＝一八七五年）に報告された東京府の就学率五七・八％に近い数字である。

②広岡亮蔵「封建反動の教育」（海後勝雄ほか編『近代教育史Ⅰ』、一九五一年）

広岡は、戦後の教育史研究のひとつの到達点でもあり、またその後の研究の批判的出発点ともなった『近代教育史』（全三巻）において「封建反動の教育」の章を執筆し、その中で寺子屋への就学率を推定した。その研究動機は「寺子屋は、庶民のうちの、いかなる階層のためにあったかの問題である。封建支配者と共生的関係をむすぶ前期資本家（特権的商人や高利貸資本家）や農奴主的地主（名主や庄屋）のためか、それとも、ひろく、小商人小親方や小前百姓をも含む、庶民のためのものであったか。あるいはさらにひろく、徒弟や小作、水呑百姓の最下層をも含むものであったか。この究明は、寺子屋就学児童数と児童総数との割合をしらべることによって、ほゞ推測することができる[15]」とした。そして、都市部と山村部の二つの事例をもとに論を進めているが、都市部の例として挙げた数字は、乙竹の前述の江戸市内の寺子屋への就学率の推計の数字であった。

　都市部の推計において乙竹の推計をそのまま援用した広岡であったが、山村部に関しては京都府北桑田郡の事例を用いて独自に推計を試みている。まず『日本教育史資料』所載の寺子屋二七校を基礎データとして用い、そこに記載された生徒数（男五七三人、女一四三人）を、一九五一年当時の小学校児童数（男一〇三六人、女一〇〇六人）で割って、「北桑田郡のような僻すう山村でも、幕末明治初には、男児五六％、女児一五％のたかい寺子屋就学率をもっている。しかも除数は、人口増加をみ、しかも就学年限のながい現在（昭和二六年）の小学校児童総数である。だから寺小《（ママ）》屋の就学率は、実際はさらに高いものとなり、男児は七〇％を下らなかったであろう。そうすると、就学児童の身分は、最下層の樵夫、小作人を除く凡ての身分となるであろう[16]」と結論付けている。

　この広岡の推計を批判することは難しいことではない。たとえば、二七の寺子屋の開業と廃業年代を見れば、仮に明治初年に焦点を当てた場合、すでに廃業している寺子屋が複数あるから、同時期に二七が開業していたわけではないことは一目瞭然である。修学年限を小学校と同じ六年間とみたことも、現在の研究水準からはさらに吟味が必要であろう。

　③籠谷次郎「幕末期北河内農村における寺子屋への就学について」（『地方史研究』第一二二号、一九七三年）

大阪の枚方市域の寺子屋の資料を用いて就学率を推定したものに、籠谷の研究がある。籠谷はまず推定の母数となる就学適齢児童数について推定する。『文部省第三年報』によれば、考察対象地域の就学児は男児一〇四三人、女児五四二人、計一五八五人となる。学制期の就学率を五〇％と推定すると、小学校の就学適齢児童数は三一七〇人になる。しかし、学制期の小学校は八年制であり、寺子屋の平均的在学期間に乙竹の平均四年という数字を採用すると、結局、寺子屋就学との比較ではその半数である一五八五人が、計算上の寺子屋就学適齢児童数となる。次に『日本教育史資料』に所載されている寺子屋のうち、幕末期に開校していたものを選び寺子数を計算すると、男児八五四人、女児四八一人、計一三三五人となる。そこから他校区の生徒七五人を除く一二六〇人が、寺子屋就学者の基礎データとなる。(17) 一二六〇人を一五八五人で割った数、七九・五％が寺子屋の就学率ということになるが、相当に高い数字といわざるをえない。

さらに籠谷は、史料が残っている三矢村・中振村・藤坂村・田口村の四村について、いくつかの推計をおこなっているが、最大で一八二％、一〇〇％を超える数字が多数出現するという結果となった。こうした非現実的な数字が出現したのは、結局のところ『文部省年報』の就学者数にしても、『日本教育史資料』の寺子数にしても、正確な就学者を示しえていないことに起因すると考えられる。籠谷は学制期の小学校が八年制であったために、平均四年間就学したと推定した乙竹の寺子屋就学年との差を埋めようと数字を操作したわけであるが、たとえば『文部省年報』に示された就学者には、一日でも通った者も数えているわけで、挙げられた数字だけの子どもたちが小学校に推定された日数通ったわけではない。それは寺子屋でも同じことで、今日の研究によって寺子の就学状況が多様だったことが明らかにされてきている。(18)

④海原徹『近世の学校と教育』（一九九八年）

海原は、その著書の中に「就学率を推計する」という節を設け、それまでの研究史を跡付けした上で、自らも事例研究をおこない推定就学率を提示している。

海原は、周防大島郡三蒲村を事例に取り上げた。まず人口について『防長風土注進案』から天保一二年（一八四一）の人口三一二七人を導き、続いて明治一七年（一八八四）の調査から三四七八人を導く。この平均三三〇二人を明治初年の人口とした。続いて『文部省年報』から山口県の総人口に占める学齢児童の比率一五・一％を導き出し、推定総人口との計算から約四九九人という三蒲村の学齢児童数を得た。

さらに『日本教育史資料』から藩政時代の三蒲村の寺子屋一二校（寺子数一八三人）を精査して在学者の総計を一三三人とした。133÷499＝0.2665となり、就学率二六・七％の数字が得られる。この際の学齢児童の計算のもととなる修学年限は八年であるから、乙竹の寺子屋四年説を採用すると、母数は半減することになるので寺子屋就学率は五三・三％となる。『文部省年報』の基礎となった大島郡役所の学事報告は平均在学を六年としているので、六年を母数として採用すると三五・五％となる。これらの数字の差は、結局のところ寺子屋の修学年限を四年から八年のどこに見るかによって変わっていくということである。

こうした推計をおこなった上で、海原は「男女を合わせた学齢人員を八年制小学校なみの四九九名と見積もり、就学率を二六・七％とごく控え目に推計するのが、もっとも説得力に富んでいるといえるようだ(19)」と結論付けた。

これまで乙竹以降の『日本教育史資料』を用いた寺子屋の就学率推定の研究を見てきた。そこには、やはりいくつかの問題ないし限界が存在していたことはあきらかであろう。

第一に、『日本教育史資料』のもっている史料的限界である。最も当該時代に近い時期に作成された資料であっても、やはり地域を限定して調査をしてみるとその精粗の差が顕著である。『日本教育史資料』には約二万の寺子屋が記載されており、全国的な傾向をつかむ上では貴重な史料であることは間違いないが、今日の地域教育史の研究の成果を踏まえてみれば、寺子屋の実数は『日本教育史資料』記載数の数倍に及ぶ事例も多く、したがって『日本教育史資料』を基礎データとして地域の寺子屋就学率を推定することは、よほど慎重でなければならない。

第二に、これまで見てきたように寺子屋への就学の実態に目を向けた場合、その在学期間の平均をどの程度に見るのかによってあまりに誤差が出すぎるということである。海原の周防大島郡三蒲村の例に典型的に現れたように、倍の数字が出てくるのでは、確信をもって就学率として提示するにはためらわざるをえないだろう。同じことは、子どもの母数である就学適齢期児童数においてもいえよう。

こうしてみると、『日本教育史資料』に基づく寺子屋就学率推定には、超えられない壁が存在するといわざるをえない。

（3）入門簿などによる推計

前節まで主に『日本教育史資料』に基づいた研究を方法論的に検討してきた。ここでは、後世の調査によるデータではなく、実際に寺子屋に通ったことが実証される史料に基づく推定方法を検討してみよう。その際、史料として検討されなければならないのは「入門簿」である。入門簿を基礎史料とした研究として、利根啓三郎と八鍬友広を以下検討することにする。

①利根啓三郎『寺子屋と庶民教育の実証的研究』（一九八一年）

利根はまず上野国勢多郡下箱田村の事例を挙げている。この下箱田村には今井と狩野の二つの寺子屋の存在が確認されるが、今井寺子屋には「筆子連名帳」という入門簿が残存しており、就学状況が明らかにされる。これは文久三年から明治四年（一八六四〜七一）までの九年間の筆子の束脩・謝儀が年別に記載されたもので、特に慶応元年（一八六五）からは筆子別の記載があり、就学状況が具体的に明らかになる。狩野寺子屋には入門簿はないが、筆子が建立した墓石（師匠塚、まはた筆子塚と呼ぶ）が残されており、その墓石に筆子の名前が残されていることから就学状況を推定できるとする。

以上の史料から慶応元年の今井寺子屋への就学者を一六人、狩野寺子屋への就学者を七人、計二三人と推定する。今井寺子屋の「筆子連名帳」から、慶応元年の筆子の年齢が七歳から一六歳までとわかるので、同年の下箱田村の七歳から一六歳までの児童数を年齢による人口構成から推定して六一人とすると、就学者二三人の割合は約三八％となる[20]。

続いて上箱田村の例を見てみよう。同村には森田忠蔵寺子屋があり、同寺子屋への就学状況については、師匠塚に記載された氏名から四三人が判明する。これを「五人組御改并寺社人別帳」によって筆子の弘化五年（一八四八）の年齢を推定すると、年齢判明分だけでは三歳から一九歳の一四人が挙がってくる。ここで利根は、乙竹の説などを引いて入学年齢九歳、在学期間三年と仮定して、先に明らかになった一四人中五人が弘化五年の就学者とするのである。また在学期間を五年とすると就学者は七名となる。一方、弘化五年時点での村の年齢構成はわかっており、それとつき合わせると九歳から一一歳までだと七人であるので、就学率は七人中五人となり約七割、九歳から一三歳までとすると一五人中七人（約四七％）となる。文久三年についても推定しており、九歳入門、在学期間三年とした場合、九人中五人が就学した計算となり、就学率は五六％となる。

利根は以上の計算から、「上箱田村の就学率はおよそ五割から七割までの間に分布しているといえそうである。この数字は、純農村における寺子屋の場合と比較し、かなりの高位性をもつものである」と結論付けた[21]。

しかしその一方で、下箱田村と上箱田村での推定方法の前提を変えたことは理解に苦しむ。おそらく下箱田村で得た在学期間の根拠となった事例が多くなく、そこで得た推定在学期間をそのまま上箱田村に援用することをためらったためではないかと思われる。また、今井寺子屋の「筆子連名帳」記載の四三人のうち、史料的制約から考察の対象となった者が一四人にすぎず、残りの大半二九人が除かれているが、これでは有意味で確度の高い数字を導き出すのは難しいと思われる。

確かに利根の就学率の推定方法については、いくつかの問題点や限界があることは否定できない[22]。しかし、寺子として明確に把握された史料や人別帳をもとに信頼性の高い人口構成表を作製し、それらをもとに計算をおこなったものとしては、これまでの研究史にないものであった。その意味で非常に注目すべき研究であるといえよう。

②八鍬友広「近世越後の民衆と文字学び」（青木美智男ほか編『幕末維新と民衆社会』、一九九八年）

八鍬は、新潟村上の磯部順軒寺子屋の門人録と、村上城下の各町の家宅を一軒ごとに書き記した「軒付帳」などと呼ばれる史料とを付き合わせることによって、「ある特定の年代に存在した総世帯のうち、何軒が磯部寺子屋に入門させているかを把握することができる[23]」とする。

この仮説にたって、門人帳と軒付帳の双方の史料が比較的そろっている安良町・小町・上片町・下片町・庄内町の五町について照合し、入門が確認された世帯の割合（入門率）は、安良町（四五・一％）、小町（六三・九％）、上片町（二八・六％）、下片町（二五・〇％）、庄内町（二三・三％）となった。門人帳と軒付帳が一致しなかった家にも筆子がいた可能性はあるし、また軒付帳所載の世帯すべてに就学適齢期の子どもがいたわけではないだろうから、実際の入門率はさらに高かったと推測できる。こうした結果を受けて八鍬は、「入門世帯が六四％をしめる小町のような地域では、寺子屋に入門することが常態化しており、むしろ入門しないものの方が例外的であったとみなしていいだろう[24]」と述べている。

八鍬のこの研究の特長は、他の史料によって町並みを復元する際、それぞれの世帯の職業がわかっていることである。このことにより、職業別の入門率を導けた点が注目される。その結果、入門世帯には町人が営むあらゆる種類の職業が含まれていたが、「日用働」「日雇働」と記された日雇い稼ぎと思われる世帯だけは低い入門率を示した。しかし八鍬は、このことについても「日雇い層においてさえ、二三軒のうち五軒が入門させていることは、注目される。寺子屋に子弟を入門させている世帯が、日雇い稼ぎを生業とする世帯の二二％にものぼるのである」[25]と述べ、積極的に評価している。

八鍬の示した入門率は世帯単位での数字であるので、必ずしも識字率を直接的に示すものではない。しかし、研究方法として実証されうる範囲で正確な数字を出したことは高く評価されるものである。しかも、職業別の入門率など、なかなか実証されてこなかった視点について、初めてといってよい成果をあげた。

先に『日本教育史資料』を用いた識字率推定方法の問題点を指摘したが、地方文書や入門簿あるいは師匠塚などの金石史料を含む地域史料を用いた研究においても、先に指摘した問題点ないし限界が指摘できる。

改めて整理をすると、寺子屋就学適齢児童数を確定することはかなり難しいといわざるをえない。まず、比率の母数である人口総数、さらには子どもの人口比、さらに在学（就学）期間の推定において根拠のある数字を挙げることは困難である。

また、寺子屋就学者数を確定することも、難しい。入門簿や出席簿など、寺子屋の出入りを確定できる史料はほとんど望みようがない。梅村佳代がおこなった寿硯堂のように、詳細な記録はまことに希少であるし、仮にそうした入門簿や出席簿があったとしても、地域の子どもの数を推測するに足る史料がなければ就学率は導き出せない。

さらに重要で本質的な問題は、寺子屋の就学率が識字率と同じであるかという問題である。「はじめに」で述べたように、近世社会の識字率の高さは寺子屋への就学率の高さとして認識されてきた。しかしこのことについて、ルビンジャーは就学率と識字率は必ずしも対応するものでないことを指摘し、これまでの日本教育史研究者が「学校」中心の研究をおこなってきたことを批判した(26)。また、研究方法として、「読み書き能力の研究は世界的に大いに関心は広がっていたものの、日本では当時さほどでもなかった。私は日本の学界にリテラシーという問題を論争的に持ち込もうとしてきた。日本教育史の研究者たちは、これについての充分な資料は存在しないものと見做しており、長期にわたって世界の研究の流れに抵抗しているように私には見えていた(27)」と嘆いて見せた。つまり就学率から間接的に識字率を推定するのではなく、直接読み書きができたかどうかを推測する方法の模索を提案したのである。

四　署名による識字率の推定

ルビンジャーが指摘したように、日本教育史のみならず日本史研究においても、ヨーロッパにおける結婚時の署名のような直接に識字能力の検証に耐えうる史料への関心は薄かった。こうした状況に一石を投じたのが木村政伸の花押の研究であり、その方法論を受け継いだ大戸安弘を代表とする科研グループである。

①木村政伸「近世識字研究における宗旨人別帳の史料的可能性」(『日本教育史研究』第一四号、一九九五年)

木村は、L・ストーン(28)(Lawrence Stone)などの西洋教育史研究において、結婚時の署名が識字研究の基礎史料となっていることにヒントを得、九州大学文学部に所蔵されている長崎・平戸町の一連の人別帳に着目した。この人別帳は、一七世紀中期以降、国内全域に広がる宗旨人別帳のさきがけとなったものである。同時期に作製された京都・六角町の人別帳と併せて検討した結果、人別帳の各自の氏名の下に記された花押などによって、当時の長崎および京都における識字率が推定できる可能性を明らかにした。

木村が提起した研究方法としての特徴は、まず人別帳が住民の悉皆調査であることである。人別帳は、住民登録的機能を併せ持っているために住民全員の氏名が記される。長崎の事例の場合、年齢や家族関係も記されているものがあり、その情報量は豊富である。また長崎・平戸町の場合寛永一一年（一六三四）以降、京都・六角町の場合同一二年（一六三五）以降、複数の同様の人別帳が残っており、年次経過や年による比較が可能である。これらの文書に記された花押や印の分析を通じて、当時の識字能力を直接把握できるのではないかというのが木村の仮説である。

ルビンジャーも高く評価したように、この花押への着目は研究方法論として活目すべき点を有していた。しかし、同時に課題もかかえていた。

第一に、花押が識字能力を証明しうるかという問題である。花押は確かに記号であり、文字ではない。しかし花押は、漢字などの文字をもとに作成されたものであり、また花押を書くためには熟達した筆使いが必要であることから、花押が書けることは読み書き能力を有すると判断しても間違いはないだろう。

第二に、人別帳に書かれたものは、明確な花押だけではない。花押とは呼べないような「略押」や印鑑の類も多い。特に一七世紀中期以降、急速に印鑑が普及したため、人別帳に花押を書いた例はほとんど見られなくなってしまう。こうした印鑑については、識字との関係については即断できない。また「略押」については、その範囲や形態があまりに多様なので、ひとつひとつ個別に判断せざるを得ない。そこには、日本語の文字の多様性の問題も絡んでいる。漢字を基本として作成される花押を基準とすると、ひらがな・かたかなだけを書ける層を見落としてしまう可能性もある。

第三に、花押を書いていないことがそのまま「書けない」とは判断できないことである。たとえば長崎・平戸町の人別帳には女性で花押を書いた例はひとつもない。京都・六角町の場合にも極めて少ない。では、本当に文字を書けなかったのだろうか。当時の都市部の商家の女性が全く文字を書けなかったとは考えられない。「文字は書けるが花押は書かなかった」可能性は大いにありうると考えられる。

第四に、識字率推定の統計の基礎となる住民の総数の確定については、人別帳は非常に有効である。しかも、長崎・平戸町の人別帳のように年齢の記載があるものもあり、年齢別人口構成を知ることもできる。しかし、どの年齢からを考察対象とするかについては、有効な指針を与えてくれるものではない。年齢の設定によっては、大きく数字が動く可能性はやはり大きいのである。[29]

こうしたさまざまな問題はあるものの、先でルビンジャーが嘆いた日本の識字研究上の史料問題に対する一定の回答となったのも事実である。

②R・ルビンジャー *"Popular Literacy in Early Modern Japan"*（二〇〇七年）

③大戸安弘ほか『前近代日本における識字状況に関する基礎的研究』（二〇〇六年）

木村が提起した研究方法論をさらに発展させたものが、これまで何度が言及してきたルビンジャーと大戸を代表とする科研グループである。

ルビンジャーは、前述のように日本の識字研究、特に史料について不満をもっていたが、木村が提示した花押を用いる方法論を積極的に導入し、各地の花押を収集分析することで民衆の識字の状況を明らかにしようとした。その成果が *"Popular Literacy in Early Modern Japan"* となっている。

同じように、日本においても大戸を代表とする科研グループが全国規模で文書を渉猟し、多くの有益な史料を発掘してきた。残念ながら長崎・平戸町の人別帳のような住民全員の署名状況が確認できる史料は極めてわずかしかなかったが、中世を中心に地域や一族の結束を確認する「契状」の類が多く発見され、中世に豊かな識字社会の存在を確認することができた。[30]

この科研グループは、古代から近世までを視野に入れた研究を続けていることから、今後の研究成果が期待される。

④高橋敏「村の識字と「民主主義」――近世文書「村役人入札」を読む――」（国立歴史民俗博物館編『新しい史料学を求めて』、一九九七年）

一定地域の住民の署名という視点から、人別帳とは別に注目されるのが村役人の選挙などの際に行われる「入札」である。人別帳と違って住民全員が書くわけではないが、各戸から一名が投票することが通例であり、投票総数やその筆跡から識字能力を判断できるのである。高橋によると、安政三年（一八五六）駿河国御宿村名主選挙においては、総戸数六三、投票数五一、判読可能数四八であり、総戸数の七六％が自ら望む人物の名前を書けたことになる。

こうした入札による識字状況の研究は、高尾善希もおこなっている。高尾は、武蔵国入間郡赤尾村で天保五年（一八三四）におこなわれた名主選任をめぐる入札を研究し、四五人中女性三人を含む四三人が「自筆」であったことを明らかにした。自筆率は実に九五％になる。同じく、嘉永四年（一八五一）の組頭選出をめぐる入札も検討し、総投票数一四四票、記入票一二〇票となり、記入率は八三％となるが、今回は同筆跡と思われるものが多いためそれを除くと自筆率は六一％となるとする(31)。

こうした入札は村役人の選出以外にも村の決め事の際おこなわれた例もあり、今後識字研究のひとつの有効な方法となりうるであろう。

おわりに

これまで、識字率推定の方法をめぐって先行研究を検証してきた。それぞれの方法には特長と限界があり、短日に評価を下すことは控えなければならない。

しかしながら、戦前からの研究史を通していえることは、全国規模での統計的手法を用いた推定はもはや有効性を持たなくなったこと、一定の限定された地域の中で実際に書かれたものをもとに識字状況を判断せざるをえないこと、このふたつがおそらく今日までの研究の到達点であることは確認できるだろう。

しからばどの地域を、どのような「書かれたもの」によって研究していくべきであろうか。識字研究の可能性を開いた人別帳への着目も、花押が書かれた人別帳の事例数の少なさからその研究の発展は壁を迎えている。むしろ、「一揆契状」のような連名による署名のある文書に研究の中心を移さざるを得ないかもしれない。そうした可能性については、大戸をはじめとした科研チームが目下取り組んでいるテーマであり、今後の研究成果に注目しつつ、見極めていかなければならない。

（1） R・P・ドーア（松居弘道訳）『江戸時代の教育』（岩波書店、一九七〇年）二六八頁。
（2） Herbert Passin, Columbia University, 1965, p.11. なお日本語訳では「一八〇五年」と誤訳している（國弘正雄訳『日本の近代化と教育』サイマル出版、一九八〇年、一四頁）。
（3） 同右書、五五頁。
（4） 鈴木理恵「江戸時代における識字の多様性」（『史学研究』第二〇九号、一九九五年）参照。
（5） Richard Rubinger, *"Popular Literacy in Early Modern Japan"*, 2007. 川村肇訳『日本人のリテラシー　1600–1900年』（柏書房、二〇〇八年）一三頁。
（6） 名倉英三郎編『日本教育史』（八千代出版、一九八四年）一六頁。
（7） 黒板勝美編『新訂増補　国史大系　三二　吾妻鏡』（吉川弘文館、一九六四年）七七五頁。
（8） ここで取り扱うゴロヴニンのほか多くの外国人の記述については、青木美智男「幕末期民衆の教育要求と識字能力」（青木美智男ほか編『講座日本近世史　七　開国』有斐閣、一九八五年）を参照にした。また、竹内誠監修『外国人が見た近世日本――日本人再発見――』（角川学芸出版、二〇〇九年）も参考になる。

(9) ゴロヴニン（井上満訳）『日本幽囚記』下巻（岩波文庫、岩波書店、一九四六年）三二一頁。字体・かな遣いは現代のものに改めた（以下同じ）。
(10) 久木幸男『日本古代学校の研究』（玉川大学出版部、一九九〇年）四二八・四二九頁。
(11) 同右書、四二九頁。
(12) 海原徹『近世の学校と教育』（思文閣出版、一九八八年）三一七頁〜。
(13) 乙竹岩造『日本庶民教育史』下巻（目黒書店、一九二九年）九二七頁。
(14) 同右書、中巻、六〇七〜六一二頁。
(15) 海後勝雄ほか編『近代教育史I――市民社会の成立過程と教育――』（誠文堂新光社、一九七九年再版）三一七頁。
(16) 同右書、三二〇・三二一頁。
(17) 籠谷次郎『籠谷次郎日本教育史論集――明治期地方教育史の諸問題――』（大空社、一九九三年）所収。
(18) 梅村佳代の寿硯堂の研究「寛政期寺子屋の一事例研究――伊勢国「寿硯堂」を中心として――」（『教育学研究』第五三巻二号、一九八六年。のち同『日本近世民衆教育史研究』（梓出版社、一九九一年）所収）などがある。
(19) 前掲注(12)海原書、三三〇頁。
(20) 利根啓三郎『寺子屋と庶民教育の実証的研究』（雄山閣出版、一九八一年）七〇〜七二頁。
(21) 同右書、八三頁。
(22) 海原徹は、利根の推定について批判をおこなっているが、その中で上箱田村について「就学者の該当年齢をそのまま学齢人員とすれば嘉永元年（一八四八）当時の就学者一四名の年齢は三歳から一九歳までであり、また人口構成表によるこの年齢層の総計は五七名だから、就学率は14÷57＝0.2456、二四・六％となる」（海原前掲注(12)書、三二六頁）という。しかし、これは師匠塚の史料としての読み誤りによる批判である。利根は森田忠蔵の師匠塚の建立年を明らかにしていないが、後世に立てられた師匠塚には寺子屋開業以来の長い年月の筆子によって建立されるわけであるから、弘化五年当時に三歳だった者が当該年に筆子であるとは限らない。同じことは一九歳の者でもいえるのであって、利根の推計は妥当なものといえる。
(23) 八鍬友広「近世越後の民衆と文字学び」（青木美智男ほか編『幕末維新と民衆社会』高志書院、一九九八年）一四五頁。

（24）同右論文、一四六頁。

（25）同右論文、一四九頁。

（26）前掲注（5）ルビンジャー書。

（27）同右書、一一頁。

（28）L・ストーン（佐田玄治訳）『エリートの攻防――イギリス教育革命史――』（御茶の水書房、一九八五年）。"Literacy and Education in England 1640-1900", *Past and Present*, No.42, 1969.

（29）詳細は、木村政伸「近世識字研究における宗旨人別帳の史料的可能性」（『日本教育史研究』第一四号、一九九五年）参照。

（30）平成一四年度～平成一七年度科学研究費補助金（基盤研究（B）（一般））研究成果報告書『前近代日本における識字状況に関する基礎的研究』（研究代表者　大戸安弘）二〇〇六年。

（31）高尾善希「近世後期百姓の識字の問題――関東村落の事例から――」（『関東近世史研究』第五〇号、二〇〇一年）。

〈付記〉本論文は、「前近代日本における識字率推定をめぐる方法論的検討」（『筑紫女学園大学・短期大学部人間文化研究所年報』第二〇号、二〇〇九年）に加筆・修正を加えたものである。

2 「一文不通」の平安貴族

鈴木理恵

はじめに

八世紀初めに成立した律令国家は、中国から導入した律令法に基づく中央集権体制をとった。文書行政システムにのっとり、太政官や八省から命令文書が諸国へ発せられ、諸国官衙から上申文書が中央へ逓送された。また、律令政治は儒教的徳治主義の理念に基づいていたから、律令国家を運営するためには、儒学に通暁し漢字漢文の書記能力を習得した大勢の官人を必要とした。そのため、律令国家形成期にあたる七世紀後半に官人養成機関が中央に設置され、大宝令によって大学寮として制度化された。大学寮では、貴族や中下級官人の子弟を入学させて経書が教授された。

従来の研究は、律令国家期にいかに識字能力が拡まったかを明らかにすることに関心が向いていた。この数十年間、各地遺跡から木簡や墨書土器などの出土文字史料が増加したことによって、漢字使用が地方に拡大していたことが明らかになってきている(1)。七~八世紀の官衙跡からは、役人が仕事のあいまに文字の練習をしていたことをうかがわせる習書木簡が出土している。木簡には『論語』『文選』『王勃集』などの一部が書かれていることから、下級役人までがこれらの漢籍を読んでいたことが知られる[2]。東野治之は「律令制度の強固だった奈良時代から平安時代前期にかけては、日本の歴史上、まれにみる識字人口の多い時代だったとみてよさそうである」とする[3]。

ところが、律令国家が解体すると、「一文不通」と評される貴族が出現した。「一文不通」とはどのような状態を指したのだろうか。字義通りに一文字も読み書きできない状態であるとすれば、そのような貴族が政治に携わることなど可能だったのかという疑問が生じる。従来、それが問題とされることはなかった[4]。

そこで、本章は、あえて読み書き能力に劣っていた貴族に注目する。まず第一節で、九世紀から一三世紀初頭にかけて読み書き能力不足を指摘された貴族を概観し、なかでも「一文不通」「不知漢字」と評された貴族の能力が実際にはどうだったのかを検証する。第二節では、政務のなかで読み書く役割を担うことの多かった参議に着目し、その能力の実際について、定という政務を取り上げて検討する。最後に、読み書き能力不足を示す表現として「一文不通」や「不知漢字」が使用された背景を探り、漢字書記や漢文作成の能力が低くても貴族社会で昇進を遂げ政務に参画しえたのはなぜなのか検討する。以上のような諸点を検討することによって、平安後期貴族社会におけるリテラシーとしての漢字や漢詩文の位置について考察したい。

一　読み書き能力不足の貴族

(1) 上級貴族の読み書き能力

平安初期の正史や、一〇世紀末以降の貴族の日記などにおいて、読み書き能力の不足を指摘された貴族は以下のとおりである[5]。傍線を付した部分が当該貴族の読み書き能力に関する記述である。

①橘百枝（七七五～八五四）『日本文徳天皇実録』斉衡元年（八五四）四月丙辰条

散位従四位下橘朝臣百枝卒。百枝。従四位上綿裳之子也。延暦十八年為二内舎人一。大同二年為二常陸員外掾一。弘仁十三年叙二従五位下一。天長七年正月叙二従五位上一。為二伊勢介一。承和十三年正月叙二正五位下一。十五年四月叙二従四位下一。百枝不レ解二文書一。好在二鷹犬一。年至二八十一。漁猟無レ息。剃レ頭為レ僧。不レ食二葷完一。

②藤原縄麻呂（七六八～八二一）『類聚国史』弘仁一二年（八二一）九月甲寅条

従四位下藤原朝臣縄麻呂卒。贈太政大臣正一位種継之第二男也。為レ性愚鈍。不レ便二書記一。以二鼎食胤一。歴二職内外一。無レ所レ成レ名。唯好二酒色一。更無二余慮一。時年五十四。

③藤原道綱（九五五～一〇二〇）

・『小右記』長徳三年（九九七）七月五日条

今日大臣召云々、有レ所レ思不二参入一、……今日以二大納言藤原公季一為二内大臣一、以二中納言藤原道綱一為二大納言一、以二中納言藤懐忠一為二権大納言一、参議藤時光為二中納言一、道綱去年任二中納言一、下官去長徳元年任二中納言一、而以二道綱一被二抽任一之故未レ得二其心一、若以二外舅幷大将一所レ被レ抽歟、……用賢之世、貴賤研精、而近臣頻執二国柄一、母后又専朝事、無縁之身処何為乎、又令レ勘二奏良相例一云々、彼間事人不二敢知一、文徳天皇代也、算年紀百四五十年、又彼賢能人也、抽賢之世歟、延喜聖代以二貞信公一被二抽任一也、又抽賢用能之時也、今以二後（彼）例一被レ抽二道綱一、未レ知二其理一、僅書二名字一、不レ知二一二一者也、又勘二上古例一可レ被レ行者、以二法師一任二大臣一可レ為二大納言一歟、豈為二能例一乎、

・『小右記』寛仁三年（一〇一九）六月一五日条

宰相来、居二地上一、良久談話、次云、或云、道綱卿令レ申二入道殿一云、一家兄也、此度若不レ任二丞相一何恥勝レ之、只一二个月可二借給一、縦雖レ無レ悉（恙カ）不レ可レ従レ事、何況有レ病乎者、余所レ思者第一大納言年労太多、所レ陳

可レ然、但一文不通之人未レ任二丞相一之故、世以不レ許、以レ之可レ験、

④藤原兼隆・藤原正光・藤原通任[6]『御堂関白記』長和元年（一〇一二）一二月一六日条

道方被レ任二参議一、大弁労（ママ）年、頭労五年、加二前後一公卿過二廿人一事、不レ宜事也、然而所レ申有二其理一、以二下﨟一不覚前被レ任、其愁尚留レ身、又参議多有下不二書読一者上、定間見苦、触事多端、仍被レ任レ之、

⑤藤原好親『小右記』長和三年（一〇一四）三月六日条

将曹正方申云、丹波中将朝臣明日可レ下二於国一云々、可レ無下可レ着二手結一之将上、少将公成如二嬰児一、好親一文不通、年来不二着行一、経任者未到也、仍差二正方一、過二手結一可レ向レ国由示送了、

⑥藤原兼房（一〇〇一～六九）『土右記』延久元年（一〇六九）六月四日条

前讃岐守兼房朝臣卒、年六十九、故入道中納言兼隆長男、贈太政大臣道兼孫也、好二和歌一暗二文字一、

⑦藤原良綱・源高実『為房卿記』承暦三年（一〇七九）八月二二日条

今日参二殿下一、殿下御二宇治殿一了、為レ御二逍遥一也、月卿雲客多被二参道一、今日中宮所宛也、両大進、良綱、高実、但（倶カ）不能二文筆一、為房服身也、於二服者一々先例不レ被二尋得一、但殿下仰専不レ可レ憚者、又大夫、資綱、早可二奉仕一之由被二示送一、

⑧藤原経実（一〇六八～一一三一）『中右記』天仁元年（一一〇八）五月二〇日条

午時許権弁差二使者一示送云、此七八夜飛礫入二于家中一、成レ奇令二窺見一之処、西隣大納言経実卿所レ為也者、此事甚不便也、仍乍レ驚所レ示也者、予答云、不レ知二由緒一、只不レ如レ避二件七条亭一也、四位少将相具、早可レ被レ渡二他所一歟、件卿自レ本非常第一之人也、全無二所能一、以二大飲一為レ業、招二天下武勇輩一、毎日毎夜常入二酔卿（狂）一、抜レ剣為レ興、一文不通、毎レ有二公事一、称レ病不二出仕一、仍雖レ無二指意趣一、以二飛礫一打二四隣一之由、自レ本有二風聞一、非レ可二敵対一、不レ如レ避二悪人近隣一、

⑨藤原実教（一一五〇～一二二七）『玉葉』文治三年（一一八七）二月二九日条

於二直廬一、定二臨時祭事一、頭中将実教朝臣執筆、件人、一切不レ知二漢字一、而勤二此役一如何、兼使三人書二定文一懐二中之一、臨レ期只如レ書取二替之一、舞人摺袴各一通如レ常、以二去年例文一、副二覧之一、事訖退出、

⑩藤原親能（？〜一二〇七）『玉葉』建久三年（一一九二）五月三日条

能保卿之許遣レ人、広元申状如レ此、然者以二他人一可レ被二祗候一歟、将又只以二力者一可レ遣歟、可二相計一之由、仰遣之処、親能今両三日之間、可二下向一歟、然而不レ読二漢字一之人也、随レ仰可レ遣二力者一歟、且是往還可二早速一之故也云々、仰二可レ然之由一了、

⑪藤原公清（一一六六〜一二二八）『玉葉』承元四年（一二一〇）一〇月二五日条

是日依二慧（彗）星御祈一、於二南殿一可レ被レ行二御読経一也、僧名定同日也、……公清巻二返続紙一、其作法不レ似二普通一、可レ謂二不便一、摩レ墨染レ筆候二気色一、予披二例文僧名一、与二奪之一、五六行許書了、自二懐中一取二替之一、於二里亭一儲近代例云々、但此人不レ知二漢字一之由風聞、而今書儲取二替之一、不レ似二普通人一之所為、頗顕然歟、

⑫藤原隆清（一一六八〜一二一四）『玉葉』承元五年（一二一一）一〇月一二日条

早旦聞書到来、披見之処、以外任人（除目事）多、……参議隆清、兼、左兵衛督、不レ知二一文字一人也、但上皇御外舅、内大臣弟也、

⑬藤原忠実（一〇七八〜一一六二）『中外抄』下二

仰せて云はく、「尤も遺恨なり。……故□殿、我が前に居ゐて、「これ□一文不通□術なきわざかな」と仰せられしかば、「関白・摂政は詩作りて無益なり。公事大切なり。学文せさせ給ふべき様は、紙三十枚を続けて、通国様の物を御傍に居ゐて、「只今馳せ参る」など書かしめ給ふべし。また、「今日天晴る。召しによりて参内す」など書かしめ給ふべし。君の知ろしめさざる文字候はば、彼に問はしめ給ふべし。件の文二巻、ただ書かしめ給ひなば、うるせき学生なり。四、五巻に及びなば、左右あたはざる事なり」と。よりて、

かやうにせし程に、日記程なく見てき」と。

右の一三事例を表1にまとめた。また、表1で多くを占めている藤原氏については図1に示した。これらから、読み書き能力不足を指摘された貴族の多くが、摂関に近い上級貴族であったことを指摘できる。

一三例のなかで、最も読み書き能力が低いことを示すと思われる「一文不通」「不知漢字」に注目してみたい。「一文不通」とは、『角川古語大辞典』によれば「一字の文字も読んだり書いたりできないこと。無学文盲。一文不知」(7)を意味する。「不知漢字」とは、漢字を知らないことと解せる。③藤原道綱、⑤藤原好親、⑧藤原経実、⑬藤原忠実の四名が、「一文不通」と評されていた。これらのうち、好親については関連史料が少ないので省略する。忠実については、「一文不通」と言われた若年時はともかくとして、承徳二年(一〇九八)以降の日記『殿暦』が残されているので漢字の読み書きができたことは明らかである。残りの道綱・経実と、「不知漢字」と評された⑨藤原実教、⑪藤原公清について、実際に彼らが漢字を読み書きできなかったのか検討しよう。

(2)「一文不通」の貴族

【藤原道綱】

まず、道綱については、藤原実資の日記『小右記』(③)に「不知一二」や「一文不通」と記されている。実資は永祚元年(九八九)参議に就任し、納言を二六年間、大臣を二六年間勤めた。小野宮流を継承して故実や政務に精通し、六三年間にわたって日記を書いていたことが知られる。

先にあげた③『小右記』長徳三年七月五日条によれば、実資は、道綱が大納言に昇進したことを知った際に、名字しか書けず「一二」という漢字すら知らない道綱が大納言に昇るのはおかしい、と難じている。当時、実資も中納言で、道綱よりその労が長いにもかかわらず、大納言昇進において先を越されたのだった。実資が「無縁

表1　読み書き能力不足を指摘された貴族

記述	典拠史料成立年代	名	当時の職位―最終職位	父
不解文書	八七九年	①橘百枝	散位従四位下	従四位上綿裳
不便書記	八九三年	②藤原縵麻呂	従四位下	贈太政大臣正一位種継
僅書名字 不知一二	九九七年	③藤原道綱	大納言―大納言正二位	摂政関白従一位兼家
（定間）不書読	一〇一二年	④藤原兼隆 ④藤原正光 ④藤原通任	参議―中納言正二位 参議―参議従三位 参議―権中納言正三位	関白正二位道兼 関白従一位兼通 大納言正二位済時
一文不通	一〇一四年 一〇一九年	⑤藤原好親 ③藤原道綱	少将 大納言	摂政関白正二位道隆 摂政関白従一位兼家
暗文字	一〇六九年	⑥藤原兼房	前讃岐守	中納言正二位兼隆
不能文筆	一〇七九年	⑦藤原良綱 ⑦源高実	中宮大進―正四下 中宮大進―中宮亮正四上	正四位下範永 正四位上高房
一文不通	一一〇八年	⑧藤原経実	大納言―大納言正二位	関白従一位師実
一切不知漢字	一一八七年	⑨藤原実教	頭中将―中納言正二位	参議正三位公親
不読漢字	一一九二年	⑩藤原親能	左中将―権中納言従二位	権大納言正二位定能
不知漢字	一二一〇年	⑪藤原公清	参議―参議従二位	権大納言正二位実国
不知一文字	一二一一年	⑫藤原隆清	参議―参議正三位	非参議正三位信隆
一文不通	一二世紀後半	⑬藤原忠実	不明―摂政関白従一位	関白従一位師通

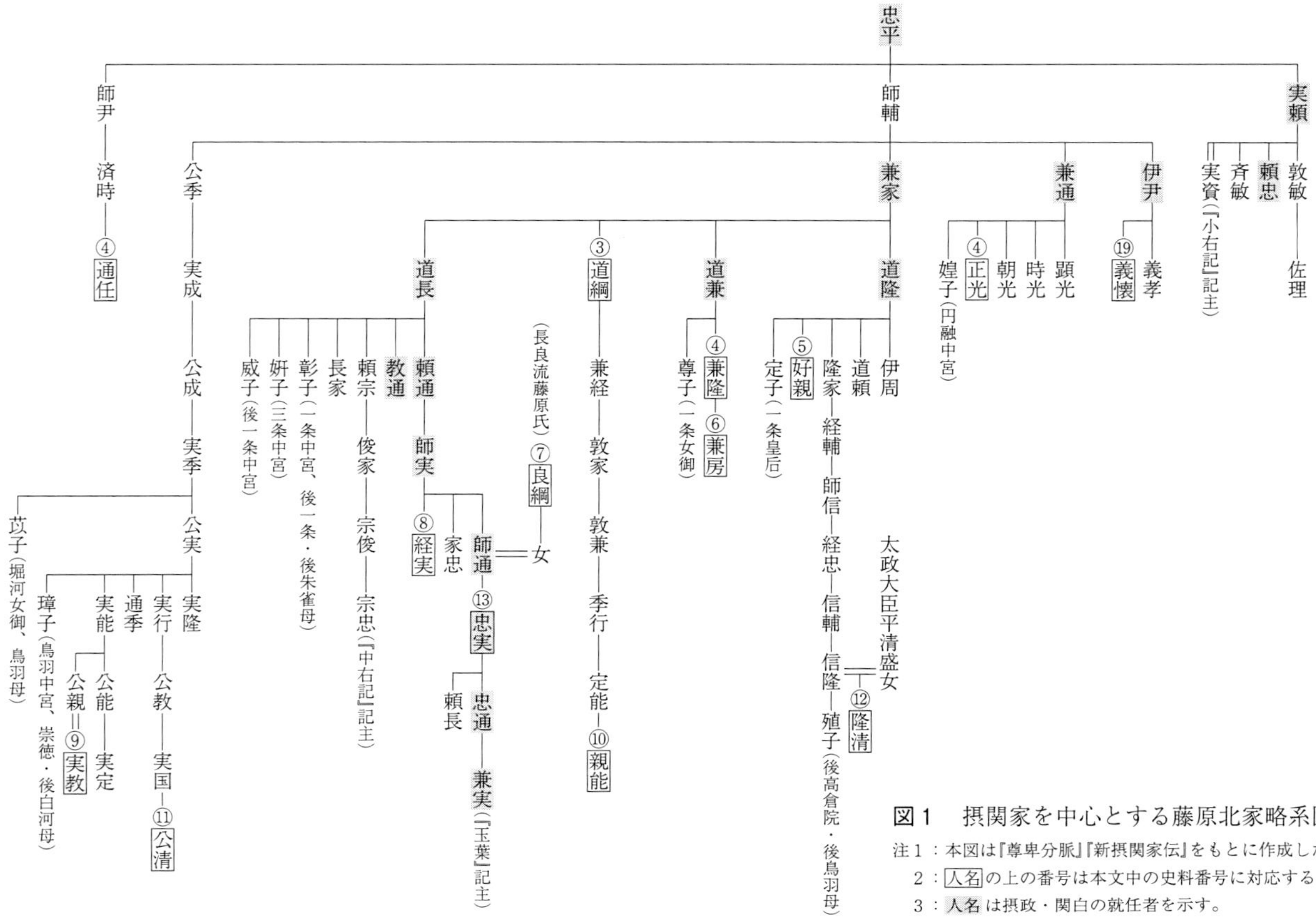

図1　摂関家を中心とする藤原北家略系図

注1：本図は『尊卑分脈』『新摂関家伝』をもとに作成した。

2：人名（枠囲み）の上の番号は本文中の史料番号に対応する。

3：人名（網掛け）は摂政・関白の就任者を示す。

之身」ゆえに昇進できないのに対し、無能な道綱が「母后」を姉に持ち一条天皇の「外舅」ゆえに昇進したことに憤慨し、「用賢之世」に思いを馳せている。

その二二年後の寛仁三年六月一五日条③でも実資は道綱を批判している。当時、左大臣藤原顕光が辞任するという風聞があった。そうなれば、大納言の任にあった実資や道綱が大臣候補となる。実資は、藤原資平（実資養子）から、道綱に関する噂を耳にした。その内容は、「道綱卿が入道殿（道長）に申し入れて、「私は一家の長兄である。今回もし大臣になれなければ、これ以上の恥辱はない。ほんの一、二か月でよいから大臣の座を貸してほしい」と懇望したらしい」というものであった。これについて実資は、「道綱は大納言の労が長く、述べていることは確かにそのとおりである。ただし一文不通の人が大臣に任ぜられた例は未だかつてないので、（道綱の任大臣を）世の人は許さないだろう」と書いている。

道綱は関白兼家の二男で、道長の異母兄であった。道長の母親は兼家の正妻にあたる時姫だが、道綱は『蜻蛉日記』の著者として知られる藤原倫寧女を母とした。道綱は、右馬助・左衛門佐・左近衛少将・蔵人・右近衛中将など武官を中心に歴任し、正暦二年（九九一）参議、長徳二年（九九六）中納言兼右大将へと昇進し、最終的に大納言正二位に達した。

この道綱については、諸書に悪評が掲載されている。特に『小右記』には、随所に「道綱が仮病をつかうもの、遅刻するもの、その責務を果たしていないというもの、道綱の作法がまちがっており、また失誤があるというものなど」[8]が記されている。『古事談』（一―一二八）ではその失言をもって「不レ異二禽獣一者」と評され、『続古事談』（一―一五）には幼少時の後一条天皇をだました狡猾な道綱像が描かれている。これらに基づいて道綱を凡庸な人物とするのが通説だが、だからといって道綱が文字を読み書きできなかったとする証左にはならない。

そこで、諸記録に現れる道綱について、実際に文字の読み書きができなかったのかという視点から検討すると、道綱が和歌合や作文会に出席した事例が確認できた。たとえば、『小右記』永延二年（九八八）一〇月五日条によると、和歌合に出ている。『御堂関白記』寛弘元年（一〇〇四）九月三〇日条や寛仁二年（一〇一八）一一月一七日条によれば、道長邸にて開催された作文会に参加している。道綱は、和歌や漢詩を自ら書いた可能性があり、一文字も読み書きできなかったと断定することはできない。

それでは、なぜ実資は道綱を批判したのかという疑問が生じるが、それは、実資と道綱の年齢が近く、昇進過程も近似していたことによると考えられる。常に一歩先んじて昇進していた実資が、道綱の長徳二年（九九六）の中納言昇進と翌三年の大納言昇進によって立場が逆転したため、道綱に対して「強い対抗意識」[9]や「耐え難い屈辱」[10]を感じるようになったとされている。前掲の実資による道綱批判は、まさに、中納言の労が長い自分を差し置いて道綱が昇進したことへの不満をつのらせるなかで、あるいは、大臣の座をめぐって道綱への対抗意識が再燃するなかで書かれている。実資の怒りにまかせて書かれた道綱批判を信用するわけにはいかない。

かといって、「一文不通」が全く根拠のない道綱評だったかというと、そうともいえない。実資は『小右記』に公卿の失儀や無能ぶりへの批判・罵言を記すことが多かったが、誰に対しても「一文不通」を使用したわけではないからである。道綱に対して「一文不通」を使用するにはそれなりの理由があったものと考えられる。それについてはのちに触れることとして、藤原経実の事例に移ろう。

【藤原経実】

経実については、藤原宗忠の日記『中右記』⑧に記されている。宗忠は、弁官や蔵人頭を経て、康和元年（一〇九九）参議に任ぜられ、従一位右大臣に至った。故実や漢詩文に通じ、五二年間にわたって日記を書いたことが知られる。

⑧の史料によれば、天仁元年（一一〇八）五月二〇日、当時権中納言であった宗忠が、権右中弁藤原為隆から

使者を通じて受けた知らせは、「この七、八夜、家のなかに飛礫が飛び込んでまいりました。奇異なことだと思い、ようすを見させたところ、西隣の大納言藤原経実卿がなせるしわざでした。はなはだ不都合なことです」というものであった。宗忠の男宗能が為隆女と結婚し、為隆の家に同居していたので、為隆がこの一件について宗忠に知らせてきたのである。それに対して宗忠が答えた内容は、「（経実が）なぜそのようなことをするのか理由はわからない。ただ、七条亭を避けたほうがよい。四位少将（宗能）を伴って早く他所へ移られたほうがよいだろう。経実卿はもとより非常識な人である。無能で、大酒を飲んでばかりいる。武勇の輩を自宅に招いては毎日毎夜酩酊して剣を抜いて興じている。一文不通で、公事のたびに病気と偽って出仕しない。さしたる理由もないのに飛礫を四隣に投げ打つことはこれまでも風聞があった。そのような悪人は敵対せずに避けたほうがいい」というものであった。

経実は関白師実の三男である。右近衛少将・備後権介・蔵人頭などを歴任し、寛治五年（一〇九一）参議に任ぜられ、最終的に大納言正二位に至っている。経実の評判はあまり芳しくない。鎌倉時代の『愚管抄』（第五二条）に、経実の男経宗が「二位大納言経実ニハ似ズ。公事ヨク勤メテ職者ガラモアリヌベカリケレバ」と評されている。逆に言えば、経実は公事を勤めず有職ではなかったということになる。『中右記』⑧でも、経実は公事のたびに仮病を使って出仕しない、と宗忠によって批判されていた。これらを裏付けるように、曽我良成は、諸国国司から申請された案件を審議する諸国条事定への公卿参会状況を分析し、経実の出席率が極端に低かったことを指摘している[11]。

そこで諸記録を見てみると、経実は、確かに勤務ぶりはよくないとはいえ、公事の上卿（政務の執行責任者）を勤めることがあった。たとえば、『中右記』康和五年（一一〇三）三月二〇日条では、経実が臨時仁王会定の上卿を担当していたことがわかる。仁王会定というのは、仁王会で読経などをする僧侶を決定し、定文に書いて奏上する政務である。上卿自身は文字を書く必要はなかったが、執筆担当の参議が書いた定文に間違いがないかチェックする必要があったので、漢字を読めないと勤まらない役だった。

また、『中右記』永長元年（一〇九六）一二月一三日条に、「官奏之間、於二陣後一新中納言経実卿見二度牒解文一、頗奇怪歟」とあり、官奏の間に陣座の後方において度牒解文を見ていた経実の奇怪な行動が書き留められている。「度牒」というのは僧尼が得度（出家入道）したことを証明する文書、「解文」とはそれを上申する文書である。また、松薗斉によって、経実は日記の記主として確認されている[12]。これらのことから、経実が漢字を読み書きできたことは明らかである。

宗忠はなぜ経実を批判したのだろうか。それは、経実と宗忠の政治的立場の違いによると考えられる。経実は、「無節操なまでの婚姻政策」によって、当時権勢を誇っていた白河院の側近と結びついたことが指摘されている[13]。これに対して、宗忠は、終生摂関家に近侍した。宗忠は『中右記』の随所で院政と院近臣を批判しており、前掲の経実批判もその一環と理解することができる。

ともに文字を読み書きできた道綱や経実を、実資や宗忠が「一文不通」と批判したのはなぜだろうか。それは、実資らが、「一文不通」を「一字の文字も読んだり書いたりできないこと」[14]としてではなく、漢学の才に劣るという意味に使っていたためと考えられる。実資と同時代の紫式部が、漢学の才が高いことを人に知られまいとして「一といふ文字をだに書きわたし侍らず」とふるまったと『紫式部日記』に書いている。漢字のなかで最も簡単な「一」すら書けないことが、漢学の才がないことの象徴的な表現として用いられていたことがうかがえる。

「一文不通」も、同様の表現と考えられる。それは、⑬『中外抄』にみえる藤原師実と大江匡房の対話からもうかがえる。関白師実が孫の忠実を前にして、儒者である匡房に「この子（忠実）は一文不通で困る」と愚痴をこぼしたところ、匡房は「関白や摂政は漢詩を作れても無益です。公事が大切です」と答えたとされる。この対話が収められた『中外抄』は、平安末期に成立したとされる。当時、「一文不通」が作詩の才に劣ったことを意味していたことは明らかである。

「一文不通」は、漢才や政務処理能力に秀でながらも権力の中枢から離れていた実資と宗忠が、有力者との縁故によって昇進した道綱や経実の漢才資質欠落を糾弾する表現として、選びとったことばであったと解される。

（3）「不知漢字」の貴族

次に、漢字を知らないと言われた藤原実教と藤原公清について検証してみる。

【藤原実教】

まず、実教については、摂政九条兼実の日記『玉葉』[9]に記されている。文治三年二月二九日、臨時祭定がおこなわれた。臨時祭定とは、臨時祭の日程や使者を決定し、定文にそれらを書いて奏上する政務である。定文の執筆役を頭中将実教が担当した。ところが、兼実は、「実教は一切漢字を知らない。それなのに執筆役を勤めるとはどういうことだろうか。兼ねて人に定文を書かせておいて懐中に入れ、この場ではただ書くふりをして、懐中に準備したものと取り替えた」と書いている。

『玉葉』文治三年一〇月一六日条にも、実教が、大神宝日時の定文を書くべきところを、「雖㆓一字㆒不㆑書㆑之、只以㆑筆宛㆓紙上㆒許也」と、筆を紙上に宛てるだけで実際には一字も書かなかったようすが記されている。

実教は、中納言家成の六男として生まれたが、参議正三位公親の猶子となり、蔵人頭や参議を経て中納言正二位に至っている。諸記録に現れる実教をみてみると、最勝講僧名定の執筆、後鳥羽天皇の笛師、大原野祭上卿などを奉仕しているが[15]、政務の上で目立った動きはない。実教が漢字を読み書きできたことを証明する史料は確認できない。それどころか、次の史料によって実教は漢字を知らなかった可能性が高い。

⑭『明月記』安貞元年（一二二七）四月四日条

前宮内卿書状云、按察入道（実教卿）昨日朝入滅、自㆓去月廿六日㆒病悩云々、日来不㆓聞及㆒、足㆓于悲歎㆒、其身雖㆑不㆑書㆓漢字㆒、非㆔啻提㆓攜(携)絲竹音曲㆒、在世之間、拝趨之忠不㆑懈、請㆓習公事㆒口弁説㆑之、出家以後猶出仕、所々交衆不㆑止、於㆑事有㆓古老之要㆒之人也、年七十七云々、昔所㆑聞七十八歟、長命之尽期、遂以如㆑此、可㆑悲可㆑痛、子息公頼公、横笛相継、世許㆑之、公長卿、諸方出仕、一事不㆑怠、四位少納言宗明、為㆓基宗卿猶子㆒、出仕勤厚不㆑似㆓傍輩㆒、入道公広朝臣、笛神楽酒、多以継㆓父芸㆒、有㆓違乱㆒出家、皆以至愚難㆑及㆑父歟、

これは、歌人として有名な藤原定家の日記『明月記』である。実教が死去したことを知った定家は、日記に実教評を書いている。その内容は、「実教は漢字を書かなかったけれども、管絃の道に秀でていただけでなく、存命中は忠節を怠らなかった。公事を習って口頭で巧みに説いた。出家してもなお出仕し、人とのつきあいもやめなかった。ことをおこなうにあたっては古老の中心的存在であった」というものであった。実教が漢字を書かなかったという記述は、定家が実教を批判する目的で書かれたわけではなく、実教の称賛記事と併記されているので、客観的事実として信用に足ると思われる。

【藤原公清】

公清は、摂政九条道家の日記『玉蘂』[11]において「不知漢字」とされている。承元四年一〇月二五日、彗星が現れたので、読経するための僧侶を定めることになり、定文の執筆を公清が担当することになった。公清は、彗星御祈読経の僧名定文を五、六行書いたところで、懐中に用意しておいたものと交換した。当時は、事前に自邸で「書儲」[16]を準備する慣習が拡まっていたようである。十分に読み書き能力のある貴族でも「書儲」を用意する場合があったから、公清もそうだったのかもしれない。しかし、漢字を知らないという噂もあったし、やり方が普通と違うので、やはり公清は漢字を知らないのだと道家は納得、確信しているわけである。

公清は、大納言実国の二男として生まれ、左衛門佐・左中将などを経て、承元三年（一二〇九）参議に任ぜられたが、建暦元年（一二一一）に辞職、貞応二年（一二二三）に出家したので、諸記録にほとんど現れず、実際に漢字を書けなかったのかどうか検証できなかった。

以上を要すると、「一文不通」とされた道綱・経実については、一文字も読み書きできなかった事実は明らかにできず、むしろ漢詩文を読み書きできたとみられるが、その能力は高くなかったと推測される。よって、一一世紀から一二世紀にかけて、「一文不通」とは、「文盲」と同様に漢才に劣ることを意味したとひとまず考えておきたい。「文盲」という表現は、のちに述べるように、遅くとも一二世紀前半に登場した。いっぽう、一二世紀末から一三世紀初めに「不知漢字」と評された実教と公清のうち、実教は実際に漢字を書けなかったとみられる。一二世紀末に、それまでの「一文不通」「文盲」とは異質の「不知漢字」と評される貴族が登場したことが注目される。

二　参議の定文執筆能力

(1) 陣定の執筆

読み書き能力の不足を指摘された貴族の多くは、摂関に近い上級貴族であった。それでは、一般貴族の読み書き能力に問題はなかったのだろうか。本節では、参議の読み書き能力について検証したい。

平安時代の政務は儀式としておこなわれた。特に中期以降の王朝国家期においては、先例や作法にのっとって儀式を滞りなくおこなうことが重要だと認識されていた。そのために、貴族は、一挙手一投足に至る細かい公事作法を習得する必要があり、儀式書や父祖の日記により公事に関する知識を習得した。儀式書『江家次第』によって、公卿が漢字・漢文を読み書く場面を探してみると、表2のようになる。参議が読み書くことを担当する

図2　陣定復元想像図(京都大学総合博物館蔵)
(出典:『ニュースレター』8、2000年、表紙)

場合が多かったことがわかる。『江家次第』は一二世紀初期に成立したから、当時の儀式実態を反映しているとみなされる。

表2のなかで特に定という政務に注目する。定には二種類があった。公卿を召集して国家大事や諸国条事などを僉議する陣定[17](図2参照)と、上卿と執筆役が参会して神事や仏事などの日時・使者・僧侶を決定する簡略な定である。いずれの場合にも、定文を作成し奏上することになっていた。定文の執筆を担当した参議の執筆能力を検討する。

『江家次第』(第一八「陣定事」)によれば、陣定は次のようにおこなわれた。天皇から発議があると、上卿である大臣は外記を通じて全公卿を召集する。天皇から議題の文書が下されれば、弁官あるいは外記に先例を調べさせ、弁官なら続文、外記なら勘文を奉らせた。陣定当日は、大臣が議題の文書を参会した公卿たちに下し、公卿はそれを回覧する。次に、原則として参議のなかの大弁がその文書を皆の前で読むことになっていた。大弁というのは太政官の文書を扱う弁官局のトップにあたり、左右の二人が置かれた。参会した公卿全員が議題に関する文書を確認したあと、下位の公卿からひとりずつ意見を述べていく。参議大弁は、各人の意見を記録しては読み上げていく。そうやって作成された定文は、大臣が蔵人に付し、蔵人から天皇に奏される。左にあげたのは延久二年(一〇七〇)一二月七日に作成された定文の事例である。大宰府が、宋

表2　『江家次第』中の漢字・漢文を読み書く場面とその担当者

月	儀式	書		読		見定・見合	
		担当	内容	担当	内容	担当	内容
正月	叙位	大臣 参議	執筆(叙位簿) 下名				
	射礼	左右衛門佐	手結				
	除目	大臣 参議	執筆(大間書) 下名				
	受領功過定	参議	定文	参議(多くは大弁)	不与状	参議	文書
	直物	大臣 参議大弁(なければ参議)	執筆 召名				
2月	圓宗寺最勝会定		例文(僧名定文)				
	祈年穀奉幣定	参議大弁(なければ参議、なければ弁)	諸社奉幣使	上卿	社号・使交名		
	仁王会定		僧名定文、検校文、行事文	上卿	僧名		
	季御読経定 季御読経	参議大弁(なければ参議)	旧定文 例文(御前僧)				
4月	二孟旬儀	摂政(幼主の場合)	供奉女房名				
	御禊前駈定	参議	例文				
5月	賑給使定	参議	例文(可奉仕使人人夾名)				
9月	不堪定	大弁	文書			納言	文書
12月	元日侍従幷荷前定	参議	定文(元日侍従・荷前使)				

注：表中の「書」は定文等を書くこと、「読」は読みあげること、「見合」は複数の文書を対照することを示す。

国福州からやって来た商客の処置を尋ねてきたのに対して、八名の公卿の意見が書き留められている。

⑮『朝野群載』巻五朝儀下

陣定

大宰府言上。大宋国福州商客潘懐清参来。可二安置一否事

内大臣《信長》。春宮大夫藤原朝臣《能長》。左衛門督源朝臣《俊房》。右衛門督藤原朝臣《忠家》。権中納言藤原朝臣《祐家》。右兵衛督藤原朝臣《資仲》等定申云。件事大概相二同右大弁源朝臣《経信》定申一。但貨物解文之中。注三進仏像幷文書等一。而若被二廻却一者。恐存不レ被レ用二如レ此仏像書籍一。後来商客永不二貢進一。仍被レ免二安置一。被レ納二方物一。何事之有乎。権中納言源朝臣《顕房》。右大弁源朝臣等定申云。件懐清等。治暦之年雖二参来一。依レ相三違起請年記一。蒙二廻却符一。去年帰郷己《ママ》畢。而今年重参来。已似レ忘二朝憲一。又副三進公憑案文一。先例若不レ進二正文一歟。太《ママ》宰府不レ覆三問此由一。尤不当也。但如二存問日記一者。雖レ被二廻却一。為レ慕二皇化一。遠渡二蒼溟一。重以参来者。就レ之言レ之。誠雖レ侵二愆紀之過殆一。盍レ憐二大徳之遠情一乎。況歳及二臘月一。寒限可レ畏。仍下三知旨趣一。被レ免二安置一。殊有二何難一乎。凡商客参来。相三定年紀一之後。不三必依二起請之期一。有下被レ免二安置一之時上。是奉三為公家一。無二指事妨一之故也。抑至二于貢進貨物等一者。若被二安置一者。可レ被二撿納一歟。

延久二年十二月七日

内大臣・春宮大夫・左衛門督・右衛門督・権中納言（藤原祐家）・右兵衛督の六名が述べた意見のあと、さらに権中納言（源顕房）・右大弁の二名の意見が書かれている。このときの参議大弁は藤原泰憲（左大弁）と源経信（右大弁）であった。執筆役の参議大弁は、公卿が口頭で述べることばを漢文体の文章に書かなければならない。また、参会公卿の数が多ければ定文は長文にならざるをえない。『参議要抄』（「下臨時　陣役事」）によれば、「至レ如二諸国等雑事数多条等事一者、只取二諸卿風記一、起座退、以二官人一令レ給二僕従一、帰家之後、心静書レ之」とあ

り、諸国条事定のように定文の分量が多くなる場合には、定の場では書き終えることができずに帰宅後に持ち越すことが想定されている。

陣定における定文執筆は非常に難しかったらしく、『続古事談』にその苦労が記されている。

⑯『続古事談』二―一四（五〇）

陣の定文かくと云事は、きはめたる大事也。大弁の宰相のする事也。そこらの上達部まいりあつまりて、さまぐ〵の才学をはき、本文を誦して、をとらじまけじと定申ことばを、ぬしにもとはず、文をもひかず、うちきゝてかき居たる也。又さしことに詞をもかざらずいふ人あれば、其心をとりて、わが詞をつくりていみじくかきなす。

公卿が才学をひけらかして漢籍の文を引用しながら定めることばを、発言者本人に尋ねることなく、本文にあたることもせずに、聞き取って定文に書かなければならない。逆にことばを飾らずに直言する公卿については、その発言者の意を汲んで文章をひねり出さなければならない。漢籍を範として、そこに典拠を求めうる故事や語句をちりばめながら、格調高い漢文を作成することが求められた。高い能力を必要としたようである。だからこそ、参議のなかでも特に大弁が執筆を担当したのだが、常に参議大弁がいるとは限らない。

『公卿補任』『弁官補任』によれば、次にあげる期間は参議大弁が不在であった。

永延元年（九八七）一〇月～永祚元年（九八九）七月
寛弘六年（一〇〇九）三月～長和元年（一〇一二）一二月
康平元年（一〇五八）四月～同四年一二月
保延元年（一一三五）四月～同二年一〇月
久安四年（一一四八）五月～同五年七月

保元三年（一一五八）八月～平治元年（一一五九）四月

数年間にわたり、参議大弁が置かれない場合もあったので、政務が滞ることがあったかもしれない。実際、『御堂関白記』(④)で記主の藤原道長が「参議多有㆘不㆓書読㆒者㆖、定間見苦、触事多端」ともらしている。これは、長和元年（一〇一二）一二月に左大弁源道方が参議に任ぜられたときの記事である。道方は自動的に参議大弁となった。道方の任参議によって公卿が定員オーバーしてしまうのだけれど、現任の参議の多くは書いたり読んだりできず、そのために定に支障が出るのでやむをえない、と道長は述べているのである。

また、参議大弁が置かれていても、彼らに障りがあった場合、他の参議では対応できないことがあった。寛治六年（一〇九二）六月三日、陸奥国から国解が進上された際に、陣定を開催しようとしたところ、左大弁大江匡房は院御精進に籠り、右大弁藤原通俊はにわかに所労を生じ、両大弁ともに差し障りがあった。しかし、「此外近代八座之中全無㆑属㆑文也」という状態で、大弁以外の参議には定文を執筆できる人材がおらず、陣定は開催できなかった。[18]

(2) 僧名等定の執筆

次に、儀式や仏事などの日時や使者・僧侶を定める簡略な定の検討に入る。季御読経定、臨時祭定、仁王会定など多くの定がこれにあたる。この場合、定文に書くのは日時や僧侶の名前であったので、陣定の定文のような高い漢文作成能力は必要ではなかった。たとえば、康和四年（一一〇二）三月の奉幣三社日時使定で藤原宗忠（当時は参議大弁）が書いた定文は次のようなものであった。

⑰『中右記』康和四年三月一日条

奉幣諸社使

伊勢
（欠字）
石清水
参議源朝臣師頼
内蔵権助源朝臣基親
賀茂上下
参議藤原朝臣家政
散位藤原朝臣基重
康和四年三月一日

ここでは特に仁王会定に着目する。『江家次第』仁王会定の項に「上卿令二参議書一レ之、多用二大弁一、若無二参議一者令二弁書一レ之」とあることから、執筆担当の優先順位は、第一に参議大弁、第二に参議、第三に参議以外の弁官であったことがわかる。そこで、表3に、一〇世紀末から一二世紀末までの記録に現れる仁王会定の執筆担当者をまとめた。一一世紀前半までは、主として参議大弁が執筆していたのが、一一世紀末は主として参議以外の弁官が執筆するようになり、一二世紀になると主として大弁以外の参議が執筆する傾向にあったことがわかる。弁官ではない参議が執筆を担当していることから、彼らが執筆担当に堪えるだけの読み書き能力をもっていたことがうかがえる。

しかし、対象を仁王会定以外の定に広げ、期間を一一世紀末から一二世紀初めにしぼってみると、表4のようになる。執筆役が特定の参議に集中する傾向があったことがうかがえる。また、一二世紀後半に執筆を担当した参議が必ずしも十分な読み書き能力をもっていたわけではないことが、次の史料によってわかる。

表3　仁王会定の執筆担当者

年月日	西暦	定文執筆			参議以外執筆の理由	当時参議大弁	典拠
		参議	参議大弁	弁(参議以外)			
永祚元／9／13	989	実資				左：懐忠	小
長徳4／7／10	998		左			左：源扶義　右：忠輔	御
寛弘8／2／10	1011	有国				—	小
長和4／5／5	1015		左			左：源道方　右：朝経	小
寛仁元／8／25	1017		左			左：源道方　右：朝経	小
9／26			左			左：源道方　右：朝経	小
3／5／20	1019		左			左：源道方　右：朝経	小
4／12／13	1020			右中弁章信	宰相不参	左：朝経　右：定頼	小
万寿2／2／25	1025		左			左：定頼	小
3／10／4	1026		左			左：定頼	左
4／2／19	1027		左			左：定頼	小
長元元／8／14	1028	経通				左：定頼	小左
4／7／24	1031		左			左：重尹　右：源経頼	小
7／8／3	1034		右			左：重尹　右：源経頼	左
8／2／7	1035		左			左：重尹　右：源経頼	左
寛治5／2／9	1091			頭弁季仲	参議皆故障	左：大江匡房　右：通俊	中
6／2／28	1092			権左中弁源基綱	参議依不参	左：大江匡房　右：通俊	中
5／1				左少弁為房	依無参議	左：大江匡房　右：通俊	中
7／3／12	1093		左			左：大江匡房　右：通俊	後
嘉保元／3／29	1094			頭弁季仲	依無参議	左：大江匡房　右：通俊	中
1／23			左			左：季仲	中
2／2／16	1095			右少弁平時範	依無参議	左：季仲	中
永長元／2／14	1096		左			左：季仲	中
5／27		能実				左：季仲	中
11／28				蔵人弁平時範	参議不参	左：季仲	中後
承徳2／8／17	1098	源師頼				左：季仲	中
康和4／5／10	1102	源師頼				左：源基綱　右：宗忠	中
5／3／20	1103	忠教				左：源基綱　右：宗忠	中
長治元／2／22	1104			右中弁長忠	宰相俄有障	左：源基綱　右：宗忠	中
8／13				右少弁顕隆	参議遅参	左：源基綱　右：宗忠	中
2／閏2／8	1105		右			左：源基綱　右：宗忠	中
嘉承元／6／13	1106	顕実				左：源基綱　右：宗忠	中
元永2／9／21	1119	源雅定				左：長忠	長
大治4／2／17	1129	源師時				左：為隆	中
5／2／29	1130	宗輔				左：為隆	中
長承2／2／28	1133	成通				左：実光　右：源師俊	中
8／9		成通				左：実光　右：源師俊	中
保延元／7／29	1135	重通				—	中
仁安2／10／30	1167	家通				左：源雅頼・右：実綱	玉
嘉応2／2／21	1170	家通				左：実綱	玉
承安2／2／18	1172	頼定				左：実綱	玉
4／2／21	1174	頼定				左：実綱	玉
養和元／8／3	1181	実守				左：長方	吉
建久2／7／21	1191		左			左：定長	玉

注：典拠は以下の略記である。小：『小右記』、御：『御堂関白記』、左：『左経記』、中：『中右記』、後：『後二條師通記』、長：『長秋記』、玉：『玉葉』、吉：『吉記』。

⑱『玉葉』承安二年（一一七二）二月一八日条

此日春季仁王会定也、……余縿㆓置例文㆒、取㆓今度僧名㆒読㆓揚之㆒、先南殿、頼定書㆓件両字㆒了、置㆑筆取㆑笏申云、

申請可㆑書云々、近代之例、為㆑省㆑煩、上卿給㆓僧名於参議㆒也、書㆑之定事也、而下官守㆓礼儀㆒与奪、頼定未㆑練之間尚申請也、仍賜㆓今度僧名㆒、頼定参上、取㆑之復㆑座書㆑之、

……次頼定書了、本自書㆑之、端一枚許令㆑書㆑之也、而書損又書替、頗不㆓自安㆒也、

当日、仁王会定の上卿を担当したのは『玉葉』の記主である右大臣九条兼実で、定文執筆役は参議藤原頼定であった。当時は政務の煩雑さを避けるために、あらかじめ僧名を書いたものを執筆担当の参議に渡して、参議はそれを見て書くのが慣例になっていたようだが、兼実は厳密に従来通りの方式で僧名を読み上げて、それを頼定に書き取らせようとした。ところが頼定は僧名を書いたものを要求したので、本人の希望通りに与えたと書かれている。二年後の承安四年二月二一日にも上卿兼実と執筆頼定のコンビで仁王会定がおこなわれた(19)。このときは、兼実が承安二年のことを覚えていて、最初から頼定に僧名を書いたものを渡して写させた。しかも、頼定は定の場では少しだけ書くにとどめ、準備してきたものと取り換えるというありさまであった。

以上を要すると、次のようになる。公卿僉議である陣定の定文執筆は、高い漢文作成能力を必要とし、参議大弁でなければ勤まらない状況にあった。僧名等の定のうち、仁王会定の定文執筆は、時期によって、参議大弁→参議以外の弁官→参議（非大弁）と、担当者に変化がみられた。参議（非大弁）が執筆能力を有していたことがうかがえたが、仁王会定以外の定も含めて短期間にしぼってみた結果、特定の参議に集中する傾向があった。これは、執筆能力を有する参議が限定されていた可能性を示唆している。一二世紀末になると、「書儲」の慣例が生じたため、政務の場でほとんど書かずに済ませる参議も現れた。

表4　嘉保元年～長治元年の定の担当者

年月日	定	担当				参議以外の理由	当時の参議大弁
		参議	参議大弁	弁	その他		
嘉保元年 2月29日	陣定(契丹国事等)		右				左：大江匡房　右：通俊
(1094)　3月6日	陣定(契丹国事等)		右(読)・左				左：大江匡房　右：通俊
29日	仁王会			頭弁		依無参議	左：大江匡房　右：通俊
8月28日	陣定(延暦寺申庄園事等)		左				左：季仲
11月23日	秋季仁王会僧名		左				左：季仲
嘉保2年 1月5日	受領功過	宗通	左(読)		中納言(見合)	依参議不足	
(1095)　27日	受領功過	宗通	左(読)		中納言(見合)	依無人数	
2月14日	祈年穀奉幣		左				
15日	円宗寺最勝会僧名			弁		依無参議	左：季仲
5月25日	賑給			頭弁		参議不参	
9月26日	千僧御読経僧名并日時		左				
12月6日	受領功過	宗通・公定(見合)	左(読)				
永長元年 1月24日	受領功過	仲実・公定(見合)	左(読)				
(1096)　26日	臨時御読経僧名			右少弁		依無参議	
2月14日	仁王会僧名		左				
4月2日	御禊前駈	能実					
18日	臨時廿二社奉幣日時使	能実					
5月27日	臨時仁王会僧名	能実					
8月23日	御読経僧名		左				左：季仲
10月15日	作興福寺国宛		左				
27日	秋仁王会闕請			頭弁			
28日	臨時廿二社奉幣日時		左				
11月28日	臨時百座仁王会僧名日時			蔵人弁			
12月15日	大乗会日時僧名	能実					
15日	法花会日時僧名			左少弁			

承徳元年１月５日	受領功過	能実	左(読)		権中納言(見合)	依参議員少	左：季仲
(1097)　27日	受領功過	宗通・能実(見合)	左(読)				
29日	受領功過	宗通・能実(見合)	左(読)				
２月６日	祈年穀奉幣日時幷使	能実					
９日	廿二社使	能実					
９日	行幸御祈御読経僧名	能実					
３月16日	廿二社使	能実					
４月５日	祇園行幸奉幣御読経日時使	能実					
承徳２年８月17日	秋季仁王会	源師頼					左：季仲
(1098)　10月６日	祇園御塔供養僧名			右中弁		依無参議	
康和４年３月１日	奉幣三社使		右				左：源基綱 右：宗忠
(1102)　７日	御賀御誦経日時幷使		左				
４月11日	御禊前駈		右				
５月10日	仁王会	源師頼					
６月18日	新御願寺供養日時幷僧名		左右				
10月20日	興福寺供養時僧名		左右				
康和５年１月６日	受領功過	源能俊(見合)・忠教	右(読)				左：源基綱 右：宗忠
(1103)　２月29日	受領功過	源師頼(見合)・源顕通	右(読)				
５月27日	位録・諸国条事	源能俊					
10月21日	大乗会僧名		右				
12月13日	元日擬侍従幷荷前使		右				
長治元年２月18日	円宗寺最勝会僧名	源師頼					左：源基綱 右：宗忠
(1104)　22日	春季仁王会僧名日時			右中弁		宰相俄有障	
５月27日	賑給		右				
６月20日	般若経供養日時僧名		右				
10月26日	陣定(延暦寺大衆申文)	源師頼	右(読)				

注１：本表は『中右記』をもとに作成した。
　２：担当者のあとに(　)がない場合は定文を書いたことを示し、(読)は文書を読んだことを示し、(見合)は複数の文書を対照したことを示す。
　３：担当の弁は、参議以外をさす。

三　平安後期の貴族社会と文字

(1)「一文不通」の登場

先に藤原道綱や藤原経実は漢才に劣っていたことを以て「一文不通」と評されたと解したが、そうだとすれば、なぜ「一文不通」という表現が選びとられたのだろうか。平安初期の正史の薨卒伝には「才学」が散見され、漢才に劣る者は「無才学」と評される場合が多かった。道綱や経実に同様の表現が使用されなかったのはなぜだろうか。

西別府元日は薨卒伝を分析したうえで、「好学」や「才学」と評された者の入内年齢が低い傾向にあったことから、好学の結果として身につけた才学が栄達につながったと指摘している[20]。渡辺秀夫は、薨卒伝の「才学」とは、「大学寮一般科における基礎学である古代儒教、経学を中心とした漢籍・経史類を基幹として諸子・詩文集に亙る学問的な修得」を意味するとした。そのうえで、才学はあるべき律令官僚としての不可欠の条件であったと指摘している[21]。

才学が官僚にとって不可欠の条件とされたのは、平安初期の律令制支配後退期において、学問によって現実の政治課題を解決しようとする気運が高まったためである[22]。経学は律令政治の理念である儒教的徳治主義を習得する学問として重視された。また、嵯峨朝を中心として文章経国思想が拡がり、『凌雲集』『文華秀麗集』や『経国集』などの漢詩文集が撰せられて文学隆盛を呈した。史学についても、過去の事例をもとに現実の課題を解決することを求めて歴史教育の振興がもたらされた[23]。

このような学問への期待から、貴族子弟の大学寮入学が義務化された。平城天皇は大同元年（八〇六）に諸王および五位以上の子孫で一〇歳以上の者に対して大学寮入学を命じた[24]。淳和天皇は天長元年（八二四）に諸氏五位以上の子孫を大学寮に入れ、経史を習読させることにした。[25] 大学寮では、『周易』『尚書』『周礼』『儀礼』『礼記』『毛詩』『春秋左氏伝』『春秋公羊伝』『春秋穀梁伝』『孝経』『論語』『文選』『爾雅』『史記』『漢書』『後漢書』などの漢籍が教授され、学生はこれらから選択して学んだ。「学令先読経文条」によれば、学生の漢籍学習は中国音で音読することから始まり、通熟してのちに講義を受けることになっていた。実際に大学寮出身者から、地方政治において治績を残した「良吏」を輩出した。[26] 能力主義に基づく人材登用がなされ、地方豪族の子弟でも大学寮から出身して公卿に昇ることが可能であった。[27]

右のような平安初期宮廷社会の貴族にとって漢籍学習は当然であったろう。「無才学」が問題となったのは、律令貴族の資質として漢学の才が前提にあることの裏返しであって、一定の才学に達していない場合に「無才学」と評されたと解せる。[28] たとえば、在原業平は卒伝に「略無才学」[29] と記されたが、大谷雅夫は業平が漢詩文に親しみ、その表現方法を摂取して自らの歌作に活かしていたことを指摘している。[30]

「無才学」と同様に漢学の才に劣っているという意味をもち、平安後期に登場する表現に「文盲」がある。『大鏡』に、藤原義懐について、次のように記されている。

⑲『大鏡』第三巻太政大臣伊尹

又、一条摂政殿の御男子、花山院の御時みかどの御舅にて、義懐の中納言ときこえし、少将たちのおなじはらよ、その御時はいみじうはなやぎたまひしにみかどの出家せさせ給てしかば、やがて、「われも、をくれたてまつらじ」とて、花山までたづねまいりて、一日をはさめて、法師になりたまひにき。いゐむろといふ所にいとたうとくをこなひてぞ、かくれ給にし。その中納言、文盲にこそおはせしかど、御心だましひいとかしこく、有識におはしまして、花山院の御時のまつりごとは、たゞこのとのと惟成の弁としてをこなひたまひければ、いといみじかりしぞかし。

義懐は、藤原伊尹の子で、姉懐子が花山天皇の母であったことから、春宮亮や蔵人頭などとして花山天皇に仕えたことで知られる。右の『大鏡』では、「文盲」だが「御心だましひ」はすぐれて「有識」だったと評され、そのために花山朝の政治がよく機能したとされている。ほかにも源伊陟が、父の兼明親王がつくった「菟裘賦」を知らなかったことをもって『十訓抄』(第十「可庶幾才能事」)に「文盲」とされている。『大鏡』は一一世紀後半から一二世紀前半にかけて、『十訓抄』は建長四年(一二五二)に成立したとされているから、平安時代後期に「文盲」が登場したことは明らかである。

「文盲」は日本における造語であることが、池上禎造や陳力衛によって指摘されている。その意味について陳は「人間的に小さい」とするが、池上の「漢籍の学問に暗いこと」を採るべきだろう。[31]「文盲」と同様に、「一文不通」も和製漢語であると考えられる。[32]「一文不通」の初見は、管見の限り、寛仁三年(一〇一九)の『小右記』である。そうすると、なぜ一一世紀に「一文不通」「文盲」という造語が登場したのかということが問題となる。

字義通りにみると、「一文不通」とは「一といふ文字をだに書きわたし侍らず」(『紫式部日記』)、「文盲」とは「まなにむかひ候時は人の目をしいたるかことくにて候」(「北条泰時書状」[33])という状態を示す表現であるが、「一文不通」「文盲」が使用されている文脈に即してみると、いずれも漢学の才に劣ることを意味すると考えられる。にもかかわらず、「無才学」と区別して使用されているのは、「一文不通」や「文盲」が、系統的な漢籍学習を前提とせず、「無才学」という表現を採用できるほどのレベルに達していない状態を指すためであったと考えられる。[34]つまり、一一世紀になると、従来の漢語「無才学」を適用できないほどに貴族の漢才低下が見られ、それが「一文不通」「文盲」という和製造語を使用せざるをえなかった理由と考えられる。

それでは、平安末期に、それまでの「一文不通」「文盲」とは異質の「不知漢字」「不書漢字」「不読漢字」と評される貴族が登場したのはなぜだろうか。「一文不通」「文盲」や「暗文字」(6)などで、「文(字)」とされ、「漢字」と記されていないのは、平安後期までの貴族社会において文字と言えば漢字を意味し、リテラシーとしてあくまでも真名（漢字）や漢文を前提としていたためであろう。それに対して、「不知漢字」としているのは、平安末期の貴族社会になると「漢字を読み書きできないが仮名は知っている」という状態が想定されていたことをうかがわせる。

矢田勉は、平安後・末期の貴族社会における子弟の初歩的書字教育において、のちの平仮名書いろは歌による教育に近いあり方や、平仮名教育から漢字教育へと段階を踏む教育がおこなわれた可能性を指摘している。また、鎌倉時代以降、平仮名文書が急速に増加するなかで、「この段階――仮名文書が書けるということ――で身に付けるべき書字能力としては充分、という層が存在した」ことを示唆している(35)。藤原公清、藤原実教、藤原親能が「不知漢字」(9)(11)、「不書漢字」(14)、「不読漢字」(10)と評された事実は、彼らが実際に漢字を読み書きできたか否かにかかわらず、すでに平安末期の貴族社会において、仮名学習でとどまり、漢字教育を全くあるいは十分に受けなかった貴族が存在したことを示している。

（2）除目の道理

道綱や実教はなぜ「一文不通」あるいは「不知漢字」という状態に留め置かれたのだろう。そういう状態でも、貴族社会のなかで生きていくことができたのだろうか(36)。

道綱は、昇進において兼家の他の息子たちに遅れをとった。兼家が摂政に任ぜられた寛和二年（九八六）、長男道隆は正二位に、三男道兼は正三位にめざましい昇進を遂げたのに対し、道綱は五男道長と同じ従四位下に留まった。最終官職も、他子が摂政や関白であったのに対して、道綱は大納言であった。梅村恵子は、道綱と他子との間に生じた昇進差の要因として、母親の置かれた地位の違い、女御詮子（国母）らと同母か否かの違い、各人の能力差などをあげるが、いずれとも判別しがたいとする[37]。

学習環境の点で、道綱と他子との間に能力差をもたらすような違いがあったのだろうか。時姫を母とする他子については、幼少時にどのような教育を受けたか不明である。たとえば藤原道長の漢学の才はさほど高くないことから、兼家が特別に子弟の漢学教育に力を入れたとは考えにくい[38]。

いっぽうの道綱は、兼家はもちろん、母方の祖父倫寧や叔父たちからも知的な教育の機会を与えられたようすはうかがえない[39]。祖父倫寧は文章生出身であり、母は漢文学の教養が深く広かったとされているから[40]、彼らが道綱の漢学教育に無関心であったとは考えがたいが、教育を施したことを示す史料はない。

実教は、中納言家成の六男で母は中納言藤原経忠女であった。実教五歳時に家成が死去したため、参議正三位藤原公親の猶子となった。家成女が公親の妻となっていたので、その縁であろう。公親は天養元年（一一四四）一四歳のときに『論語』巻第五以上を諳誦し、藤原頼長によって「近代未聞事[41]」と言われているから、漢学に無関心であったとは考えられない。しかし、その公親も実教が一〇歳の時に死去してしまう。幼い時に次々と保護者を失った実教は、知的教育を受ける機会を逸してしまったのかもしれない。

摂関家の子弟といえども、幼少期から本格的な漢学教育を受けたとは限らない。藤原頼長は幼少時に藤原令明から『孝経』を学び、一三歳で読書始の儀をおこなったが、本格的に経書を読み始めたのは一七歳からであった[42]。忠実も若年時に「一文不通」と言われたことは先に見たとおりである。

長じて日記を書く際にも、記録体を教えてもらってから書き始めるわけではなく、自ら書きながら記録体を体得し、上達していった。たとえば、大江匡房が藤原師実に対し、同孫忠実に関して、「紙を三〇枚ほどついで巻子本にして、大江通国をそばにつけて、毎日「只今馳せ参る」や「今日天晴る。召しによりて参内す」などと書かせなさい。知らない文字が出てきたら通国に問わせればよい。日記二巻も書いていればうるさい学生になるでしょう。四、五巻にも及べば文句のつけようがありません」とアドバイスした[13]ことからも、実践しているうちに自ずと身につくといった考え方があったことがうかがえる。忠実の父である師通は永保三年（一〇八三）に日記『後二条師通記』を書き始め、応徳二年（一〇八五）二四歳の時から漢籍学習の跡を日記に記録し始めた。永長元年（一〇九六）に至るまで、『春秋左氏伝』『礼記』『文選』『論語』『漢書』『毛詩』『後漢書』『史記』『白氏文集』などを学んでいることが知られる[43]。日記の文体は、師通が漢籍学習や先人日記閲覧を重ねるに従い、和語直訳的傾向から漢文的色彩の強いものへと変化したことが指摘されている[44]。

これらに鑑みれば、道綱や実教もたとえ幼少時に本格的な知的教育の機会を逸したとしても、十代から始めることが可能だったはずである。にもかかわらず、十分な漢学を修めたようすがうかがえないのは、才学が欠如していても貴族社会で生きていける状況が当時現出していたからだと考えられる。

律令国家解体後、官職の世襲化が進行し、官途コースが固定化することによって、一一世紀に公達・諸大夫・侍という家格が成立した。これらがやがて清華家・羽林家・名家・局務家・官務家などに細分化されていき、天皇家や摂関家を頂点として、上級貴族から中下級官人にいたるまで中世的「家」が成立していったのである。「家」が成立したことで、貴族社会のなかで「家」による役割分担が確立した。

高度な文章作成能力を必要とする弁官は、名家と呼ばれる勧修寺流藤原氏・高棟流桓武平氏・内麻呂流藤原氏を中心とした家々が世襲した[45]。だから、公事の場での文章作成は名家に任せておけばいいという社会が実現したわけである。そのような社会での人事は、才学があるというだけでなく、さまざまな視点から決定されることになる。曽我良成によれば、当時の「除目の道理」すなわち、貴族社会の人事の秩序には、才学・芸能、栄華（家格）、年労、戚里（天皇との血縁関係）の四つがあったとされる[46]。才学がなくても、ほかの条件を満たせば昇進できた。

官職の世襲化が進めば、文章作成能力が低い貴族は、その能力を必要としない官職につくことになるわけだが、それでも公卿を避けて通ることはできない。そうすると、実教のように漢字の読み書きができない貴族がなぜ公卿を勤めえたのかという疑問が生じるが、これも、漢字書記、漢文作成、誤記修正の能力が必要とされる役割を避けるとか、「書儲」の慣例を利用することによって、凌ぐことができた。すでに一〇世紀の終わりに貴族の間で公事の上卿を避ける傾向が生じたため、一部の公事について上卿を勤める公卿をあらかじめ定める公卿分配が始められた(47)。それでもさまざまな理由をつけて上卿の役を回避する貴族が少なくなかった。特定の上卿については政務に練達した一部の公卿に偏る傾向があったことが指摘されている(48)。

さらに、漢字を知らないとされた実教に対する藤原定家の評価が決して悪くなかった⑭ことが注目される。漢字を書かないというマイナス面を補って余りあるプラス面、すなわち、管絃に秀でており忠節を怠らなかったということがあったため、総体として実教への評価は高くなっていた。実教に関して『古事談』(六―二八)に興味深い話が掲載されている。承元四年(一二一〇)に賀茂社で臨時神楽をおこなおうとした際に、実教は、神楽歌「宮人」が謡われた事例を、「覚悟するは二ケ度」と記憶に基づいて答えている。しかも、いつ、どこでだれが唱えたかについて具体的に語った。もちろん、これは説話であって事実とは限らない。しかし、記録に基づいて先例を引勘するのが普通であるところを、漢字を知らない実教にはそれができなかったので記憶力で補ったことは十分に考えられる。また定家は、実教が口頭で公事を巧みに説いたと記していた⑭が、公事作法は一般的には文字を介して伝承されたのに対して、実教は口頭伝達したわけである。諸活動の基礎に文字が位置づけられている現代社会と違い、平安宮廷社会は口伝・教命・諷諫が重視され、口頭の世界が豊かに広がっていた(49)。儀式は身体性が強いので、その作法を体得・伝承するにも文字に拠らない部分が少なくなかっただろう。

実資に無学ぶりを手厳しく批判された道綱も、他の側面では能力を発揮したことが知られる。一六歳のとき、内裏で催された賭弓で勝って「納蘇利」を舞い、その舞が優れていたので天皇から衣服を下賜された(50)。大納言に昇ってからは、居貞親王（のちの三条天皇）の東宮大夫を一〇年間、東宮傅を四年間、居貞親王が即位するとその皇妃（道長女妍子）の中宮大夫を七年間、皇后宮大夫を二年間勤めた。伊藤博は、「東宮大夫・中宮大夫はともに、その当時の政権担当者の肉親、もしくは腹心と目されている人物がその任にあたることが多い。道綱がまったくの無学・無能であったなら、これらの傅・大夫（たとえ名誉職であったとしても）に任ぜられることもあるまい」(51)と評価している。父や二人の同母兄を亡くした道長にとって、一一歳年長である道綱は、道長周辺の人脈の要として存在感のある人物であったのではないだろうか。

（3）上級貴族の資質

第一節において、読み書き能力不足を指摘された貴族の多くが、摂関に近い上級貴族であったことを指摘した。特に外戚という立場にあった事例に着目すると、平安中後期において、藤原道綱が「不知一二」「一文不通」③、藤原義懐が「文盲」⑲とされ、平安末期に至ると藤原隆清が「不知一文字」⑫とまで書かれるようになっていた。平安初期の事例を探してみると、正史の薨卒伝において和家麻呂は「無二才学一、以二帝外戚一、特被二擢進一」(52)、橘貞根は「無二才学一……仁明天皇之外戚、故名位稍進」(53)、紀咋麻呂は「為レ人無レ才、以二田原天皇外戚一、特至二四位一」(54)と「無才学」が問題とされていた。こうしてみると、いつの時代にも外戚たる地位と貴族としての資質が兼備されないことが問題視されていたことがわかる。

上級貴族の備えるべき資質として才学にかわって重視されるようになるのが「やまとだましひ」であった。同様のことばに「やまとごころ」「ヤマト心バエ」などがある。いずれも、従来から指摘されているように「才《ざえ》」

と対になって使用されることが多いことから、中国発生の漢才に対して、日本で醸成された能力というニュアンスが含まれていると考えられる。(55)

「やまとだましひ」は、『源氏物語』『大鏡』『今昔物語集』『中外抄』『愚管抄』『詠百寮和歌』に登場する。特に次の四例は摂政・関白やその近辺で政治を担う上級貴族の資質としてあらわれる。

『源氏物語』(「少女」)では、夕霧をあえて大学に入学させようとした光源氏が、入学に難を示す三の宮を「才をもととしてこそ、大和魂の世に用ゐらるゝ方も強う侍らめ」と説得しようとする。大和魂は才学に支えられてこそ発現し実効性を有するというとらえ方がなされている。

『大鏡』⑲では、藤原義懐が「文盲にこそおはせしかど、御心だましひいとかしこく、有識」だったために、「花山院の御時のまつりごと」は「いといみじ」かったとしていた。漢才に劣っていても「御心だましひ」が優れ、有職故実に通じていたことが花山朝の政治を機能させることにつながったと高く評価されている。

『中外抄』(下三〇)では、藤原師実が孫の忠実について「この男、学問をせぬこと遺恨なれ」と言ったところ、大江匡房が「摂政関白は、必しも漢才候はねども、やまとだましひだにかしこくおはしまさば、天下はまつりごたせ給ひなん」と答えたとされる。⑬『中外抄』と同じ材を扱っているが、⑬では匡房のことばが「関白・摂政は詩作りて無益なり。公事大切なり」となっていた。漢才が備わっていなくても、公事を大切にすればよい政治ができるという認識を読みとることができる。

『愚管抄』(巻第四「鳥羽」)では、藤原公実が鳥羽天皇の外舅であることを理由に摂政の地位を懇望したことに対して、「和漢ノオニトミテ北野天神ノ御アトヲモフミ。又知足院殿ニ人カラヤマトダマシヒノマサリテ。識者モ実資ナドヤウニ思ハレタラバヤアランズル」と書かれている。摂政として「和漢ノオ」「人ガラヤマトダマシイ」「識者」といった資質が期待されているが、公実はいずれにも欠けているとされた。実際に摂政となった忠実（知足院）が人柄、大和魂の備わった人物として評価されているのは、特にそれが摂政の資質として重視されていたことをうかがわせる。

時代がくだるに従い、政治を主導する上級貴族の資質としての才学は後退し、大和魂の有用性が高まっていたことがうかがえる。山本信吉は、大和魂について、「摂関政治体制が確立する時代の中で政治家の資質の評価の一つとして急速に用いられ」「平安時代後期になると一層拡大」[56]したとしているが、この指摘が当を得ていることは右で確認できた。

「やまとだましひ」は一般的に思慮分別、常識、世才などという意味に解されることが多い。斎藤正二は、摂関に関係が深いことに注目して、「闊達自在にもしくは臨機応変に現実的＝政治的問題を処理することのできる」あるいは「複雑な対人関係のあいだに生起した社会的葛藤を処理することのできる、なんらかの精神的能力」とする[57]。

以上を要すると、次のようになる。平安中期以降、従来の「無才学」という表現を適用できないほどに貴族の漢才低下が見られ、「一文不通」「文盲」という和製造語を生じさせた。同時に、政治を主導する上級貴族の資質として大和魂が重視され始めた。平安後期に家格が決定し、貴族社会における役割分担が進行したため、漢詩文作成の能力に劣った貴族でも、「除目の道理」に即していれば昇進できる社会が実現した。さらに一二世紀末になると、政務の場で執筆する機会が減少したので、漢字を書けない貴族でも宮廷社会で公卿として生きていけるようになった。

おわりに

中国律令政治を導入し、漢学が国政と深く結びついていた平安初期までは、貴族にとって漢籍学習は当然であった。「無才学」はあくまでも漢籍学習を前提として漢才が一定レベルに到達していないことを意味し、「不解文書」（①）や「不便書記」（②）とは漢文読解や漢文書記の能力が低いことを指した。

ところが、平安中期以降、律令国家が解体し王朝国家が成立すると、政務は儀式化して有職故実が重視されるようになり、貴族社会は官職の世襲化傾向を強めていった。また、中国との外交が絶たれて中国文化の影響が後退すると、漢学が政治から乖離する傾向は拡大し、政治を主導する上級貴族の資質として漢才よりも実際的な大和魂が求められるようになった。一一世紀に「一文不通」「文盲」という造語が登場したのは、貴族社会において、従来の「無才学」を使用できないほどにリテラシーとしての漢才が低下しつつあったことを象徴している。ただし、たとえ「変体漢文」であっても、当該期に貴族が漢文日記を書く習慣が広まったことも確かである。これをもって、漢文の日本型受容ととらえることも可能であり、いちがいに否定的にとらえるべきではないだろう[58]。

平安後期になると、貴族社会における役割が「家」により分担された。漢文作成・読解を弁官歴任者や才学のある一部の貴族にゆだねることによって、漢学は必ずしも一般貴族の共通教養ではなくなっていた。平安末期には漢字を書けない公卿さえ現れた。ただし、そのような公卿は数の上では少数であったと推測される。

本章を通じて確認すべきは、識字状況は時代とともに単純に進展したわけではなかったこと、平安時代においては貴族社会においてすら文字の読み書きが絶対という観念は未だ強固ではなかったことである。

平安中期以降の貴族の読み書き能力には、正格な漢文を書けるレベル、変体漢文で日記を書けるレベル、漢文は読めるが自在に書けないレベル、漢字を読めるが仮名しか書けないレベルなど、グラデーションがあったと考えられるが、その検証については今後の課題としたい。

（1）　古代の出土文字史料に関する研究は枚挙にいとまがない。一部については鈴木理恵「古代教育史研究の成果と課題――

一九九七年以降の成果――」（『日本教育史研究』三〇、二〇一一年）にまとめた。古代教育史研究の分野において識字層に注目したものとしては、久木幸男「古代民衆識字層の存在形態」（『日本古代学校の研究』玉川大学出版部、一九九〇年）がある。

（2）東野治之『正倉院文書と木簡の研究』（塙書房、一九八九年、初版は一九七七年）。

（3）東野治之『書の古代史』（岩波書店、一九九四年）二〇九頁。

（4）東野治之は、本章の史料⑫でとりあげた藤原隆清を例に「鎌倉時代初期には、文盲の貴族すらあらわれてくる」と指摘し、律令制の衰退が識字人口の減少につながったと指摘している（前掲注（3）書、二〇九頁）。しかし、それ以上には追究していない。

（5）本章で引用した諸史料は以下のものを使用した。

『日本後紀』『日本文徳天皇実録』『日本三代実録』『類聚国史』『日本紀略』『尊卑分脈』『公卿補任』『類聚三代格』『朝野群載』『十訓抄』『愚管抄』……新訂増補国史大系

『弁官補任』……飯倉晴武校訂、続群書類従完成会

『新撰関家伝』……荒川玲子ほか編、続群書類従完成会

『小右記』『御堂関白記』『後二条師通記』……大日本古記録

『為房卿記』……大日本史料、駒沢大学大学院史学会古代史部会「翻刻為房卿記自延久四年至永保二年」（『史聚』一〇、一九七九年）

『土右記』……増補続史料大成、平林盛得「土右記」（『書陵部紀要』一二、一九六〇年）

『中右記』『台記』『長秋記』『左経記』……増補史料大成

『吉記』……増補史料大成、高橋秀樹編『新訂吉記』（日本史史料叢刊、和泉書院）

『玉葉』……名著刊行会

『明月記』……国書刊行会

『玉蘂』……今川文雄校訂、思文閣出版

『参議要抄』……群書類従

『源氏物語』『古事談』『続古事談』『中外抄』『紫式部日記』……新日本古典文学大系
『大鏡』……日本古典文学大系
『江家次第』……改訂増補故実叢書
『鎌倉遺文』……竹内理三編、東京堂出版

（6）長和元年の参議は、藤原懐平・藤原兼隆・藤原正光・源経房・藤原実成・源頼定・藤原通任であった。このうち、以下の四名については、読み書き能力を備えていたことが明らかであることから除外した。懐平は右中弁歴任者である。経房は『小右記』長和三年六月一七日条に「以二経房一令レ書二除目一」とある。頼定は、同日の諸国申請雑事定で執筆を担当している。実成については、松薗斉の研究（『日記の家――中世国家の記録組織――』吉川弘文館、一九九七年、一七一頁）によれば、日記があったことが知られる。
（7）中村幸彦ほか編『角川古語大辞典　第一巻』（角川書店、一九八二年）。
（8）松原一義「『小右記』とその周辺の文学」（稲賀敬二編『論考平安王朝の文学――一条朝の前と後――』新典社、一九九八年）二〇七頁。
（9）伊藤博「蜻蛉日記と藤原道綱」（同『蜻蛉日記研究序説』笠間書院、一九七六年）一五九頁。
（10）前掲注（8）松原論文、二一一頁。
（11）曽我良成「諸国条事定と国解慣行」（同『王朝国家政務の研究』吉川弘文館、二〇一二年、初出は一九七九年）六七頁。
（12）前掲注（6）松薗書、二〇七頁。
（13）久保木圭一「清華家「大炊御門家」の成立――始祖藤原経実の婚姻関係を中心に――」（『日本歴史』六九七、二〇〇六年）六頁。
（14）前掲注（7）に同じ。
（15）『玉葉』建久元年一〇月二二日条、『吉記』建久二年一一月一九日条など。
（16）たとえば、藤原実綱は参議大弁でありながら、嘉応二年五月二三日、同三年五月二〇日の最勝講初日の賑給定において執筆を担当した際に「書儲」を用意している（『玉葉』）。
（17）陣定については、大津透「摂関期の陣定――基礎的考察――」（『山梨大学教育学部研究報告』四六、一九九五年）、下

郡剛「摂関・院政期、陣定の再検討——院政期議定制研究の前提——」（同『後白河院政の研究』吉川弘文館、一九九九年）を参照。
(18)『中右記』寛治六年六月三日条。
(19)『玉葉』承安四年二月二一日条。
(20)西別府元日「古代教育史における薨卒伝の基礎的研究」（『大分大学教育学部研究紀要　教育科学』六—五、一九八三年）八〜九頁。
(21)渡辺秀夫「在原業平の卒伝の解釈」（同『平安朝文学と漢文世界』勉誠社、一九九一年）四七七頁。
(22)山下克明「平安時代初期の政治課題と漢籍——三伝・三史・『劉子』の利用——」（『東洋研究』一七一、二〇〇九年）。
(23)西別府元日「律令制下における歴史教育の展開について」（『大分大学教育学部研究紀要　教育科学』六—三、一九八二年）。
(24)『日本後紀』大同元年六月壬寅条。
(25)『類聚三代格』天長元年八月二〇日太政官符。
(26)亀田隆之「良吏政治」（同『日本古代制度史論』吉川弘文館、一九八〇年）。
(27)たとえば、春澄善縄は伊勢国員弁郡出身者であったが、大学寮を経て任官し、参議に昇ったことが知られる（『日本三代実録』貞観一二年二月辛丑条）。
(28)渡辺秀夫も「平均的な「才学」の所有は、少なくとも理念的には当然あるべきものと考えられ、問題以前のことがらであったのだろう」（前掲注(21)論文、四七八頁）としている。
(29)『日本三代実録』元慶四年五月二八日条。
(30)大谷雅夫「唐紅に水くくるとは——業平の和魂漢才——」（『歌と詩のあいだ——和漢比較文学論攷』岩波書店、二〇〇八年）。
(31)池上禎造「識字層の問題」（伊谷純一郎ほか『岩波講座　日本語別巻　日本語研究の周辺』岩波書店、一九七八年）、陳力衛「「文盲」考——「蚊虻」との関係を中心に——」（同『和製漢語の形成とその展開』汲古書院、二〇〇一年、初出は一九九一年）。

(32) 佐藤武義は「和製漢語一覧 古代」に「一文不通」を掲げている（佐藤喜代治ほか編『漢字百科大事典』明治書院、一九九六年、九六五頁）。漢籍でこれに相当する表現には、次の傍線部のようなものがある（『南史』巻三七「列伝」第二七）。

上嘗歓飲、普令群臣賦詩、慶之粗有口弁、手不知書、毎将署事、輒恨眼不識字。上逼令作詩、慶之曰「臣不知書、請口授師伯。」上即令顔師伯執筆。

ほかに「目不識文字」（『旧唐書』巻一百六）、「不如識一丁字」（『旧唐書』巻一二九）、「目不知書、手僅能執筆」（『旧唐書』巻二〇下）、「目不知書」（『新唐書』巻一二六）などがある。

(33) 『鎌倉遺文 六』四三七三号。

(34) 『小右記』や『御堂関白記』には「無才」「無才学」という表現も現れるが、史・僧侶や作文会に参加した卿相など、一定の漢学の才があると考えられる人びとに対して使用されている（『小右記』長和元年五月二日条・長和四年一二月四日条・長元三年九月一三日条、『御堂関白記』寛弘七年九月二七日条）。「一文不通」とされた藤原好親⑤や道綱・経実の場合には、「無才」「無才学」という表現を使用するレベルに達していなかったということだろう。⑤で藤原好親（当時少将）は、実資（当時右大将）によって、「一文不通」であるために手結を任せられないとされている。手結とは射礼や賭射などで競技者を左右二人ずつに分ける取組みをいう。好親が不適任とされたのは、少将として番付である手結文を作成しなければならなかったにもかかわらず、「一文不通」のために作成できないとみなされたからである。手結文に書かなければならないのは競技者名程度であっただろうが、実資によれば好親はそれさえも書けないレベルだとされているのである。

(35) 矢田勉「書記教育史としての文字・表記史」（同『国語文字・表記史の研究』汲古書院、二〇一二年、初出は二〇〇七年）六五五頁。

(36) 平安中期以降の貴族子弟の漢籍学習や手習いについては、以下の研究を参照。尾形裕康「就学始の史的研究」（『日本学士院紀要』八―一、一九五〇年）、石川謙「上世・中世の漢学教育」（『国語と国文学』三四―一〇、一九五七年）、桃裕行「上代に於ける教科書の変遷」（『桃裕行著作集 第一巻 上代学制の研究〈修訂版〉』思文閣出版、一九九四年、初出は一九三五年）、服藤早苗「児童と文学」（『岩波講座 日本文学史 第二巻 九・一〇世紀の文学』岩波書店、一九九六年）、原岡文子「学ぶ・合わせる・遊ぶ」（『岩波講座 日本文学史 第三巻 一一・一二世紀の文学』岩波書店、一九九六年）、小松茂美「習字教育の変遷」（『小松茂美著作集 第一五巻 日本書流全史 一』旺文社、一九九九年、初出は一九七〇年）、佐藤道生「宮廷文学と教育」（仁平道明編『王朝文学と東アジアの宮廷文学』竹林舎、二〇〇八年）、野田有紀子「平安貴族子弟の寺院生活と初等教育――藤原為房一家の書状を中心に――」（榎本淳一編『古代中国・日本における学術と支配』同成社、二〇一三年）。

(37) 梅村恵子「藤原道綱母子と兼家の生活」（人間文化研究会編『女性と文化 三』JCA出版、一九八四年）六七頁。

(38) 道長は「儒教的な教学精神を振興して古代的権威を確立」（川口久雄『平安朝日本漢文学史の研究 下』、明治書院、一九六一年、六一八頁）することを目指して漢籍を蒐集していたとされる。実際に多くの漢籍を蒐集していたことが明らかにされている（飯沼清子「藤原道長の書籍蒐集」『風俗』二七―二、一九八八年。岡部明日香「藤原道長の漢籍輸入と寛弘期日本文学への影響」王勇ほか編『奈良・平安期の日中文化交流――ブックロードの視点から――』農山漁村文化協会、二〇〇一年。佐藤道生「藤原道長の漢籍蒐集」同編『名だたる蔵書家、隠れた蔵書家』慶應義塾大学出版会、二〇一〇年）。また、自邸でしばしば作文会を開催していたことから漢詩に強い関心を持っていたことが知られる（光島民子「御堂関白記の一考察――文人道長を中心として――」『（京都）女子大國文』四六、一九七一年。飯沼清子「平安時代中期における作文の実態――小野宮実資の批判を緒として――」『國學院雜誌』八八―六、一九八七年）が、その漢詩の評価は低い（前掲川口書、六〇四頁）。また、道長の日記『御堂関白記』を分析した峰岸明や前田富祺は、「最も漢文調の優る文体」である『小右記』『春記』に対して、『御堂関白記』が「最もこれから隔たる日常実用文に徹した文体」である（峰岸明「古記録と文体」古代学協会編『後期摂関時代史の研究』吉川弘文館、一九九〇年、六〇二～六〇三頁）ことや、『御堂関白記』で使用されるのは基本的な漢字であって難字はない（前田富祺「記録の漢字」佐藤喜代治編『漢字講座 第五巻 古代の漢字とことば』明治書院、一九八八年、一二一頁）ことを指摘している。これらのことから、道長の漢学の才が高いとはいえない。

(39) ただ、兼家が道綱の社会化に大きく影響を及ぼしたことは確かである。安和二年（九六九）に入ると、道綱は兼家の屋敷へ通い、貴族としての作法、宮中での心得、貴族社会の人間関係などを学んだ（前掲注(37)梅村論文、七一頁）。同八月、道綱は童殿上を果たした。童殿上とは、上級貴族の子弟が元服前に清涼殿で殿上人の見習いをすることである。翌天禄元年（九七〇）三月には、賭弓で射手をつとめ、試合に勝って舞った。このときの弓や舞の師も兼家から遣わされた。

（40）大谷雅夫「『蜻蛉日記』と漢文学」（前掲注（30）大谷書）二八二〜二八三頁。

（41）『台記』天養元年九月二〇日条。

（42）橋本義彦『藤原頼長』（吉川弘文館、一九九四年、初版は一九六四年）。

（43）中丸貴史「『後二条師通記』の学習記録——日記叙述とテクスト生成——」（『東アジア比較文化研究』七、二〇〇八年）。

（44）川﨑恵津子「『後二条師通記』に見られる文体の形成過程」（『国語と国文学』七九—九、二〇〇二年）。

（45）鈴木理恵「名家の形成と公事情報の交換」（『日本歴史』六五八、二〇〇三年）。

（46）曽我良成「除目の「道理」」（『名古屋学院大学論集 人文・自然科学篇』二七—一、一九九〇年）。

（47）今江広道「公事の分配について」（『国史学』一二三、一九八四年）。

（48）前掲注（11）曽我論文。土田直鎮「上卿について」（同『奈良平安時代史研究』吉川弘文館、一九九二年）。

（49）竹内理三「口伝と教命——公卿学系譜（秘事口伝成立以前）——」（『竹内理三著作集 第五巻 貴族政治の展開』角川書店、一九九九年、初出は一九五八年）、鈴木理恵「平安時代の貴族社会における口伝の位置」（『日本教育史研究』一三、一九九四年）、小峯和明「口伝の諸相」（『歴史評論』六〇七、二〇〇〇年）など。ほかに、音声としてのことばの重要性を論じたものとして、渡辺滋『古代・中世の情報伝達——文字と音声・記憶の機能論——』（八木書店、二〇一〇年）がある。

（50）『日本紀略』天禄元年（九七〇）三月一五日条に「殿上賭弓。天皇出御。親王以下参入。奏楽。兼家卿息童舞態已得骨法。仍主上給紅染単衣」とある。服藤早苗は、「殿上賭弓という天皇出御の行事に参加できること、そこで優秀な成績を上げ天皇から御衣を下賜されること、これが童にとっても、その父にとっても重要であったことがうかがえる。官人以前の童段階で、居並ぶ公卿や他の殿上人の前で、天皇から特権を授与されることは、まさに天皇の権威を背景にした貴族社会での地位の上昇・安定化であり、将来の朝廷内での転昇を約束するであろう」（服藤早苗『平安王朝の子どもたち——王権と家・童——』吉川弘文館、二〇〇四年、一二六頁）としている。

（51）前掲注（9）伊藤論文、一五三頁。
（52）『日本後紀』延暦二三年四月二七日条。
（53）『日本三代実録』貞観一五年八月二八日条。
（54）『類聚国史』人部薨卒四位（天長一〇年正月丁未卒）。
（55）亘理章三郎『日本魂の研究』（中文館、一九四三年）、黒田俊雄「中世的知識体系の形成」（相良亨ほか編『講座日本思想 二』東京大学出版会、一九八五年、初版は一九八三年）。
（56）山本信吉「大和魂の実像をもとめて」（『日本歴史』六〇〇、一九九八年）一三六・一三七頁。
（57）斎藤正二「「やまとだましい」の実像と虚像」（『斎藤正二著作選集 六 「やまとだましい」の文化史――日本教育文化史序論 日本人と動物――』八坂書房、二〇〇一年）二一一～二二二頁。
（58）中丸貴史は、「和習」や「変体」であることを否定的にとらえる見方から脱却して、言語文化のひとつのありかたとして見ていく必要を指摘している（「漢文日記のリテラシー――『御堂関白記』のテクスト生成――」『日本文学』六二―一、二〇一三年、一一頁）。

3 一向一揆を支えたもの――一向宗門徒の学習過程を中心として――

大戸安弘

はじめに

一向一揆は、寛正六年（一四六五）の近江金森一揆に始まり、天正八年（一五八〇）の織田信長の軍勢と戦った石山合戦の敗戦を以て大きな区切りとする、中世における最大規模の、そして最も長期にわたった民衆闘争であった。一向宗門徒（東西分派以前の浄土真宗本願寺派の門徒）を基盤とした武装蜂起は、在地領主たる国人層の動向とも重なり、しばしば戦国大名権力をも脅かすほどの巨大な政治的勢力へと成長し、戦国末期には覇権を掌握しつつあった織豊政権などの勢力との激闘を展開した。

この間、文明六年（一四七四）から天正八年（一五八〇）までの一世紀以上の間継続した加賀一向一揆は、本質的には土一揆というべきであろうが、徳政要求や段銭減免要求などという段階を突き抜けて、（a）「加州ノ土民等、専修念仏ノ一法ヲ建立シ、勤修ヲ励スニ依テ、土貢地利ノ一塵モ運上セズ」[1]という状況から、隣国越前の（b）「国郡ヲ進退セント思ヒ、我等粉骨ヲ尽シテ此国ヲ打取ケル」[2]という状況にまで至った。aは長享二年（一四八八）、bは天正二年（一五七四）の状況を示している。この間に、「土貢地利ノ一塵モ運上セズ」と記されるような抑圧への抵抗という段階から、隣国の「国郡ヲ進退セント思ヒ」と記されるほどの政治的・軍事的実力を兼ね備えた体制構築へと、加賀一向一揆は変容したということができる。

加賀一向一揆は、文明六年の守護富樫氏の家督をめぐる内訌に、真宗門流の本願寺派と専修寺派との対立が絡むことから始まったが、その後の幾多の激闘を重ねていくなかで、次第にその政治的影響力を拡大強化していった。内部矛盾を抱えながらも一五世紀末に、守護大名富樫政親を滅亡させ、加賀一向一揆は以後一〇〇年にわたって一揆構成員の合議による自治を維持した。(3) 蓮如が叡山の執拗な弾圧を避けるために、京都東山大谷を去り、湖西・湖南を経て越前の吉崎に移ったのが文明三年（一四七一）であり、そこから北陸一帯の布教活動が本格化したのであるから、短日月の間に農民などを中心とする民衆が一向宗に門徒として組織化され、その後急速に成長していったことになる。

享禄四年（一五三一）に加賀一向一揆内の主導権をめぐる内訌から発生した大小一揆ないしは享禄錯乱の結果、それまで加賀一向一揆を支える組織である「郡」「組」に君臨してきた加賀一門勢が没落したことにより、以前よりも自治性が高まった可能性がある。(4) また、このような動向のなかで加賀一向一揆は本願寺とのより直接的な関係を築いたということもできる。言い換えれば、加賀の一般門徒は本願寺に対して「志」を納めることにより、本願寺を支えるという基本的な前提から発する関係を従前より確実なものとしたということができる。この「志」には、親鸞の時代の門徒からの純粋に自発的なおぼしめしから、やがて蓮如の時代以降にそこに次第に強制力が加わっていったという面も否定はできないが、(5) 蓮如はあくまで阿弥陀如来あるいは親鸞に対する聖なる貢物として受けとめていたということから、(6)「志」の本来的な意味が消え失せていたとはいえないであろう。「志」として納める以上、文字通りの門徒側の自発性が消滅したとはいえないだろう。それは後述するような石山合戦を支えた各国・各地の門徒の広く厚い「志」に現れてくることになる。こうして、本願寺を全面的に支える門徒農民の自発的・主体的立場を前提とする関係から発した、「百姓ノ持チタル国」[7]としての内実を確立することが可能になったということができる。

このような、戦国時代後期の激しい社会変動を象徴するともいえる状況を推し進めた農民などを中核とする門徒は、ただ単に貢納負担の軽減という経済的実利のみを求めて蜂起したのではない。一向宗門徒としての日常的な学習活動に根差した精神的背骨の確立こそが、支配層への武装蜂起という極度な緊張感が伴う行動の根底にあり、時として戦国大名権力の強大な軍事力をも凌駕する力の源泉となっていたと考えられる。

金龍静は、織田信長政権との熾烈な戦いとなった天正八年（一五八〇）の石山合戦について、仏法・王法のもたれあいを拒否し仏法の自立性すなわち政教分離を主張した蓮如教団と、仏法を王法の下へ屈服させようとした新興武家権力という、拠って立つ思想と方向性の異なる二大勢力の激突と指摘する。[8]石山合戦は一向一揆による最後の大規模な戦いであり、一世紀に及ぶ教団と一揆による仏法の自立性を掲げた戦いの総括としての意味があったが、[9]このような一揆の底流に存在する思想性は、およそ一世紀前に発生した北陸最初の一向一揆において、すでに見られた。王法・世法から分離された仏法という原点に立ち、〝仏法の正義〟を掲げた戦いに挑んだ門徒の一群があったからである。[10]

一向宗門徒により持続的に広範に展開された戦いは、彼らの思想性を空洞化しようとする、法敵としての支配層への戦いであったことはたしかである。一向宗門徒は精神的背骨を前提として蜂起したのだといえるだろう。

専門的な軍事訓練に裏付けられた圧倒的な暴力性を顕にした武装勢力と対峙しつつ、その抑圧を打ち破り、排除するという目的を達成するためには、必ずしも十分な訓練体制の下にあるとはいえない一般門徒を主とする門徒側勢力に、大きな犠牲の伴うことが余儀なくされたはずである。にもかかわらず、北陸のみならず各国・各地に蜂起し転戦した一向一揆は、戦国大名権力との長期的な戦いに挑むなかで、次第に大きな政治勢力としての立場を確保し、戦国大名権力に対する対抗勢力としての実力を築くことに成功していった。

ここでは、戦国後期の社会変動を導出した一向一揆を底深く支えていたと想定される、精神的背骨が形成されていく具体相に迫ることを課題とする。一向一揆に関する研究蓄積は豊富だが、在来の研究では、一向宗を支える教説の根源に存在する親鸞の革新的思想の諸特徴から、また、一向宗の組織化を推進した蓮如の教説を通して、門徒の精神形成の足跡を提示するが、その具体的な様相や過程については、未だ俎上に載せられてはいない。精神形成の場として機能していたはずの道場を拠点とした門徒農民の学習状況については、十分な検討がなされているとは言えず、依然として不分明な状態にある。[11]

教育史研究の分野においては、「加賀百姓は講衆としての生活を通して、人間になりえたのであり、人間でありえた[12]」いう視角から、初めて一向一揆を中世教育史研究上の課題としたのが新谷賢太郎であった。[13]その後、一向一揆の歴史的意味については否定的見方を示しつつ、大教団の組織化に辣腕を振るった蓮如の立場に重きを置き、蓮如が門徒のために教説を示した『御文』の内容を分析することによって、そこに独自の教育構造が存在することを強調したのが、井上義巳であった。[14]しかし、いずれも観点こそ異なるが、門徒農民の精神性および精神形成についてはその大略の指摘に留まっており、論証がなされているわけではない。

以下に、その教線の拡大とともに奥深い山間部の村々にまで建立され、一向宗門徒の基本的な信仰形成の場であり、同時に最終的な到達点とされる信の確立へ至るための道程として意味付けられる学習がおこなわれた道場における、門徒農民の学習状況およびその過程に迫ることとしたい。とりわけ、飛騨にも程近い越中の山間部である五箇山一帯で実践された門徒農民の学習に注目する。

五箇山上平の漆谷道場には、「血染の名号」が残されている。[15]このことは蜂起した門徒の精神的拠り所がどこにあったのかを物語っているのだが、そうした門徒の心性は、五箇山門徒に固有のものとして限られるものではなく、各地で蜂起した一向一揆に参加した門徒に一般的に見られるものであったのだろう。とりわけ織田信長政権との激闘を重ねた地方の門徒に強く見られたことであろう。たとえば、石山合戦に際して、石山本願寺の籠城勢力を物心両面から支えるために、各国・各地の門徒から「懇志」が続々と寄せられてきたことが、織田信長の軍勢との一一年に及んだ長期戦を可能にしたのだが、そのうち、すでに織田政権との戦いに敗れ、軍事的には制圧されたはずの美濃・三河・近江からの「志」が、他の地域よりも圧倒的に多く見られた(16)。強大な戦国大名権力の制圧後の過酷な支配の現実を乗り越えるほどの、金剛の信心を確立した門徒の拡がりを、このことは示すものといえるだろう。

「血染の名号」を残している五箇山地方の門徒は、石山合戦の敗戦後に一向一揆の戦いが収束してゆくなかでも戦い続け、最後まで戦闘を継続したことで知られる。その意味では、各国・各地に拡がりを見せた一向宗門徒の典型的な存在の一つと見ても誤りではないだろうが、そうした行動を生み出した剛信の基盤がどのようにして形成されたのだろうか。また、その際に大きな意味を持つことになる基礎的な学びの能力がどのようにして培われたのか、その水準はどこまで達していたといえるのか、さらに、そうした基礎的な能力の上に、テキストを用いた仏教学習の水準や質がどのようにして保持されていたのかという問題を照射し、叙上の課題に迫ることを本章の目的としたい。

一　道場における学習の成立

（1）道場における教育的関係の成立

一向宗門徒の信仰・学習・集会の場としては、道場が設けられていた。一般に宗教的組織は、後代に教団化し、さらに組織化・肥大化が進むと、そのことが内部に形式主義・権威主義を招来し助長させるものだが、そうした状況が本来の純粋な精神性を喪失することに繋がりかねないことを見通していた親鸞は、造塔・造寺の行為を禁じた。このようなことから、中世における浄土真宗・一向宗の伝道施設としては、一般の住居や村堂などを多少改修した程度の宗教的施設としては素朴な形態の道場が基本だったが、一向宗の拡がりとともに村々に建立され、地域の活動拠点として大きな役割を果たしていった。

そのような道場を日常的に管理し、門徒の集会を主宰することになる道場主は、非僧非俗の姿であり、篤信者の門徒が担うこともあった(17)。道場主は、道場において門徒が教典・聖教の学習を通して信心を決定していく際に、必須の指導者と目される善知識としての役割を果たさなければならなかった。蓮如の「善知識といふは、阿弥陀仏に帰命せよ、といへるつかひなり(18)」という象徴的な主張にみられるように、蓮如の教説のいたる箇所で、信心決定において善知識が果たす役割の重さが述べられている。『御文』の分析を通して井上義巳は、「宿善開発」という蓮如一流の教化原理を導き出す教師としての存在と善知識をとらえている。また、道場における学習のあり方として蓮如は、「聴聞」「談合」という方法を提示していたが、井上はそれらを総合して教育作用の成立を指摘する(19)。

善知識が読み聞かせ教える教典・聖教の神髄を、門徒は心して心中に蓄積することを勧める蓮如は、「よく〳〵耳をそばだて、聴聞あるべし。そのゆへは、他力の信心といふことを、しかと心中にたくはへられさふらひて、そのうへには、仏恩報謝の為には、行住坐臥に念仏まふさるべきばかりなり(20)」と述べ、さらにその理解を徹底させるために「一句一言を聴聞するとも、たゞ得手に法を聞くなり。たゞよく聞き、心中の通りを同行に会ひ談合すべきことなり(21)」「四五の衆寄合談合せよ。必ず五人は五人ながら意功に聞くものなり、能く能く談合すべき(22)」と述べるように、「聴聞」によって得た理解を誤り無きようにより確かなものとするために、複数の門徒との間でその理解に関わる内容を質疑応答し、信心決定に至る堅固な理解への可能性を持つ「談合」をおこなうことを、強く求めていた。後述するような法の下における平等な人間として、相互にその理解を高め合うことを意図した「聴聞」「談合」がなされる道場に、門徒相互間の教育的関係が成立していたことはたしかであろう。

（2）学習の前提としての識字力

ここでは、前項で明らかとなったような教育的関係が成立していた道場において、門徒が実践していた日々の学習の内実について迫ることとしたい。

はじめに、門徒の仏教学習の前提であり、学習の基礎的能力として想定される識字力の状況について検討を進める。中世社会において民衆層に一定程度の識字力が蓄積されていたことは、一六世紀中葉の越前国江良浦の事例を取り上げた久木幸男[23]、一三世紀後期の紀伊国阿弖河庄上村や一五・一六世紀の民衆文書の事例を取り上げた黒田弘子[24]によって明らかにされてきた。また、入間田宣夫によって中世民衆の起請文・百姓申状の分析が進められたことも、民衆層への識字力浸透の拡がりを確認することとなった[25]。このような状況は、ここで注目している一向宗門徒によって支えられている道場や講においても同様な拡がりを見せていた。

以下に示した史料「二十一箇条」は、門徒の信仰生活、日常生活についての指針であり、制誡と称され、教団において集団の規律を維持するために制定されていたものである。同じ浄土門の時衆教団にも一遍が定めた制誡が存在するように、一向宗（真宗）に固有のものというわけではない。この制誡は、常陸国稲田に発し、信濃国長沼から越後国福島を経て高田に転じた浄興寺に伝えられるものであり、親鸞の折々の教えが高弟によって集記されたことにより成立したものである[26]。

専修念仏帳文日記事《センジュネンブチハリブミニチキノコト》

先師伝授《センシデンジュ》之《ノ》手次《テツギ》之《ノ》事《コト》

従《ヨリ》㆓愚禿親鸞聖人《グトクシンランシヤウニン》㆒善性聖人《ゼンシヤウシヤウニンノ》集記也《シフキナリ》。法性法師《ホウシヨウホツシ》伝授《デンジュ》令《シム》㆓披見《ヒケンセ》㆒。固《カタク》可《ベキ》㆑令《シム》㆑信《シンゼ》者也《モノナリ》。

一、不《ズ》㆔可《カラ》㆓諸法《シヨホウ》誹謗《ヒバウス》㆒。

一、従《タトイ》雖《イウトモ》㆑写《ウツシ》㆓賜《タマワルト》聖教《シヤウゲウ》幷《ナラビニ》師判《シハムヲ》㆒於《オキテ》㆘背《ソムク》㆓師説《シノセツ》㆒之《ノ》輩《トモガラニ》㆖者《ハ》有《アテ》㆓衆徒之義定《シユトノギヂヤウ》㆒須《スベカラク》㆔所《トコロノ》㆑伝《ツタフル》聖教《シヤウゲウ》被《ル》㆓悔還《クヒカヘサ》㆒。

一、於《オイテ》㆓修学《シユガクノ》二道《ニドウニ》㆒互《タガイニ》不《ズ》㆑可《ベカラ》㆔有《アル》㆓偏執《ヘンシユ》㆒。

一、以《モテ》㆓無智《ムチノ》身《ミヲ》㆒不《ズ》㆑可《ベカラ》㆔好《コノム》㆓諍論《ジヤウロンヲ》㆒。

（中略）

已前《イゼン》廿一箇条《カデウ》甄録《ケンロク》如《ゴトシ》㆑是《カクノ》。堅《カタク》守《マボテ》㆓此法《コノホフヲ》㆒敢《アヘテ》不《ズ》㆑可《ベカラ》㆓違執《ヰシフス》㆒。於《オキテ》㆘不《ザラン》㆑用《モチヒ》㆓此制法《コノセイホフヲ》㆒之輩《トモガラニ》㆖者《ハ》宜《ヨロシク》経《ヘテ》㆓衆徒之僉議《シユトノセンギヲ》㆒可《ベキ》㆑被《セラル》㆔停《チヤウ》㆓放《ハウ》衆中《シユチウヲ》㆒者也《モノナリ》。抑《ソモ〳〵》書《カキ》㆓置《ヲク》此誓文《コノセイモンヲ》㆒事者《コトハ》、如《ゴトク》㆓新選《シンセン》五念門《ネンモンノ》㆒註論《チウロンヲ》及《ヨビ》不《ズ》㆑違《ヰセ》㆓先師《センシノ》作《ツクリニ》㆒、以《モテ》㆓願力成就之五念門《ガンリキジヤウジユノネンモンヲ》㆒依《ヨテ》㆑伝《ツタウルニ》㆓知識成就之意趣《チシキジヤウジユノイシユヲ》㆒也。正嘉年中《シヤウカネンチウ》依《ヨリ》㆓此論《コノロンニ》㆒信心《シンジンヲ》疎《ロカナル》者《モノ》出来《イデキタリ》、各《ヲノ〳〵》令《セシメタル》㆓偏執《ヘンシユ》㆒之刻《キザミ》、自《ヨリ》㆓古聖人《コシヤウニン》㆒所《トコロノ》㆑給《タマハル》御《オン》消息《セウソク》重《カサネテ》令《セシムル》㆓披見《ヒケン》㆒処《トコロ》、得《ウルコトハ》㆓無上覚之悟《ムジヤウカクノサトリヲ》㆒、仏御計《ホトケノオンハカライ》也《ナリ》。更《サラニ》不《ズ》㆑有《アラ》㆓行者計《ギヨウジヤノハカライニ》㆒。無《ナキヲ》㆑義《ギ》々《ギトコソ》承《ウケタマハリ》候《サフラヘ》。此人々《コノヒト〴〵》一切《サイ》不《ザル》㆑知《シラ》事《コトニ》候《サフラフ》。云《ウン》。和之以《ワノモテ》㆑字《ジヲ》写《ウツス》㆓漢之字《カンノジニ》㆒。(27)

冒頭の部分に「帳《ハリ》(張)文《ブミ》」という語が見えることから明らかなように、この「二十一箇条」は、「衆中の合議で作製され、はり出して門下に周知させたもので(28)」あり、道場の一角に張り出されたのであろう。道場に集う門徒に対して、制誡の内容を周知徹底させることを意図して、唱和させるために作成された。当初は和文で仮名書きであったものが一五世紀中葉には本史料のように漢文に改められたものの、道場に集う門徒一同が唱和することが可能であるように振り仮名が付された(29)。これと同様の制誡として「了智定書」も残されている(30)。漢文を読みこなすことのできる門徒は限定されるが、片仮名書きの振り仮名が付されているのであれば、おおよそ読むことが可能な門徒は相当数あったものと思われる(31)。

また、道場において、この制誡を門徒が一同に会して唱和していたのであるから、当初は読めずとも、唱和の場に繰り返し同席することにより、次第に読むことが可能になり、かつ内容の理解に及ぶことも可能となったとみるのが自然であろう。この場合、この振り仮名は、書記文字としてではなく音声文字として、当初機能しているることになるが、時間の経過とともに、そこに書記文字としての意味を付加していった門徒の存在も少なからずあったものと考えられる。

次に示したのは、未だ無名であった頃の下間安芸蓮崇の学習階梯を伝える記述であるが、道場における一般門徒の学習状況の一端を現しているといえる。

文明ノ初、越前吉崎御坊御建立也、同国ノ浅水《アサフヅ》村ノ仁ニテ候ガ、心サカシキ人ニテ候ヒシアヒダ、安芸ト人々イヒツケテ侍ル人ナリ、吉崎殿へ参リ、御堂ニツ子ニ参リ、茶所ニアリテ、一文不通ノ人タルガ、昼夜ヒマナク学文手習シテ、四十年ヨリイロハヲナラヒ、真物マデカキナラヒ、聖教等ヲモ書写シ、浄土ノ法門心ニカケ、才学ノ人トナリテ、吉崎殿御内へ望申シ、奉公ヲ一段心ニ入ラレシマヽ、蓮如上人ノ御意ニカナヘル、玄求丹後ハ傍ニ成テ、安芸々々トゾメサレケル、一段秀タル人ニテ、法門ノ意ヲモ仰ラレ候ホドニ、人々モ近付テ聴聞シ侍リ、弟子モ門徒モ出来侍リ(32)、（後略）

吉崎時代の蓮如の側近としてあり、蓮如の執事・取次ぎ役として辣腕を振るい、しばしば加賀一向一揆の重大な局面に登場したり、朝倉政権との交渉にあたることなどもあった蓮崇であったが、その出自については、越前国浅水村の出身であること以外明らかにはならない。ごく一般の無名の門徒として吉崎に入ったのであろう。「一文不通ノ人」と記されているように、門徒となった当初はほとんど識字力がなかったようである。しかし蓮崇は、四〇歳で初めてイロハ字の学習に取り組み、基礎的な識字力を身に付けていった。手習の手解きをしてくれる人が周囲にいたのであろう。吉崎御坊周辺であればそうした能力を持つ人々に事欠かなかったはずである。そうしてその後、懸命に「学文手習」に励むことで次第に学習の水準を高め、やがて「才学ノ人」と認められるようになったのであるから、教学の根幹を正確に理解した上で、信の確立へと向かっていったのであろう。そのような経過のなかでは、「聴聞」「談合」に加えておこなわれた、このような書記文字を介した学習が効果的であったことは言うまでもないことであろう。やがて蓮崇は吉崎御坊において一目置かれる存在となり、蓮如に信頼を得て重用されるに至った(33)。

蓮崇は、蓮崇本「御文」と呼称される書写本(石川県珠洲市西光寺所蔵)を残している。そこには蓮如自筆の『御文』の草稿や教義書の草稿とおぼしきもの、論疏などからの抜書なども含まれていることから、蓮崇を語り手として、多くの門徒に蓮如の言行を伝えようとした蓮如の判断によりこれらの書写本は生じたものとの指摘もあるが(34)、「聖教等ヲモ書写シ、浄土ノ法門心ニカケ、才学ノ人トナリテ」とあることからみて、それらは蓮崇自身の学習のために書写されたという意味も込められていたことであろう。

北陸における一向宗の拠点であったことから、吉崎は特に恵まれた条件下にあったのはたしかである。しかし、一般門徒の手習に始まり教学の学習へと至る過程を支える条件は、各地に点在していた道場においても道場主や門徒相互間の教育的関係が成立していた以上、ある程度備わっていたものと見て、無理はないだろう。

最後に示した史料「五箇山衆連署申定」(以下「申定」)は、天文二一年(一五五二)一〇月二七日の日付で記された文書である。五箇山は南に飛驒白川郷、北に砺波平野に隣接する山間部となり、庄川・利賀川・百瀬川の流域を囲む五つの谷あいに連なり、冬季には豪雪のため陸路が通行不能となり、〝秘境〟と呼ばれたこともあった(35)。このような越中五箇山の村々に道場が散在し、それらの道場を拠点とする門徒間を結ぶネットワークとして十日講と称する講が天文五年（一五三六）までに成立していた。十日講に属する門徒は、既述のような本願寺に対する門徒側の主体性の証としてある「毎年進上仕候御志」として、綿・糸などを本願寺に送っていたのであるが、やがてなんらかの理由でそれが停止状態となったようである。そのことについて井波瑞泉寺もしくは金沢御坊よりの指摘を受けたことに応えて、十日講門徒の代表者が、以後再び滞りなきようにと誓約して、この文書は記された。花押・略押が記されている部分のみ写真版も併せて後掲する（104～105頁）。

申定候条々

一、十日講依致如在、御坊様曲事之由、被仰出候、尤驚入存候、於向後者、此人数致如在間敷候、若無沙汰仕候者、浄宗可被申上之事

一、京都へ毎年進上仕候御志之糸・綿之儀、致如在間敷之事

一、御公用不沙汰之儀、曲事之旨、被仰出候、尤存候、於向後者、如在仕間敷之事

右、条々於背此旨者、堅可致成敗候、仍定所如件、

下梨

修理亮乗資（花押）　藤井与三兵衛

図書了歓（花押）　見さ次郎左衛門尉（略押）

北名道宗（花押）　小来数 専了（花押）　同中屋（花押）

教善（花押）　漆原孫左衛門尉（花押）

松尾九郎左衛門尉（略押）　中畠兵衛（略押）

中島大郎左衛門尉（花押）　来数八郎衛門尉（略押）

来数大郎次郎（略押）　梨谷小大郎（略押）

松尾左衛門尉（花押）
かこと善入（略押）
仏新左衛門尉（略押）

利賀谷

又大郎家長（花押）
あへつとう了願（花押）
坂上左藤兵衛（花押）
上畠左衛門大郎（略押）
細島三郎左衛門尉（花押）
来数九郎左衛門尉（略押）
大豆谷八郎左衛門尉（略押）
さヽれ蔵与五郎（略押）

小谷

小次郎安弘（花押）
小太郎勝恵（花押）
沢大郎九郎（略押）
同九郎左衛門尉（花押）
田中衛門尉（略押）
つし左衛門尉（略押）

あいのくら大郎次郎（略押）
嶋八郎衛門尉（略押）

同殊五郎吉信（花押）
坂上次郎左衛門尉（花押）
上島徳祐（花押）
同大郎衛門尉（花押）
岩淵藤次郎（略押）
嶋又五郎（花押）
同大郎衛門尉（略押）
高沼源大郎（花押）

入谷（花押）
経塚左近
江上衛門尉（略押）
たかさわれ左衛門尉（略押）
八郎衛門（略押）
嶋の九郎三郎（花押）

下衛門尉（略押）
そやま五郎左衛門尉（花押）
　上梨
右京亮弘安（花押）
孫八郎（花押）
田向七郎左衛門尉（花押）
同八郎三郎（略押）
たかさハれ衛門（略押）
お屋衛門大郎（略押）
細嶋衛門大郎（略押）
かいもくら八郎次郎（略押）
　赤尾
唯通重家（花押）
新介真弘（花押）
七郎五郎勝弘（花押）
大郎兵衛（略押）
こせ左衛門尉（略押）
下嶋六郎左衛門尉（略押）
七郎衛門（略押）

同兵衛（略押）
小原藤左衛門尉（花押）
上なしの五郎衛門尉（花押）
同掃部（略押）
井谷平次郎（略押）
小原道珍（略押）
東さこ次郎（略押）
同八郎衛門（略押）
同大郎三郎（略押）
次郎左衛門尉（花押）
藤左衛門尉（花押）
藤七（花押）
中田五郎左衛門尉（花押）
成出こんかミ（略押）
衛門九郎（略押）
甚衛門（花押）

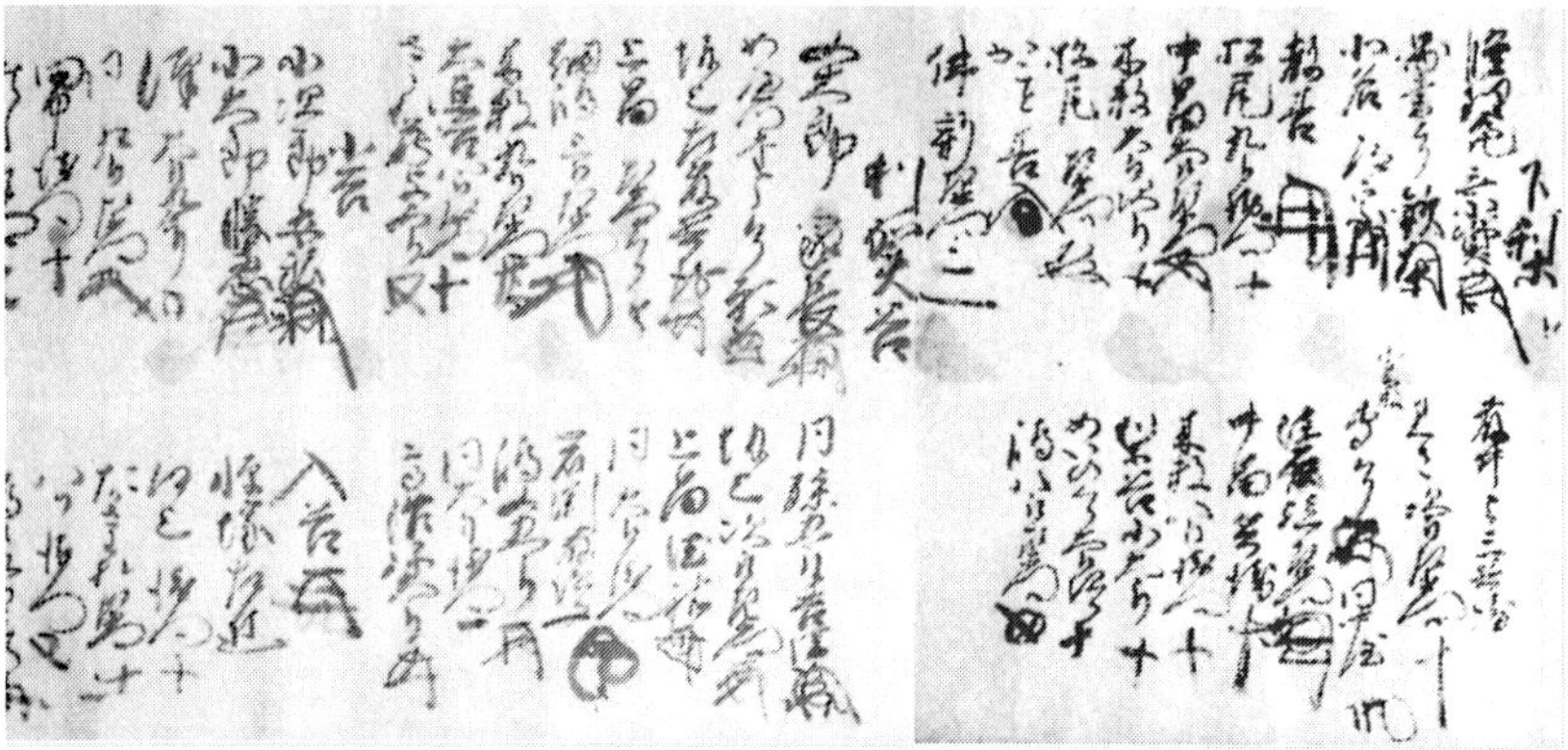

六朗衛門（略押）　　おせこんかミ（略押）
兵衛（略押）　　かうす村左衛門尉（略押）
同大夫（略押）　　八郎衛門（花押）
天文廿一年拾月廿七日[36]

ここには、五箇山地方の下梨・利賀谷・小谷・上梨・赤尾の五つの谷あいに生活する門徒を代表して、下梨二〇名、利賀谷一六名、小谷一五名、上梨一六名、赤尾二〇名の総計八七名の門徒の署名と署判が見られる。僧名と思われるものが二三見られるが、他は俗人の署名であり、地侍か村の乙名・年寄と目されるものが多い[37]。彼らのなかには署名のみで署判を記していない者が二名いるので、これらを除くと、略押と花押の中間のような署判も若干見られるものの、署名の下に三九名が花押、四六名が略押を据えている。これらの八五名のうち、約四五％になる門徒が花押を据えていることが注目される。

花押を署判する能力と識字力との関係については、すでに木村政伸によって、長崎平戸町と京都六角町との宗旨人別帳に記された花押の分析を通して論じられている[38]。木村は、大名が用いた花押型でも所持しない限り、かなりの熟達した筆遣いの能力が要求されることから、花押を据える能力の有る者は、かなりの程度の識字力を持っていたものとみている。

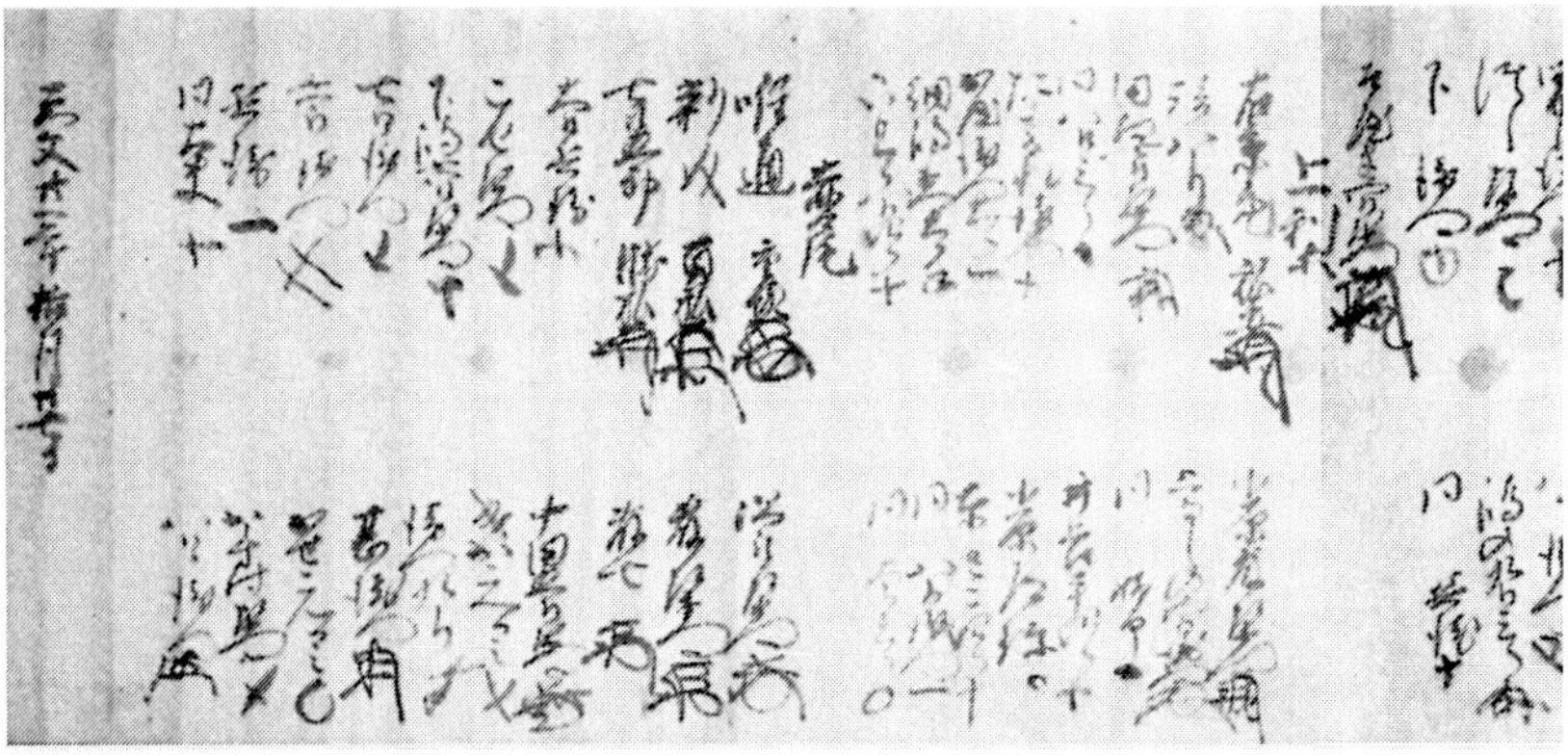

図　「五箇山衆連署申定」(生田家文書)

花押の署判能力と識字力との関係については、慎重に扱わなければならないが、この「申定」に見られる花押には、戦国時代に広く用いられた足利様ともいえるものも含まれており[39]、それらを花押としての体裁を保ちながら署判するには、木村が指摘するようななかなりの程度の筆遣い能力が必要とされるはずである。型を認識するだけでは、それをほぼ再現することはできない。「申定」に花押を据えるためには識字力の裏付けとなる能力が求められると言っても誤りではないだろう。「申定」に据えられた花押は、その出来栄えにある程度の幅が見られるが、概して毛筆の機能を使いこなしているといえる。軟筆である毛筆を体裁を保ちながら使用する技術を獲得することは、そう容易なことではないだろう。このようなある水準以上の毛筆使用技術は、日常的に文字を書き記すなかでこそ培われてくるものである。十日講の代表者の四五%が花押を据えていることを伝えるこの「申定」は、五箇山の門徒が保有していた識字力の状況を推測させるのである。

なお、一向宗門徒による花押の据えられている同様な連判状は、他にも富山町・本町・松任町および三河国勝鬘寺においてもみられる[40]。ことに後者には五箇山の「申定」と同様に、多数の農民門徒の花押が据えられており、地域差はあるにしても五箇山の事例が例外的なものではないことを物語っている。

以上のことから、道場に集い共に信の確立に向かう一向宗門徒のなかに、その水準は多様であるとしても、識字力、それもかなりの水準の識字力を有する門徒が少なからず含まれていたことが、結論として導き出される。また、その周辺ではそうした門徒と共にあり、信を確立するための諸活動に参加することにより、書記文字使用能力を獲得することも可能であった。また、書記文字についての能力に欠けるとしても、音声文字を介して文献の内容を理解し、摂取しようとする門徒が存在し、さらには、やがてそのなかから識字力を徐々に獲得する門徒も現れるという構図が成立していたといえる。

（3）門徒の学習とテキスト

一向宗門徒が道場で文字を媒介にした学習を遂行するための基礎的条件が、ほぼ満たされていたことが否定できないことになった。次に、その上で道場を拠点とする学習活動において、具体的にどのような仏教学習が推進されていたのかについて考察し、一向宗門徒の思想形成に繋がる、教典・聖教の学習の具体相について迫ることにしたい。

五箇山東赤尾の道善寺所蔵史料に「天十物語」と呼称される記録がある。[41] 道善寺は同地の行徳寺とともに、この記録にも登場し剛信な門徒として知られた後述の赤尾の道宗にゆかりがあり、平瀬道場から展開した寺院である。この記録の成立時期は冒頭の登場人物などの検討から、また十日講の「申定」にも見える唯通の存在から、天正一〇年（一五八二）正月頃と推定されている。その年は、長きにわたった一向一揆の戦いが終焉を迎える年である。すでに二年前には織田信長との一一年に及んだ石山合戦に敗北し、大規模な戦闘に終止符が打たれていたが、天正一〇年三月に至るまで、加賀では白山山麓の山内衆が柴田勝家と、越中では五箇山衆が佐々成政・神保長住との戦闘を継続していた。この記録は、五箇山衆の一人が豪雪の中で雪解け後の来るべき最後の戦闘を前

にして、自らの宗教的信念を明示しようとして記されたものである。(42)

この記録の前半部分は、ともに浅からぬ関係にあった五箇山の道場と井波瑞泉寺との間をめぐる、この地域の信仰指導者との交流のなかで修得された法義等が具体的な文言によって記されている。それに対して、後半部分は、明らかに教典・聖教を学習した際に重要と判断された箇所と、それについての心得および解釈などを記したものであり、総じて学習ノートともいうべき内容となっている。これは、後日の再学習の際に用いるために書き留められたと考えられる。

そこで、以下にそれらが、数多く存在する一向宗門徒のための教典・聖教のなかのいずれを学習した結果としてまとめられたものであるのか、検討を加えてみることにしたい。このことにより、門徒の精神形成の根源の一端が、浮き彫りになるだろう。

次の【A】～【K】は、右に「天十物語」に記されている要点や心得を示し、左に実際に道場等において用いられた教典・聖教のなかから、それらを導き出したと推定される箇所を示し、両者を対照したものである。この作業によって、五箇山の道場において実際に用いられていた教典・聖教の一部について確定することにしたい。

【A】一、「生死《シヤウジ》ノキヅナキレハテヽ」ト。シカレバ我《ワレ》ラハ領解《リヤウゲ》一《ヒトツ》也。

この願行の功徳は、偏に未来悪世の無智の我らが為に代りて励み行ひたまひて、十方衆生の上毎に生死の絆截れ果てて不退の封土に願行円満せしとき、機法一体の正覚を成じたまひき。（『安心決定鈔』本）

【B】一、機《キ》ニ信心《シンジム》ヒトツモ行《ギヤウ》ヒトツモクワヘズ。シカレバ信心《シンジム》ノホカハ凡夫《ボムプ》ノ思量《シリヤウ》アルベカラズ。

已・今・当の三世の往生は不同なれども、弘願正因の顕れもてゆく故に、仏の願行の外には、別に機に信心一も行一も加ふることはなきなり。（『安心決定鈔』本）

【C】一、念仏《ネムブチ》ノ行者《ギヤウジヤ》、名号《ミヤウガウ》ヲキカバ、アハ、ハヤ、ワガ往生生《ワウジヤウシヤウ》ハ成就《ジヤウジユ》シニケリ。コノ安心《アンジム》、他《タ》力《リキ》ノ安心《アンジム》ナリ。

故に、念仏の行者名号を聞かば、「あは早わが往生は成就しにけり、十方衆生成就せずば正覚取らじと誓ひたまひし法蔵菩薩の正覚の果名なるが故に」と思ふべし。　（『安心決定鈔』本）

【D】一、イトケナキトハ信《シン》ヲエヌ人《ヒト》ノコトナリ。コザカシトハ後生《ゴシヤウ》ヲネガフ人《ヒト》ノコトナリ。

稚き時は知らず、少し小賢しく自力になりて「わが命」と思ひたらんをり、善知識「もとの阿弥陀の命へ帰せよ」と教ふるを聞きて帰命無量寿覚しつれば、「わが命無量寿なり」と信ずるなり。　（『安心決定鈔』本）

【E】一、無記《ムキ》ノ心《コヽロ》ナガラトアルモ、無記《ムキ》ノ心《コヽロ》ハヤミテトアルモ、ヲナジココロ信心《シンジム》ナリ。無記《ムキ》トハシルシナシトヨム。心ノナキコトナリ。

已に『羣疑論』に「無記の心ながら往生す」といふは、「摂取の光明に照らされぬれば、その無記の心はやみて慶善心にて往生す」といへり。　（『安心決定鈔』末）

【F】一、凡夫《ボムブ》ノ往生《ワウジヤウ》ヲシタヽメ成ジタマヘルトハ、コシラヘヲキタリトイフ心《コヽロ》ナリ。

仏の大願業力を以て凡夫の往生はしたため成じたまひけることの辱なさよと帰命すれば、衆生の三業は能業となりて上にのせられ弥陀の願力は所業となりて我等が報仏報土へ生ずべき乗物となりたまふなり。　（『安心決定鈔』末）

【G】一、塵《ヂン》点《〔テン〕》劫《ゴフ》トワ、三千大千世界《サンゼンダイセンセカイ》ノ草木《クサキ》ヲ灰《〔ハイ〕》ニ焼《ヤキ》テ、ソノ国《クニ》一《ヒト》ツヅ、ニ点《〔テン〕》ヲウチニウチツクシタル。

釈尊は五百塵点劫の往昔より八千返まで世に出でてかゝる不思議の誓願を我等に知らせんとしたまふを、今まで聞かざることを慚づべし。……三千大千界に芥子ばかりも釈尊の帰命を捨てたまはぬ所はなし。　（『安心決定鈔』本）

【H】一、信心《シンジム》ヲ取ルトイフハ、閻浮檀金《〔エンブダンゴン〕》ノ金《コガネ》ヲ、ザシキニ置《ヲク》、ノゾミニマカセトル道理《〔ダウリ〕》、成就《ジヤウジユ》功徳《〔クドク〕》ヲウケトルバカリナリ。

『観仏三昧経』にのたまはく、「長者あり、一人の女あり、最後の処分に閻浮檀金を与ふ、穢持に包みて泥中に埋みて置く。国王、群臣を遣して奪ひ取らんとす。この泥中をば踏み行けども、知らずしてかへる。其の後、この女人取出して商ふに先よりも猶富貴になる。（『安心決定鈔』末）

【I】一、「宿善開発《シフクゼンカイホチ》ノ機《キ》ニテモ、我《ワレ》ラナクバ」トアルハ、善知識《ゼンチシキ》サマノ御安心《ゴアンジム》ナリ。我《ワレ》ラモ同心《ドウシム》ナリ。

もし宿善開発の機にてもわれらなくば、むなしく今度の往生は不定なるべきこと、なげきてもなをかなしむべきは、ただこの一事なり。（『御文』三の九）

【J】一、「キケバイヨ〳〵カタシ」トハ信心賢《シンジムケン》(堅)固《ゴ》ノ道理《(ダウリ)》也《ナリ》。

一、「きけば弥かたく、仰げば弥たかし」といふことあり。物をきゝて見て堅きと知るなり。本願を信じて殊勝なる程も知るなり。信心おこりぬれば、たふとくありがたく、喜も増長するなり。

（『蓮如上人御一代記聞書』一五一条）

【K】一、念声是一《ネムシヤウゼヰチ》、一念《ヰチネム》モ十念《ジフネム》モ一声《ヒトコヱ》モ、ミナ帰命《クヰミヤウ》ノコト也《ナリ》。

一、「念声是一といふことを知らず」と申し仰時、仰に、「おもひ内にあれば、色外にあらはるゝ」とあり。されば信を獲たる体は、すなはち南無阿弥陀仏なりと心得れば、口も心も一つなり」。

（『蓮如上人御一代記聞書』五条）

対照の結果、この地域の道場で用いられた教典・聖教には、『安心決定鈔《あんじんけつじょうしょう》』(43)『御文』(44)『蓮如上人御一代記聞書』(45)の三点が含まれることが明らかになった。とりわけて八か所に及ぶ『安心決定鈔』の比重の大きさが際立ったものであった。『安心決定鈔』については、蓮如も「金を掘り出す様なる聖教なり」(46)、「当流の義は『安心決定鈔』の義くれ〳〵（四字いよ〳〵）肝要（なり）」(47)と語り、一向宗に伝わる数多くの教典・聖教のなかでも重要視する姿勢を示していたことから、道場における学習活動の際にもテキストとして用いられる可能性が大きかったものといえる。『安心決定鈔』は、越中国五箇山の村々に散在する道場を拠点にして学ぶ門徒の宗教的・精神的源泉の一つとして大きな意味を持っていたばかりではなく、広範な地域に展開する一向宗門徒の精神的基盤形成に大きな役割を果たしていたことが推測される。

（4）『安心決定鈔』の特質

道場を拠点とする学習活動において最も重視されたテキストの一つが、『安心決定鈔』だった。それでは、この『安心決定鈔』から門徒は何を学ぶことが可能であったのか、また、そうして摂取した学習内容をその後の生活・行動においてどのように生かしてゆくことが可能であったのだろうか。ここでは、『安心決定鈔』の内容の特質について検討を加えることによって、こうした課題に迫ることにしたい。

『安心決定鈔』の冒頭は次のように始まる。「浄土真宗の行者は、まづ本願のおこりを存知すべきなり。弘誓は四十八なれども第十八の願を本意とす。余の四十七はこの願を信ぜしめんが為なり[48]」と。門徒の信心決定への出発点として、煩悩具足の凡夫たる人々、すなわち門徒を救済しようとして立願された阿弥陀如来の本願である第十八願について理解し、さらにそのことを絶対的に信ずること以外に、あるべき姿はないとしている。

こうした前提から発して『安心決定鈔』の論旨は展開されるのだが、真宗教学研究においてすでに指摘されている通り、機法一体の思想がその中核をなしている[49]。機法一体とは、門徒の往生を意味する機と仏の正覚すなわち阿弥陀如来のさとりを意味する法との一体をいい、「仏は衆生に代りて願と行とを円満して、我等が往生を已にしたゝめたまふなり[50]」とあるように、仏はすでに十劫の昔と表現される、無限ともいえる遥かな以前の時代に正覚を成就し、その正覚成就と同時に衆生すなわち門徒の往生も成就したとしている。このような機法一体思想を底流に置いて、門徒の信意識の面において、また現実の行動の面において、仏と衆生すなわち門徒との一体化について、繰り返し重層的に説いていく。

はじめに、信心決定への第一歩である仏の第十八願への意識を起こすことから求めて、「然れども、仏は衆生に代りて願と行とを円満して往生成就せしとき、機法一体の南無阿弥陀仏の正覚を成じたまひしなり。故に、仏の正覚の外には凡夫の往生はなきなり」(51)という。仏が全責任を負って衆生に代って願行を十全に果たし、その結果として正覚を成立させたのは、罪業深重の凡夫を救済する法を確立し、成就しようとするためであり、このような意味を持つ仏の正覚と無関係に衆生の往生は成り立たないということになる。

このことを真理として受けとめるか否か、すなわち法に対する信か不信かの態度選択の責任は、門徒に委ねられる。もし、救済の法はすでに用意されているのであり、衆生はどのような計らいも捨てて、仏の慈悲の本願そのことから生じてくる摂取不捨の法の前に心身を投げ出す以外に、衆生の救済の道はないという意識を形成したとする。そうして、つまり門徒の信意識の内実として、門徒が完全に仏の救済にあずかれりという意識を確かなものにした時には、門徒の精神と肉体とはすべて仏の救済という一点に向かって摂取されていくことになる。

しかし同時にというべきであろうが、救済の法にあずかるまでの心の軌跡を振り返り自省することも、信の確立の裏付けとして、次のように示されている。

慚愧の二字をば「天にはぢ人にはづ」とも釈し、「自にはぢ他にはづ」とも釈せり。何事を「大にはづべし」といふぞといふに、弥陀は兆載永劫の間無善の凡夫に代りて願行を励まし、釈尊は五百塵点劫の往昔より八千返まで世に出でてかゝる不思議の誓願を我等に知らせんとしたまふを、今まで聞かざることを慚づべし(52)今の他力の願行は、行は仏体に励みて劫を無善の我等にゆづりて、謗法闡題の機・法滅百歳の機まで成ぜずといふことなき功徳なり。この理を慇懃に告げたまふことを信ぜず知らざる事を、大に慚づべしといふなり(53)

法の成就に無知であり、煩悩に苦しみ、驕慢の心におどり、疑心をもって仏の慈悲を受容しようともしなかった自身を慚愧すべきであるという。こうした自省の上に成立する信が、仏の慈悲に対する応えとなされている。叙上のような道筋を辿り、信の確立を果たし、安心決定した門徒の心の内には救済主である仏が顕れることになる。

念仏三昧において信心決定せん人は、「身も南無阿弥陀仏・心も南無阿弥陀仏なり」と思ふべきなり。人の身をば地・水・火・風の四大寄り合ひて成ず、小乗には「極微の所成」といへり。身を極微に摧きて見るとも、報仏の功徳の染まぬ所はあるべからず。されば機法一体の身も南無阿弥陀仏なり。心（に）は煩悩・随煩悩等具足せり、刹那刹那に生滅す。心を刹那に千割りて見るとも、弥陀の願行遍ぜぬ所なければ、機法一体にして心も南無阿弥陀仏なり。弥陀大悲の胸のうちに、かの（二字ナシ）常没の衆生みち〳〵たる故に、機法一体にして南無阿弥陀仏なり。我等が迷倒の心の底には法界身の仏の功徳みち〳〵たまへる故に、また機法一体にして南無阿弥陀仏なり。浄土の依正二法もまた爾なり。依報は宝樹の葉一も、極悪の我等が為ならぬことなければ、機法一体にして南無阿弥陀仏なり。正法は眉間の百毫相より千幅輪の足裏に至るまで、常没の衆生の願行成就（二字円満）せる御形なる故に、また機法一体にして南無阿弥陀仏なり[54]

このように、門徒の心のうちに信心決定の火を点ずれば、内面には仏が現実の自己と一体のものとして顕れることになる。そうして、心身の隅々にまで「報仏の功徳」が及ぶことによって、たとえ煩悩が生じたとしても、それは瞬時に消滅し、安定した心身の状態を維持することができる。弥陀の「大悲」に人間存在のすべてが包摂されることの意味深さを説いているのだが、そこでは、仏と凡夫たる門徒はあらゆる位相においてまったく一体不離の状態となる。「極悪の我等」にもかかわらず、弥陀に救済されたことの歓びを表しているようにも理解できる南無阿弥陀仏という称名は、このような一体不離の状況を表しているともいう。

かくて仏と門徒とが一体不離となった以上、門徒の生活のあらゆる場において仏の願力が及ぶことになる。

仏の三業の功徳を信ずる故に、衆生の三業如来の仏智と一体にして、仏の長時修の功徳、衆生の身・口・意にあらはるゝ所なり[55]

仏を念ずといふは仏の大願業力を以て衆生の生死の絆を截りて、不退の報土に生ずべき謂を成就したまへる功徳を念じて、帰命の（心）本願に乗じぬれば、衆生の三業仏体にもたれて仏果の正覚に昇る[56]

あらゆる一切の生活上の行動を意味する三業に顕れる法の力を認めることによって、門徒の日常生活上の行動は、すべて仏の行動として理解されることになる。門徒の身体的行為・言語的行為・思量的行為は、仏の行為の顕現であり、仏は、いかなる場にも、いかなる時にも常に門徒とともにある。門徒の日常の一挙手一投足はみな仏の行動として捉えられることになる。そうして左のように説く。

摂取の心光に照護せられたてまつらば、行者も亦是の如し。朝な〳〵報仏の功徳を持ちながら起き、夕な〳〵弥陀の仏智と共に臥す[57]

門徒の全生活は早朝の起床から夕の就寝までの行住座臥のあらゆる局面において仏とともにあることを強調し、一分の隙も生じない程の域にまで達した一体感が理想的なあり方として提示されている。

極限まで極めたといってもよい程の門徒と仏との一体感について、『安心決定鈔』は繰り返し説くのであるが、それはただ観念的に理解されるのみではない。それは門徒の現実の生活の上に、具体化して説かれることによって、より一層確かなものとして受け止められることになる。

我等が道（一字色）心二法・三業・四威儀、すべて報仏の功徳の至らぬ所なければ、南無の機と阿弥陀仏の片時も離るゝ事なければ、念々みな南無阿弥陀仏なり。されば出づる息・入る息も仏の功徳を離るゝ時分なければ、みな南無阿弥陀仏の体なり[58]

ここに見られるように、門徒の全存在のあらゆる面に法の力が行き渡ることから、門徒の身体を出入りする呼気・吸気のような物質的存在にまでそれは及ぶものとされている。[59] このような段階までに、その確信が達するに至ったとするならば、次のように仏の功徳は常時門徒の心身の奥底において働くことになる。

弥陀の身心の功徳、法界衆生の身の内・心の底に入りみつ故に、「入一切衆生心想中」と説くなり。ここを信ずるを念仏衆生といふなり[60]

このような理解を前提にして、門徒はどのような状況下にあっても仏の加護の下に置かれていることを深く確信し、さらに、そうした状況の刹那刹那にその実感を得ていたことであろう。

叙上、『安心決定鈔』の基調として一貫している機法一体思想から発し、そのうち門徒の学習において意味を持ち重視されたと推定される箇所について、考察を進めてきた。五箇山地方の道場の学習において重視された『安心決定鈔』の内容は、一六世紀後期の越中五箇山という、山間の厳しい自然環境の中に生産者として日々を送りながら、また同時に、圧倒的な武装勢力として抑圧を加えてくる戦国大名権力に鋭く正面から対抗する日々を送る門徒にとって、ともすれば押しつぶされそうにもなる重圧感を振払うほどの強い精神的支柱を獲得することの可能性を、包含するものであった。絶対的存在である阿弥陀如来の計らいを感受する瞬間を実感するということもあったであろう。そのような意味で、門徒の精神の内奥において深く共鳴する質を湛えたものだった。五箇山門徒の日々の精神的な拠り所としてあり、現実の桎梏に直面して懊悩しがちな門徒の意識を底深く支え、さらに酷薄な現実を乗り越えていこうとする門徒の意識を鼓舞して止まない質を内包するという、大きな意味を持つ聖教だったといえる。

道場などにおける「聴聞」「談合」を通して得た教義の一々を、『安心決定鈔』という宗教的真理が明示されている理論的根拠によって、あらためて確認することが可能となったはずである。そして、法敵たる強大な権力に対峙するという現実のなかにある門徒に、信心決定する、安心決定することの意味深さを説き明かし、機法一体という段階へと到達したこととその現実的な意味とが、理論的根拠を以って提示されたということは、門徒として、これ以上望むべくもない精神の高みへと到達する回路が開かれたと受け止められたはずである。

蓮如は、一向宗門徒の日々の生活の具体的な様相について次のように記している。

侍能工商之事

一、奉公官仕をし、弓箭を帯して、主命のために身命をもおしまず。

一、又、耕作に身をまかせ、すきくわをひさげて、大地をほりうごかして、身にちからをいれて、ほりつくりを本として身命をつぐ。

一、或は芸能をたしなみて、人をたらし、狂言綺語を本として、浮世をわたるたぐひのみなり。

一、朝夕は商に心をかけ、或は難海の波の上にうかび、おそろしき難波にあへる事をかへりみず(61)。

蓮如がこのように表現した門徒像に相当する人々が五箇山にはあった。そうした生活に生きる彼らが、必ずしも十分とはいえない条件のなかで獲得した識字力を懸命に用いて、ここに見てきたようなかなりの水準の内実を有するテキストを学習していた。そこでは信の確立を果たすことができるのであれば、いついかなる時も仏とともにあり一体化しているという意識が形成されていたことであろう。越中五箇山の道場には、仏に対した一人の独立した人間としての自覚を持つことが可能となる、精神生活の場が成立していたといえるだろう。

二　宗教的信念の確立

道場における学習活動の過程を辿ってきたが、そのような活動を基礎にして確立されることになる仏教的信念の到達点を、具体的に見てみたい。一向宗および浄土真宗の世界では、門徒の中でも特に信心が篤く、徳行に富んでいる人々を妙好人として讃えている。[62]その妙好人の一人として知られ、蓮如との関係も強く、五箇山に生涯を送った赤尾の道宗がいる。道宗は先に検討した「天十物語」にも登場した五箇山一帯の一向宗門徒の指導者の一人であったが、自身の信仰心得を『道宗覚書』（以下『覚書』）として残している。そこには門徒としての理想的なあり方を探究した結果として、信仰とそれを支えることになる精神的態度とを中心に、時には対人関係の保ち方に至るまで記されている。道宗の仏教的信念の力強さがうかがえる内容といえる。

道宗は、明応五年（一四九六）二月二八日付けの『御文』に、俗名弥七として初めて現れるが、『覚書』の一五条で「一、御道場之事を本と心に涯分《がいぶん》入まいらせ候はん事」[63]と記しているところから、道宗は道場主であることがわかる。道場主としての活動の傍ら本願寺詣でも欠かさず、蓮如と信仰・教義に関する質疑応答を直接おこなうまでに至っていた。道宗は五箇山の人々への教化に際して有効という理由から、『御文』を蓮如に所望し、それに蓮如が応えたことから、この『御文』は認《したた》められた。[64]道宗はその活動範囲内に流布していた『御文』の書写にも努め、二巻二三通を手元に置いていた。[65]毎年の本願寺詣で、毎月の井波瑞泉寺詣でを重ねるなかで信仰を深め、やがて文亀元年（一五〇一）一二月二四日に、その到達点として二一箇条よりなる『覚書』を記している。

道宗が信仰指導者として傾倒していた蓮如は過ぐる明応八年（一四九九）三月に没し、時の宗主は実如が継承していた。この一六世紀初頭の時期、本願寺および一向一揆は、政治勢力として無視しえないほどの実権を掌握していく段階に達していた。永正三年（一五〇六）七月には、管領細川政元と連携した実如の命により、畿内・東海・北陸という広範囲に一向一揆が蜂起している。[66]北陸では、越前朝倉・越中畠山・越後上杉などの戦国大名権力との激闘が始まり、越中では一揆方が越中・越後守護勢を駆逐し、越後守護代長尾能景を敗死させている。[67]このような経緯のなかから、五箇山地方を含む越中の西部は、加賀と同様に一向一揆によって制圧され、門徒による支配がおこなわれるに至った。

宗主実如の命を受けて、広範な門徒が一斉に蜂起し、戦国大名勢力に対抗する時が数年後に迫っていた状況のなかで、この『覚書』は結実した。地域権力を構築し強固な軍事力を備えていた守護勢力に戦いを挑むということは、多大の人的犠牲を覚悟しなければならないことであった。それだけに、緊張感のなかで社会変動を志向する一向宗門徒としての強い精神的背骨の形成が、その前提として求められていたことであろう。

さて、道場主としての道宗が、最も強く主張しているのは、一・一二・一三・一七・一八・二一の六箇条にわたって述べられている「後生之一大事」「此一大事」についてである。左は二一条の一部である。

一、浅間敷の我心や、後生の一大事をとげべき事ならば、一命をも物のかずとも思わず、仰《おおせ》ならばいづくのはてへ成共、そむき申間敷心中なり。又唐《タウ》天ぢくへ成共、もとめ尋まいらせ候はんと思心にてあるに、仰にしたがい、うしろぐらくなく、法儀を嗜《たしなみ》候はん事は、さてやすき事にてわなきかとよ。返〳〵我心今生は一たん也、今久敷もあるべからず。かつゐても死に、またはこゞへも死ね、かへりみず後生の一大事油断してくれ候な。（後略）(68)　（二一条）

それらを要約するならば、罪業深重の我が身が「後生之一大事」「此一大事」を遂げることができるのであれば、我が身を抛ち、信仰指導者たる善知識の命であれば、唐・天竺へも参らんという強固な心構えで信心を深めるべきであるということになる。今生は一度しか許されていない。そうであるからこそ、悔恨が残ることのなきように深く「後生之一大事」「此一大事」を遂げるとは、信心決定以外のなにものでもないことは明らかであろう。現世での死後に想定される宗教的実在としての極楽浄土を希求するのではなく、無条件に門徒に働きかけてくる無礙の慈悲の光のなかに、その身心を任せることが、門徒の信仰生活の根源として求められていることであった。現世の延長上に極楽浄土が待ち受けているのか、あるいは地獄へと陥る展開があるのかという、煩悩から発する思念を捨て、弥陀の慈悲の光のなかに包摂されているという自覚があれば、それで足りることになる。

そうして、念仏はこの深い自覚のなかから自ずと生じてくることになる。

このように極まったといえる道宗の立場の根底には、二・四・八・一〇・一一・一二・一九の七箇条にみられるような「あさまし」と表現される、自己に対する深い罪悪感・悪人観が存在する。左に八条と一〇条の一部を示す。

一、仏法をもつて人にもちゐられ候はんと思候事は、かへす〲あさましき事にて候。其心出来候ば、仏法信は、たゞ此度後生之一大事をたすかるべきため計にてこそ候へと思候て、ひるがへし候べき事。[69]（八条）

一、これ程のあさましき心中をもちたるよと、思召候はん事こそ、返〲《かえすがえす》も、あさましく、かなしく、つらくぞんじ候。今までの事をば、一筋に御免を雖レ所レ仰《あおぐ》、かやうなる心中なる者よと思召候はん事、返〲身のほどのつたなさ、かなしさ、あさましく存候。先生《せんじょう》もかゝるつたなき心中にてこそ、于レ今かやうに候らめと、申かぎりなくあさましく存候。（後略）[70]（一〇条）

ここには、内省的自覚に裏打ちされた深い信念をみることができるが、それは、道宗を含む五箇山の門徒が重要視していた聖教の『安心決定鈔』において強く説かれていたことであった。すなわち「慚愧」するべきこと――自らが悪人であることを凝視する所から出発するべきことが求められていた。また『安心決定鈔』では、同様のことを「仏心を蓮華と譬ふることは、凡夫の煩悩の泥濁に染まざる覚なる故なり[71]」とも説いている。煩悩はもとより凡夫たる門徒から離れないものであり、それゆえに「あさまし」という思いが募ってくるものであろう。

しかし、一向宗にあっては、門徒に煩悩を捨てよと求めることはない。罪業からの解脱を説かない。このことは、「たゞあきなひをもし奉公をもせよ、猟すなどりをもせよ。かゝるあさましき罪業にのみ朝夕まどひぬるあさましき我等ごときのいたづらもの[72]」と蓮如が述べているように、門徒の日々の生活は、現実の社会に生きることに必然的に伴う罪業の生活そのものであったからである。そしてその罪業に日々まみれた身でありながら、何らの条件も求められることなく、ただひたすら信心決定するのみで、絶対に弥陀の慈悲の光のなかに包摂されるからである。道宗における「あさまし」という意識は、日々の生活、現世の立場への「慚愧」の心の現れであり、究極的な目標である信心決定への推進力、出発点としての意味を持っていた。

道宗は五箇山赤尾の道場主であったのだが、道場主であるということは、村の名主的な存在であったとも考えられる。あるいは、在地領主、地侍的な側面もあったと考えられる。このような立場にあれば、より広域に権力を行使する守護・地頭や国人層などと対立することも希ではなかった。一向宗門徒の守護・地頭への経済的反抗は、門徒の増加に伴って頻発し、激化していったのだが、そうした動きはやがて大きな武装勢力を形成し、一揆へと転化していく傾向にあった。そのような経緯のなかで、在地領主層の果たした役割は大きなものがあった。年貢所当の未納、公事の怠慢・拒否という段階から、所領支配、さらには国支配権の争奪という段階にまで展開していくなかに、村落共同体の指導者の一人としての道宗も巻き込まれるということもあったであろう。そのような過程では、四・九条にも見られるような現象も眼にすることもあったのだろう。

一、仏法にをゐてうしろぐらき利養《〔りやう〕》心あらば、浅間敷《あさましく》存候て、手を引思《ひくおもい》をなし、たちまちひるがへすべき事。(73)　（四条）

一、理非《〔りひ〕》をたゞさず、あしき事の出来候はん座敷をば、のがれ候べき事。(74)　（九条）

時には仏法を手段として、実利を得ようとしたり、自らの社会上昇を果たそうとするような門徒の姿を目にすることも、また、自身もその誘惑に駆られそうになることもあったのだろう。このようなことから、『安心決定鈔』の文言は、自身を取り巻く現実を「あさまし」とたしかに見抜く拠り所を与えるという意味もあったといえる。

宗教者としての道宗の信念は、五・六・一四・一六の四箇条にみられるように、道場主として門徒に対する際の公正にして公平な姿勢を貫こうとするものから、時には対立する立場にある人間までも含む、すべての人間に対する深い慈悲の精神へと昇華するに至ったということができる。利他に生きることを本旨とする大乗仏教の精神を、真正に理解していたことの証となるだろう。

一、心に贔屓《ひいき》をもち候て、人のためにわろき事仕間敷《つかまつるまじき》事。[75]　（五条）

一、冥《みやう》の照覧《せうらん》と存候て、人しり候はずとも、あしき事つかまつるまじき事。[76]　（六条）

一、友《とも》がなきなど、我身に理を付候事、有まじく候。内の人々にあい候て、心に思候はず共、涯分《がいぶん》嗜《たしなみ》候て、まづ此一大事はいかゞ候はんと申わたし候て、心中をおどろき嗜候はん事。[77]　（四条）

一、我をにくみ候はん人をにくみ候はんやうに、心中を持候まじき事。[78]　（一六条）

道宗が『覚書』に書き留めた道場主および門徒としての意識のあり方は、法談の場での説教や質疑応答を介して、また、聖教等の学習を経て確認した宗教的真理を直截に摂取し、しかも内心深く信心決定した一向宗門徒の最終的な到達点であった。越中の山間部五箇山にあった道宗の強固な宗教的信念は、戦国時代の過酷な現実のなかを力強く生き抜いた門徒を精神的に支えるに足る内実に満たされていたといえるだろう。

おわりに

文明六年（一四七四）七月、加賀・越前の一向宗門徒が、加賀国の覇権をめぐる富樫氏の内訌に巻き込まれたことから、加賀一向一揆は勃発した。長享二年（一四八八）に、守護富樫政親は一向一揆を殲滅しようと目論んだが、結果は守護方の完敗に終わった。以後、天正三年（一五七五）まで、加賀国は一向一揆の支配下にあった。それまでの封建的秩序が崩壊し、代って門徒領国制が成立したことは、既述の通りである。

一方、延徳元年（一四八九）に没するまで宗主であった蓮如は、この間、門徒の激しい動きと一線を画し、やがて本願寺勢力の維持・発展のための方便として、封建支配層への妥協の論理として「王法為本」を説き、門徒に対して封建支配層に対する反支配者的行為を抑制させようと、しきりに説きつけていた[79]。また、旧時代の秩序や価値観を引き裂いていこうとする力強さとかひたむきな姿をイメージさせる「一向」の文字を宗派名に用いることをよしとせず、浄土真宗という宗派名を用いようとしたりしていた[80]。

しかし、このような蓮如の意向に門徒は応じようとはしなかった。その結果、一向一揆は拡大の一途を辿り、一向宗という宗派名が門徒の間で定着していった。蓮如、本願寺が構築した組織を通して、門徒は一向宗の教説を摂取したが、その内容を自らを取り巻く社会の現実・状況に照らし合わせて深化させ、独自の立場を確立していったということができる。

『安心決定鈔』に「自力の僻思を改めて他力を信ずる所を、「ゆめ〳〵迷いを顧して本家に還れ」ともいひ、「帰去来、魔郷に止まるべからず」とも釈するなり[81]」という一節がある。何の意義もみとめられない自力的態度を捨てて、他力の本願を信ずるということは、これまでの迷いをすべてぬぐい去り、「魔郷」から離脱し、「本家」へ還るという意味であるとしている。このような主張を摂取する場合、門徒の現実の生活を前提にするならば、現世の桎梏に懊悩する状況を「魔郷」と、安心決定・往生決定を「本家」と理解するのが自然であろう。

このような教説を受けて信心決定し、たとえば道宗のような信念を確立するに至れば、現世を煩悩具足のあるがままに、門徒は弥陀と共に生を送ることも可能となる。門徒の全存在は、いついかなる時も弥陀とともにあるとされたことから、そうした認識を持つようになった門徒は少なくなかったはずである。さらにそれが深まり、絶対堅固の信を確立する頃には、門徒の心に全能の弥陀とともにあることの喜びと誇りとが満ちていたことであろう。

もちろん、このような機法一体思想から生じてくることになる信念と並立するのが、これまで指摘され尽くしてきたことであるが、宗祖親鸞以来一貫して説かれてきた同朋同行思想である[82]。この思想は、現実の不平等な封建的結合関係とは位相の異なる、相互の人間性を承認した上で、信心決定した門徒による宗教的世界においてのみ意味をなす平等的人間関係を意味している。このような法の前の絶対的平等の立場を継承した「仏恩を一同にうれば、信心一致の上は四海みな兄弟[83]」との蓮如の言葉には、「貴族たることを忘れない平民主義[84]」と指摘されるような一面も感じられないわけではないが、弥陀の慈悲の前にすべての門徒は平等に存在するという教説を、門徒は深い感動を以て直截に受けとめたはずである。

　機法一体思想と同朋同行思想との両輪によって支えられ、信心決定した門徒においては、一向宗の教説こそが真実の正義であり、それへの介入冒瀆は、正法を誹謗する邪義・邪見であり、それを以て抑圧を加えてこようとする支配層は、当然のことながら仏敵・法敵と位置づけられることになる。文明七年（一四七五）の『御文』において蓮如は、「夫当流というは仏法領なり、仏法力をもてほしゐまゝに世間を本として、仏法のかたはきはめて疎略なること、もてのほかあさましき次第なり[85]」と述べている。ここでは門徒の果敢な行動を抑制するべく現世の力と対置するものとして用いられたのであるが[86]、門徒の立場からは、この「仏法領」ということの意味を、守護を頂点とした武士支配層からの抑圧による苦悩から解放された、現実の理想社会、聖なる社会のあり方として理解したというべきではないだろうか[87]。一向宗門徒は、道場を拠点とした学習を通して獲得した確信を精神的背骨にして一体となり、織田信長政権に象徴される、強大な軍事力により支配を貫徹しようとする戦国大名の政権に対抗し、自らを取り巻く世界を「仏法領」とするべく蜂起したのだと指摘しておきたい。

（1）『官地論』（笠原一男ほか編『日本思想大系　蓮如　一向一揆』（岩波書店、一九七二年）所収、二四一頁。以下『蓮

如　一向一揆』）。
（2）『朝倉始末記』（『蓮如　一向一揆』四二〇頁）。
（3）神田千里『信長と石山合戦――中世の信仰と一揆――』（吉川弘文館、一九九五年）二頁。
（4）金龍静『一向一揆論』（吉川弘文館、二〇〇四年）八六頁。
（5）笠原一男『中世における真宗教団の形成』（新人物往来社、一九七一年）三一七～三一八頁。
（6）金龍静『蓮如』（吉川弘文館、一九九七年）一八八頁。
（7）『実悟記拾遺 下』（『真宗全書』第六九巻所収、一三〇頁）。
（8）前掲注（4）金龍書、三三二頁。
（9）同右書、三三七頁。
（10）同右書、三一三～三一四頁。
（11）最新の一向一揆研究史として、注（4）金龍前掲書、第一章「一向一揆研究史と展望」を参照されたい。金龍静は戦後の研究史を、一九五〇年前後を画期とする第一期、六〇年代以降の第二期、七〇年以降の第三期に区分し、それぞれ農民闘争史的、権力闘争史的、人民闘争史的視点を特徴とする動向がみられたとしている。戦後の一向一揆研究において、門徒の意識構造あるいは思想形成の問題に正面から取り組んだのが北西弘『一向一揆の研究』（春秋社、一九八一年）である。しかし、在地の門徒の視点からの分析に欠けており、その具体的過程が照射されたものとは言い難い。
（12）新谷賢太郎「加賀百姓の中世的人間形成過程（二）」（『教育史研究』第五号、一九五七年）。
（13）新谷には、他に「中世加賀農民の倫理」（『金沢大学教育学部紀要』第四号、一九五六年）、「一向一揆の社会教育的考察」（金沢大学『社会教育研究』第二号、一九六二年）などの論考がある。ことに後者では、「一向一揆」の集団学習の種々相について、集団学習の場・方法・内容という角度から論じられており、後の井上義巳による論考に対して先駆性を有するものといえる。
（14）井上義巳「蓮如における「宿善開発」の意義――蓮如伝導の教育史的考察――」（『日本の教育史学』第八集、一九六五年）、「蓮如における教育の成立――蓮如の教育史的研究その二――」（『九州大学教育学部紀要』第一二号、一九六六年）、「蓮如における無常観と教育――蓮如の教育史的研究その三――」（『九州大学教育学部紀要』第一四号、一九六八年）、これらの論考は後に『日本教育思想史の研究』（勁草書房、一九七八年）所収。

(15)『富山県史 通史編二　中世』、第四章第一節「蓮如教団の発展と一向一揆の展開」（金龍静執筆）九一七頁。前掲注(4)金龍書、一七一頁。

(16) 前掲注(4)金龍書、三三一頁。

(17) 千葉乗隆『真宗教団の組織と制度』（同朋舎、一九七八年）一二七頁。

(18) 稲葉昌丸編『蓮如上人遺文』（法蔵館、一九七二年第三刷）所収、一九四頁。以下『遺文』。

(19) 前掲注(14)井上書、二六〇頁。

(20)『遺文』九六頁。

(21)『蓮如上人御一代記聞書　末』一三七条（『真宗聖典』所収、八九五頁。以下『聖典』）。以下『聞書』。

(22)『聞書』一二〇条（『聖典』八九三頁）。

(23) 久木幸男「中世民衆教育施設としての村堂について」（『日本教育史研究』第六号、一九八七年）。

(24) 黒田弘子『ミミヲキリ　ハナヲソギ――片仮名書百姓申状論――』（吉川弘文館、一九九五年）。

(25) 入間田宣夫『百姓申状と起請文の世界――中世民衆の自立と連帯――』（東京大学出版会、一九八六年）。

(26) 井上鋭夫「文献解題(二十一箇条)」（『蓮如　一向一揆』六六四～六六五頁）。

(27)「二十一箇条」（『蓮如　一向一揆』四六二頁）。

(28) 注(26)参照。

(29) 同前。

(30) 信州栗林正行寺に伝わり、中世末期に書写され、左のように全文漢文に振り仮名が付されていることから、衆中で実際に活用された可能性が高い。井上鋭夫「文献解題(了智定書)」（『蓮如　一向一揆』六六六～六六七頁）参照。

定

門徒《モント》ノ中ニ存知《ゾムチ》シテ念仏《ネムブツ》ヲ勤行《ゴムギヤウ》スベキ事《コト》

念仏《ネンブツ》ヲ申《マウ》シ宗《シユ》ニツラナリナガラ、私《ワタクシ》　邪義《ジヤギ》ヲタテン輩《トモガラ》ニオキテハ、ツタウルトコロノ聖教《シヤウゲウ》・本尊《ホンゾム》ヲ悔《クヒ》

還《カエ》シテ、早《ハヤク》衆中《シユチウ》ヲ停廃《チヤウハイ》スベシ。ユヘハイカントナレバ、愚癡《グチ》ノ輩《トモガラ》ハヨキコトヲバ学《マナバ》ズシテ、ワルキコ

トヲバ好《コノ》ミマナブ。一人《イチニム》ワルキ咎《トガ》ユヘニ万人《バンニン》ヲ損《ソン》ズルノミニアラズ、スデニ門徒《モント》ノ悪名《アクミヤウ》ヲナス。シカルアヒダ、カタクイマシムベキナリ。（後略）　（「了智定書」『蓮如　一向一揆』四六三頁）

(31) 前掲注(24)黒田書、第三章「片仮名で書く」において、鎌倉期から戦国期にかけての紀伊国の荘園史料を分析した結果、紀伊国周辺地域では、荘官の公文層以上は平仮名を用い、百姓（上層）のあいだには鎌倉中期以後、片仮名が一定程度通用していたことを明らかにし、この地域では片仮名が百姓らの通用文字であったと結論づけている。

(32) 『実悟記拾遺　下』（『真宗全書』第六九巻所収、一二九頁）。

(33) 前掲注(6)金龍書、一二五～一二六頁。

(34) 稲城正己『〈語る〉蓮如と〈語られた〉蓮如――戦国期真宗の信仰世界』（人文書院、二〇〇一年）一四四頁。

(35) 高岡徹「越中五箇山をめぐる城砦群と戦国史の様相」（網野善彦ほか編『中世の風景を読む　第四巻　日本海交通の展開』（新人物往来社、一九九五年）。

(36) 『富山県史　史料編三』九三二～九三六頁。

(37) この「申定」への署判者について、笠原一男は「少なくともその大部分は規模こそ小さいが土豪・名主クラスの人々とみてよかろう」（『一向一揆の研究』山川出版社、一九六二年、二二三頁）と、また、井上鋭男は「公名・乙名を称する村殿・殿原（名主・在家）とみられる身分層によって構成されている」（『一向一揆の研究』吉川弘文館、一九六八年、二〇三頁）とみている。

(38) 木村政伸「近世識字研究における宗旨人別帳の史料的可能性」（『日本教育史研究』第一四号、一九九五年）。

(39) 足利様の花押については、佐藤進一『増補　花押を読む』（平凡社、二〇〇〇年）一四五～一四七頁を参照されたい。

(40) 前掲注(37)笠原書に提示されている。富山町・本町・松任町では町人門徒の年寄と思われる人々が、慶長二年（一五九七）七月一二日付けで前田利長に対して一札を入れている（同書、八〇〇～八〇一頁）。富山町からの一札には一五名の署判があり、うち一二名が花押を据え、残りの三名が略押を用いている。本町・松任町からの一札には一四名の署判があり、五名が花押を据え、三名が略押、六名が黒印を用いている。一方、三河国針崎の勝鬘寺門徒が慶長一四年（一六〇九）五月一二日付けで勝鬘寺に提出した連判状には、一七九名の署判がなされているが、その大半が百姓門徒のものと思われる（同書、七七二～七七五頁）。そのうち六三名に花押が据えられている。

(41)『蓮如　一向一揆』四五五〜四六一頁。なお、原典翻刻の振り仮名注記は〔　〕で示した。
(42)注(26)参照。
(43)『聖典』所収。
(44)『遺文』所収。
(45)『蓮如　一向一揆』所収。
(46)『聞書』二五一条（『聖典』九一六頁）。
(47)『聞書』二五二条（『聖典』九一六頁）。
(48)『聖典』九五四頁。
(49)普賢晃寿『中世真宗教学の展開』（永田文昌堂、一九九四年）三八五頁。なお、『安心決定鈔』は、蓮如教学に大きな影響を及ぼし、真宗教学史上に重視された聖教でありながら、著作者は不明である。往生正覚機法一体論を特質とするところから、浄土宗西山派系の思想的系譜のなかに位置づけるのが妥当のようである（同書、三四一頁）。このようなことから、時衆教団の始祖というべき一遍の思想に通底するものを看取することができる。
(50)『聖典』九五五頁。
(51)同右。
(52)『聖典』九五五〜九五六頁。
(53)『聖典』九五六頁。
(54)『聖典』九五九〜九六〇頁。
(55)『聖典』九六四〜九六五頁。
(56)『聖典』九六六〜九六七頁。
(57)『聖典』九六五頁。
(58)『聖典』九六〇頁。
(59)「山川草木悉有仏性」として、現世におけるあらゆる存在に仏性を認めようとする思想的立場は、『涅槃経』に由来し、とくに天台系において強調され、真言系にも投影され、叡尊・忍性などの律僧にもみられた（大戸安弘『日本中世教育史の研究――遊歴傾向の展開――』梓出版社、一九九八年、七一頁）。このような万有平等思想は、大乗仏教の思想的底流といえるだろう。

(60) 『聖典』九六二頁。
(61) 『遺文』四八三～四八四頁。
(62) 鈴木大拙『日本的霊性』（岩波文庫、岩波書店、一九四四年初版）一九五頁。
(63) 『蓮如　一向一揆』四六五頁。
(64) 前掲注(37)笠原書、二〇七頁。
(65) 前掲注(62)鈴木書、二〇〇頁。
(66) 小泉義博『越前一向衆の研究』（法蔵館、一九九九年）二五頁。
(67) 前掲注(4)金龍書、五五頁。
(68) 『蓮如　一向一揆』四六五頁。
(69) 同右書、四六四頁。
(70) 同右。
(71) 『聖典』九六四頁。
(72) 『遺文』七二頁。
(73) 『蓮如　一向一揆』四六四頁。
(74) 同右書、四六四頁。
(75) 同右書、四六四～四六五頁。
(76) 同右書、四六四頁。
(77) 同右書、四六五頁。
(78) 同右。
(79) 前掲注(5)笠原書、二一六頁。
(80) 前掲注(4)金龍書、三〇九頁。前掲注(6)金龍書、四七～四八頁。

（81）『聖典』九六五頁。
（82）笠原一男「蓮如――その行動と思想――」、井上鋭男「一向一揆――真宗と民衆――」（以上『蓮如 一向一揆』）。なお、この同朋同行思想は、前掲注（4）金龍書（三四六頁）が指摘するように、現代的感覚での平等思想とは異質のものである。
（83）『聞書』二四六条（『蓮如 一向一揆』一五六頁）。
（84）服部之総『蓮如』（福村出版、一九七二年）二三九頁。
（85）『遺文』二三六頁。
（86）黒田俊雄は、文明五年（一四七三）一〇～一一月を蓮如にとっての転期と指摘する。仏法のためには、場合によっては一命も惜しまず合戦すべしという立場から、他力の信を強調して世俗的な対立をさける立場への転換がみられたとする。文明七年（一四七五）四月二六日付けのこの『御文』は、その約一年半後に書かれ、八月には吉崎を舟で脱出し、河内へ向かった。黒田は、「仏法領」をこのような切迫した体験から生じた言葉と解釈している。また、その意味を世俗領主による争乱のさなかに、世俗的方法によらない信心者の集団の世界＝「領」と捉えている（『日本中世の国家と宗教』岩波書店、一九七五年、三三三～三三四頁）。
（87）峰岸純夫「一向一揆」（鈴木良一ほか編『岩波講座 日本歴史』第八巻、岩波書店、一九七六年）および藤木久志「大名領国制論」（原秀三郎ほか編『大系 日本国家史』第二巻、東京大学出版会、一九七五年）は、寺内町を「仏法領」の現実態とみる。新行紀一『一向一揆の基礎構造――三河一揆と松平氏』（吉川弘文館、一九七五年、二四〇頁）では、門徒領国と同意と捉えている。こうした観点を遠藤一『戦国期真宗の歴史像』（永田文昌堂、一九九一年）第六章「「仏法領」の意味と解釈」は、研究史を整理しつつ批判し、「仏法領」を門徒の寄進物である「仏物」によってのみ存在するものとし、「仏物」で運営される本願寺の意味と捉えている。これに対して、前掲注（6）金龍書では、開山聖人よりの預かりものという、非所有を意味する概念として捉えている（同書、一〇三頁）。

〈付記〉本章の生田家文書の写真版については、生田長範氏（富山県南砺市上平細島）および富山県公文書館のご厚意にあずかった。とくに記して感謝の意を表する。

本論文は、「一向一揆を支えたもの――一向宗門徒の学習過程を中心として――」（『日本教育史研究』第二四号、二〇〇五年）に加筆・修正を加えたものである。

4 キリシタンの信仰を支えた文字文化と口頭伝承

木村政伸

はじめに

かつて入江宏は一九世紀を「教育爆発の時代」と呼んだ。この時期、「手習塾から最先端の洋学塾までさまざまの水準の私的な塾が成立し」、一方では各藩が家臣団の教育を公的に組織化したことを指してのことである[1]。もちろん、こうした学習機会の拡大は近世初期から直線的になされたものではなく、時期や地域によって偏差があったことは周知のとおりである。また一方では、近世をして「「文字社会」の成立[2]」ととらえる見方が、定着をみている。

このような近世社会のイメージは、どのように人々の学習機会が拡大してきたか、いかにして人々は読み書き能力を獲得してきたかという視点に結びつきやすい。しかしながら、近世社会をみると文字による伝達という行為が拡大・拡張してきた歴史だけではない。そこには二つの異なる可能性を考慮する必要がある。

一つの可能性は、文字にしないという文化の存在である。たとえば、いくつかの宗教や芸道においてみられるように、口伝という方法によって伝承するやり方である。(3) 古代から続く口伝（口頭伝承）という伝達手段は、近世においても様々な場面で生き続けていた。また積極的に口伝化するわけではないにしても、読み書きに不自由した人々に口頭によって伝える方法もあった。(4) さらに高橋敏は、民衆の「反文字思想」の視点を提起し、「今日までの教育学研究は、文字の民衆への普及、民衆の文字文化獲得をもって教育の近代化の唯一絶対のメルクマールとしてとらえることを大前提とし、これを疑うことは全くなかった」(5) とし、親鸞の「一文不通のともがら」と六字名号の関連について、「親鸞は、文字文化のなかに、民衆を萎縮させ、支配・被支配に分裂させる物神性を認め、支配権力の魔の手を見たのである。それ故にこそ阿弥陀仏に対する絶対的帰依に往生の成因を求め、一文不通のともがらに対する六字名号の不可説、不可思議の力をみたのである」と述べ、「反文字の民衆教育思想」の存在を主張する。(6) 近世社会での学びを考察する上で、これらの「非文字」の文化の豊かな存在を無視するわけにはいかないであろう。

もう一つの可能性は、文字による伝達が拡大・拡張するというよりむしろ縮小・変容、さらには制限あるいは禁止されるというものである。たとえば、近世ではあれほど中間層以上の共通教養として重視されていた漢学は、明治以降多少の変遷は経つつも最終的にその有用感・存在感を急速に失っていった。同じように洋学の中心であった蘭学は、開国以降は英学などにとって代わられ、明治以降はほとんど見る影もない。近世教養層の基礎的リテラシーであった漢学、あるいは近世後期のテクノクラートのリテラシーであった蘭学は、近代化のなかで衰亡する運命にあったことになる。したがって当然のように漢字・漢文学習、オランダ語学習の機会は急減することになった。このように常に求められるリテラシーは時代により地域により変貌するものであり、時には権力により制限、禁止される可能性も内包している。

本章は、こうした教育や情報伝達の手段において、文字による伝達機会が縮小・変容した例としてキリシタンの事例を取り上げてみたい[7]。

キリシタンといえば、歴史研究はもちろん教育史研究の中でも注目を集めてきた人たちである。一六世紀の日本にセミナリヨ、コレジヨなどの本格的な制度化された学校教育を構築し、またキリシタン版と呼称される活字による教科書印刷を持ち込んだことでも知られる[8]。このキリシタン版に関連して、キリスト教史研究者である五野井隆史は、「当時の日本における識字率が高かったことが、キリスト教受容を容易にした。イエズス会が印刷出版したキリシタン版、とくにその中心ともいえる『ドチリナ・キリシタン』が国字本・ローマ字本合わせて四度も刊行されたことは、これを読み理解する能力が知識層以外の庶民にまですでに蓄積されていたことを物語っている[9]」と述べている。このキリスト教布教と識字能力の高さの関係は、一五四九年に来日したフランシスコ・ザビエル（一五〇六～五二）の来日直後の「多くの人が読み書きを知っており、デウスのことどもや祈禱を早く覚える上で、重要な手だてとなる」という報告からも裏付けられる[10]。あるいは、音楽を布教の有力な手段として活用したことも注目すべきこととしてあげられる[11]。

教育史研究においても、早くはD・シリング（岡本良知訳）『日本に於ける耶蘇会の学校制度』（原著は一九三一年刊行、翻訳は一九四三年発行）にみられるように、国内外で多くの研究がなされてきた[12]。このシリングの研究を受けつつ、石川謙は『日本学校史の研究』で「キリシタンの学校」という一節を設け、その副題に「学問と文字との開放性」をあげている[13]。この副題からも、学校教育の構想と同時に文字の普及についても注目していることが見て取れよう。最近でも、桑原直己の研究[14]が発表されるなど、多方面にわたって研究が進められている。これまでの先行研究から明らかになったのは、イエズス会が文字学習をキリスト教布教の強力な媒体として考えていたことである。

一方で、キリスト教禁教以来、西九州を中心に地下に潜ったキリスト教信仰は、密かに信仰の命脈をつないでいたが、彼らは設立した学校を維持することはもちろんのこと、表立って教義を伝えることもできなかった。教義を記した書物などは、保有しているだけで処刑される危険性の中で失われていくことになった。ではどのようにして正式な宗教指導者がいない中、文字媒体によらずに信仰を継承したのであろうか。キリシタンの信仰をめぐる文字学習機会の変遷は、先述したように識字という視点から見た場合、新しい視点を示す可能性をはらんだ貴重な事例として存在する。本章ではこうした事例や課題を検証しようとするものである。

なお、史料の多くをイエズス会関係文書に依拠することになるが、本来なら原文から検証する必要があるにもかかわらず、ラテン語・ポルトガル語など多岐にわたる語学能力の関係から翻訳に頼らざるをえないことをお断りしておきたい。

一　浦上崩れと天草崩れ

(1) 浦上崩れと信徒の識字能力

禁教後地下に潜ったキリスト教信仰であったが、それでもしばしば幕藩権力によってキリシタンが発見されるのは、避けられないことであった。その際、権力は過酷な弾圧に出るのではなく、「異宗」として扱い、穏便な措置を採ることもあった。

こうしたキリシタンの発見と、穏便な措置というものを端的に示すのが、長崎・浦上における四度にわたる事件である。禁教後も多くのキリシタンが信仰を守っていた浦上では、寛政二年(一七九〇)、天保一三年(一八四二)、安政三年(一八五六)、慶応三年(一八六七)の都合四回にわたって、キリシタンが発見されている。これを「浦上一番崩れ」から「浦上四番崩れ」と呼んでいる。

このうち三番崩れは、長崎開港に伴う異国船の来訪を受けて、長崎奉行が隠密に探索をおこなった結果、「異宗」信仰者が発見されたというものである。史料によれば、「異宗」信仰者は、自らの信仰を「異宗」とは認識しておらず、したがってキリスト教信仰であるとは考えていなかったことになる。奉行所は、このような「異宗」信仰者の主張を容れ、「異宗」の摘発はおこなったもののキリシタンとは別であると断定した。

この件について、万延元年（一八六〇）付けで長崎奉行岡部長常が幕府へ提出した報告書には、次のようにある。

元来辺鄙愚昧の百姓共文字等書覚候もの少く多分は無筆の儀無思慮異宗とのみ申伝何宗旨と申弁別も無之、唯だ田畑作物出来宜諸願成就来世快楽等の説に迷信仰いたし候迄の儀と相聞へ尤右次第他江洩し候ては仏罰を受候との申伝を恐れ（後略）(15)

ここでは、「異宗」信仰者とされたキリシタンたちは、「愚昧の百姓共文字等書覚候もの少く多分は無筆」とされた。それゆえの「異宗」信仰であるという説明である。信仰の内容も作物の豊作や来世の快楽などを求めての信仰とし、この信仰を漏えいした場合は「仏罰」が下るという形で秘めていたとした。しかしながら、この報告のように、キリシタン民衆は本当に「無筆」、すなわち読み書きができなかったのであろうか。

ここでさらに時代が移って、浦上四番崩れと呼ばれる幕末から明治初期のキリスト教をめぐる大問題となった事件を見てみよう。浦上四番崩れは、慶応三年（一八六七）四月以降に起こった浦上村山里本原郷の自葬が発端となった。四月には茂吉の死去に際して、また五月には百姓三八がその母たかの葬儀を檀那寺である浄土宗聖徳寺に知らせず、自らの様式でおこなったのである。すでに慶応元年に長崎に大浦天主堂（フランス寺）ができ、潜伏キリシタンにとって約二百年間密かに伝えてきたキリスト教信仰を明らかにする機会を得ていた。自らのキリスト教信仰を告発した経緯について、浦上の信者は、以下のように述べている。

私共儀、先祖より申伝の儀有之、天主教の外何宗とても決して後世の助に不相成候へども、御大法の儀に付、是迄は無余儀、旦那寺聖徳寺引導請来候へども、是は役目迄にて、誠にウハノソラにて引導請来候得ども、方今外国人居留地江礼拝堂建立相成、フランス寺教化の様子承候処、先祖伝来の儀と符合仕候に付、別て信仰仕（後略）(16)

ここに書かれているように、先祖伝来のキリスト教信仰と表向きの仏教との矛盾を整理する意味でも、聖徳寺の引導を拒否し自らの信仰の様式によって母の死を弔うことを主張したのである。

このキリシタンの公然たる登場に長崎奉行所もついに重い腰を上げ、六月に男女六八名を捕らえ、その後の逮捕者を含めて厳しい拷問を加えた。八月には信仰組織の中心人物仙右衛門以外の全員がキリスト教信仰を放棄し、村へ戻った。しかしながら、村人は簡単に信仰を捨てず、キリスト教弾圧政策を継承した明治維新政府によって、合計で三千名余りが明治六年（一八七三）に禁教政策が終わるまで各地に流されることになった(17)。

ここで中心人物と考えられた仙右衛門は、明治六年にようやくキリスト教弾圧が終わり浦上に帰るまで、さまざまな拷問にも耐え信仰を守った人物である。この仙右衛門は、文政三年（一八二〇）浦上山里村本原郷に生まれた小農で、外国文献にも浦上キリシタンの中心人物として位置づけられている(18)。

仙右衛門は「小農」であるということであるが、その識字能力については、自ら次のように述べている。

ミヤス（目安）方申すには
その方は　ごかうさつ（高札）は知りて居るか
と　たづねました。私答へて申しまするには
私は字を読む事はかなひませんけれども　人からきいてその事は百も千も承知して居りまする
と　い、ました(19)

ここで明らかなのは、浦上キリシタンの中心人物とされた仙右衛門は、高札が読めなかったことである。

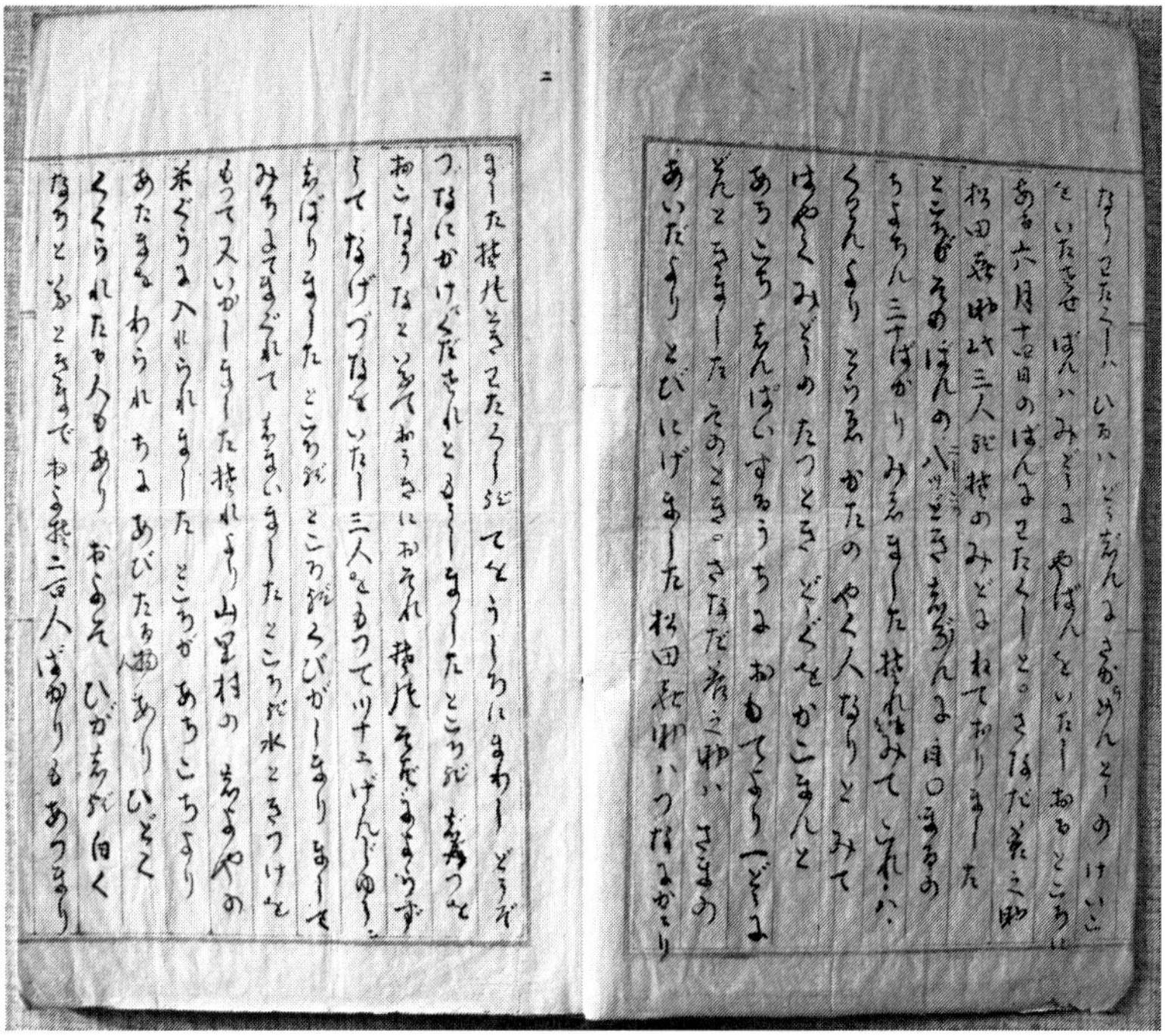

写真1 「守山甚三郎覚書」(日本二十六聖人記念館蔵)

また、仙右衛門と同じく浦上四番崩れで投獄され、津和野藩に流された守山甚三郎が残した当時のキリシタン弾圧の記録「守山甚三郎覚書」[20]をみると、ほとんどひらがなで書かれており、また文章も明らかに聞き取った音を忠実に文字に落としただけで、正確な表記はできないと考えられる。この「守山甚三郎覚書」がいつごろ書かれたかは明らかではないが、筆記能力に限界があることは明らかである。

さらに、一番崩れの際に信徒から没収された一連の文書と考えられる「寛政没収教書」[21]からも、当時の信徒の識字状況をうかがい知ることができる。この「没収教書」には一二点の文書があるが、その中の「慶長五年三月上旬　おらしょの翻訳、附きりしたん教の条」について、戸谷敏之は「片仮名で綴られ漢字を殆んど交へない。しかもその末尾に使用漢字を全部抜き出し仮名を振つてゐる。文字を知らぬ浦上の農民が、懸命に解読の努力をしたことが分るであらう」[22]と述べている。この漢字の抜き出しを見ると、ゼウスやキリストをあらわす記号に続いて、「天地」「今日」「人」「又」「死」「下」など、簡単な漢字が並んでいる。こうしたことから、本文書がかたかなレベルの識字能力を持った読者を想定していたことがわかる。

加えて言えば、「けれと」と題された文書（「使徒信経」）も、ほとんどがかたかなであり、漢字も「御身」と「天帝」が読めれば大半が読めるような文書である。[23]この「けれと」について姉崎正治は、「無学の者の筆記で極めて読み悪い」[24]と評価し、また「ワンメンシウシ十ケ中」という文書にも「此亦無学の者の筆記、最も読みにくい」[25]と評している。この「没収教書」の出所が明確でないために確かなことはいえないが、潜伏キリシタンたちが、指導者がいない状況の中で乏しい文字能力を用いながら信仰を伝えていこうとしたことがうかがえる。

また、信徒の一人吉兵衛は、次のように口述している。

一、書物ハ隠宅ニ而私へ見セ申候、紙数卅枚程も御座候、ひらかなニ而認メ御座候、書面ハ一向相分リ不申候、読候而ハ見不申候。[26]

これによれば、信徒の中でひらがなで書かれた三〇枚ほどの文書が存在していたが、何が書かれていたかは不明だという。供述書の類であるからどこまで本意が書かれているかはわからないが、信徒の中に書物という形で教えが伝えられていたこと、それがひらがなで書かれており、すでに書かれていた意味を理解できる状況になかったことが推測される。

「没収教書」や四番崩れの仙右衛門と甚三郎の例から、浦上のキリシタンがみな無筆かそれに近い存在であったかと思われる。しかし、すべての信徒が無筆であったとは考えられない。たとえば浦上一番崩れの例をみると、大橋幸泰によれば浦上村山里郷の庄屋と村の富裕層の対立がその背景にあるという。一番崩れは、寛政二年に、浦上の百姓一九名が「異宗」信仰の疑いで召し取られた事件である。発端は、山里郷の庄屋高谷永左衛門とその関係者が密告したことによる。その後幾多の変遷を経て、結局のところ「異宗」信仰はなかったという決着で終わるわけであるが、「異宗」そのものは四番崩れでもわかるように実際に存在していたわけで、庄屋たちの密告には一定の説得力があったはずであるが、事なかれ主義の長崎奉行所の姿勢もあり、証拠不十分ということで落着した。この一番崩れの関係者の経済的な状況について、戸谷は六名が村の中の身分と財力があったと分析している。一方では、六名を除く残りの村民は「極く僅かな田畑を持つのみで、下作・日雇・打綿をし、縄商・綿商・油商・質商・酒商など多様の小売商を兼ね営ん」[27]でいた。

一方、四番崩れの発端となった百姓三八は、庄屋によれば「於本原郷は三人日位の百姓にて、貧窮に無之」[28]というから、富裕層であったと思われる。三八が村の上位三番の富裕層であるという庄屋の指摘を事実とすれば、キリシタンの一部が一定の識字能力を持っていたことは想像に難くない。

その後の浦上崩れに関して、詳細に信徒らの経済状況を調べた戸谷の結論としては、信徒は「可成り貧困であつた」とされ、浦上村山里では「少数の金持が仏教徒、大多数の貧困者は切支丹であつたと考へて差支へあるまい」[29]と述べている。前述したように、熱心な信徒が無筆またはかなしか書けなかったことの背景に、こうした浦上の経済的な差別構造があったことも指摘しておかなければならない。

(2)天草崩れに見る信徒の状況

浦上三番崩れに半世紀先立つ文化二年（一八〇五）には、天草でも「異法」信仰者が発見される。「天草崩れ」と呼ばれるキリシタン発見の事件であるが、この時も「異法」をキリシタンとは認めずに済まされた。この天草崩れの七年前に島原藩から「切支丹宗門ニ附申渡覚書帳」という触が出されているが、その中に次のような文言がある。

一　天草郡之儀者先年切支丹令一揆之地也、因茲徒党之輩悉射罰　被仰付、暫時ニ及亡所之体ニ而是元来邪法を尊ひ文盲愚闇ニして不奉恐　公儀を、儒仏之道理曽而不存魔道悉乱たり（後略）(30)

これも、キリシタンたちを「文盲愚闇」として、公儀を恐れず、儒教・仏教の道理を理解していないという。天草崩れに関する報告書である「今富村百姓共之内宗門心得違之者糺方日記」によれば、次のように住民のことを報告している。

大江村崎津村今富村右三ヶ村百姓共之内宗門心得違之者多有之、怪敷法儀致信仰候趣相聞候ニ付、取調申出候様公事方御奉行松平兵庫頭様より御下知有之、右糺方近々取掛候筈ニ候。然処右怪敷法儀致信仰候迚も全近頃他より伝授を得候歟亦者打絶居候儀を近年起立候事ニ茂無之、愚昧之者共ニ候得者已然之風儀相残候を先祖より申伝家々ニ而仕来候儘押移候事ニ茂可有之哉ニ候共、（後略）(31)

ここでは、大江村以下の村々において、「怪敷法儀」がおこなわれていることが疑われていたが、それは他地域から伝授されてきたか、あるいはいったん絶えたものが復活したのではなく、「愚昧之者」が以前の「風儀」を先祖からの伝承として受け継いできたものであるという。この伝承については、別の文書で次のように述べている。

太郎左衛門江問答

問　異法信仰致候儀者先祖共より致来候儀を相伝へ候儀ニ候哉、又ハ他方より伝授を得候儀ニ候や由来如何ニ候哉

答　他方より伝法仕候儀ニ而無之、先祖共より信仰致候儀ニ而是迄押移信心仕候儀ニ御座候。(32)

この問答によれば、キリスト教信仰は、村落の外部から持ち込まれてきたものではなく、先祖より代々継承し

てきたことがわかる。この背景には、禁教によってキリスト教指導者を失い、村落共同体の中で秘伝的に伝承していかざるをえなかったことも大きく影響していると考えられる。

こうした「異法」の取締りをおこなうことについて、当時この地を治めていた島原藩は、「右三ヶ村百姓共之内宗門心得違之もの多有之趣ニ付近々御取調被仰付候ニ付、愚昧之百姓共相驚騒立逃散等不致候様得と申談申出候様……」(33)と、信者が騒ぎ立てることを警戒していた。島原藩としても、キリシタンの摘発が逃散などの百姓の抵抗にあうことを恐れていたのである。

いずれにしても藩当局のキリシタン民衆についての記述を見ると、「愚昧之者」という文言が多く散見され、キリシタン民衆にたいしては、一貫して愚民観を有していたことがわかる。その愚民たるキリシタンのもつ脅威とは、「逃散」などの直接行動であった。そのためにも、仏教僧による「教諭」がしばしば試みられている。

浦上三番崩れと天草の事例を見たが、いずれも権力側からすれば、「異宗」「異法」信仰は、民衆の無筆・蒙昧がその基盤にあるという認識である。

結局のところ、「是迄極内密ニ押包居候迄ニ而奇妙不思議等ヲ申触、余人ヲ相勧亦ハ大勢相集巧事ニ而も企候歟、猥ニ銀銭ヲ費争論ヶ間敷義等申立、村方之妨ニ成候と申様成義者聊無御座質素神妙ニ家業ヲ相営候、年貢向者無遅滞御上納仕諸公役等も大切ニ相勤、都而当時之者心底より新ニ仕出候悪事ハ毛頭無御座、愚昧之百姓猟師共家々仕来ヲ親々申教候ニ相随、何之勘弁も無御座仕来之通ニ取行候筈之ものと心得居、此節御吟味被仰付候而初而相驚、心底ヲ改是迄之心得違ヲ後悔仕候儀ニ御座候」(34)として、取締り側にとっては年貢などの上納も間違いなくおこない、また特に騒乱がましい行為の兆しもない上は、「心得違い」ということで「格別之御慈悲ヲ以」穏便に収める方策を選択した。

二　キリスト教布教期の民衆と文字文化

前章では、潜伏期のキリシタンたちが、どのような状況下で信仰を維持していたかの一端を、彼らの識字能力との関係から見てきた。そこでは、一定の文字による伝承がうかがえるものの、すでに文字を通した教義の認識から遠ざかっていることがわかった。では、もともと宣教師たちはどのような戦略によってキリスト教を布教し、信者を獲得していこうとしていたのか、ここで視点を転じて、日本におけるキリスト教布教期における布教戦略と民衆の文字学習との関係を見ていこう。

(1) イエズス会の〝上から〟の布教戦略

一五四九年のフランシスコ・ザビエルの来日とともに始まった日本におけるキリスト教布教は、様々な困難が待ち受けていた。キリスト教布教をおもに担ったのはイエズス会であったが、彼らは布教にあたっていくつかの戦略を立てていた。そのおもだった戦略は、領主に対する経済的利益をもたらすことによって布教を承認、場合によっては援助してもらうことである。

イエズス会の巡察師で三度にわたって来日したヴァリニャーノ（一五三九～一六〇六）は、布教の戦略について、以下のように述べている。

神の恩寵とご援助に次いで我々がこれまで手にしてきた、そして今に至るまで手にしている、キリスト教徒を作り出すうえでの第一の援助は、毎年シナから来航するポルトガル人のナウ船とジャンク船である。（中略）既述のように、日本の領主たちは非常に貧しいのであるが、ナウ船が領主たちの有する港に来航した際に、彼らが手にする利益は極めて多大なので、彼らは領内にナウ船が来航するように大いに尽力する。彼らは、ナウ船が向かう先は、キリスト教徒や教会の存する所やパードレが入港して欲しいと思っている所だと確信しているからである。

そのため、ここから次のような事態が生じているのである。すなわち、たとえ異教徒であっても大勢の領主は、領内にパードレたちが身を落ち着け、教会を設け、キリスト教徒を生み出すように尽力する。なぜなら、こうすればナウ船やあるいはパードレから、その他の色々な利益を獲得できようと大勢の領主が判断しているからである。(35)

この率直なまでの利益誘導による布教戦略は、西九州各地の諸領主には大きな効果を上げていたことは間違いない。

利益誘導の一方で、イエズス会宣教師が日本布教にあたって適応主義政策をとっていたことはよく知られている。たとえば、日本人が肉食を嫌うことから、彼らもそれに合わせた生活を心がけている。一五八一年の書簡にも「都の司祭並びに修道士たちは非常な苦労を耐え忍んでいる。というのも、日本人のために苦しむことのほかに、彼らは決してパンを食することがなければ葡萄酒を飲むこともなく、ただ麦酒のような米の酒を飲み、肉も稀にしか食さないからである」(36)と報告している。日本人に受け入れられるために、本来の肉食を控えるなどの努力をおこなっていた。前述した天草崩れの発端がキリシタンたちの肉食にあった点を考えれば、皮肉なことである。

利益誘導と日本文化への適応主義とが結びつくと、次にあげるような領主層への取り入り策が講じられることになる。

日本人は彼らの領主〔の意向に〕大いに左右されるので、領主からの好意と援助がなければ、キリスト教徒たちが〔その信仰を〕保持され進歩することも、改宗を広めることもできない。したがって上長たちは

〔我々に〕好意をもった領主を抱えねばならない。日本の習慣に応じて（中略）何がしかの贈り物を与えて
領主たちの必要としているところを援助することほど、彼らを大いに魅するものはない。領主たちは誰しも
利益を求めているので、我々の能力が許すならば、呈せられる必要と機会に応じて彼らに時宜よく気前の良
さを用いる必要がある。その目的は、キリスト教界の発展と、彼らの領内にいるパードレたちを援助し庇護
してもらうようにするか、あるいは少なくとも妨害や邪魔をしてもらわないようにするためでもある。(37)

こうして布教に際してはまず領主への取り入りから始めて、布教線を伸ばしていく戦略がとられた。
したがって初期のキリスト教徒は、武士など上層に位置する人々が多いことを指摘した報告が多い。たとえば、
大分の野津については、一五八一年の年報に以下のように述べている。

これらの地方一帯で五千人のキリシタンがおり、その内、本年の改宗者はおよそ二千五百人で、多くはきわ
めて身分高く重立った人たちであった。彼らによって改宗への大いなる門戸が開かれたのであり、説教師が
（多数）いたならば、その数はかなり増したであろう。(38)

この典型例のひとつがキリシタン大名として有名な大友宗麟であろう。一五八五年八月二〇日付けフロイスの
書簡にも、宗麟のキリスト教布教への貢献を次のように記している。

我ら一同が、日本において国主フランシスコに負っているものを述べつくすことは、容易にはできない。国
主の改宗が、当国においてデウスの教えに与えた信用と評判のほかに、豊後で彼が行ったすべてのことは、
あのように多数の人々が改宗するよう、我らの主が用い給うた主要な用具であった。或る者に対しては説得
を、多の者には励ましを決してやめず、その場にいない者にはキリシタンとなるよう書状を認め、すでにキ
リシタンとなった者には信仰を堅持するよう書き送った。(39)

領主である宗麟が改宗した上では、「彼らは頭で信仰を受け入れた以上、頭によって支配される手足が、これ

を受け入れることは容易であろうと私は期待する」[40]とまでいっている。これは、キリスト教信仰が、「頭」（上層）から「手足」（下層）へと浸透していったことを表している。

畿内においても同じことで、「昨年大坂において上げた収穫を、司祭たちはもっとも重要なものと考えている。というのは、貴族、および貴人だけで約百名が洗礼を受けたが、彼らは後に自分たちの土地の人々を改宗させるためのものとなる」[41]と述べていることからも、布教の有力な手段として上層の取り込みを重視していることがわかる。大橋幸泰は、「キリシタンを東アジアへもたらしたのは、いうまでもなくポルトガル・スペインの援助を受けた宣教師であるが、キリシタン伝来後のキリシタン在地の指導者は、主に、幕藩制国家形成過程における日本では武士・土豪であり、明・清では知識人であった」[42]と述べている。

(2) イエズス会による学校の設立

ザビエル以降の宣教師たちの布教方針は、まず領主などの支配層の改宗をめざし、その後家臣・領民を一気に改宗させるというものであった。したがって、うまくいけば集団改宗という形で大人数の信者を獲得することができたのである。しかし、インドでの集団改宗の結果を知っているザビエルは、そのことの危うさも十分に認識していた。インド南部の沿岸部でポルトガルの軍事力を背景に集団改宗を実現したものの、キリスト教徒としての実質がほとんどない実態にひどく落胆する一方で、現地語（タミル語）による布教の有効性について認識していた[43]。新たな宣教地として中国と日本をめざしたザビエルが、この東アジアの民衆の文化水準の高さに布教の可能性を見出したのは、インドの厳しい布教実態を見たからにほかならない。

ザビエルたちの課題は明らかであった。はるばるヨーロッパから派遣される宣教師などは数が知れており、紆余曲折を経ながらも伸びている布教線を維持・発展させるためにも、布教の前線に立つ日本人の養成は急務であった。また、現実的にもポルトガル人をはじめとするヨーロッパ人にとって、日本語は習得するに難しく、なかなか日本語でのコミュニケーションを確保することが難しかった。イエズス会の教育事業を統括した巡察師ヴァリニャーノは、第一回巡察（一五七九〜八二）をうけて学校の設立を企図し、実行に移した。一五八〇年に有馬にセミナリヨ（神学校）を、同年に臼杵にノビシアドを、翌一五八一年に府内にコレジヨを設立し、以後各地に各種の学校を開いていった。この学校設立についてヴァリニャーノは、彼の手によって提出されたイエズス会本部への報告書「日本諸事要録」（一五八三年）の「当布教事業発展上の諸困難」の項目で、「多数の日本人修道士をイエズス会に迎え入れなければ、この仕事（布教…引用者）を進めることは絶対に不可能である。なぜなら、彼等は言葉の点から言っても、その他の諸理由によっても、この仕事の主要な聖職者だからである」[44]といい、また別のところでも「イエズス会は日本人修道士の手によらねば、決して確乎たる根を日本（の社会）に下ろさなかったであろうし、その生活に必要な収入も手段も得られなかったであろう」[45]として、日本人修道士の養成が急務であるとの認識を示している。イエズス会では、こうした現状を打破するために日本人への語学教育を施すことを中心に、数々の「学校」を設立したのである。そこに各地に設立されるコレジヨやセミナリヨなどのキリシタン学校の意義があった[46]。

　各地に設立されたこれらの学校について以下のような報告からわかるように、やはりそこの学生でも中心となったのは、支配層出身の子弟である。

> 当下《しも》の地方（長崎地方…引用者）において我らは五司祭館を有し、この内主要なものは有馬にある。同地にはまた神学校が一校あり、本年ははなだ高貴な少年二十六名を擁したが、当所には司祭二名と修道士四名が駐在している[47]。

日本人とポルトガル人合わせて十乃至十二名を迎え入れ、今では十六名になっている。彼らはいずれも立派に身を処し、日本人は我らが考えたよりもはるかに良い。というのも彼らは幼い時から良い教育を受け礼儀正しく、労働を好みこれに慣れているため、また真のデウスのことを知り始めたがゆえに、これ以上望めぬほどに徳を磨いているからである(48)。（臼杵の例）

有馬の城があり、ここに有馬殿が住んでいる。口之津から二里の所で、我らはここに下の地方の神学校を有し、貴族の子弟多数を収容している(49)。

また、この有馬のセミナリヨの生徒に関しては、次のように報告している。

神学校に関して言えば、当所にいる少年たちの謙虚と進歩を目にして我らが主において感ずる多大の満足は尊師に語り尽せるものでなく、またかれらの優れた身の振舞いも容易に理解されるとは思われない。なぜなら、この二年間、彼らについて不愉快なことを耳にしなかったし、慎みを欠く軽率な言葉を発する者もなく、むしろ完全な平和と団結のもとに生活しているからであり、その謙遜と信心により神学校《セミナリオ》は修練院《ノビシアド》に劣らぬことが認められる。彼らは学問にもたいそう熱心でまったく期待した以上である。一般に、記憶力と才智においてはヨーロッパの少年より大いに勝っている。というのも、我らの文字は彼らがほとんど目にしたことのないものであるにもかかわらず、わずか数カ月で読み書きを覚えるからである。彼らがヨーロッパの神学校において養成される少年たちよりも優れていることは否めない。彼らは（一日の）時間を割って昼の一部を日本（語）の読み書き〔これに多くの時間を要す〕に当て、他の一部をラテン語の読み書き、および能力に従ってラテン文法を学ぶことに当てている。ラテン語は彼らにはきわめて難しいにもかかわらず、学問における記憶力と熱意が大いに彼らの理解を助けているので、我ら（ヨーロッパ）の少年と同じ時間、もしくは少ない時間で良きラテン学者となるように思われる。また彼らはオルガンで歌い、クラボを弾くことを学び、すでに相当なる合唱隊があって、彼らの多くは容易に盛式（荘厳）ミサを歌っている(50)。

この翌年もほぼ同内容の有馬のセミナリヨの報告をおこなっているが、その中で「（話を）有馬に戻せば、今や日本において大いなる心の慰めと歓喜をもたらし、将来の豊かな実りを期待させる事柄の一つは、巡察師がかの神学校に迎えた少年たちを目にすることである。（中略）我らは主（なるデウス）の御助力により当地のような相応しく幸福なる庭園から（やがて）初穂を収穫することとなるように思われる。というのも、この事業を発展させ、すでに行ったことを維持するためには、人力ではこれらの神学校の他に手立てがないからである」[51]と述べるなど、イエズス会の学校経営への並々ならぬ意気込みが知れる。

ところで、ヴァリニャーノが来日するまでにイエズス会で受け入れていた日本人は、「同宿」[52]という名の見習い僧であったが、「彼等はカトリック要理を教えたり、説教したり、あるいはその他の仕事をするのに役立っていた」といい、「彼等は我等の言葉を読むことも書くこともできずに、我等が日本語で話さねば理解できないにもかかわらず、司祭達が若干の要点を教えさえすれば、彼等自身、教会で通常、及び特別の説教をする程の勇気と能力を有し、司祭がその場に行って話すべきことを指示する必要がなかった」とも、日本人の同宿の仕事ぶりを評価した。一方で、「彼等は暗記した教義要理の説教以外は何も知らない」[53]という批判も加えている。

正規の修道士となるには、ラテン語による教育を受ける必要があるという考えをもつヴァリニャーノであるが、「現在この修道院にいる人々にラテン語を覚えさせることはできない。それは彼等がすでに大人であるからであり、多忙だからである。だから神学校においては、余暇と必要な余裕のある子供の時代から学ぶのでなければ、ラテン語は彼等にとって困難極まる抜け出すことのできない迷宮である」[54]として、子どもの教育の重要性を説いていた。そのために彼は学校制度を考案し、各地に学校を設立したのである。彼は、「徳操と学問に必要な能力について語るならば、私は日本人以上に優れた能力のある人々のあることを知らない」[55]と、その可能性に大きな期待を寄せていた。

しかしながら、一五八〇年のセミナリヨ設立以降、日本人の教育は思うような成果を上げることができなかったと言わざるをえないだろう。ヴァリニャーノの第二回巡察（一五九〇〜九二）の結果にそれは表れている。一五八一年に日本布教長として就任したガスパル・コレリヨは、日本人イルマン七〇名に入会を許可したが、ヴァリニャーノは第二回巡察に際し、その中の五名を除名し、巡察時においてはわずか五名しか入会を認めなかった。その理由として、「第一の理由、彼ら同宿は、概して霊的生活も、デイオスの召命もなく、両親や親戚によって少年時代からセミナリヨあるいは我々の教舎に入れられた者であります。彼らは、幼い間はその生活に満足し、命ぜられたことを行ない、概して清浄無垢な生活に適わしき能力と誇りを有していますが、大多数の者は、事実、霊的生活も修道生活の召命も全く有せず、肉体と俗世のために動揺しております」。「第二の理由、彼らの多数の者は、適わしき才能もなく、ついにラテン語を習得することは出来ないので、イルマンとして受け入れられるはずはなく、又、聖職者にはなり得ないと信じています」と述べている[56]。第一回巡察時の期待にもかかわらず、第二回巡察時のヴァリニャーノの日本人修道士への評価は低く、また他のイエズス会士においても同様であった。ヴァリニャーノによって計画された日本人司祭叙任においても、ヨーロッパ人パードレから激しい反対を受け、初めての日本人司祭の叙任は一六〇一年を待たなければならなかった[57]。

（3）イエズス会による出版事業

学校経営と並んで重要な文化活動が、出版事業である。イエズス会の伝道のうち初期の三〇年は、未知なる言語である日本語の壁により、「文書伝道」の方法を採りえず、「体当たりの伝道」で取り組むしかなかった[58]。このような初期段階の状況に対して、巡察師ヴァリニャーノは、「日本諸事要録」の中で、「当日本布教事業を維持し、好都合に発展せしめる為にイエズス会が採るべき方法」について述べ、具体的に「これらの修院の各々には、少年の学校を設け、これら児童には日本語の読み書きを教授し、時期がくれば我等の書籍が読めるように、ラテン語の読み書きを教育する。書籍は彼らの言語である場合にも、我等の（ローマ）字で印刷せねばならない。彼等の文字はその数が非常に多いので、印刷することができないからである」[59]と提案している。

また、「日本人の為の神学校の必要、並びにその経営方法」の章では、神学校の設立について触れ、「これら神学校は少なくとも三種設立することが必要である。二種は子供達の為であり、一種は成人の為のものである。生徒達は十八歳に達した後は、この神学校から出て行く。そのいずれにおいても身分の高い子弟百名を収容するように努力し、その性格と能力に応じて、古典の教養 Humanidad と、多くの学識と共に、日本語、ラテン語の読み書きを教授せねばならぬ。これらのこと、及びもっとも重要な徳操と、優れた習慣のほか、日本特有の礼儀、風習、儀礼をも教授せねばならない」[60]と提案している。

さらに、教授内容や書籍の例示について、以下のように述べている。

子供の時代から優れた教義を体得させる為には、異教の詩や、シセロの文章によってラテン語を教授すべきではなく、悪徳を憎むキリスト教的徳操と宗教の優れた材料を記載している書籍に基づかねばならない。その為には、優れた材料を取り扱っている聖人やキリスト教的著者の散文や詩の作品を選び、特にまた日本人向きの新しい別の書籍を作るべきである。その中でも、日本人の悪徳や偽りの宗派を非難し、子供達がラテン語と我等の聖なる信仰の奥義に関する立派な教えを共に学んでいけるようにする。ヨーロッパで読まれている異教の著書に現われる作り話や悪徳は記載してはならない。それらは初代教会の時代にはすでに権威を有していたから、禁止することは不可能であったろうが、日本ではすべて知られていないし、我等の方針に従った良書を導入できるのであるから、それらの悪書を齎すことは、はなはだ不当で、有害となろう。この新たに作製する書籍は、日本で印刷せねばならぬ。[61]

ヴァリニャーノの意見にもあるように、出版事業を早急に立ち上げることが彼らの課題となっていた。その理由は大きく分けて、ヨーロッパ人の日本語学習の要請からと、日本人の日本語学習およびラテン語などの外国語学習の要請からの二つである。

一五九〇年八月に加津佐で開かれた日本イエズス会第二回総協議会では、「我々パードレとヨーロッパのイルマンが日本語に上達し、日本人がラテン語に上達するために取るべき方法について」協議したが、その協議について以下のように記録している。

その能力あるパードレおよびヨーロッパ人と日本人のイルマン数名を選抜して、完璧な完備した日本語辞典一冊を全力を挙げて編纂させることを巡察師に懇請するとの結論に達した。彼らは、何人かのパードレによって刻苦努力の末に作成されている諸種の辞典から、日本語とラテン語の学習に役立つような完璧な『日羅辞典』を整備し、同辞典は編纂し完全な校訂を加えた後に印刷させること、同時に日本語の書籍数冊を、但しローマ字で、我々パードレやイルマンが学習に費さねばならぬ時間を凡て筆写に費すことで意気阻喪し、倦み、疲れ怯まぬようにするために印刷させること。我々は既に印刷機を所持しているので、同じ方法で文典も完成し印刷すること。また日本文字と漢字で既に翻訳を終えた何冊かの書籍、例えば『どちりなきりしたん』、フライ・ルイス・デ・グラナダの『黙想録』、および最近我々の著わした『信経・教義要略』、ヘルソンの著書、その他このキリスト教界に有益な類似の書籍の印刷に全力を挙げて努力するようにとの結論に達した。(62)

この協議会での協議に関して、同年一〇月一二日付けのルイス・フロイスの通信によれば、「加津佐の協議会で我々が言葉をよく知ることは、この地の教団経営の上に如何に重要な事柄であるかを協議した。そしてそのために数種類の書物を印刷しなければならない。殊にヨーロッパから来朝した者又はラテン語を勉強する日本人に役立つ辞書及び吾々の工面と労作によって、既に日本語に翻訳されているその他の数種類の書物など書物を十分にもつために、又現在までのように多くの書写から胸を患わないように、そして言葉を習う時間を更に多く彼らに与えるために、印刷されていくだろう」[63]と述べている。すなわち、来日した初期のイエズス会のイルマンであるドアルテ・ダ・シルワの手により日本語の最初の文法書が書かれ、またジョアン・フェルナンデスによっても同じく日本語文法書が編まれていた[64]。しかしながら、これらの文法書は刊行されず手稿本にとどまったために、フロイスが述べたように日本語学習者は筆写に時間と労力を取られ、胸を患う者すらいたのである。日本語学習の効率化のためにも、日本語学習のための辞書や教材が求められていたのであった。

一方で、増加する日本人信徒と彼らに教えを説く日本人スタッフの教育も大きな課題となっていた。特に幼年時代からセミナリヨに入る日本人の子どもについては、日本の慣習や文学についての学習が求められた。それらが子どもの時期に形成されていないと教会に大きな損失を生じると考えられていた。こうした日本の慣習や文学の学習を課すという処置は、「彼らが動揺せずに上達し我々のラテン語と日本文学を学ぶためであって、日本文学は将来書簡を執筆し説教し書籍を彼らの言葉で翻訳するのに必要である。最後に、日本人に対して役立ち日本人の間に信望を博するためである。日本文学の学習は困難且つ長期にわたるが、もし彼らが故意に学ばなければ、たとえラテン語を解しても将来役には立たない」[65]と考えた結果であった。

以上みてきたイエズス会の文化戦略のためにも大量の書籍が必要とされた。これらの書籍も、日本人の日本語学習のための教材と、キリスト教学習のための教材の二種類が必要とされた。こうした様々な需要に応えるために、国字本とローマ字本の二種類が刊行され、さらにローマ字本は欧文書と国文書に分けられる。国字本は、そのほとんどが教義書やその翻訳・編纂書の類である。これらは、先述したように、ザビエル来日以降イエズス会士や日本人信徒により翻訳され、またそれが筆写されてきた蓄積の上にたったものである[66]。

結局のところ、イエズス会は学校と出版という事業により、文字を通してキリスト教信仰を広めようとしていた。その担い手は上層の人々であり、イエズス会の〝上から〟の布教戦略に沿ったものであった。

また、活版印刷というヨーロッパ的手法とは別に、従来からの日本的な教材も作られていた。『貴理師端往来』と呼ばれる往来物がそれで、土井忠生によれば、一五七〇年ごろにイタリア人宣教師ワラレジオが入手したものとされており、五島の宇久氏にきわめて近い立場においてまとめられたものであるという。その内容は、数字やいろはと並んで三〇通の書状から構成される。その中には、土井の検証によれば、『庭訓往来』をモデルにした書状が散見されるが、そのことについて土井は、「この事は、本往来の編者が書状の事に通暁してゐて、自身で各書状を作り得たのではあろうが、一編の往来としてまとめあげる上で、時に、世間で最も広く行われてゐた庭訓往来を参考としたことを物語るであらう」[67]という見解を表している。その中には、たとえば二七状目に「此夏中於御寺御談儀聴聞候て各御宗体被成罷候事尤殊勝存候弥御繁昌可有事可目出候委細彼者可申候間不能細砕候恐々謹言」とあり、これは夏におこなわれた説教に訪れた人が宗体（帰依者）となり大変喜ばしい、いよいよにぎわって大変めでたいことである、などの趣旨の文言である。こうしたキリスト教の信仰に関する内容を含んだ書状例が三〇例中最低七例が確認できる。ほかにも海外貿易に関するものもあり、当時のキリスト教徒となった日本人の生活課題を反映しているといえよう[68]。いずれにしても、伝統的な教材を編集してキリスト教の宣教に資するのをめざしたことは、イエズス会の布教戦略の多面性を物語るものである。

三　キリシタン信仰と共同体

幾多の困難にあいながらも徐々に教線を広げていったキリスト教界であったが、天正一五年（一五八七）の秀吉によるいわゆる伴天連追放令から、厳しい状況に置かれることになった。もちろんこの追放令がただちに外国人宣教師の追放や禁教につながったわけではない。本論文の主課題から多少はずれるので詳述は避けるが、イエズス会をはじめとする様々な巻き返しや貿易による利益の魅力などがあり、キリスト教布教事業は続けられることになる。先述したように、印刷機を導入したのも伴天連追放令以後のことである。この伴天連追放令当時、キリシタンは二〇万人と推定され、教会は大小合わせて二百、宣教師は日本人イルマン四七名を含む一一三名がいた。[69]

江戸幕府の成立後も、イエズス会にフランシスコ会・ドミニコ会・アウグスチノ会などを加えてキリスト教布教は続いていた。転機となったのは慶長一七年（一六一二）の岡本大八事件である。この贈収賄事件を契機に、幕府は江戸・駿府・京都の直轄地に禁教令を発した。さらには翌年一二月一九日（一六一四年一月二八日）には、全国的な禁教令を布告し、宣教師の追放、教会の破壊、信者の摘発と弾圧をおこなっていった。宣教師の大多数は一一月に国外へ追放されたが、一部は国内に潜伏して布教活動を続け、また密入国しようとする宣教師も続き、多くの殉教者を出したことは我々の知るところである。寛永四年（一六三七）の島原の乱以後は、鎖国体制も確立し、本格的な禁教時代へと移ることになる。

さて、禁教後、キリシタン大名をはじめとする武士層や知識人層は、早い段階で棄教に転ずる。一方、支配層からもたらされた信仰でありながら、禁教後も迫りくる棄教の圧力に抗して信仰を保ち続けえたのは民衆である。どうして民衆はキリスト教信仰を維持できたのであろうか。ここでは、キリスト教受容の内容と、キリシタン組織の二つの面で考えてみたい。

民衆のキリスト教受容は、先に第一章で触れた浦上崩れの際にみたように、日々の生活に密接に結びついた救貧、無病息災・病気治癒、大漁・豊作祈願などの現世利益を主眼としたものであったと考えられる。布教の中心を担ったイエズス会も、救貧活動や治療活動により多くの信者を得たことを率直にその報告書などに記している。[70]そこからは、伝統的な加持祈禱に代わる新しい呪術的な手法としてキリスト教が受容されたことがわかる。

こうした動きについて宮崎賢太郎は、「キリシタンに改宗したあとも、彼らは神仏像のかわりにキリシタンの聖像、数珠の代わりとしてロザリオ、経文の代わりとしてオラショや聖書、守り札の代わりに十字架やメダイを求めた」(71)と評している。キリシタンの現世利益・呪術的信仰が伝統的な仏教・神道的なものと大差ないとすれば、後に検証する信仰の証としてのオラショの暗唱は、必ずしも一神教としてのキリスト教の教義を認識的な水準で理解し信仰したものとは言えないことになる。(72)また、キリスト教徒たるに最も重要であると考えられる洗礼についても、「生子を宗旨に入候時、水を茶碗に入額にかけ申候」（庄五郎口述(73)）とその形式は伝えられ、また「たとひ唱事等不致候とも水を掛けられ候へば仲ヶ間に成申候」（久五郎口述(74)）という認識と、その際「右の水を掛候段は決て口外不致候様申候」（同前）というように、この水かけ（洗礼）が秘められるべきおこないであるとの認識はもっていた。一方で、同じ久五郎は別の日には「私十二、三才の頃山に連参りひたひに水をかけ候に付相驚逃候儀御座候(75)」というように、意味もわからず水を額に掛けられたとする供述もしている。また、「兵助相勤候は後世の道相勤候私二度相断候処、三度目立て相勤茶わんに水を入参りひたひに掛け申候」（次平口述(76)）という事例からは、いやがる相手に無理強いしていたこともあった。ここでは「後世の道」のためという文言が見られるように、来世の救いへの言及がなされている。しかしながら一連の浦上一番崩れに関する供述書からは、洗礼のような中核的な典礼でもあって、すでにその意味は失われ単なる儀礼・呪術と化していたといえよう。

また一方でキリシタン組織に目を向けてみれば、先行研究では、信仰の維持の要因としてキリシタン民衆の結合組織の存在をあげている。ここでは、その組織に着目して、考察を進めよう。

よく知られた結合組織がコンフラリア（Confraria）である。このコンフラリアについて、大橋幸泰は「ポルトガル語の兄弟会という意味の平信徒の信仰組織」であると説明している。そして先行研究を整理して、日本におけるコンフラリアの展開を、「①ミゼリコルジャ（慈悲）の組、②マルチリヨ（殉教）の組、③サンタマリアの組の三つの類型に分類できる」とし、権力側の動向に対応して、①→②→③と変化するとする。このうちの①のミゼリコルジャの組について次のように述べる。

キリシタン伝来当初から迫害期以前に成立したコンフラリアの類型はミゼリコルジャ（慈悲）の組である。これは基本的に慈善団体であり、貧民・病人の世話など、社会福祉活動をすすめる信者たちの組織であった。この組はキリシタンの興隆期に各地で結成され、特にその慈善事業の活動が大きな魅力となって信者を獲得していったと考えられる。しかし、その構成員は武士・豪商などいわゆる上層クラスの者であり、平信徒全部を含み込むコンフラリアは迫害期以後に形成されたものである(77)。

最後に述べられる平信徒全部を含みこむコンフラリアが、②と③であるが、それらは「基本的に棄教者・落伍者を防止するために結成されたものであるが、その内容は、迫害のため宣教師が不在になることにより②から③に変質した」ものである(78)。

また、コンフラリアをヨーロッパの事例と比較して考察した川村信三は、ヨーロッパにみられる六つの類型のうち、「慈善事業型」(Misericordia)と「信心業実践型」を引いて、「一五八七年以前は「慈善事業型」コンフラリア、以後は「信心業実践型」コンフラリアのモデルが日本の「水平型」信徒集団形成を考える指針をあたえてくれるのである」と述べている(79)。「信心業実践型」というのは、個々のキリスト教徒が温めてきた「信心」の業を共有するという目的で集まったサークルである(80)。また「水平型」とは、支配層のような影響力のある人物を獲得してから民衆へ布教する（「垂直型」）のではなく、信仰共同体を形成する中で信仰を伝え広めていくことを指す。

そこで、キリスト教の信仰共同体の初発形態であった「慈善事業型」の慈悲の組から検証してみよう。

まず、慈悲組の指導者はどのようにして選ばれたのであろうか。一五六五年九月発の報告によれば、平戸での慈悲組の幹事の選任は以下のようであった。

同日の午後、慈悲の組の組頭たちが選ばれた。その職務は、貧者や病人を訪ね、このために人々から集めた施し物をもっとも貧窮している人に分け与えることであり、また、某かの罪に陥った者を罪から遠ざけ、或いは司祭に知らせて悪しき状態より救い出すよう努め、臨終にある者に付き添って教会にその旨を知らせ、死者を埋葬することである。

組頭は四名で、内その一人はその長である。選出は以下のようにして行なわれた。すなわち、多数のキリシタンが教会に参集し、この職務により授かる功徳について説教を聴いた後、司祭とともに聖霊に祈りを捧げ、このことにもっとも適した人を選出するため恵みを請い、この後、一人ずつ司祭のもとに来て、密かに組頭、およびその長にふさわしいと思われる人たち（の名を）告げた。司祭はもっとも多くの票を得た四名（の名）を書き、かくして組頭たちは選出された。諸人は我らの主なるデウスが彼らをその事業に用いるため選び給うたと考えて大いに喜び、彼らは多大な熱意をもってその職務を行っている。(81)

この平戸の報告によれば、慈悲組には一人の長と四人の幹事がおり、彼らは会堂に集ったキリシタンたちによって選挙されていた。

慈悲組についてのイエズス会の報告は、ほとんどない。わずかに平戸からの報告より二〇年後の一五八五年の報告において、長崎の例をみるくらいである。そこでは次のように報告がなされている。

長崎においてポルトガルのミゼリコルヂヤ（Misericoedia）に倣って慈悲の組を設けたことは、今より二年前に尊父に報告したが、この団体には会員（irmãos）が百人と団長（Provedor）が一人あって、礼拝所には自費をもって甚だよき装飾を施し、また人をシナに遣はし、マカオのポルトガル人が有するものと同じミゼリコルヂヤの旗と規則を取寄せ、この規則によって事務を処理することとした。（中略）諸所の葬儀ならびに行進に参列し、貧民のため町に出でて喜捨を募り、その他多く慈善事業をなし、我等の間において同団体が行ふところに少しも劣るところがない。(82)

この記事によれば、長崎の慈悲組には、百人の構成員と一人の「団長」がいることがわかる。主な活動は慈善活動であるが、こうした活動を通じて共同体の結合を維持していたのであろう。

この慈悲組の真価が問われたのは、前述のように禁教後である。秀吉による宣教師追放令（一五八七年）以降、少しずつ厳しさを増した禁教は、徳川幕府による禁教（一六一三年）によって、新たな段階を迎えた。幾人もの宣教師が国外へ追放されたり、島原・天草一帯で残忍なキリシタン弾圧がおこなわれていた。そうした中、イエズス会以外からこうした弾圧の原因をイエズス会に原因があるとして批判する動きが現れる。ドミニコ会やフランシスコ会などが、「日本の信者を見捨てた」などのイエズス会批判を繰り返した。これに対してイエズス会日本管区長マテウス・デ・コーロスは、全国各地七五カ所七五五人の証言を集め、イエズス会の活動を正当化しようとした。

それらの証言には、おもだった信者の署名があり、信者の広がりや花押を手掛かりにした識字率の推定も可能である。その証言の一つである、天草の大矢野の例を以下にあげてみたい。(83)

御主てうすの御名誉の為又何国にても真之証拠顕れん為に左之理書記す物也

（中略）

御主御出世以来千六百十七年　元和三年八月十二日

上津浦庄屋

梅野七兵衛ミける（花押）

（二一名省略）

惣代
楠甫勝介上うせ（花押）

組親
長井二左衛門へいとろ（花押）
（四名省略）

慈悲役
大平次右衛門まるこ須（花押）
（八名省略）

大矢野村ろれんそ惣代
渡辺小左衛門（花押）

同　庄屋さんちよ
同　九右衛門（花押）
（以下三名の庄屋を含め五名省略。また欧文の氏名表記は省略）

この証言書には、大矢野村の惣代、組親、庄屋、それに慈悲役が署名していることである。ここから、村の共同体全体で信仰集団を維持していたことがわかる。また全員が花押を書いていることからも、この指導層は全員が識字能力を有していたことも併せてわかるのである。

さらに詳細にキリシタンの組織を見てみよう。一六一八年にパードレ、ジェロニモ・ロドリゲスにより著わされた「日本の諸国及びキリスト教界における我らの被昇天の聖母の組ないしコンフラリア（信心会）の規則の要項」[84]というキリシタン組織の規則によれば、小組・大組・惣組の三種が設定されていた。小組は、約五〇人の男性により構成され、ほかに女性と子どもも加わっていた。大組は小組が集まって構成されるが、五百人から六百人を超えないものであり、惣組は同じ地方に属する大組により構成されていた。

各小組には、組親のほかに組の喜捨（布施などの寄贈された物品など）の出納や保管などにあたる「慈悲の奉行」が一人、また組衆の人数に応じて一人あるいは二人の惣代、さらに慈善事業などを担当する慈悲役が一人あるいは若干おかれていた。「慈悲の奉行」について、次のように定めている。[85]

二、彼は、［組］親達が彼に委ねて引き渡す喜捨及びその他のすべての物を安全な場所に集めて保管する。そして、彼もまた［組］親達から喜捨を手に入れて保管するように努め、すべてを文書に記載して、そのための帳簿を所持する。

（中略）

四、彼は、帳簿二冊を所持する。一つは喜捨の受領のためのもので、他はその分配のためのものであり、その都度報告するためである。

この規則によれば、「慈悲の奉行」たる人物には、読み書き能力が必要とされたことがわかる。前出の天草と大矢野の証言にある惣代・慈悲役が花押を書いていたことと合わせると、禁教直後のキリシタン組織では、識字能力を有する一定の文化的資質を備えた人物が指導者としていたといえよう。

また一方、この規則には次のような規定もあり、入信者の状況を知ることができる。

七、このコンフラリアに入る者は、四つの祈り、すなわち、主の祈り〈主禱文〉、アヴェ・マリア〈天使祝詞〉、クレド〈使徒信経〉、及びマンダメント〈十戒〉を知らなければならない。そして、老齢のためあるいは記憶がなくなってそれらを諳じることができない時には、少なくともクレドと十戒の玄義について十分な知識を持たなければならない。[86]

この条文によれば、組への新規加入希望者は、主の祈り、アヴェ・マリア、クレド、十戒の四つの祈り（オラショ）を暗唱していなければならなかった。最低限、クレドと十戒の暗唱は必要であった。したがって、必ずしも読み書き能力は必要とされなかったと判断してもよいだろう。

ただ、いわゆるキリシタン版の中の「祈禱文」と称される断簡（国字本・草書体・漢字交りひらがな文字）において、最初の七行が「主のいのり（パアテル・ノステル）」、次の六行が「天使祝詞（アベ・マリア）」、残りの十行が「使徒信経（クレド）」によって構成されている。さらに「サルベ・レジィナ他」と称される一連の断簡の中に、十誡の中の最後の数条を記したものがある(87)。これら「主のいのり」「天使祝詞」「使徒信経」「十誡」が、前出の規則に挙げられている主のいのり、アヴェ・マリア、クレド、十戒であることは、まちがいないであろう。また、代表的なキリシタン版である『どちりいな‐きりしたん』をみると、第三に「ぱあてる‐なうすてる」、第四に「あべ‐まりあ」、第五に「さるべ‐れじいな」（ただし、この章には「十誡」はない）、第六に「けれど」、第七に「でうすの御掟の十のまんだめんとの事」が所載されている(88)。とすれば、キリシタンの信仰の最重要とされた祈禱は、キリシタン版、すなわち活版印刷によって伝えられたと考えられる。

さらにロドリゲスの規則が日本全体を視野に入れていたのに対して、パードレ、アントニヨ・ジャノネにより具体的に長崎・大村地方を視野に入れて著された「掟」をみると、「くみがしらの人々心得の事」の中に次にようにある(89)。

> 七、すひりつのみちに迷ひ有間敷ために能納得せざる儀を必定してあらわさるべからず。うたがわしき事あらむときは一紙に書付おきて、はあてれにあわれん時節たづねらるべし。

この組頭の心得の条は、禁教によって教会はもちろん聖職者もいない状況の中で、信仰に疑問が生まれた場合、紙に書き留めて、いつの日か再び訪れると信じているパードレとの再会の時に尋ねるとするのである。

これらの「掟」から、一七世紀初期の禁教間もない時期においては、信仰の継承が文字を媒介としてなされていたことがうかがわれる。

四　禁教下における信仰の継承とオラショ

禁教後にキリスト教信仰を保持し続けることの困難はいくつも挙げられるが、一番の困難は指導者の欠落であろう。ヨーロッパ出身の宣教師のほとんどはすでにマカオなどの周辺諸国へ引き上げ、日本に残った宣教師たちも地下生活を過ごすことが余儀なくされたが、それも時間が経つにつれ発見され、密入国を図った宣教師たちも次々に捕えられていった結果、ついには外国人宣教師不在の状況が到来する。遠藤周作はその作品『沈黙』の中で、この状態を「根が断たれておる」と表現した。このような表向きな活動ができる正規の指導者の不在という状況下で、キリシタンたちがその信仰の火をともし続け、明治維新直前になってその存在が明らかになる中で驚きをもって受け止められたことはよく知られている。

信仰の継承と保持がどのようにしてなされたかについては、さまざまな見解があるが、大橋幸泰の「禁制下で長い間その信仰活動を維持できたのは、やはり多数の信徒が結束して集団的に信仰を守ろうとしたからである」(90)との見解が最も実態に即した見方であろう。天草崩れにしても、浦上の各崩れにしても、信仰共同体が果たした役割は大きい。カクレキリシタンたちの信仰と共同体の関係については、近代以後発見された長崎県の事例から推測することができる。平戸・生月のカクレキリシタンの研究をおこなった宮崎賢太郎は、「カクレの組織はキリシタン時代以来の信徒組織コンフラリアが今日まで続いてきたものとみることができるが、実際の形態は日本の民俗信仰にしばしばみられる宮座制度に酷似している」(91)という。川村信三は、前述したコンフラリアの類型のうち「信心業実践型」を当てはめ、民間指導者による信仰共同体の役割を重視した(92)。

キリシタンの地下組織は、長崎・浦上や外海では、帳方―水方―聞役があり、最高指導者である帳方は教会暦の管理をおこない、畑仕事・裁縫などを休むべき日や肉食の禁忌日などを知らせていた。水方は、授け役ともいい洗礼を授けた。聞役は教会暦を各戸へ周知し、水方の助手となっていた[93]。生月の組織は、オジ(爺)役―オヤジ役(御番主)―役中となっており、オジ役は洗礼や葬儀をとりおこない、オヤジ役は諸行事を執行し、役中は小組の統括や行事の補佐をおこなっている[94]。このように、信仰生活の重要な部分である洗礼以下の行事についても共同体の中で完結できるように組織が構成されていた。

さて、彼らの信仰の特徴は、数多くの儀式とその儀式の中心を占めていた「オラショ」である。五野井隆史は「キリスト教に改宗した日本人の日常における大きな変化は、教会の暦〈典礼暦〉に則った信仰生活への切り替えであった。彼らは教会を生活の中心におき、主日には教会のミサに与り、教会が定めた祝日を守る規則正しい生活をするように導かれた。従来の仏教に帰依した静的な生活に比べ、彼らは教会を核とし意識的に教会に集う信仰生活を営むように努めた[95]」と指摘している。カトリック教会は、数多くの典礼によってその信仰生活を構成してきたが、長い潜伏期を経てその行事の「「教義的理解」という側面はほとんど無視され、追求されることはなかった。それよりもいかに先祖が伝えてきたことを大切に自分たちも継承していくかということの方に関心があった[96]」。こうして本来のキリスト教的淵源をもつ行事の変容と、長い潜伏期における要請を受けて民間宗教的由来からくる新たな行事が加わったが、それらの行事の際の祈禱がオラショであった。

オラショとは、もともとはラテン語の Oratio に由来する言葉であって、祈りを意味する[97]。日本語に翻訳されることなく原音のまま定着したもので、現在は「オラショ」が一般的であるが、「オラッショ」「ウラッショ」「オラッシャ」などと発音したり、「浦暑」などの宛字もおこなわれた[98]。

オラショについては、『どちりいなｰきりしたん』では、「おらしょは我等が念を天に通じ、御主でうすに申上る望みをかなへ玉ふ道、橋也[99]」という。それぞれ、「ぱあてる-なうすてる」は、「天に御座ます我等が御親御名を貴まれ給へ」で始まり、「あめん」で終わる一三〇余の文字ならなる。[100] ほかの「あべ-まりあ」などのおらしょも長短はあるものの、同程度の文章である。

このオラショの伝承の方法については、二つの方法があった。一つは、文書として記録しておくものであり、もう一つは口伝である。すでに浦上一番崩れの説明で触れた没収文書に「慶長五年三月上旬　おらしょの翻訳、附きりしたん教の条」や「けれと」があったことは述べた。このように文字として残した例もあったが、この場合もほとんどかなで書かれていた。しかし、この場合は、読み書き能力が必要であるばかりでなく、信仰の露見の高い危険性という問題をはらんでいた。オラショを含めて文書化されたキリシタン教義書等を収集し分析した田北耕也の研究によれば、その多くは明治以降に書き残されたものであるが、口伝と文書化について田北は以下のように述べている。

潜伏信者はオラショを声立てては唱えなかった。況や筆記はキリシタンたるの証拠を残すことになる危険が多分にある。且文字を知る者が少いために書けもせず書いても用をなさなかったから、口移しに暗記するのが普通であった。しかし、黒崎・五島地方では、ロソンのオラショやコンチリサンのように、長くて暗記の困難なものだけは稀に、筆記され、秘蔵の宝物として相伝した。明治以後の教育を受けた者は、暗記の労を省くために、私かに手記しているのもあるが、迫害はなくなっても、「かくれ宗」たることが習慣的に強く要求されて居るので、筆記を罪と見る向もあり、従ってまとまった書物の形をなさず、採録のオラショも数多くはなかった。しかし後には熱心にオラショを学ぼうとする者が少くなり、やがて凡ての人から忘れられてしまうかも知れないという心配から、心ある人々が、つとめて書き残すようになった。[101]

こうした指摘は、数多くの潜伏キリシタンが存在した長崎県域全体に共通したものであったと考えてよいだろ

写真2　オラショ
（日本二十六聖人記念館蔵。天草のキリシタンのものであるが、詳細は不明）

う。

田北の指摘にもあるように、潜伏キリシタンにおける教義伝承の基本は、口頭での伝承である。最も組織的にカクレキリシタンの信仰が残っていた平戸・生月の研究をおこなった宮崎によれば、二八種のオラショが確認されている(102)。それらは大きく、日本語文によるものとラテン語文に分けられる。宮崎は、生月の壱部に伝承されたオラショを、慶長五年（一六〇〇）に長崎で刊行されたキリシタン版のひとつである祈禱書『おらしょの翻訳』所収のオラショと対比させている。その結果、「一見して、ラテン語文のものは呪文化し、日本語文のものはほとんど原文に忠実に伝承されていることが見てとれる(103)」とする。しかし宮崎は、ここで用いた資料『生月旧キリシタンごしょう』（一九七一年刊）が、採録の際に関係した学者らが漢字を教示した可能性を指摘している。生月のオラショは口伝で伝えられているために、実際は正確な文字で伝えられていなかった可能性が高いのである。結局宮崎は、「発音はかなり原形をとどめているとはいえ、その意味理解という点においては、まったく原意からは想像もできないほどに変容しているのである(104)」という。

このような変容の大きな原因は、その伝承方法にあるといえよう。生月のオラショは、一六〜一七世紀に宣教師によってヨーロッパからもたらされたものが、口伝という形で伝えられてきたからである。[105] その際、ラテン語文が呪文化することは不可避的であったとしても、日本語文において「オラショはその意味を理解しようと努力すれば可能であるにもかかわらず、まったくその努力はなされていないといってよい。立て板に水のごとく、いかに早く流暢に暗唱することができるか、という点にのみ関心が払われている」[106] こともまた、原意が失われた原因であろう。

一方、口伝にこだわる姿勢もまた顕著である。田北は、自らの経験を踏まえて、次のように述べている。

オラショ学習の苦労は大したものである。ここにも先祖の精進にならう努力が偲ばれる。私は「生月の十一カ条」を印刷して配ったが、誰もそれによって学ぼうとする者なく、むしろ古来の口写し方法をえらんでいる。文字の使用が不可とされていたのは昔のことで、今は心覚えのために書記する人も少くないが、暗誦に便利な調子は、やはり口から耳へでなければならぬ。ラテン語のリタニエの声調に特にそれがあらわれている。（中略）日本語に訳された祈禱文はすべて散文であり、それを何とか憶え易い調子をつけて早口に棒唱するのであるから、習い終わるまでは、文字はあまり用をなさないのである。文字を用いることを、「口写し」に対して「手写し」といって卑む。師弟二人で一つの蒲団をかぶり、外に声のもれないようにして、口写しに習い、「一ト春」で覚えなければ一旦中止し、次の年の正月から又始める。その間に忘れる方が多い者は「幾春」努力してもついに習い終らないという愁嘆の場面が多かったと話す。[107]

ここで述べられているオラショの伝承形態がいつの時代のものかは明確ではないが、戦後のカクレキリシタンの様子をうかがわせるものであろう。このオラショ学習法には、二つの特徴がみられる。ひとつは、口伝にこだわり文字による学びを拒否ないし忌避していることである。これは、「はじめに」で触れた「文字にしない文化」伝達のひとつの例と考えられる。信仰を秘めざるをえないという状況からくるものであったとしても、秘匿する必要がなくなったのちでも口伝にこだわるところに、最も価値ある精神の伝達の一つの形を見ることができよう。もうひとつの特徴は、オラショのもつ音楽性ゆえの口伝という側面である。本論では、この音楽性については触れることができなかった。これは、今後の課題としておかざるを得ない。

おわりに

一六世紀にイエズス会宣教師によってもたらされたキリスト教信仰は、イエズス会の戦略もあり日本社会の上層部から下降する形で普及を遂げた。その際の有力なメディアが学校教育と出版であり、文字を媒介にしたこうした活動がヨーロッパから遠く離れた日本の地でキリスト教を信仰し、また布教する組織を拡大させる基盤となった。

禁教後はこうした布教方法は根底から覆されることになった。宣教師の追放に加えて日本文化に画期をもたらしたキリシタン版は焚書・禁書となり、キリシタンたちは布教・信仰維持のための二つの柱を失うことになった。それらに代わって信仰を支えたのは、信仰の共同体である。信者らが儀礼のために定期的につどいオラショを唱えることを通して、信仰を継承していった。もはやそこでは、教えは文字を通してではなく、口伝で伝えられるのみとなった。それは、秘められたものであったゆえに、本来の教えとの整合性を確認するすべはなく、キリスト教の教えを認識することから離れ、徐々に呪術・秘術化して変容していったのである。

確かに、教義は変容したかもしれないが、教えが曲がりなりにも伝えられていったことは紛れもない事実である。それは大橋や川村の研究にあるように、信仰の共同体が形成され、それが教義や儀式を伝える教育的機能を維持していたからである。こうした共同体がいかなる条件によって形成されたかについては、様々な見解があろう。宮崎のように宮座との類似を指摘する見解もあろうが、川村のように浄土真宗の講組織との類似を指摘することもできよう。そこでは、多くの信者が読み書きできない中で、文字によって教えを伝えることが困難だった前近代社会における、宗教指導者の様々な苦闘と英知が反映していると考えられる。この問題については、今後の課題としておきたい。

（1）『講座日本教育史』第二巻（第一法規、一九八四年）、二〇九頁。辻本雅史は、この爆発は宝暦以降の一八世紀後半には始動しているとする（同『近世教育思想史の研究――日本における「公教育」思想の源流――』思文閣出版、一九九〇年、ⅴ頁）。

（2）教育史学会編『教育史研究の最前線』（日本図書センター、二〇〇七年）二三六頁。本書で、辻本雅史は、「一七世紀日本は「文字社会」と大量出版時代を実現した。それは「一七世紀のメディア革命」と呼ぶこともできるだろう」（同上）と述べている。本論文も、辻本の一連の教育のメディア論から学ぶことが大きい。

（3）口伝の研究は、宗教史・芸道史・文学史などにおいて多くの研究が積み重ねられている。また、民俗学の分野では伝統的に口頭伝承についての研究が重視されている。たとえば、笹原亮二編『口頭伝承と文字文化――文字の民俗学　声の歴史学――』（思文閣出版、二〇〇九年）参照。教育史の視点からは、鈴木理恵「平安時代の貴族社会における口伝の位置」（『日本教育史研究』第一三号、日本教育史研究会、一九九四年）がある。

（4）関山和夫『説教の歴史的研究』（法蔵館、一九七三年）、同『説教の歴史――仏教と話芸――』（岩波新書、岩波書店、一九七八年）、後藤宏行『「語り口」の文化史』（晃洋書房、一九八九年）など参照。近年では、辻本雅史のメディアという視点が注目される（同『思想と教育のメディア史――近世日本の知の伝達――』ぺりかん社、二〇一一年）。

（5）高橋敏『日本民衆教育史研究』（未来社、一九七八年）二三九頁。

（6）同右書、二四二頁。ここで引かれている『歎異抄』の文言から「反文字思想」を導くことについては、疑問なしとはしない。

（7）ここで「キリシタン」とは、キリスト教信者を呼ぶ歴史的呼称として用い、禁教後潜伏したキリシタンを「潜伏キリシタン」、禁教解除も伝統的な信仰を守り続けた人を「カクレキリシタン」と呼ぶことにする。

（8）キリシタン版の代表的な研究としては、天理図書館編『きりしたん版の研究』（天理大学出版部、一九七三年）がある。

（9）五野井隆史『日本キリスト教史』（吉川弘文館、一九九〇年）二一一頁。
（10）一五四九年一一月五日付け書簡。松田毅一監訳『十六・七世紀イエズス会日本報告集　第Ⅲ期第一巻』（以下『日本報告集　Ⅲ―一』と略。同朋舎、一九九七年）四三頁。なお、『日本報告集』からの引用においては、旧訳である村上直次郎訳『イエズス会士日本通信　上・下』（雄松堂書店、一九六八年）、同訳『イエズス会日本年報　上・下』（雄松堂書店、一九六九年、以下『日本年報』）も参考にした。
（11）横田庄一郎『キリシタンと西洋音楽』（朔北社、二〇〇〇年）。本書の最後には、カクレキリシタンのオラショを音楽という視点から論じている。
（12）本章が主に扱う長崎と天草に関する学校関係の近年の先行研究としては、純心女子短期大学長崎地方文化史研究所編『長崎のコレジヨ』（一九八五年）、長崎県教育委員会編『長崎のキリシタン学校――セミナリヨ、コレジヨの跡を訪ねて――』（一九八七年）、鶴田文史編『天草学林――論考と資料集――』（天草文化出版社、一九七七年）、同『天草学林――論考と資料集　第二輯――』（天草文化出版社、一九九五年）、今村義孝『天草学林とその時代』（天草文化出版社、一九九〇年）などがある。
（13）石川謙『日本学校史の研究』小学館、一九六〇年。ここでは一九七七年復刻版（日本図書センター）を使用。
（14）桑原直己「キリシタン時代における日本のイエズス会学校教育」（『哲学・思想論集』三四、筑波大学哲学・思想学系、二〇〇八年）。
（15）安藤精一ほか編『日本庶民生活史料集成　第一八巻　民間宗教』（三一書房、一九七二年、以下『史料集成』と略）八五二頁。
（16）『史料集成』八五七頁。
（17）片岡弥吉『浦上四番崩れ――明治政府のキリシタン弾圧――』（筑摩書房、一九六三年）参照。
（18）『史料集成』八八七頁。仙右衛門については、高木慶子『高木仙右衛門に関する研究――「覚書」の分析を中心にして――』（思文閣出版、二〇一三年）も参照。
（19）『史料集成』八七〇頁。
（20）同右書、八七九頁。

(21)姉崎正治『切支丹宗門の迫害と潜伏』(同文館、一九二五年)四五頁。
(22)戸谷敏之『切支丹農民の経済生活――肥前国彼杵郡浦上村山里の研究――』(伊藤書店、一九四三年)三四頁。
(23)同右書、一九頁〜。
(24)前掲注(21)姉崎書、四七頁。
(25)同右書、四八頁。これは、戸谷敏之によればいわゆる『十章のドチリナ』(ルイス・フロイス)の訛伝である。天正一九年頃上梓されたもので、文禄元年天草版『ドチリナ-キリシタン』の巻末付録となっているとのことである(前掲注(22)戸谷書、二五三頁)。
(26)前掲注(22)戸谷書、二五六頁。
(27)同右書、一二頁。
(28)『史料集成』八五八頁。
(29)前掲注(22)戸谷書、二二五〜二二六頁。
(30)九州史料刊行会編『天草古切支丹資料』(一九五九年、以下『天草資料』と略)一、二頁。
(31)『天草資料』一、七頁。
(32)同右書、四二頁。
(33)同右書、一七頁。
(34)『天草資料』二、一〇二〜一〇三頁。
(35)ヴァリニャーノ(高橋裕史訳)『東インド巡察記』(東洋文庫、平凡社、二〇〇五年)一九六頁。なお、高橋裕史『イエズス会の世界戦略』(講談社、二〇〇六年)も参照。
(36)『日本報告集 Ⅲ—五』(一九九二年)三三九・三四〇頁。
(37)前掲注(35)高橋書、一二五頁。以下引用中の〔 〕は著者による補足を示す。
(38)『日本報告集 Ⅲ—六』(一九九一年)三三一頁。以下、『日本報告集』からの引用中、特にことわらない限り〔 〕( )は訳者による補足を示す。
(39)『日本報告集 Ⅲ—七』(一九九四年)一一二頁。

(40)同右書、一五頁。
(41)同右書、五九頁。
(42)大橋幸泰『キリシタン民衆史の研究』（東京堂出版、二〇〇一年）一四〇・一四一頁。
(43)岸野久『ザビエルと日本――キリシタン開教期の研究――』（吉川弘文館、一九九八年）、第五章参照。資料として、アルーペ神父（井上郁二訳）『聖フランシスコ・デ・ザビエル書翰抄（上）』（岩波文庫、岩波書店、一九四九年）を参照。
(44)ヴァリニャーノ（松田毅一ほか訳）『日本巡察記』（東洋文庫、平凡社、一九七三年）五一頁。
(45)同右書、八六頁。
(46)ヴァリニャーノの教育計画については、梶村光郎「イエズス会巡察師A・ヴァリニャーノの教育計画について」（『日本教育史研究』第二号、一九八三年）を参照。また、イエズス会自体もその活動の中心を教育と海外布教におき、進出した各地に学校を設けていた（W・バンガート（岡安喜代ほか訳）『イエズス会の歴史』原書房、二〇〇四年）二八頁～。
(47)『日本報告集　Ⅲ―六』一〇頁。一五八一年の記述。
(48)『日本報告集　Ⅲ―五』三三七頁。一五八一年一〇月八日付けメシア書簡。
(49)『日本報告集　Ⅲ―六』二六〇頁。一五八四年八月三一日付けフロイス書簡。
(50)同右書、一一頁。一五八一年度年報。
(51)同右書、九一～九二頁。一五八二年度年報。
(52)前掲注(44)『日本巡察記』八八頁以降参照。
(53)同右書、八七頁。
(54)同右書、八八頁。日本人にラテン語などを教えることについては、イエズス会修道士の中でも議論が分かれており、ヴァリニャーノの前任の布教長カブラル（一五二八～一六〇九）は、日本人の性格に対する「悲観的な見解」（同書解題、三〇〇頁）から、日本人に教育をおこなうことに否定的であった。ヴァリニャーノは、一五九五年一一月二三日付け総会長宛書簡において、カブラルの指導原理について要約している。それによればカブラルは、「日本人が我々の習慣に適応すべきであって、ポルトガル人が彼らの習慣に適応すべきではない」とし、「日本人は所詮、黒人であり、極めて野蛮な習慣を有していたからである」と述べている。また、「日本人イルマンにポルトガル語あるいはラテン語の教育を許可しなかった」が、「ポルトガル語を教えなかったのは、我々ヨーロッパ人が会話を交わす際に、覚られぬようにし、我々の秘密を保持するため」であり、「ラテン語を教えなかったのは、彼らがいかなる学問も学ぶ必要はなく、何人も司祭になるべきではないと考えた」からであった。さらに日本人のセミナリヨを開設しなかった点についても、「日本人の生活は、セミナリヨに多くの悪徳と不浄をもたらすと信じていたから」という（井出勝美「東インド巡察師ヴァリニアーノの日本人観」『キリシタン研究』第一二輯、一九六七年、三八二～三八三頁。また『日本巡察記』解題も参照）。これにたいしてヴァリニャーノは、イエズス会修道士が日本語を習得する必要性を認め『日本文典』と『日葡辞典』を作成させた。同じ文脈で、日本人修道士のラテン語学習の機会の拡大を構想した（同書解題参照）。カブラルとヴァリニャーノの確執については、高瀬弘一郎「キリシタンと統一権力」（『岩波講座　日本歴史九　近世一』岩波書店、一九七五年）が参考になる。

（55）前掲注（44）『日本巡察記』九七頁。

（56）前掲注（54）井出論文、三九六頁。

（57）同右書、四一八・四一九頁。高瀬弘一郎はこうした一連の事態から、「曽てヴァリニャーノの考えに強く反対したカブラルの方に、むしろ先見の明があったという見方も出来よう」と述べている（前掲注（54）高瀬論文参照）。五野井隆史も第二回巡察時のヴァリニャーノについて、「彼の日本人観、とくに日本人イルマンや同宿の修道者としての資質と聖職者としての養成の問題については、その能力は十分に認識しながらも、第一回来日時にみられたような楽観的所感は大きく後退して、その発言は慎重になり、またやや悲観的でさえあった」と述べている（前掲注（9）五野井書、一七四頁）。

（58）前掲注（8）『きりしたん版の研究』四頁。すでにザビエルは一五四九年の段階で、「この冬は、信仰箇条に関する幾分詳細な日本語の解説書を印刷すべく、その製作に専念することになろうかと思う。これは重立った人は皆、読み書きを知っているからであり、我らが各地を巡るのは不可能であるから、（この書によって）我が聖教を理解させ、多くの地方に弘めるためのものである」（『日本報告集　Ⅲ―一』五九頁。一五四九年一一月五日付け書簡）と、「文書伝道」の可能性を述べている。

（59）前掲注（44）『日本巡察記』六七頁。

（60）同右書、七八頁。

(61) 同右書、七八・七九頁。
(62) José Luis Alvarez Taladriz「日本イエズス会第一回総協議会議事録と採決（一五九〇年）」（『キリシタン研究』第一六輯、一九七六年）。
(63) 前掲注(8)『きりしたん版の研究』一八頁。
(64) ジョルダン・ア・デ・フレイタス（岡本良知訳）『初期耶蘇教徒編述日本語学書研究』（日葡協会、一九二九年）。
(65) 前掲注(62) Alvarez Taladriz 論文より。
(66) 詳細は前掲注(8)『きりしたん版の研究』を参照。
(67) 土井忠生「貴理師端往来」（『キリシタン研究』第五輯、一九五九年）。「貴理師端往来」は石川謙編『日本教科書大系往来編　第一巻　古往来（一）』（講談社、一九六八年）に所収されている。
(68) 同右。
(69) 前掲注(9)五野井書、一六〇頁。
(70) 宮崎賢太郎「日本人のキリスト教受容とその理解」（山折哲雄ほか編『日本人はキリスト教をどのように受容したか』日文研叢書、国際日本文化研究センター、一九九八年）を参照。
(71) 同右論文、一八七頁。
(72) 同右論文および宮崎賢太郎「生活宗教としてのキリシタン信仰」（『宗教研究』第七七巻二号、二〇〇三年）を参考。宮崎は「生活宗教としてのキリシタン信仰」の中で、天草のジュワン市兵衛の例から、潜伏キリシタンの信仰を「現世利益を求め、勧められた教えを受け入れ、それが叶えられない場合には容易に離れ、さらに悪い状況に陥れば神仏のタタリかと恐れる民衆の素朴な信心」であると述べ、「現代人が既成の宗教によっては救いを得られず、さまざまな新宗教を渡り歩くのとさほど変わりはない」（一七頁）と述べている。ここで指摘されている現世利益的側面は否定できないであろうが、それでたとえば浦上四番崩れの際にみられる殉教的行動は説明できるであろうか。ここではキリシタンにとっての殉教という行動とその思想についてのみならず、日本人にとっての殉教の意味についても、たとえば同じ近世に起こった隠れ念仏における殉教も含めて、さらなる考察をする必要があると考える。山本博文『殉教――日本人は何を信仰したか――』（光文社新書、光文社、二〇〇九年）、片岡弥吉『日本キリシタン殉教史　片岡弥吉全集（一）』（智書房、二〇一〇年)、秋山聰『聖遺物崇敬の心性史――西洋中世の聖性と造形』(講談社、二〇〇九年)、米村竜治『殉教と民衆――隠れ念仏考』(同朋舎、一九七九年)、同『無縁と土着――隠れ念仏考――』(同朋舎、一九八八年)を参照のこと。
(73)『史料集成』七九八頁。
(74)同右書、七八四頁。
(75)同右書、七九一頁。
(76)同右書、七九五頁。
(77)前掲注(42)大橋書、二〇八頁。
(78)同右。
(79)川村信三『キリシタン信徒組織の誕生と変容――「コンフラリヤ」から「こんふらりや」へ――』(教文館、二〇〇三年)八八頁。
(80)同右書、七〇頁。
(81)『日本報告集 Ⅲ―三』(一九九八年)五三・五四頁。一五六五年九月一三日付けフェルナンデス修道士書簡。
(82)『日本年報』下、六八頁。『日本報告集 Ⅲ―六』(三〇五頁)に同じ記事が掲載されているが、「ミゼルコルヂア」を「慈善院」と翻訳している。しかし、これまでみたように「ミゼルコルヂア」は組織であって、施設を連想させる「院」ではないと考えるのが適当ではないだろうか。したがって、この記事に関しては、村上直次郎訳を掲載する。
(83)松田毅一『近世初期日本関係南蛮史料の研究』(風間書房、一九六七年)一一〇一～一一〇四頁。
(84)五野井隆史「一六一八年、ジェロニモ・ロドリゲス作成の「組ないしコンフラリアに関する覚書」について――解説と翻訳――」(『サピエンチア:英知大学論叢』四〇、二〇〇六年)。また、Joseph ShütteS. J.(柳田武夫訳)「二つの古文書に現はれたる日本初期キリシタン時代に於ける「さんたまりやの御組」の組織に就いて」(『キリシタン研究』第二輯、一九四四年)も参照。ShütteS. J. によれば、この掟は、「日本の組全体を主眼としてゐる」と考えられている。
(85)前掲注(84)五野井論文、八頁。
(86)同右論文、四頁。
(87)前掲注(8)『きりしたん版の研究』一二九～一三〇頁。

(88)『キリシタン書　排耶書』（日本思想大系、岩波書店、一九七〇年）二五頁。
(89)前掲注(84)ShutteS. J. 論文（一四五頁）では、「高来」地方の組の掟としているが、最新の川村信三の研究にしたがい、「大村」とする（前掲注(79)川村書、三四八頁）。
(90)前掲注(42)大橋書、二〇六頁。
(91)宮崎賢太郎『カクレキリシタン　オラショ――魂の通奏低音』（長崎新聞社、二〇〇八年版）六九頁。
(92)前掲注(79)川村書参照。また宮崎賢太郎とは異なり、豊後の事例よりキリシタンの信仰共同体を浄土真宗の信仰共同体との類似から論じている。
(93)前掲注(72)『日本キリシタン殉教史　片岡弥吉全集(一)』三七八頁。
(94)宮崎賢太郎『カクレキリシタンの信仰世界』（東京大学出版会、一九九六年）五〇頁。
(95)五野井隆史『キリシタンの文化』（吉川弘文館、二〇一二年）四一頁。
(96)前掲注(94)宮崎書、一〇六頁。
(97)同右書、七六頁。
(98)『史料集成』九一五頁。
(99)前掲注(88)『キリシタン書　排耶書』二七頁。
(100)同右書、二六・二七頁。
(101)田北耕也『昭和時代の潜伏キリシタン』（国書刊行会、一九七八年）二四〇頁。
(102)前掲注(94)宮崎書、七八頁〜。
(103)同右書、八四頁。
(104)同右書。
(105)同右書、八〇頁。
(106)同右書、八五頁。口伝であることに加えて、田北耕也の前掲引用にもあるように、大きな声で唱えることもなく、口の中で呟くように唱えるのが常であったことにも、呪術化の一面を見ることができよう。
(107)前掲注(101)田北書、三二〇頁。

5　近世農民の自署花押と識字に関する一考察
――中世末期～近世初期、近江国『葛川明王院史料』を中心として――

梅村佳代

はじめに

日本の近世社会の人々の識字力は、すでに過半の階層の人々が獲得しているとされる。それはつまり社会における民衆世界においても識字力がすでに獲得されつつある社会、いわゆる無文字社会を凌駕して文字社会として成立してきていることが、共通認識として成立しつつある(1)。

もちろん近世の身分制社会にあって支配階級である武士は、学問と武芸の修得が武士であることの身分的証明であり、士族層は識字階層である。また公家層も古代以来、文化・学問の中心的な担い手として歴史的な役割を果たし、僧侶達も学問を深め宗教教義を研究し、布教のためにも書物を著し漢字や仮名を駆使してきた識字階層である。

では農民・商人・職人などを含む広く民衆階層はいつごろ、いかなる状況下にあって、どのように識字力を獲得してきたのか、そして近世社会の民衆階層の識字力の水準はどのような方法で解明できるのか、本研究は方法論的検討も始める必要があるとの問題意識からなる。

本章では中世末期から近世初期の近江地域の『葛川《かつらがわ》明王院史料』のうち、農村史料の起請文や置文など、郷村内の多数の農民が自分の名前の下に花押・略押を自署した史料三六点を選んだものを対象に分析した。

すでに筆者は農民が自署花押した事例から農村内の農民花押自署率を算出したところ、近江地域農村の中世末から近世初期の農民による花押自署率は地域によっては四〇％もみられるが、圧倒的に略押自署者が多く花押自署率は一〇％以下が多かったこと、また略押の簡単な記号による自署は本人の確認のための自署を意味すると判明したが、花押・略押自署と識字力を関連づけるのは慎重な検討を要するとの結論を得た。つまり農村共同体内の個々の農民の位置と役割との関連を考察する必要があり、農村ごとの個別的な花押・略押自署と各時期の農村構造との関連の分析が欠かせないことが判明してきた。また、農民が自署した三六点の花押・略押関係史料が散在する時期が正和二年（一三一三）から正徳三年（一七一三）までと、長期間における事例としては少なすぎることから、自署率の妥当性にも問題があり、各事例ごとに個別の花押・略押自署の状況を分析する必要性があることも判明した[2]。

農民の自署花押から識字力をとらえる先行研究としては、木村政伸「近世識字研究における宗旨人別帳の史料的可能性[3]」がある。木村政伸は近世初期の宗旨人別帳に自署された農民家族の家主・女房などの名前と花押の自署から識字力の研究の可能性を示唆した。またR・ルビンジャー『日本人のリテラシー　1600-1900年[4]』がある。ルビンジャーは農村内農民の文化における二つの階層を指摘し、農民の識字力は背景となる地域の特質に強く規定され、社会に均等に広がるのではなく地域差があることを提示した。筆者も「近世農民の識字力を考える――中世末～近世初期、近江国農民の自署史料をもとにして――[5]」において農民の自署花押・略押に識字力の可能性をとらえてきた。

一　一四世紀（正和～元応期）、農民の自署花押・略押の検討

葛川明王院の第一次史料は四三三六通あり、中世史料は村山修一編『葛川明王院史料』に活字化されている。本章では活字史料『葛川明王院史料』（以下、葛川明王院史料）と滋賀県立図書館収蔵の市町村史資料複写版をもとにして考察した（以下、取り上げる史料は記述の都合上、必ずしも日付順とはなっていない）。

葛川明王院史料のなかの農村史料、とくに農村内の農民が連署して名前と花押あるいは略押を自署している史料を抽出したところ三六点を見いだせた。花押・略押史料は一四世紀までさかのぼる。そして一六世紀から一八世紀にわたり存在した。その内容は、一四世紀のものが文保二年（一三一八）六月二一日「葛川住人等起請文」、正和二年（一三一三）八月六日「虫太郎請文」、元応元年（一三一九）六月二〇日「葛川浪人等請文」の三点、いずれも近接年代で残されている。一六世紀の史料が四点、一七世紀の史料が最も多く二八点、一八世紀の史料は一点であった。一七世紀は慶長期と近世初期に偏在し、花押・略押史料の下限は一六五〇年頃～一七一三年までである。以後は急速に減少し、印章捺印に転換したと思われる。この転換期について笹本正治の所説では寛永期と推定されているが[6]、葛川明王院史料からも寛永期頃から正徳期と推定される。農民の自署には花押以外に略押、爪印、筆軸印、印鑑、丸印、血判、無記など多様な自署形態がある。略押は花押形態の一種（別様体）であるが、本章では形態を論ずるため、花押と略押を区分けして論ずる。

（1）文保期の農民の自署花押——文保二年六月二一日「葛川住人等起請文」について——

文保二年六月二一日「葛川住人等起請文」[7]（以下、「起請文」）の内容は以下のとおりである。

【史料1】　葛川住人等起請文

（前欠）

此条々被定置法、於違犯之輩者、上件所奉
勧請仏神三宝の御罰を住人毎毛穴に
罷蒙て、今生には被行禁獄死罪之至成
白癩黒癩之身、後生ニハ堕無間大地獄
雖経多千億無出離之期、仍起請文之状如件
　文保二年戊午六月二十一日住人等敬白

五藤次大夫（花押）　熊五郎（略押）　黒太郎（略押）　源次（略押）
江六（略押）　平六（略押）　松次郎（略押）　犬三郎（略押）　弥平次（略押）
弥源次（略押）　阿古次郎（略押）　童子（略押）　伊藤次（略押）　一郎（略押）
七郎（無記）　惣介大夫（花押）　与一（略押）　惣次（略押）　法阿（丸印）
徳治郎（無記）　左藤次（略押）　刀太郎（無記）　中五（略押）　中次（略押）
熊太郎（無記）　三郎（略押）　中八（花押）　藤三郎（略押）　藤四郎（略押）
有六郎（略押）　中七（略押）　石太郎（無記）　江清大夫（略押）　十郎大夫（略押）
袈裟太郎（略押）　尺迦太郎（略押）　初石太郎（略押）　新源次（無記）　伊藤太（花押）
黒太郎（略押）　新平次（略押）　石太郎（無記）　徳石六郎（略押）　源十郎（略押）

この「起請文」は全文の一部が欠損しているが、「住人等」とされる三七人の署名と花押と略押、丸印などが自署されており、四四人の住人等のうち、稚拙ながら花押自署をした者が四人であった。いずれも花押にしては公家様・武家様花押と比較すればかなり稚拙であり、菅野文夫が指摘するように、花押まで至らない草体とみた

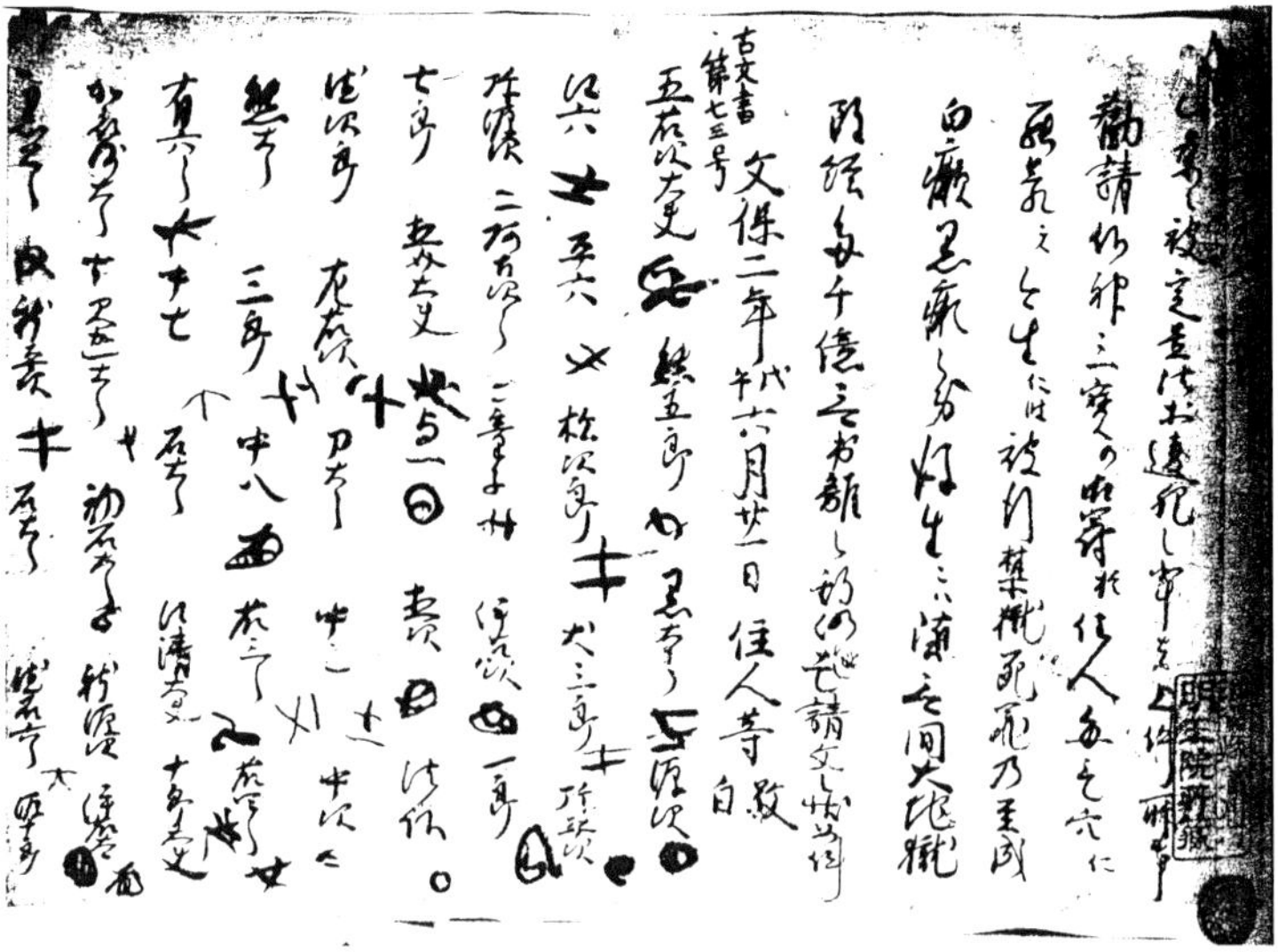

史料１　文保２年６月21日「葛川住人等起請文」
（滋賀県立図書館蔵、以下同）

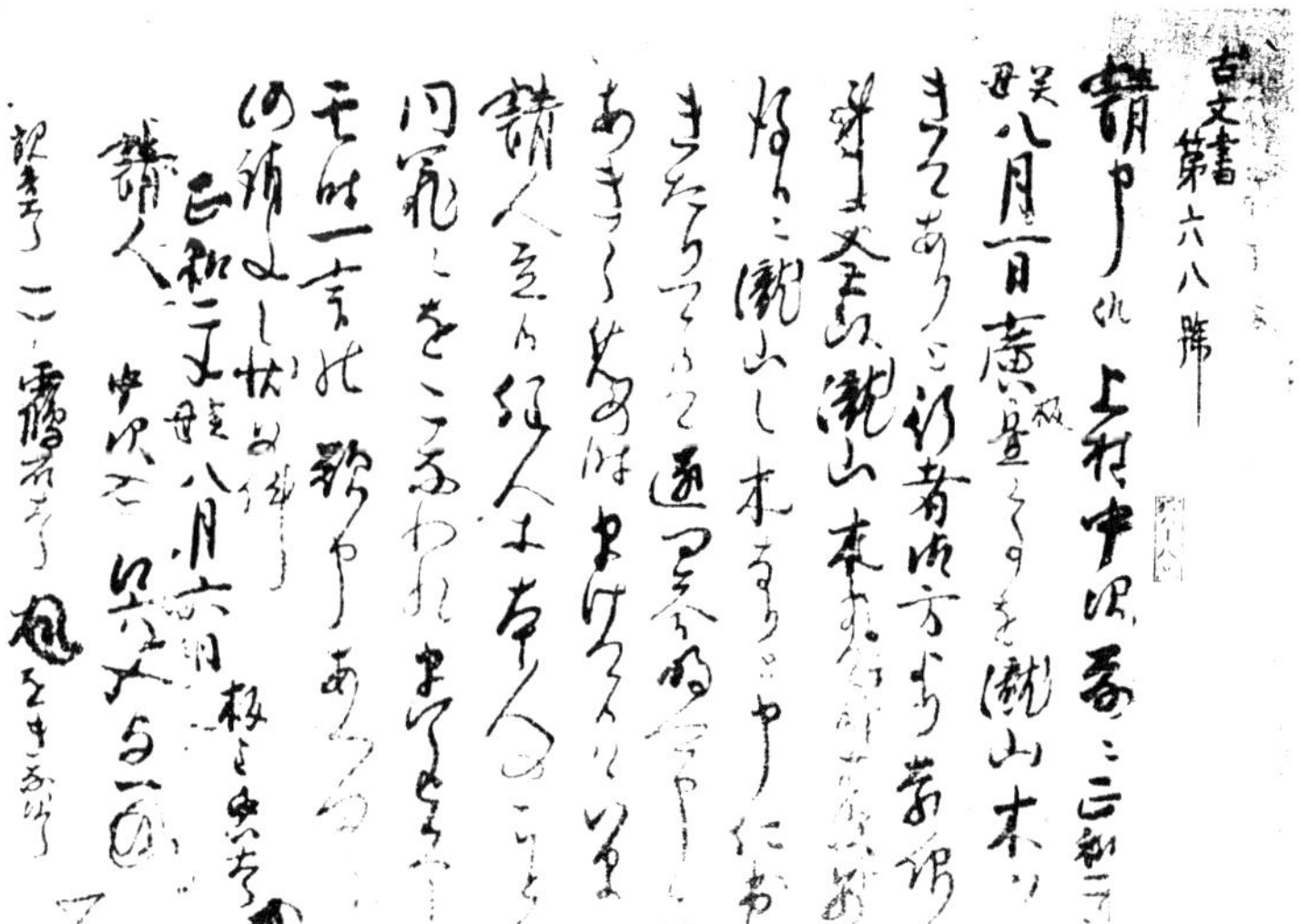

史料２　正和２年８月６日「虫太郎請文」

方がいいかもしれない[8]。

たとえば、文保二年に花押自署した五藤大夫は、明朝体のように上下の横線を引き真ん中に「藤」と「五」の草書体を書いているように読める。しかし正和二年一〇月六日付け「源五藤縁者請文」の五藤大夫は明朝体の上下横線はあるものの、中の線は簡略化して「藤」とも「五」の文字の草体ともいえない丸い線に、横につきだした線模様のような形状である。五藤大夫は大夫という名称からも常住層の一人と推定されるが、まだこの層ですら自署する際の形状は確立されていないといえるのではないか。しかし自署されたものは他者との区別の機能は果たしている。

他の事例はどうか。文保二年の「起請文」では常住者の中八は花押を自署しているが、形状は明朝体の上下横線に縦線一つ、そして丸書を入れている。花押としては稚拙ではあるが、ひとまず花押の形状である。しかし正和二年の「請文」（後述）では、中八大夫は全く異なった形状の略押を自署している。中八と中八大夫が同一人物としたら、常住層とはいえ花押形状が自己のものとして確立していなかったともいえる。「起請文」で花押自署をした惣介大夫は名前からも常住の一人と推定されるが、「惣」と「介」の草体字の一部を組み合わせた形状にみえ、稚拙ともいえる花押を自署している。さらに花押を自署した伊藤太は明朝体の上下横線の間を「藤」と「太」の文字の草体を入れこんだ、整った形状の自署である。

次に略押自署した者が三二人、丸印一人、無記七人であった。「起請文」への自署であり住人等惣中全員の署名と推定されるが、略押自署の者、無記の者には常住層の人物も含まれている。稚拙ながら「起請文」に花押を自署した四人の自署率は九・一％、略押自署をした三二人の自署率は七二・七％、丸印一人の自署率は二・三％、無記七人の占める比率は一五・九％であった[9]。また「起請文」の自署は名前に花押・略押自署がなされていることから、菅野文夫によれば一一〜一二世紀中頃に［氏＋判］型から［名＋判］型へと転換したとされるが[10]、一四世紀の葛川明王院史料では［名＋判］型が在地農民層で一般化している。ただしこの時期、常住階層といえども花押自署は確立しているわけではなく、文字を書くことは日常生活のなかで必ずしも一般的になっていなかった。さらに略押自署した有六郎、伊藤次、惣次の三人のものは花押の形状といえるほどには整わず稚拙であるが、他の略押が線模様を組み合わせて自署されているのとは異なり、草体文字をさらに省略したような、花押と略押の中間に位置する形状ともいえる。

略押は江六、平六、中三、平三郎のようにキ印、＋―を組み合わせたもの、与一のように丸と線を組み合わせたものが多かったが、すべての略押に同じ形状はなかった。また藤四郎のように「女」という文字のようではあるが三本の線の組み合わせや、袈裟太郎や尺迦太郎のように二本線を十文字に装飾的に組み合わせて略押としているのもあった。源次は文保二年の「起請文」にも同じ略押を自署していた。しかし江六の「起請文」の略押形状は、正和二年の「請文」の請人としての略押自署では同じ形状でも反転した形であった。尺迦太郎の略押は十字でもトンボがとぶ形であり、「起請文」と「請文」でも同じ略押自署であった。

葛川明王院史料の場合、略押は多様な形状からなる。花押形態分類上、公家様・武家様中心の花押研究からは別用体として「名字とは関係ない別の形を応用して花押としたもの」「簡略な形態のものをかいて花押のかわりとした」ものが略押とされるが、一四世紀葛川住人の場合、住人の個々人を識別するために簡略化された花押・略押として機能していたようである。(11)

(2) 正和・元応期の農民の自署花押と略押

正和二年（一三一三）八月六日、行者中に対して板主一人と請人六人による「請文」（前掲史料2）が出されているが、滝山の山木に関して板主忠太郎は花押自署、請人六人（中次、江六、与一、観音太郎、鶴石太郎、をきな次郎）は略押を自署している。また元応元年（一三一九）六月二〇日の御堂檜皮についての「請文」には一四人の請人が略押自署した。そのなかに「起請文」に自署した弥平次、尺迦太郎、左藤次、江六の名がある。

一四世紀においては、自署された花押は稚拙であるが、本人識別のため自署されていたといえる。また自署率は正和二年の「請文」では花押自署一人、略押自署六人で花押自署率は一四・三％、略押自署率は八五・七％、花押自署者は板主のみに限られた。元応元年の「請文」では、花押〇人、略押九人、拇印一人、無記四人であり、花押自署率は〇％、略押自署率は六四・三％、拇印七・一％、無記は二八・六％を占めた。この時期の村落の文書の署名は花押にしては稚拙であるが略押でもなく、自署署名の形状からすれば個人の識別機能は有効性をもつ。しかし略押自署層は圧倒的に多いが、そのなかでも村の一〇％ほどの常住層は、稚拙ながら記号的な略押から脱して文字をもとに花押の形状を自署しつつある。しかし過渡的である。

坂田聡『日本中世の氏・家・村』[12]によれば、鎌倉末期の葛川の村落状況は支配の最末端の荘官層や「古老住人」階層が中核となって、定着性のうすい「浪人層」や一部定住した新在家層を含みこんで村落共同体を構成し、「古老住人」層は「縁者」として結びつき、宮座や講などの村落共同体の運営に関わっていた。この時期の葛川の村落構造は、「住人等」とある「住人」層のうち最も古い「古老住人」と、「新在家」といわれる一般住人の二つの階層からなり、この二つの「住人」階層が惣住人として惣中を形成していた。それ以外に浪人層という根本浪人と新入りの浪人の階層が形成され、全体として古老住人・新在家住人・浪人層の三層からなっていたが、浪人層は惣の構成員ではなかった。しかし領主への申状の提出など葛川全体からみれば「葛川惣住人」として共同行動をとっていたとある。一四世紀の葛川「起請文」自署の「住人等」とある平六（略押）が「古老住人」であり、中村の沙汰人であった。また中三（略押）は「住人」で山守であった。山守とは山林の番人で寺院の山林に農民が入山して「盗木」するのを監視する役割を担っていた。また中八（花押）は中村の「古老住人」であり、神主も任じていた。新源次（無記）も「古老住人」であり、中七は「根本浪人」、黒太郎は「浪人」であることが坂田の書から判明した。この場合、花押と略押の自署と「古老住人」と「新在家住人」の「住人」階層による自署の差異があるとは必ずしもいえない。

「古老住人」とはどのような存在か。前掲、坂田聡によれば、中八は「起請文」では花押自署者であり、「古老住人」である。大夫ともよばれる住人のなかの有力階層の一人であり、地元の地主神社の神主でもあった。さらに、山門の守護神小比叡明神と葛川流域の土俗神である志興淵神が合祀された神社の雑事をこなす政所下級職に位置する仕事を担ったとされる。また、中八家の垣内田畠所当高は「寺中ヨリ上分―ホコラ名六〇合、ヤケワラカキ一六〇合、寺中ヨリ下分―フルカワ三〇合、上タカウノ一〇〇合[13]」であり、一定の所当高を所有している有力層であった。

まとめると一四世紀の葛川村落では領主階級に対応した被支配層として「常住」層と「根本浪人」層があるが、「常住」層はさらに「古老住人」と「新在家住人」の二層に分かれる。花押と略押の自署に関して「住人」層の二つの階層に厳密な差異はみられない。惣中外とされた浪人層は略押自署層であった。この時期の常住層および住人層は花押自署と略押自署を場合によってはどちらも使用し変化させたりと、必ずしも一定していない。個人識別の自署として必要とされたようである。しかし彼らに識字力が形成されていなかったかどうかは確定できない。

とはいえ坂田聡によれば、文保期の葛川には「常住」在家の制限政策が放棄され、「座的結合」をもつ惣村として日常的な共同体運営がなされている段階であるということからすれば、これらの共同体運営の中核を担う古老住人や、中八のように神官を兼務したり、耕地開発をして所当高をもったり、田畑売買をおこなったり、また中三のように山守を任ずるなど、全く文字と関わりない非識字層とも考えられない。むしろ文字との緊密な関係の中での生活が進展しているとみることもできる。

二　一六〜一七世紀（天文・天正〜慶長期）、農民の自署花押・略押の検討

葛川明王院史料にみる住人層の花押・略押のある史料は天文・天正期が各一点ずつ、慶長期一四点、あわせて一六点であった。

（1）天文・天正期の農民の花押・略押

天文二一年（一五五二）四月六日に葛川評定衆から行者中宛に出した文書「葛川評定衆請文」[14]（史料3）では筆頭の祐善ひとりが花押自署であるが、その他の評定衆のメンバー九人は略押である。略押自署した評定衆には神主や筑後大夫、泉大夫、岩見大夫など大夫と名付けられた葛川の常住層が含まれる。請文の内容は隣接する伊香立荘の黒木銭公事に関するものであるが、葛川は隣の伊香立荘とは頻繁に相論を起こしている。とくに境相論が一三世紀から一七世紀まで続く。もともと伊香立荘に属していた葛川荘が分離し、下立山の所属をめぐり境相論が勃発して継続した。領主権をもつ無動寺が裁定し、下立山は葛川に所属することとなったが、根本住人を五宇に限定したのは正和五年（一三一六）であった。その後も伊香立荘の悪党らの狼藉がなされると、対抗した葛川からの悪党の狼藉行為がなされるなど続いたが、一四世紀内に葛川の根本浪人が惣住人から融合をみとめられ、課役を担うこととなった。先述の文保二年の「起請文」が作られた時期は、伊香立荘が葛川荘との境相論で葛川の悪党に罰科を注進し、それに対抗した葛川荘から無動寺に大挙して大訴するなど争論の真っ最中であった[15]。

また天正四年（一五七六）二月一四日、伊香立万座中より中條十衛門尉・岡筑後守宛「伊香立万座中書状」の地子銭に関する史料があるが、万座中メンバー一〇人全員は筆軸印であり自署ではない[16]。

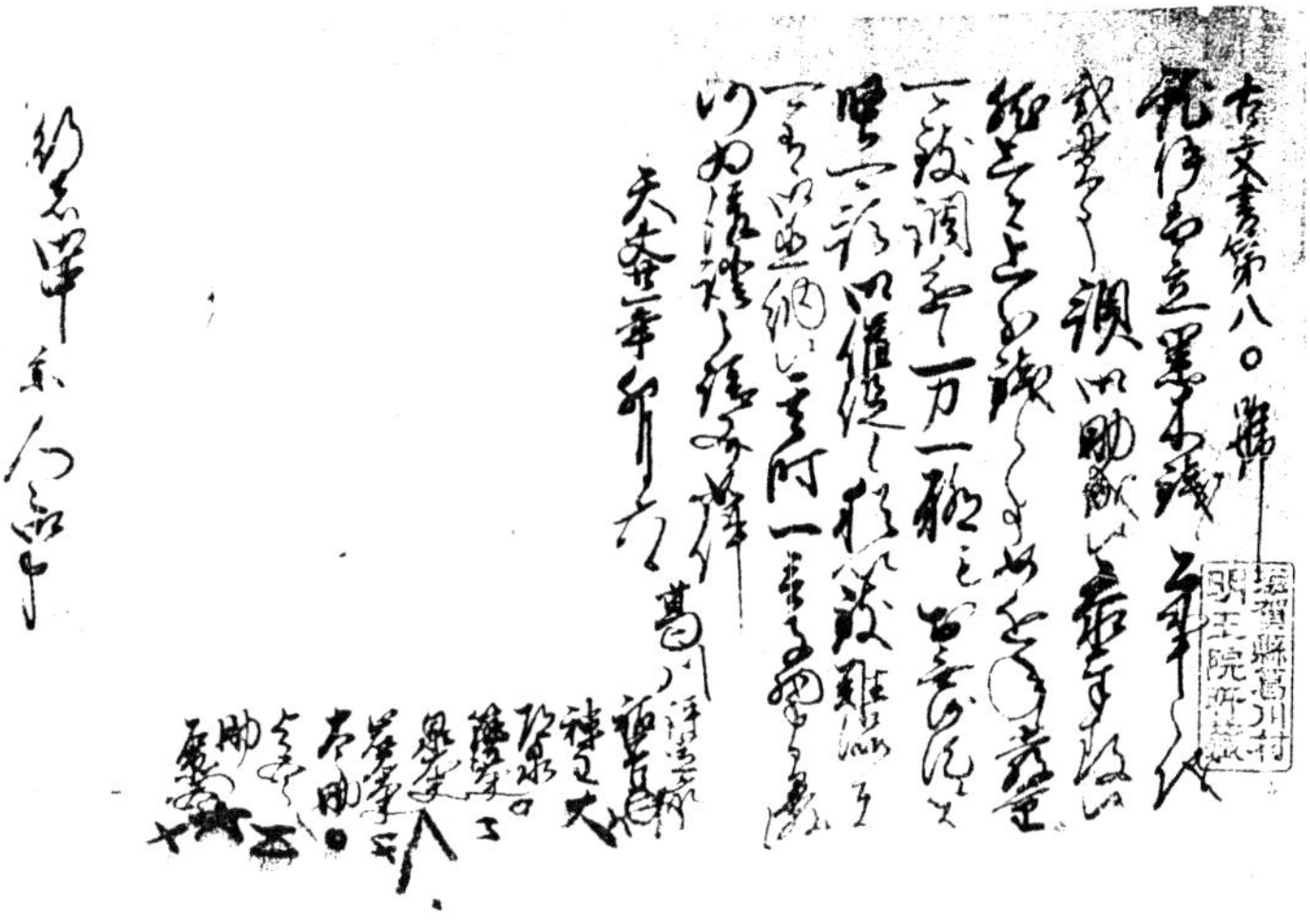

史料3　天文21年4月6日「葛川評定衆請文」

（2）慶長期の農民の自署花押・略押

慶長期の史料は一四点ある。概観すると在地住人層が自署花押した史料は数少ない。

①慶長三年（一五九八）八月二三日「明王山法度請状[17]」は「葛川明王山出入之事」として取り決めた、ふし柴伐採、牛馬、女人の立ち入りを禁止した規則について、大物村の又三郎と荒川村の四郎右衛門から常喜・常満宛に提出した文書である。又三郎・四郎右衛門ともに丸印の自署である。

また②慶長四年八月一六日「榎村住人等証状[18]」は榎村住人から常住坊へ差し出した証文である。榎村住人二郎衛門以下七人より常住坊宛に差し出した山への迷惑料として銀子進上するという内容で、花押自署は三人、略押自署は三人、印章一人、花押は稚拙な形状であった。

③慶長八年（一六〇三）には三通あり、六月二〇日[19]と六月二一日[20]と一〇月九日[21]の史料である。六月二〇日と六月二一日の史料はいずれも年ごとの算用帳である。坊村の村役人である肝煎の新兵衛と肝煎の越後から奉行衆宛に出されているが、新兵衛は「个」、越後は「▽」の記号の略押が

自署されている。一〇月九日の史料は「山廻番請文」（史料4）であり、坊村の近江大夫と勝斎が請状の差出人で宛先は太法院である。近江大夫の略押は十字の線書きの記号の形状、勝斎は花押自署である。

④慶長九年（一六〇四）六月一九日の坊村から提出された「年貢算用帳」[22]（史料5）には差出人の肝煎二人、四郎三郎は略押の自署、勝十郎は花押の自署がなされている。勝十郎は慶長一四年（一六〇九）六月二二日に行者衆宛に村役人から提出された文書「山掟請状」でも同じ花押を自署しているので、坊村の肝煎、勝十郎はこの時期の文書には自分独自の花押を自署しているとみてよい。花押の形状は一四世紀の常住のように稚拙ではなく、形状も整然としている。

⑤慶長一一年（一六〇六）一〇月八日、「年貢等請状」[23]は「一、未進分米大豆霜月中ニ皆済可申事」以下五項目について坊村惣中衆一三人より惣行者衆宛に出された文書である。花押自署したのは少斎と十郎佐衛門の二人で、あとの一一人は略押、丸印、無記であった。慶長八年にも略押していた近江大夫が本史料でも略押自署している。

⑥慶長一二年（一六〇七）の史料は二点あり、一点は九月一日木戸村住人九人から葛川行者衆宛に出された木戸村の「明王山年貢請状」[24]である。与太郎一人が花押自署、のこる八人は略押自署している。もう一点は六月二一日坊村惣中より行者衆宛に出された「坊村惣中誓約状」[25]である。「東山にて一切かまうち申事、不可仕候之事」と誓約している。坊村の二人の住人四郎二郎と藤五は双方とも略押自署である。

明王院は支配被支配関係としては、一方では「青蓮院―無動寺―明王院」の本末寺関係に置かれており、他方、「行者衆―明王院」という行者衆からの支配を受ける関係にあった。葛川住人から行者衆に宛てる文書については村の住人惣中にとって行者衆は支配層であり、身分的な対応により、住人層の自署は略押であったと推察した。

ところが⑦慶長一四年（一六〇九）六月二二日「山掟請状」[26]（後掲史料6）には坊村住人五人から行者衆宛に

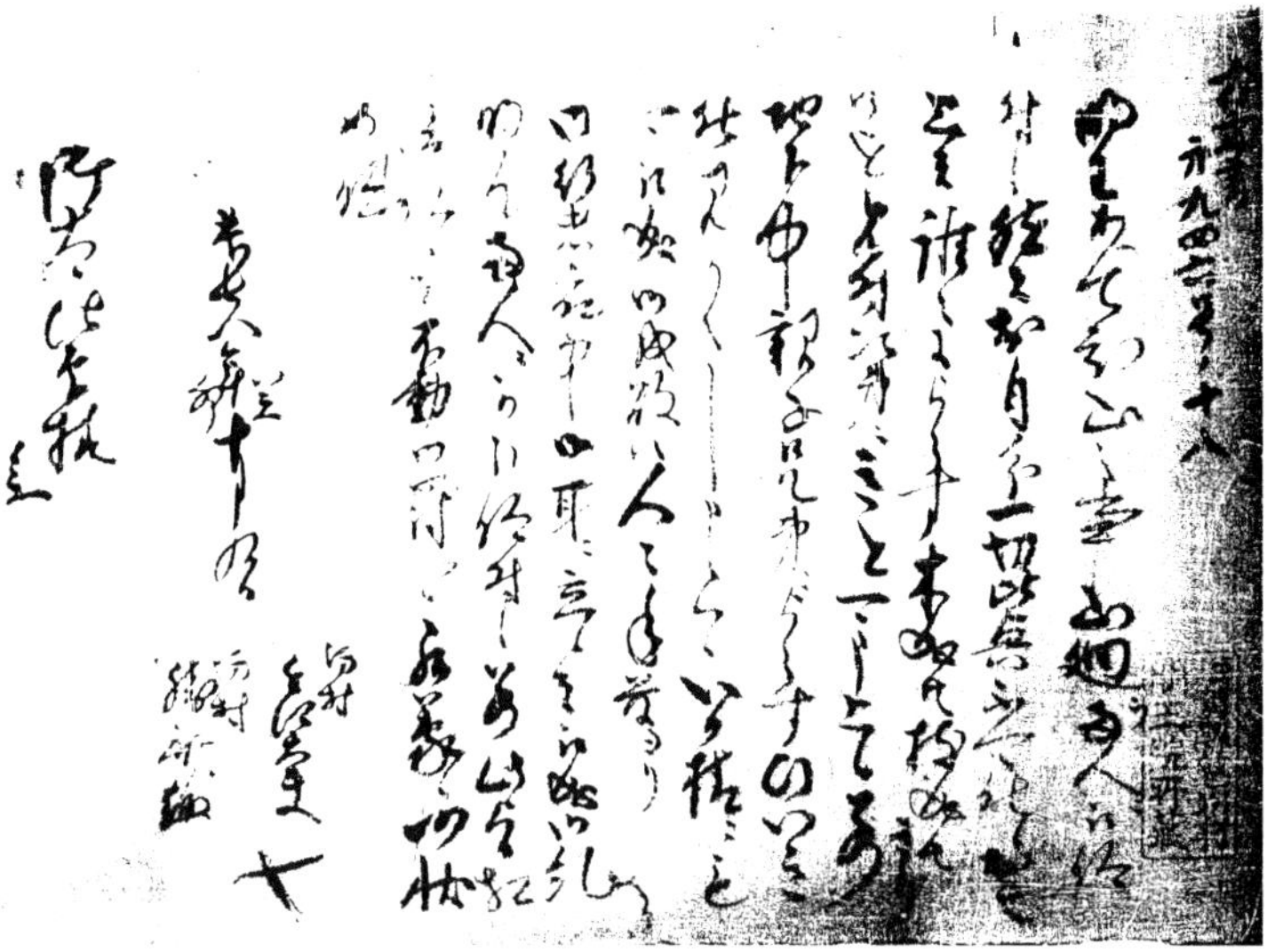

史料４　慶長８年10月９日「山廻番請文」

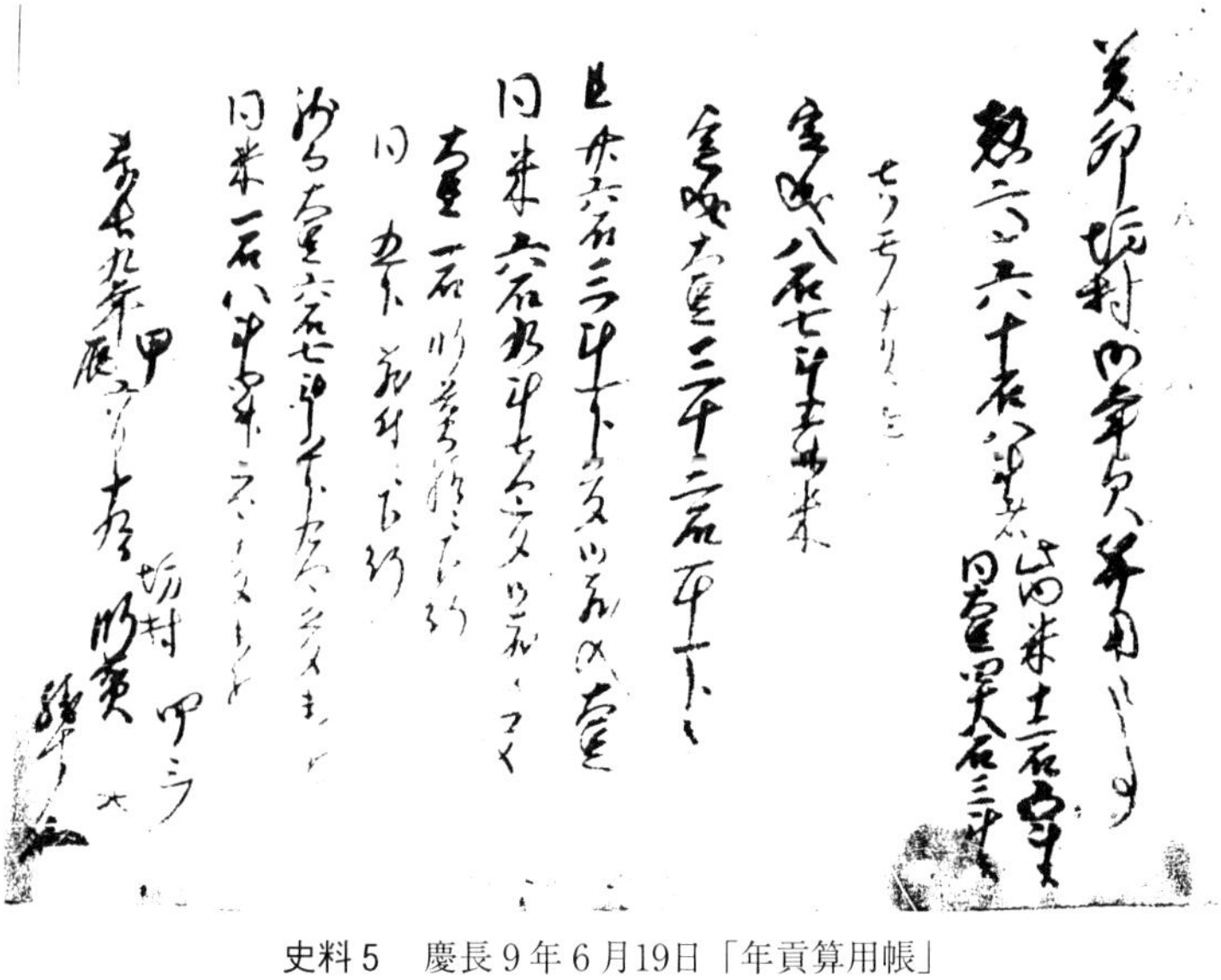

史料５　慶長９年６月19日「年貢算用帳」

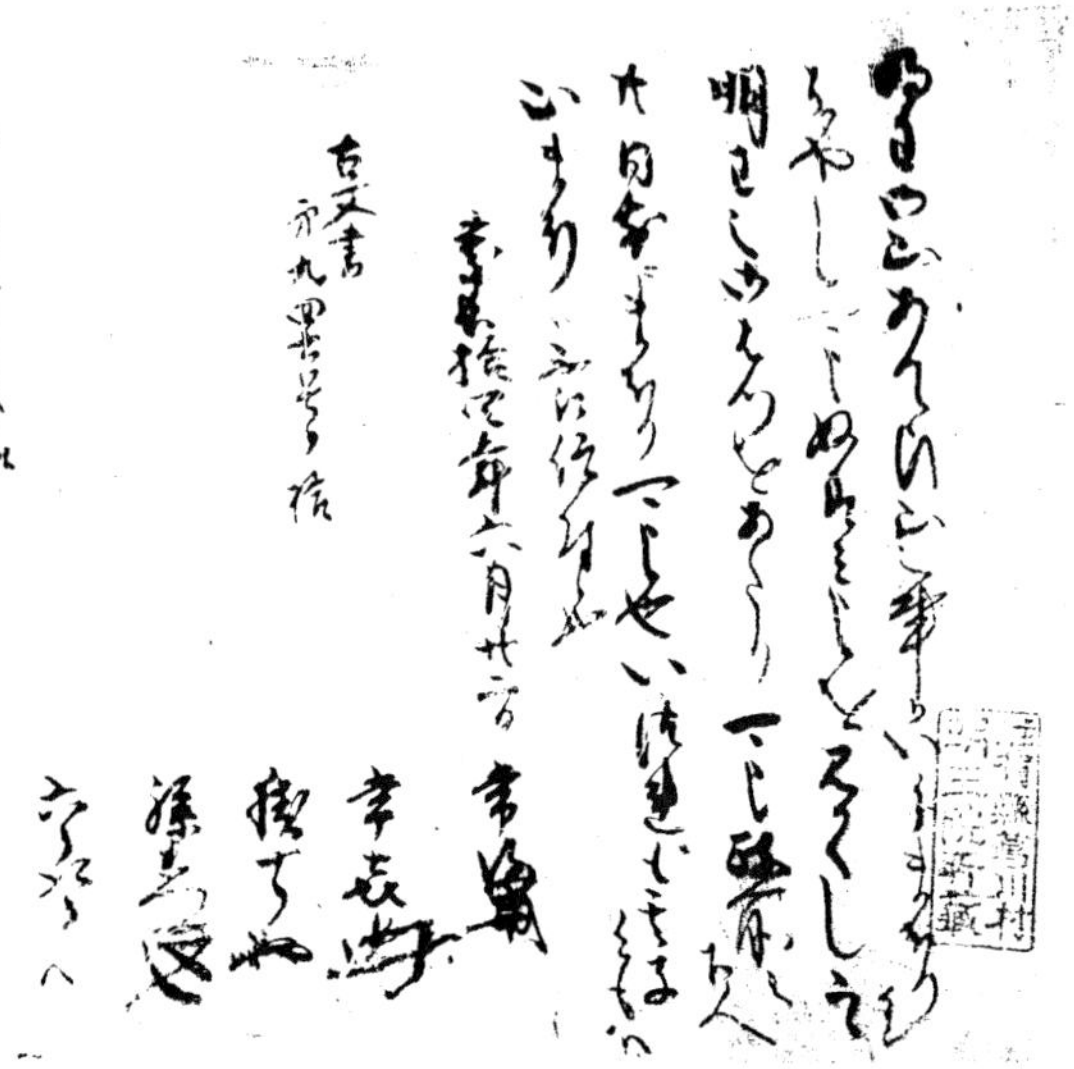

史料6　慶長14年6月22日「山掟請状」

出されたものである。差出人の住人は常満・常喜・勝十郎・孫衛門・六郎次郎の五人であるが、常満・常喜・勝十郎の三人が花押自署、孫衛門と六郎次郎の二人が略押自署であった。勝十郎は先述した慶長九年にも文書に花押を自署しているが、前三人は花押自署できる階層、すなわち村のなかでは由緒のある家柄であり、略押自署したあとの二人の孫衛門・六郎次郎も詳細は判明しないが準ずる階層ではないかと推定する。

　花押自署している常満・常喜とはいかなる人物なのだろうか。『葛山明王院史料』所収の他の史料をみると常満・常喜の名前は慶長一二年三月七日「地所覚状」[27]にも登場し、花押を自署している。

　　地所覚状
かまくらの水ひ南谷と申
処、此村山にて御座候
慶長拾弐年三月七日
　　　　　　常喜（花押）
　　　　　　常満（花押）
　　　　　きも入新兵衛（略押）
　　　　　同　孫右衛門（略押）

御奉行さま　　　　　　　　　　孫九郎（略押）

進上

一七世紀の初頭には村の上層部には花押を自署する有力な階層が出てきていることが推定できる。とりわけ常満・常喜という人物は、坂田前掲書によれば一四世紀末頃から葛川に台頭してきた最も著名な家柄で、一五世紀以後は「小常住」常修法師が「常」のつく法名を継承して滝野、向坊に垣内田畠を増やして一族を形成してきたという。

常満・常喜は一五世紀頃に一族内の総領的家柄の常修家に替わって、明王院小常住の役職につき、みずからを明王院の開基者である相応の流れをくむ行者衆と常住の承仕＝小常住の子孫という正当な跡継ぎであることを示すために、家柄由緒書に①相応和尚が霊場葛川に来訪した際、地主神の志興淵神の眷属として和尚を三滝まで案内した、②それ以来、明王院の入り口に屋敷をかまえて常住層とともに明王院を守護してきた、③蓮華・法華両会の際には行者衆を三滝まで案内する役割を果たした、などの由緒を盛り込み、伝承として流布させたと坂田は推定している(28)。そして近世に入ると常満・常喜らは「政所之下人」「政所の下僧」と呼称されて半僧半俗の「下級聖職者」として日常的な雑役・掃除や法会の雑役を務めつつも、両者は在地村落の構成員であり、一六世紀頃には、常満など面積・石高ともに地主的地位にあったとされている。

慶長二年（一五九七）の太閤検地の検地帳では、常満は所有地総計七反二畝二八歩で石高は六石七斗四升一合であって、五〇人ほどの坊村百姓中第一位、常喜は一反七畝一〇歩で石高は一石・斗七升四合であり、坊村中第二位であった(29)。近世以後は地主として明王院の宗教的権威をもとにして土地集積をし、著名な家柄を維持したという。苗字は双方とも葛野常満、葛野常喜であった。近世の葛野常満・葛野常喜は地主神志興淵神の社の入口の鳥居の側に屋敷があり、行者の修業では花折峠から地主神社に先導して自宅に休息させ、明王院へ導き入れる。そして翌日に常満・常喜の先導で滝詣で、つまり相応の所作をする意義をもつ命綱をつけて修行者を滝壺へ飛込ませる。このように常満・常喜は聖と俗を併せ持つ識字階層であったといえよう。

⑧慶長一五年（一六一〇）の史料は二点ある。一つは一〇月七日、坊村の百姓より「先達衆」宛に出された「坊村百姓連署請状」(30)である。他方は六月二〇日、木戸村百姓より行者衆宛に出された「明王山法度請状」(31)である。時間の経過からみると、六月二〇日の史料は前年の慶長一四年より、明王院行者衆が取り上げていた明王山の奥に牛馬や女が入って檜木を切ることを成敗をして、大物村、木戸村、荒川村の村ごとに百姓が「明王山法度請状」を行者衆宛に請書として出したもので、木戸村では百姓代表の二人、与太吉と助二郎の名前と花押が自署されている。そして一〇月七日の史料は、坊村の百姓衆四四人が先達衆に、明王山法度に対し自署連署して提出した「坊村百姓連署請状」である。坊村百姓衆の花押は〇人、略押は四二人、筆軸一人、爪印一人のあわせて四四人が連署した。坊村百姓の失せ人を出すこと、家の売り買いを勝手におこなうことを禁じ、趣旨に背けば過銭料徴収が定められた。

⑨慶長二〇年（一六一五）の史料も二点ある。二点とも七月二三日付けの「明王山法度請状」である。ひとつは左記の史料のように明王山の奥に牛馬や女が入って檜や杉の「盗木」を禁じたものを法度として整備し、村ごとに請状を出させたうち荒川村から出されたものである。百姓衆のなかの四人は略押自署である。

【史料7】　葛川明王山御法度之事

一、さかへハよこみねより女人、牛馬一切入申間敷候事
一、道を少もつくり申し候ハハ、くせ事可被成事
一、すき、ひの木あてひそうじて用木切り申間敷候事

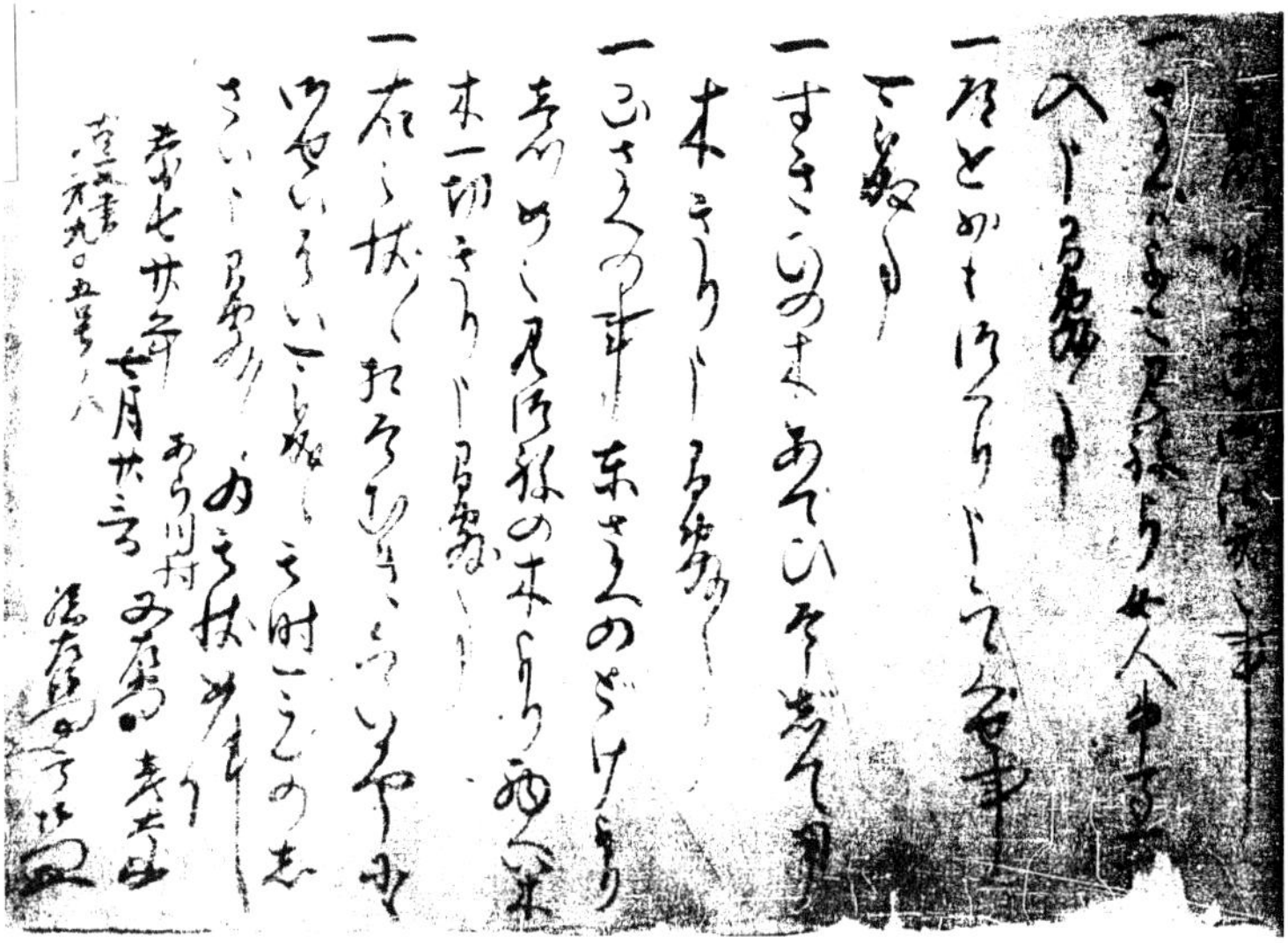

史料7　慶長20年7月23日「明王山法度請状」

一、山さかへの事、東さかへのどけより、志つめ之
見つねの木より西へハ木木一切切申間敷候事
一、右之状々相そむき候ハハいかやうにも御せいは
い可被成候、其時一こんの志さい申間敷候、為其
状如件

慶長二十年七月二十三日

あら川村

又左衛門（略押）　彦 太 郎（略押）
孫左衛門（略押）　治郎衛門（略押）[32]

もう一つの史料は同年同月の守山村の三人の百姓による法度請状である。三人（久七、市右衛門、二郎三郎）は丸印を自署した略押である。その性格から見ても村役人層ではなかろうか。宛先は行者衆であり、略押自署であったと推定される。

以上をまとめると、一六～一七世紀初め頃の天文・天正から慶長期にかけて農民のなかには花押自署する者が少しずつ現れてきている。圧倒的には略押自署が多いが、中世から近世にかけて明王院を支配する行者衆に対する

法度請状では、およそ略押自署であった。とはいえ常満・常喜のように村の有力層として、村落内の地主として定着し、同時に明王院の宗教的な権威を背景に、小常住として半僧半俗の下級聖職者の役割も担う彼らは、すでに花押自署する階層として定着した。太閤検地以後になると、検地帳に記載される百姓身分に安堵された村役人の肝煎や有力層を形成する。

三　一七世紀前半（元和〜慶安期）、農民の自署花押・略押の検討

近世初期の農民の自署花押・略押を示す葛川明王院史料は一七点であった。略押から印章への転換は寛永期頃からという通説のとおり、明王院史料でも寛永期頃から印章が登場している。

（1）元和期の農民の自署花押史料

元和期の農民の自署花押史料は三点存在した。

①元和四年（一六一八）五月一〇日「おく山のそうろん山の事」[33]である。榎木村の惣中を代表した五人は宇衛門（略押）、十郎左衛門（花押）、左衛門（略押）、六郎左衛門（略押）、恵中（略押）で花押一人、略押四人であった。宛先は「きしゃ衆・きも入り衆」とあり、奥山の境相論とある。

②元和四年八月一五日「山掟坊村惣中請状」[34]（史料8）は、坊村惣中一四人から常住宛に出された詫証文である。久左衛門（花押）、免五（略押）、総左衛門（略押）、藤五郎（略押）、四郎左衛門（花押）、やまつ大夫（略押）、藤大夫（花押）、小右衛門（花押）、久右衛門（花押）、左衛門五郎（略押）、六郎右衛門（花押）、孫衛門（略押）、左衛門（略押）、二郎左衛門（花押）であり、自署された花押は稚拙な筆運びである。とはいえ花押自署者は七人（五〇％）、略押自署は七人（五〇％）であった。常住宛に坊村惣中から差し出されたものである。略押自署した

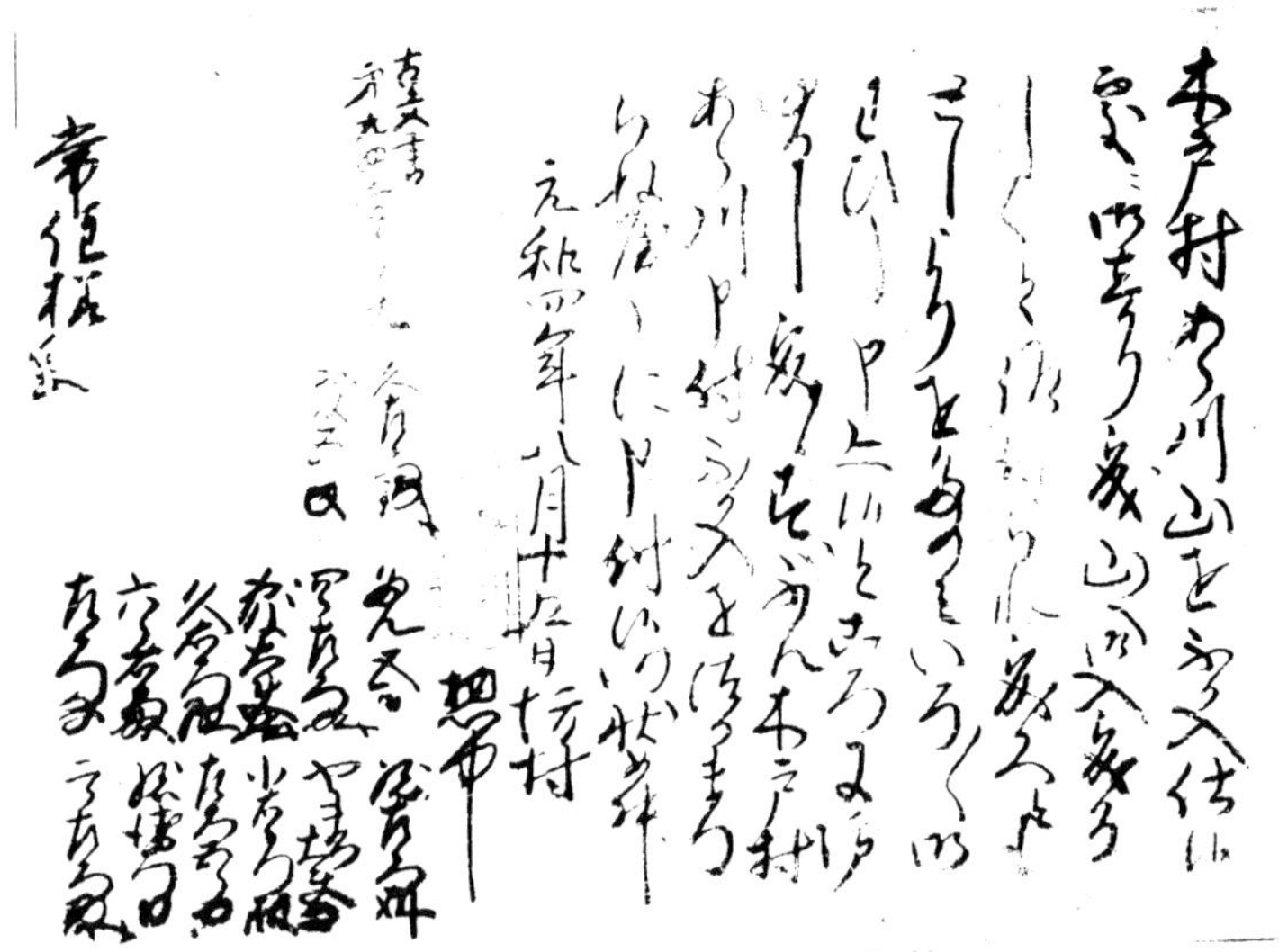

史料8　元和4年8月15日「山掟坊村惣中請状」

藤五郎は他の史料「坊村百姓書立」によれば坊村のもと役人である。

　これらの史料により坊村の村役人層から花押自署する者が増えているが、藤五郎のように元村役人でも略押自署していることから、坊村惣中の百姓には花押・略押の双方が混在していることがわかる。略押自署層とはいえ、非識字層とはいえないであろう。

　③元和五年（一六一九）一一月二四日「今度かまうち申候につき――」[35]は、年貢の件で村から明常中坊宛に差し出されたものである。「かまうち」の用銭を二月までと期限が示された文書には六人の農民の名前があり、すべて略押自署であった。

（2）寛永期の農民の自署花押と略押

　寛永期の農民の自署花押史料は二点存在した。

　①寛永一一年（一六三四）六月二〇日「妙安あとしき田地上の覚」[36]は、常住坊宛、一一人の百姓名が連署され、花押一人（九％）、略押一〇人（九一％）である。孫右衛門の花押は稚拙ながら書き慣れている。内容は年貢関

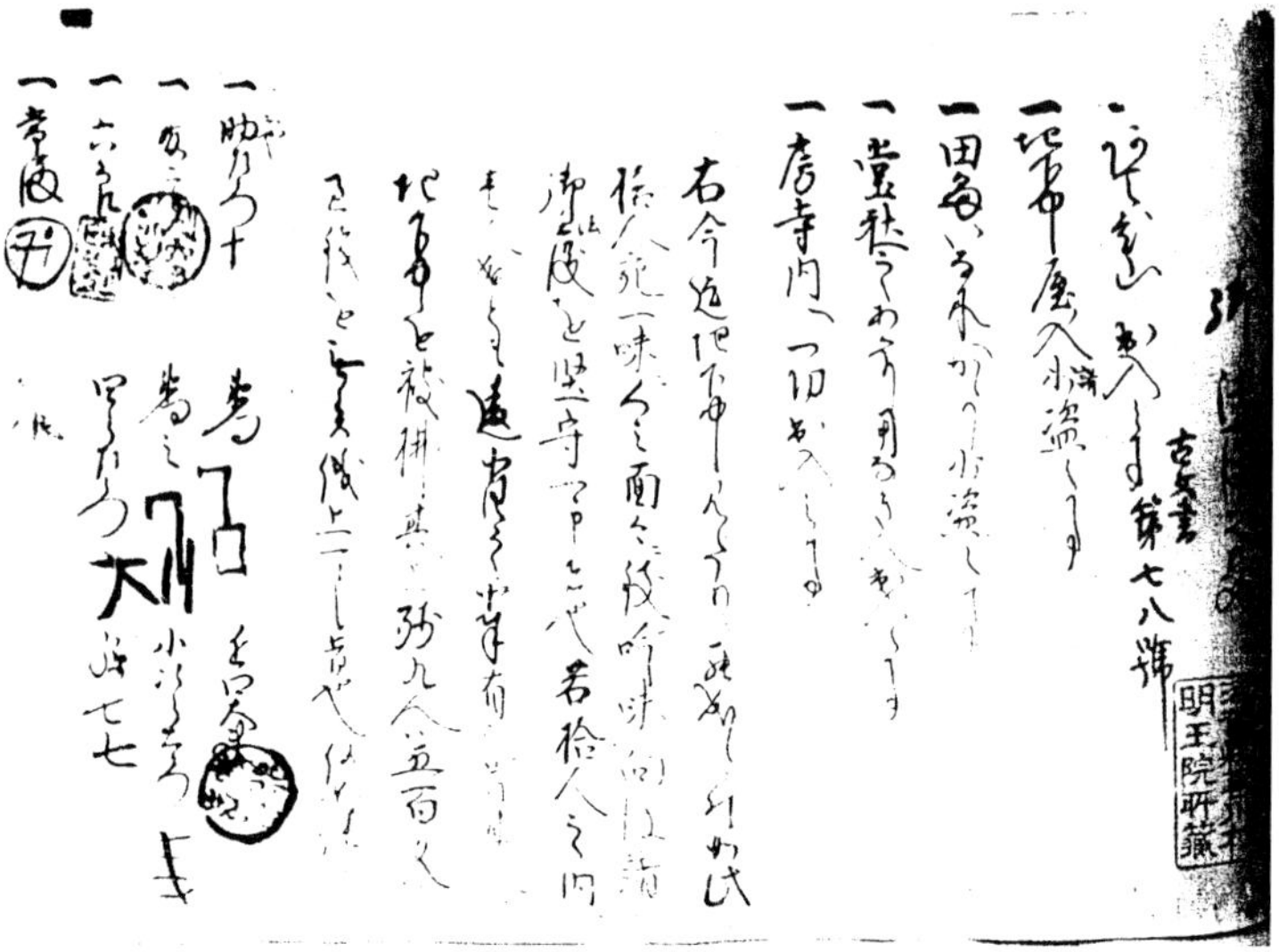

史料9－1　寛永19年９月16日「御法度之事」

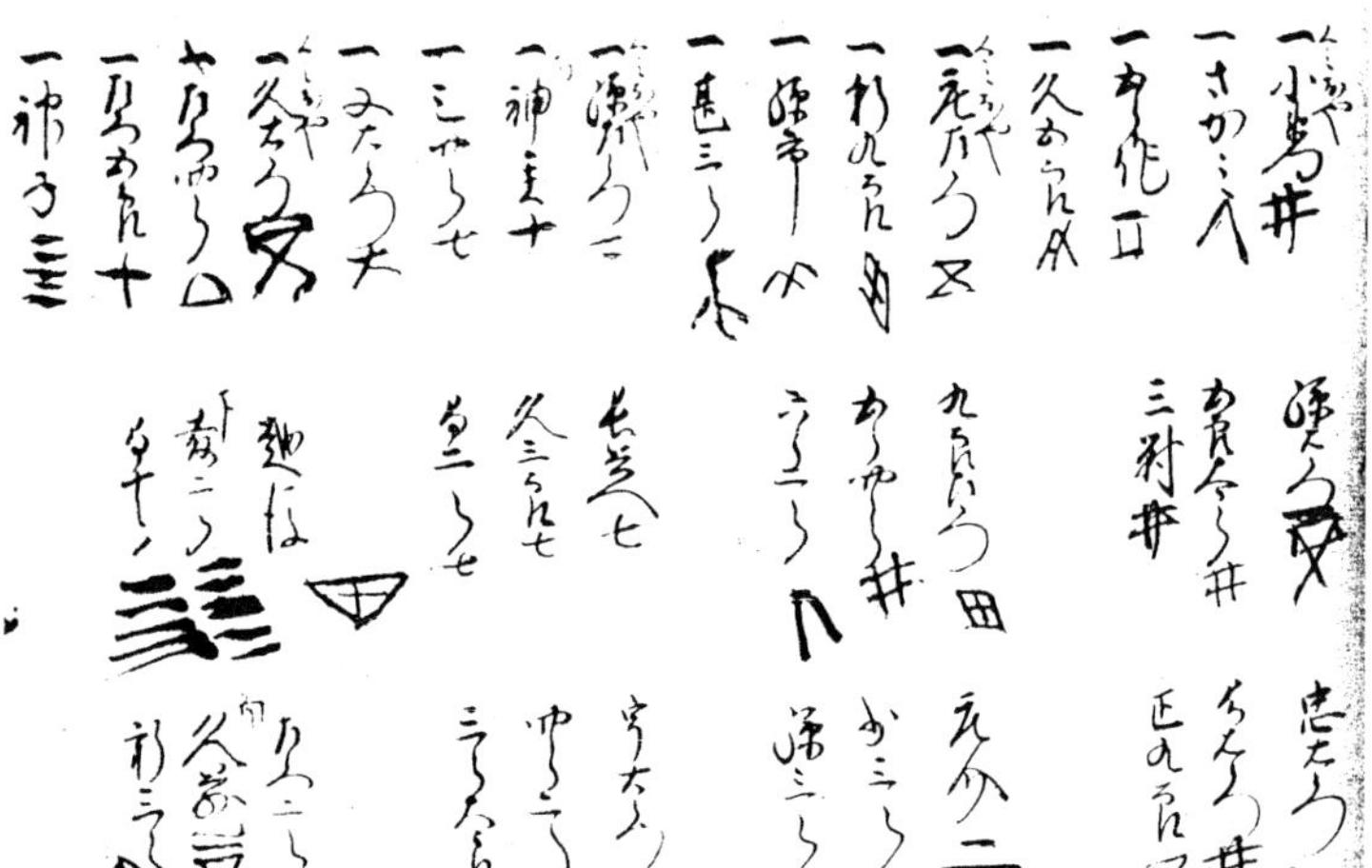

史料9－2　同上

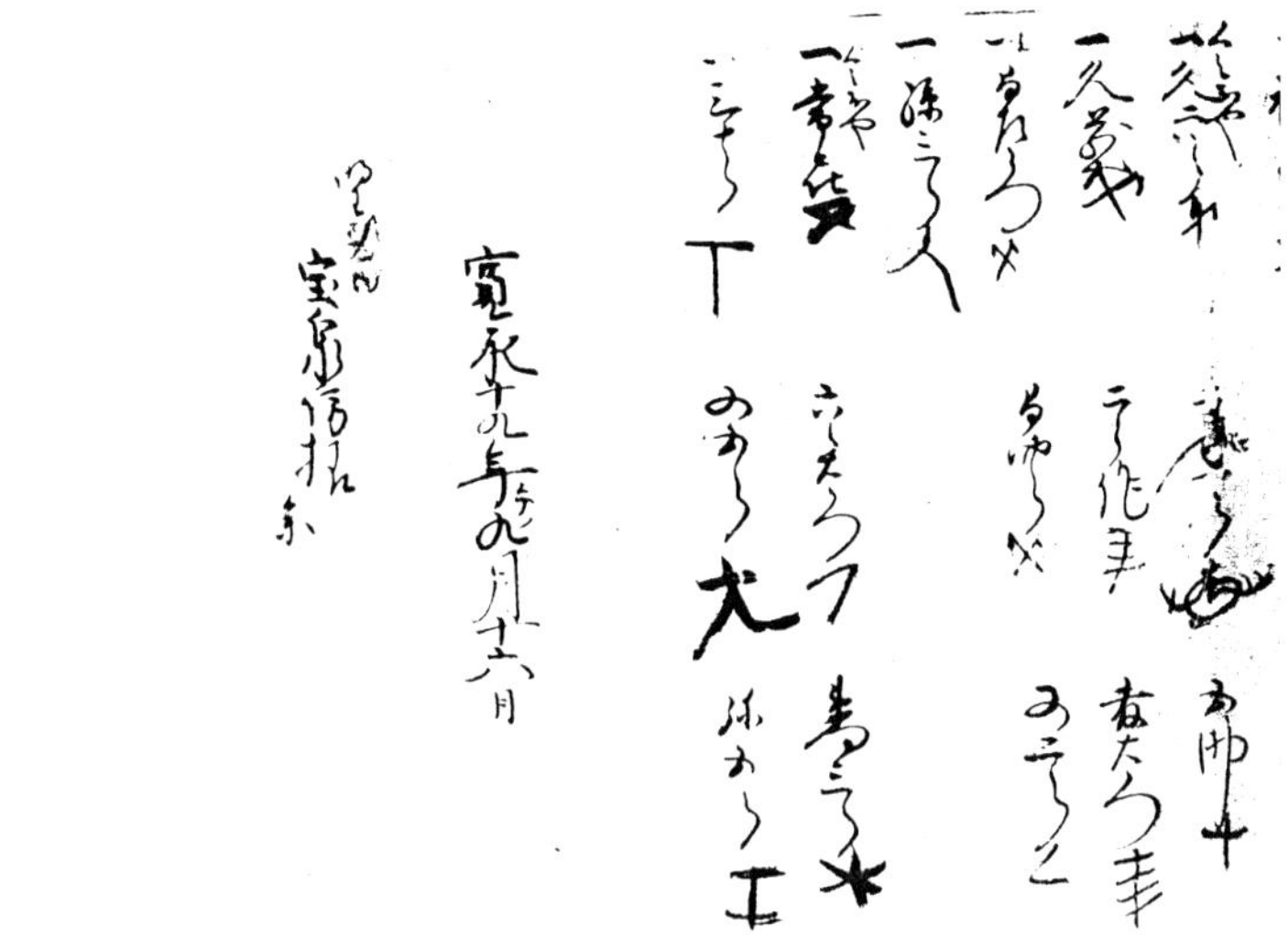

史料9－3　同右

係史料であり田四か所、畠五か所、山畑一八か所の場所ごとの年貢負担百姓名と負担分の覚えである。

②寛永一九年（一六四二）九月一六日「御法度之事[37]」（史料9‐1〜3）は明王宝泉坊宛、六六人の連署のある史料である。花押は〇人、略押六三人（九五%）、印章三人（五%）であり、印章が登場してきた。内容は「一、あても山出入之事、一、地下中屋ノ入少盗之事、一、田畠ハなれへかかり少盗之事、一、堂社ニテあまり用なき人出入之事、一、房寺内へ一切出入之事」の法度遵守を誓うものであるが、百姓は一〇人ごとの組がつくられ、各組には「くミおや」が一人いる。「古今迄地下中見たりニ罷成候ニ付如此拾人宛一味ニくミ面々ニ致吟味、向後諸御法度を堅守可申者也、若拾人之内壱人成とも違背之輩有之者、其人ハ地下中を致払其上残九人ハ五百文ヅツ過銭を無異儀上可申者也仍如件」とあるように、一〇人ずつの組は違背者の追放と残る組員が過銭料一人五百文ずつ負担するという過酷な内容であった。

（3）正保期の農民の自署花押史料

正保期の農民の自署花押史料は三点存在した。この期の史料では花押はほとんどなく、略押が多い。花押自署者は僧侶、略押は百姓という区分がある。百姓名に坊村「古老住人」や評定衆、小常住の役を担った有力な家柄であった常喜、山廻り番を勤めた近江大夫の名が見られる。有力な百姓も略押自署している。

まず正保二年（一六四五）一一月二五日の史料が二点ある。内容はほぼ同一で、「永代売渡山林之事[38]」という坊村肝煎と同村年寄から宝泉院宛に出された銀子九五〇目にて山林を売り渡す永代売券状である。坊村の肝煎と年寄役の百姓名は与左衛門（略押）、二郎三郎（略押）、久二郎（略押）、常喜（略押）、小右衛門（略押）、助左衛門（略押）、近江大夫（略押）、孫右衛門（略押）、相模（略押）である。小常住の常喜や坊村本役人の二郎三郎、山廻り番の近江大夫などの中世末の有力層が土着して近世百姓として村落に定住し略押自署者となっている。

また正保三年（一六四六）一〇月九日、常住坊宛の宝泉坊と一三人の百姓が連署した百姓請状[39]といえる文書がある。十三箇条の裁きの条々を、筋目を違背することなく堅く守ることを申し渡したことへの請状である。宝泉坊は花押、一三人の百姓は略押自署している。この史料にも近江大夫、二郎三郎、庄内などの旧有力層の名がみえる。かれらは略押自署しているが、すでに識字階層として村落に存在し、長い年月を経て近世の身分階層では土着して百姓層となったが識字階層としては変化していない。近世の略押層は中世末期の略押層とは異なって、新たな身分関係のなかにあって花押・略押を自署しているとみられる。

（4）慶安期の農民の自署花押史料

慶安期の農民の自署花押史料は四点存在した。

①慶安二年（一六四九）二月一六日、就珠院宛に坊村肝煎二人、久蔵と六郎二郎および村の百姓衆五六人の名

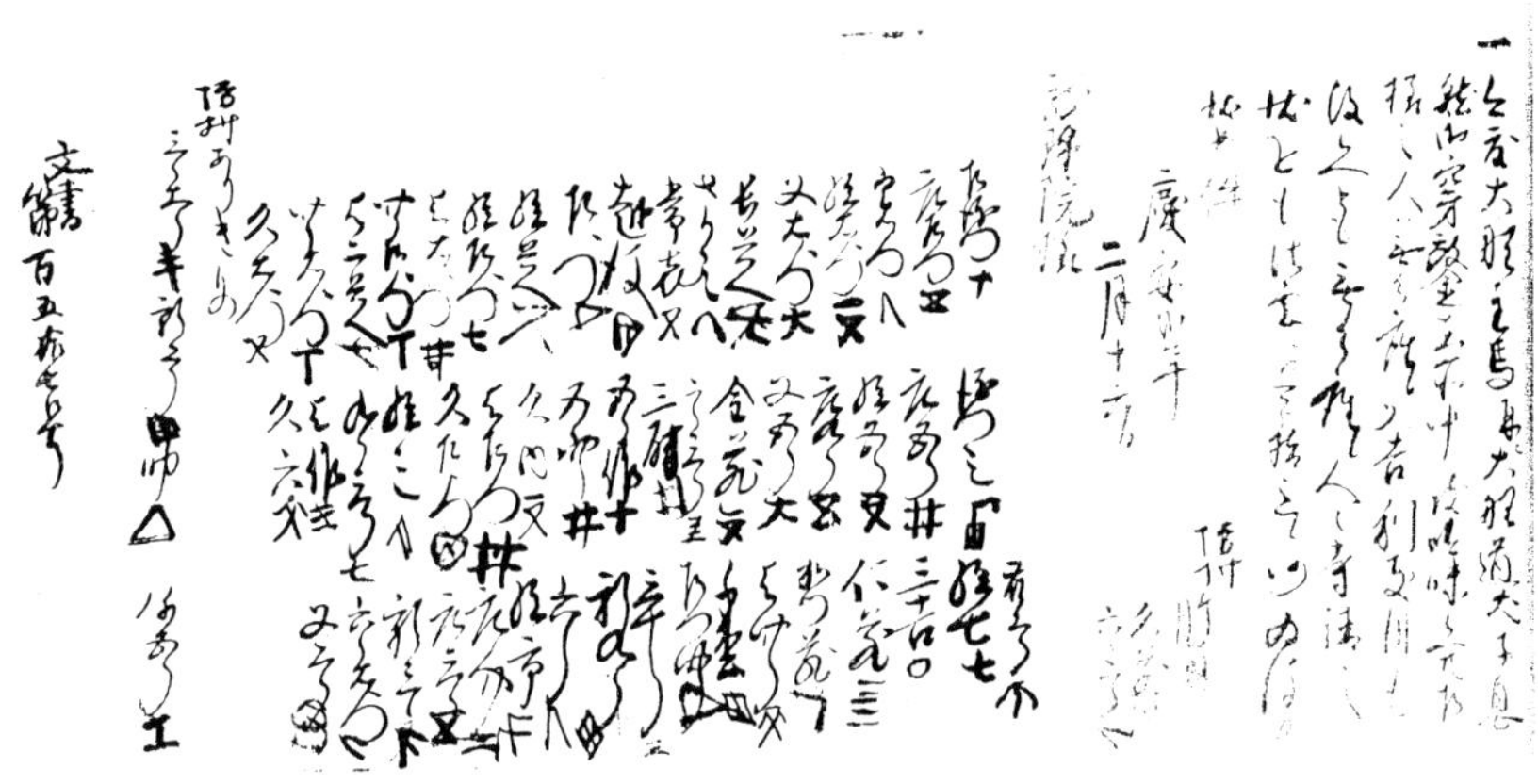

史料10　慶安２年２月16日「坊村寺請状」

前と略押が連署された切支丹《キリシタン》改帳である。とりわけ大形主馬と子息の道犬が穿鑿され在所中吟味を受けたことに対し、そのような人物は存在せず、切支丹でもなく寺請状を就珠院へ申し述べた文書である（史料10）[40]。越後、常喜、久左衛門、与左衛門などの旧常住層や有力層が坊村百姓衆として名を連ね略押自署している。

②慶安三年（一六五〇）七月九日「葛川明王御山請状」[41]は木戸村、大物村、荒川村の三か村の年貢請状である。木戸村の肝煎、助二郎（無記）、久左衛門（略押）、与右衛門（略押）、□左衛門（略押）、弥左衛門（花押）であった。自署された花押は稚拙である。木戸村の百姓は定木以外の檜、かやなどを切り取ることが禁止される内容である。

③慶安三年四月九日「御法度之事」[42]は行者衆宛、肝煎久左衛門と肝煎新九郎そして四三人の百姓名あわせて四五人の百姓衆が名前に略押を連署した文書である。五人組に久二郎と又十郎が入らないことによる追放と曲事には同前の罪科が課されるとしている。連署した百姓名には常喜、越後、常満、与左衛門などの旧小常住や有力層がみられ、村落百姓衆として定住している姿がある。

④慶安五年（一六五二）三月二九日「葛川明王御山請状之事」[43]は木戸村の肝煎伊兵へ（筆軸）、同新蔵（印章）、作兵へ（略押）、久左衛門（略押）が目代、大樹坊宛に出した年貢請状である。山境と年

貢、定木以外の檜木、かやなど一切伐採を禁じたもの。略押自署が多いなか、印章が登場している。

四　一七世紀後半（延宝〜正徳期）、農民の自署花押・略押の検討

一七世紀後半には延宝期に一点、元禄期に三点、正徳期に一点の史料が散在した。

①延宝九年（一六八一）三月二〇日「葛川明王領山当年立毛分請申事」[44]は、木戸村の肝煎弥左衛門（略押）と新左衛門（略押）、年寄の勘右衛門（略押）と与右衛門（略押）から葛川常住坊と山門目代宛に出された年貢請状である。木戸村役人は四人とも略押自署しているが、年寄の勘右衛門と与右衛門は花押に近い略押である。内容は明王山年貢高と杉、檜、くり、かつら、もみ、かやなどの木々は一本にても伐木を禁ずること、年貢請負境界領域が示され、違背者には三石ずつの過料を定めている。

②元禄三年（一六九〇）一一月一九日に葛川目代宛に坊村の百姓、長兵衛（略押）と新左衛門（略押）から出された文書である[45]。詳細は判明しないが坊村騒動があり、江戸へ訴訟で下るに際し、一五人を相留めた件についての申状である。略押は丸印と丸に十字を組み合わせた簡略な記号である。

③元禄六年（一六九三）一月二八日「一札之事」[46]とある文書である。この文書の詳細は判明しないが榎村百姓の甚兵衛（略押）・藤二郎（略押）・源介（略押）の三人と榎村庄屋又右衛門（花押）、年寄弥左衛門（花押）・与左衛門（略押）・小右衛門（略押）の連署にて榎村の二郎三郎宛に詫びを一札入れている。重ねて二郎三郎の件について何事も申すことはないとの趣旨を一筆したためている。二郎三郎は一七世紀には村役人であり、旧時代の有力階層の一人である。村役人四人のうち二人は花押、二人は略押、一筆書いて詫びを入れた三人の百姓は略押であった。ただし甚兵衛と小右衛門は花押に近い略押である。

④元禄六年二月一六日「一札之事」[47]は、榎村の本人とされる四人の百姓から目代と如珠院宛に出された一札文

書である。四人の百姓名は五郎大夫（丸印）、五左衛門（花押）、二郎三郎（丸印）、左近（丸印）であり、四人中三人が黒印の印章、一人のみ花押自署で略押自署はない。略押が印章に変化している。賽銭の件であるが相手の百姓蔦二郎・源助・勘二郎の三人は「一言のうらみ無御座候」とあることなどから「相済」つまり解決ずみとも推定される。

⑤正徳三年（一七一三）四月三〇日「葛川百姓口書」(48)（後掲史料11―1・2）は惣百姓中として肝煎の与兵衛（花押）、三郎治郎（略押）、伊兵衛（略押）、平助（丸印）、小左郎（方印）、孫四郎（略押）、又兵へ（方印）であり、肝煎のみ花押自署、あとの百姓は三人が略押自署で、三人が印章を押した文書である。肝煎与兵衛の花押は農民の自署する花押としては安定した花押が自署されている。この時期には印章を使用する百姓が七人中三人（四三%）と増えている。

近世初期、つまり一七世紀前半から後半にかけての葛川明王院史料をもとに、花押・略押自署の比率などを検討してきた。近世初期の花押と略押について以下のように小括できる。

1、一七世紀を通じて花押自署者は存在するが多くはない。圧倒的に略押自署者が多い。その上、略押自署者に替わって寛永期に印章者が登場してきた。

2、花押自署者は寺院の僧侶、肝煎、年寄などの村役人層の者が多い。しかし常に彼らが花押自署するとは限らない。場合によっては略押自署している。

3、近世初期において花押自署者の書体は中世末期のように稚拙ではなく、花押としては整然とした書体を書く自署者として発展してきている。また略押自署層のなかにも花押に近い形態の略押自署が頻繁にみられた。

4、略押自署層のなかには中世末に有力な常住者であった常満・常喜が、近世初期になっても村に土着して有

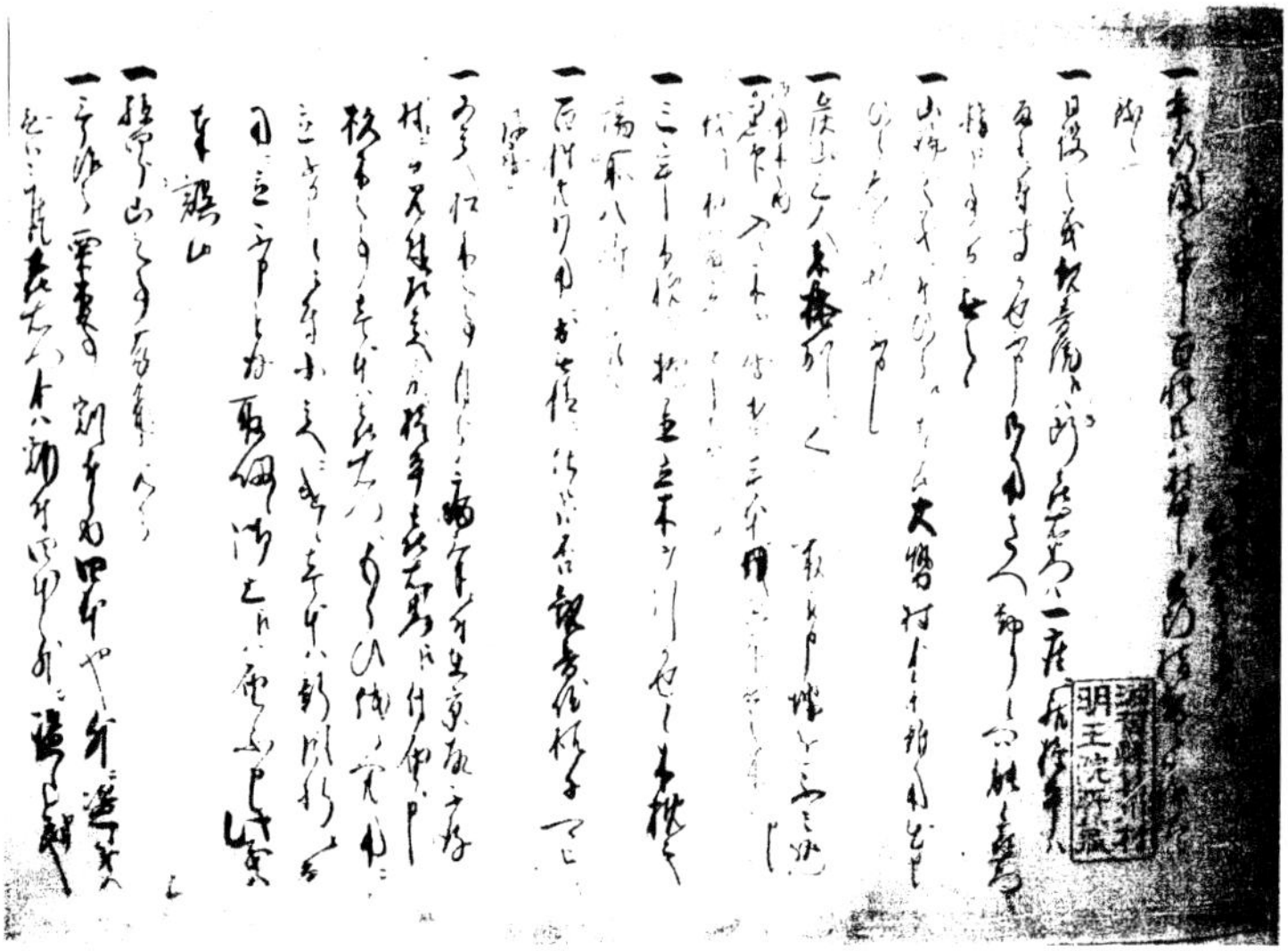

史料11-1　正徳３年４月30日「葛川百姓口書」

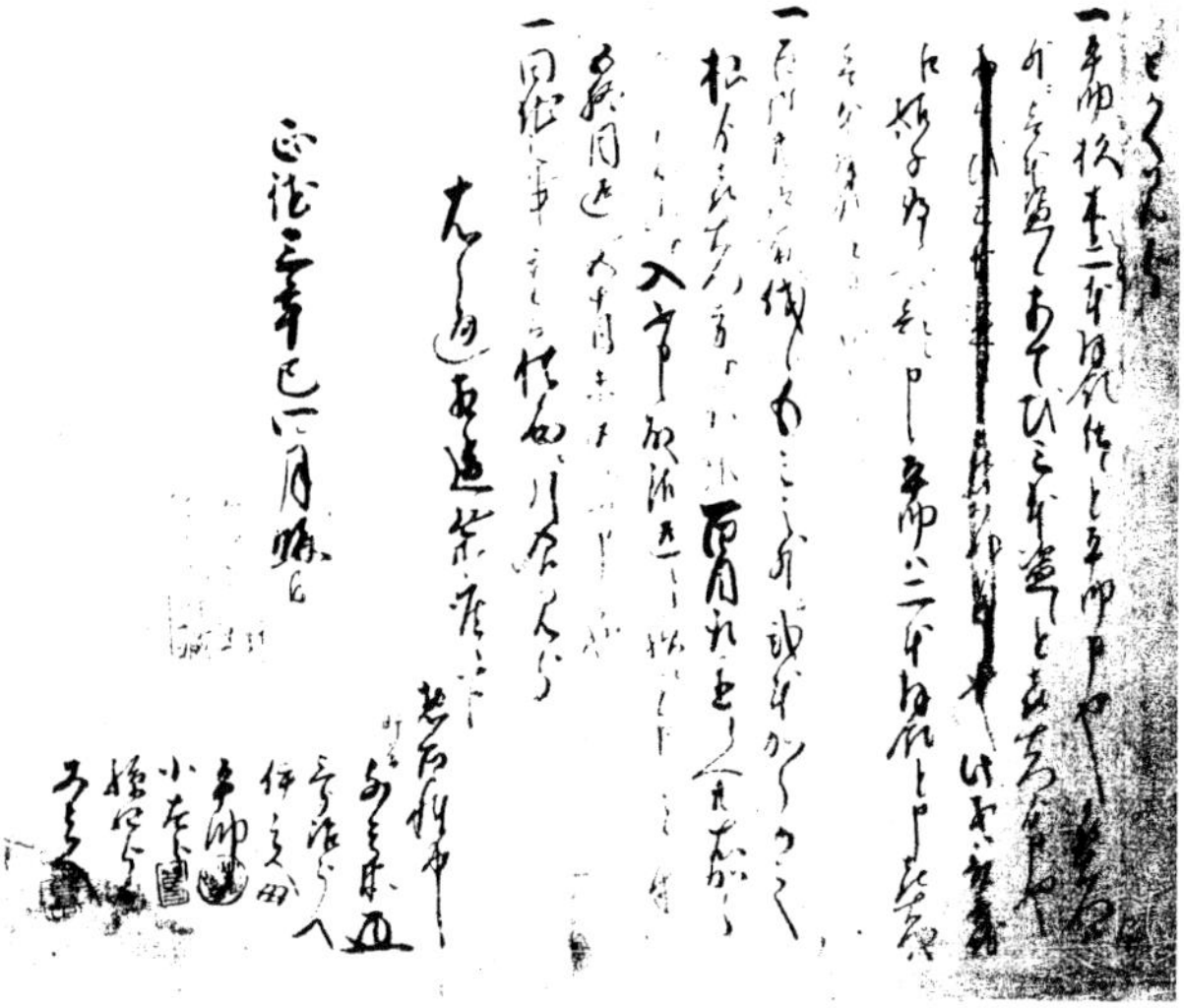

史料11-2　同上

力者として存在した葛野常喜・葛野常満が存在した。常喜・常満は地主神社の鳥居入口に屋敷を構え、行者の途中休息地として私宅を提供し、修業者を明王院に案内し、滝飛び込みのかけ声をかけるなど山門の仕事を分担して明王院に関わっている。かれらは旧時代の小常住人でありながら聖職者でもあり葛川の有力階層である。しかし中世から近世移行期の検地により百姓身分に定着し、場合によっては略押自署する百姓である。このような農民は少なからず存在している。

5、近世初期とりわけ一七世紀後半には花押・略押自署する階層の意味は変化している。中世の常住、新在家にかかわらず有力階層は、近世初期には略押自署層を形成している。花押層が識字階層であり、略押層は非識字階層という区分けはすでに成立しない。村落内にいる百姓層のなかに双方含まれている。

6、近世初期の葛川明王院史料について花押・略押自署は誰が誰宛に出す史料であるかなどの詳細な検討が必要である。身分支配制度が確立する過程にあって、目代や行者、寺院などの支配者宛に出す場合、惣百姓中としては全員略押自署される。

おわりに

葛川明王院史料をもとに、一四世紀から一七世紀にわたる村落内農民階層が自署する花押と略押の変化をとらえてきた。

中世期村落内の農民階層にあっては花押自署層は圧倒的に少なく、略押自署する者が大多数を占めた。葛川を構成する常住人層と浪人層は青蓮院―無動寺と行者―明王院の二重の支配を受けながらも、隣接する伊香立荘との境界をめぐる激しい相論を何度も展開する。その相論の高まる文保二年に「起請文」と村絵図が書かれている。相論過程で住民の自治力が形成されていくが、一六世紀から一七世紀を経て近世村落における百姓身分として土着し百姓中を形成した。かれらは請文、年貢請状など支配階層へ差し出す文書ではすべて略押層を構成するが、場合によっては肝煎、年寄などの村役人は花押を自署する。そして自署する花押の書体の形状も確立してくる。

中世期にあっては花押と略押で階層も大きく違うとはいえない。しかし花押層はあきらかに有力階層であり、略押層は新在家住人、浪人層からなる。

近世期では村落を構成する略押層に中世末期の有力層を多く含み、花押と略押の区分の意味は変化してくる。略押階層にも識字層を多く含む。そして村落共同体の身分関係が明確化され、宛先との関係、内容に応じた役目と役割に準じて花押・略押が使い分けられる。

そして一七世紀には略押自署に替わって印章が入り込み、花押・略押・印章の鼎立状態から、次第に印章の増加へと転換していく。その画期は寛永期から少しおくれて慶安期、元禄期頃からはじまり、正徳期以降に転換すると推定する。

（1）高橋敏『近世村落生活文化史序説――上野国原之郷の研究――』（未来社、一九九〇年）。

（2）梅村佳代「中世末～近世初期、近江地域の農民の花押自署率についての検討――農民の花押自署史料を対象として――」（平成一四年度～平成一七年度科学研究費補助金（基盤研究（B）（一般））研究成果報告書『前近代日本における識字状況に関する基礎的研究』（研究代表者　大戸安弘）二〇〇六年）一〇～一五頁。

（3）木村政伸「近世識字研究における宗旨人別帳の史料的可能性」（『日本教育史研究』第一四号、一九九五年）四三～六四頁。

（4）R・ルビンジャー（川村肇訳）『日本人のリテラシー　1600-1900年』（柏書房、二〇〇八年）。

（5）梅村佳代「近世農民の識字力を考える――中世末～近世初期、近江国農民の自署史料をもとにして――」（『女性史学』第一五号、二〇〇五年）六二～六六頁。

（6）笹本正治「近世百姓印章の一考察——形態変化を中心にして——」（日本古文書学会編『日本古文書学論集　一三　近世Ⅲ』吉川弘文館、一九八七年）三一～六一頁。
（7）村山修一編『葛川明王院史料』（吉川弘文館、一九六四年）。「葛川住人等起請文」は五五頁下段四行目～五六頁上段一〇行目、史料番号七六。
（8）萱野文夫「中世証文の署名」（羽下徳彦編『中世の地域社会と交流』、吉川弘文館、一九九四年）。
（9）文保二年六月二一日「葛川住人等起請文」はすでに前掲注（2）（5）論文で過去に取り上げて報告したが、本章の数値が最も新しい判断を示すものである。数値の変化は花押形態の見方の基準が変化してきたことによる。花押の基準を次第に広くとってきたことによる変化である。
（10）前掲注（8）論文による。
（11）高橋正彦「花押」（『日本古文書学講座』第一巻、総論編、雄山閣出版、一九七八年）二〇七～二一四頁。
（12）坂田聡『日本中世の氏・家・村』（校倉書房、一九九七年）。
（13）同右書、二〇六頁。
（14）以下、滋賀県葛川村明王院所蔵の複写資料の古文書番号を示す。複写資料は滋賀県立図書館に所蔵されている。『葛川明王院史料』所収、史料番号八三「葛川評定衆請文」、六〇～六一頁。天文二一年四月六日「葛川評定衆請文」、古文書番号八〇。
（15）林屋辰三郎「中世農村生活の現実的展開」（『歴史評論』第四三号、一九五三年）。
（16）『葛川明王院史料』所収、史料番号八二「伊香立万座中書状」、六〇頁。天正四年二月一四日「伊香立万座中書状」、古文書番号七九。
（17）『葛川明王院史料』所収、史料番号七四五、六六七頁。慶長三年八月二三日「明王山法度請状」、古文書番号九〇五―一。
（18）『葛川明王院史料』所収、史料番号九四、六九頁。慶長四年八月一六日「榎村住人等証状」、古文書番号不明。
（19）『葛川明王院史料』所収、史料番号七三七、六六二頁。慶長八年六月二〇日「年貢算用状」、古文書八九八―七。
（20）『葛川明王院史料』所収、史料番号七三五、六六一頁。慶長八年六月二一日「年貢算用状」、古文書番号八九八―九。

（21）『葛川明王院史料』所収、史料番号八七八、七四三頁。慶長八年一〇月九日「山廻番請文」、古文書番号九四六—一八。
（22）『葛川明王院史料』所収、史料番号七三四、六六〇頁。慶長九年六月一九日「年貢算用帳」、古文書番号八九八—六。
（23）『葛川明王院史料』所収、史料番号八八〇、七四四頁。慶長一一年一〇月八日「年貢等請状」、古文書番号九四六—二〇。
（24）『葛川明王院史料』では同一内容の大物村のものが収録されている。大物村については史料番号七四六、六六七～六六八頁。慶長一二年九月一日「明王山年貢請状」、古文書番号一六二。
（25）『葛川明王院史料』所収、史料番号八七二、七四〇頁。慶長一二年六月二一日「坊村惣中誓約状」、古文書番号九四六—八。
（26）『葛川明王院史料』所収、史料番号八七三、七四〇～七四一頁。慶長一四年六月二二日「山掟請状」、古文書番号九四六—一〇。
（27）『葛川明王院史料』所収、史料番号八七九、七四三～七四四頁。慶長一二年三月七日「地所覚状」、古文書番号九四六—一九。
（28）前掲注(12)坂田書、二六二～二七〇頁。
（29）同右書、二六五～二六六頁では常満の田畠所有地総計七反八畝二二歩、石高総計六石七斗九升五合、常喜の田畠所有地は一反七畝一〇歩、石高は一石一斗七升四合としている。しかし『葛川明王院史料』所収の史料番号五七二「慶長弐酉丁六月二十三日葛川明王堂領田畠屋敷御検地帳　坊村一円」により、改めて筆者が算出したところ、常満については多少の差違があった。筆者は常満の田畠所有地は七反二畝二八歩、石高は六石七斗四升一合と算出した。常喜の田畠所有地、石高の算出は同じであった。
（30）『葛川明王院史料』所収、史料番号二一一、一五三～一五四頁。慶長一五年一〇月七日「坊村百姓連署請状」、古文書番号二七九。
（31）『葛川明王院史料』所収、史料番号七五一と同一内容のもの。六七〇頁。慶長一五年六月二〇日「明王山法度請状」、古文書番号一六三。
（32）『葛川明王院史料』所収、史料番号七五二、六七〇～六七一頁。慶長二〇年七月二三日「明王山法度請状」、古文書番号九〇五―八。
(33) 元和四年五月一〇日「おく山のそうろん山の事」、古文書番号九四六―一一。滋賀県立図書館所蔵、『葛川明王院史料』には近世以降の史料は採録されていない（以下同）。
(34) 元和四年八月一五日「山掟坊村惣中請状」、古文書番号九四五―九。
(35) 元和五年一一月二四日「今度かまうち申候につき――」、古文書番号一三九。
(36) 寛永一一年六月二〇日「妙安あとしき田地上の覚」、古文書番号九三〇―五。
(37) 寛永一九年九月一六日「御法度之事」、古文書番号七八。
(38) 正保二年一一月二五日「永代売渡山林之事」、古文書番号七九六および七九七。
(39) 正保三年一〇月九日文書、古文書番号一四一。百姓請状のような内容。宝泉坊の花押自署と一三人の連署と略押自署がある。
(40) 慶安二年二月一六日「坊村寺請状」、古文書番号一五七。坊村百姓五八人の名前と略押連署の史料。
(41) 慶安三年七月九日「葛川明王御山請状」、古文書番号一六五。木戸村・大物村・荒川村の三か年の年貢請状である。
(42) 慶安三年四月九日「御法度之事」、古文書番号二七二。村の有力層が略押で連署。
(43) 慶安五年三月二九日「葛川明王御山請状之事」、古文書番号一六七。木戸村肝煎を含む百姓五人が目代と大樹坊宛に出した年貢請状。
(44) 延宝九年三月二〇日「葛川明王領山当年立毛分請申事」、古文書番号一七二。
(45) 元禄三年一一月一九日、古文書番号九四五―一四。詳細は判明しないが坊村騒動に関する史料。
(46) 元禄六年一月二八日、古文書番号一三八。詳細は判明しないが榎村の三人の百姓と村役人の庄屋・年寄四人の連署による二郎三郎宛に差し出された「一札之事」と書かれた一札文書。
(47) 元禄六年二月一六日「一札之事」、古文書番号一三六。榎村の四人の百姓から出された一札文書。詫び文書で四人の百姓名は村役人層とも推定される。
(48) 正徳三年四月三〇日「葛川百姓口書」、古文書番号九三一―四。惣百姓中から出された十七箇条にわたる覚え書きの内容。

〈付記〉　葛川明王院および滋賀県立図書館の方々にはお世話になりました。また史料掲載に関して快く御了承いただきました。記して感謝申し上げます。

6 越前・若狭地域における近世初期の識字状況

八鍬友広

はじめに

この章では、日本におけるリテラシーの歴史的形成過程を明らかにする一環として、民衆が自署した史料を用いて、一七世紀前半を中心とする時期の識字状況についての事例的な検討をおこなうこととしたい。

一七世紀は、日本の識字状況を捉える上で重要な時期といえる。文書量の激増などが示すように、近世社会が、文字の急激な普及をもたらした時代であったことは間違いない。しかし、近世における地域支配の特徴であった村請制が、近世の当初から可能であったことからみて、近世初期の村落には、すでに最低限の読み書き計算能力を有した人々が存在しなければならないことになる。一七世紀初頭、あるいはそれ以前の村落の指導層は、識字力を有していたと考えられるのである。

村落指導層は、元禄・享保期になると、このような最低限の読み書き能力を超えて、儒学をはじめとする教養を形成しつつあったことも指摘されるようになってきた。横田冬彦は、このようにして形成される指導層を「文化的中間層」と呼んでいる。[1]つまり、一七世紀の後半から一八世紀にかけて、村落においても一定の階層に共有される教養世界が形成されつつあったのである。

では、一七世紀における、このような識字能力と教養の世界はどのようにして形成されたのか、あるいは、村請制を可能とするような識字層が、当時の村落に実際どのように存在していたのか、この点は、近世教育史にとってのみならず、日本における民衆と文字文化のかかわりを考える上できわめて重要な課題となるものである。しかし結論的にいえば、いくつかの断片的な事例が知られるだけで、この点を十分に解き明かすことはできないでいる。寺子屋のような教育機関や往来物などの教材にアプローチする従来の教育史研究の方法では、この問題をうまく捉えることができないのである。

他方、人々の識字という点に関していえば、一七世紀の前半は、他にない利点を有している。それは、本人の意思確認のためになされた署名（花押・略押・筆軸印・爪印など）を有する史料が多数残存しているということである。横田冬彦は、略押を記して「惣中」に参画してくる小百姓が、一七世紀前半の史料に登場してくることを指摘している。惣村・惣百姓の形成過程のなかで、それまで隷属的もしくはごく零細な存在であった百姓たちが、文書に署名する主体として、登場してきたというわけである。[2]つまり民衆が作成した膨大な署名を、この時期の史料のなかに見出すことができるのである。

このような自署史料は、おおむね一七世紀の前半を限界点として多数残存している。というのは、一七世紀の後半になると、いっせいに印鑑が使用されるようになり、このような自署史料は消えていくからである。この点は、大きな史料的制約といわなければならないが、しかしそれにもかかわらず、これらの自署史料は、一七世紀前半における識字状況の一端を捉える上で、きわめて大きな意義を有している。ここでは、越前・若狭地域を事例としながら、当時の村落の識字状況について検討してみたい。

一　民衆の花押と識字

花押および略押は、すでに述べたように、印鑑普及以前における本人の意思確認の主要な手段であった。自らがキリシタンではないことの証明として、村落内の掟や領主の定める法度の遵守を宣誓するために、あるいは、個人的な売買の契約において、それらは書かれた。文字を書ける者も書けない者も、とにかく筆に墨をつけて、なにかのマークを記すという行為が、そのような証明として求められたのである。後に印鑑がこれにかわって普及することになるが、時には、印鑑が普及した後にも、このような自署が求められることがあった。

たとえば、若狭国遠敷郡仏谷村では、すでに印鑑が十分に普及して、一般の文書においては花押が記されなくなった元禄一〇年（一六九七）に、村内の多数の住民が自署をしている(3)。この文書は、船などの破損漂着物の隠し置きを禁止するものであり、より強い誓約を住民に求めるものであった。このため、各家の当主だけでなく、女性にも自署をおこなわせている。印鑑ではなく花押や略押を自署させていることは、通常よりも強い誓約を求めたからであると思われる。

つまりこの時期において、花押や略押を自署することは、印鑑以上に本人の意思が厳格に示されるものだったのである。おそらくそれを書くことは、かなりの緊張感を要するものであっただろうし、また相当の覚悟を求められるものでもあっただろう。このような場面で書かれる花押や略押は、したがって、当時の人々が、ある種の決意をして「書く」という行為をおこなった所産でもあったのである。多くの人が、決意をして記すこのような花押や略押は、識字の歴史研究にとっても重要な史料であるといえよう。

ところで、このような自署と識字とはどのような関係があるのだろうか。これに関して、まずは図1をご覧いただこう。これは、同一日に同一人が記した花押の事例である。史料は、いずれも慶長三年（一五九八）に作成された越前南条郡今泉浦（現・南越前町）の「今泉浦住人連署屋敷売券」であり、同一日に同じものが複数作成されている。[4] 文面は一部を除いてほぼ同文であり、同一人が署名をしている。図には、このうち二通の文書に同一日に署名した四人の百姓の花押を示してみた。左上①は「次郎兵衛」である。名前の下に、相当に複雑な形状の花押が記されているが、左右まったく同形であることが確認される。左下③「橋爪（はしつめ）」は、一通が平仮名、別の一通では漢字で書かれているが、花押は同じようにみえる。

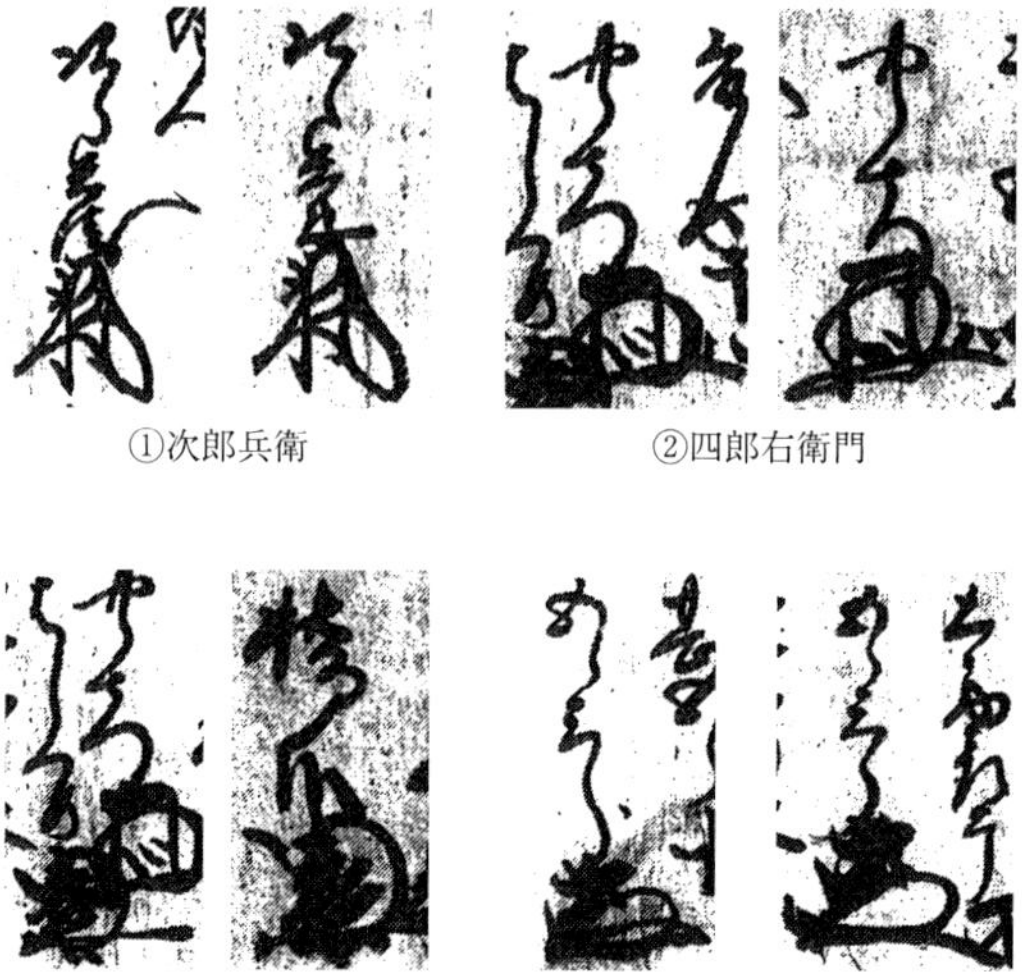

①次郎兵衛　②四郎右衛門
③橋爪（はしつめ）　④五郎三郎

図1　同一日に書かれた花押
慶長３年12月23日「今泉浦住人連署屋敷売券」２通
（浜野源三郎家文書、福井県文書館保管）

　このように、同一日に同一人が書いた複数の花押を比較すると、いずれも同形であることが確認できる。つまりこれらの人々は、花押という複雑な文様を、くり返し一様に記すことができる能力を有していたということである。これは、運筆能力としてかなり高度なものということができる。これほどの運筆能力があれば、文字を記すことも十分に可能だったと考えられよう。

　他方、花押を記しえない者は「〇」や「一」「二」「十」などの略押を記したり、筆軸でスタンプを押したりした。図2は、花押にまじって略押が記されている事例である。元和五年（一六一九）に、敦賀湾の東浦と呼ばれる地域の代表が連署したものである。[5] 見せ消ちが引かれているものも含めて、一〇人の署名（ほか一人が印鑑）がみえる。このうち五名は、花押もしくは、やや複雑な略押を記しているが、そのほかは、単純な略押を記して

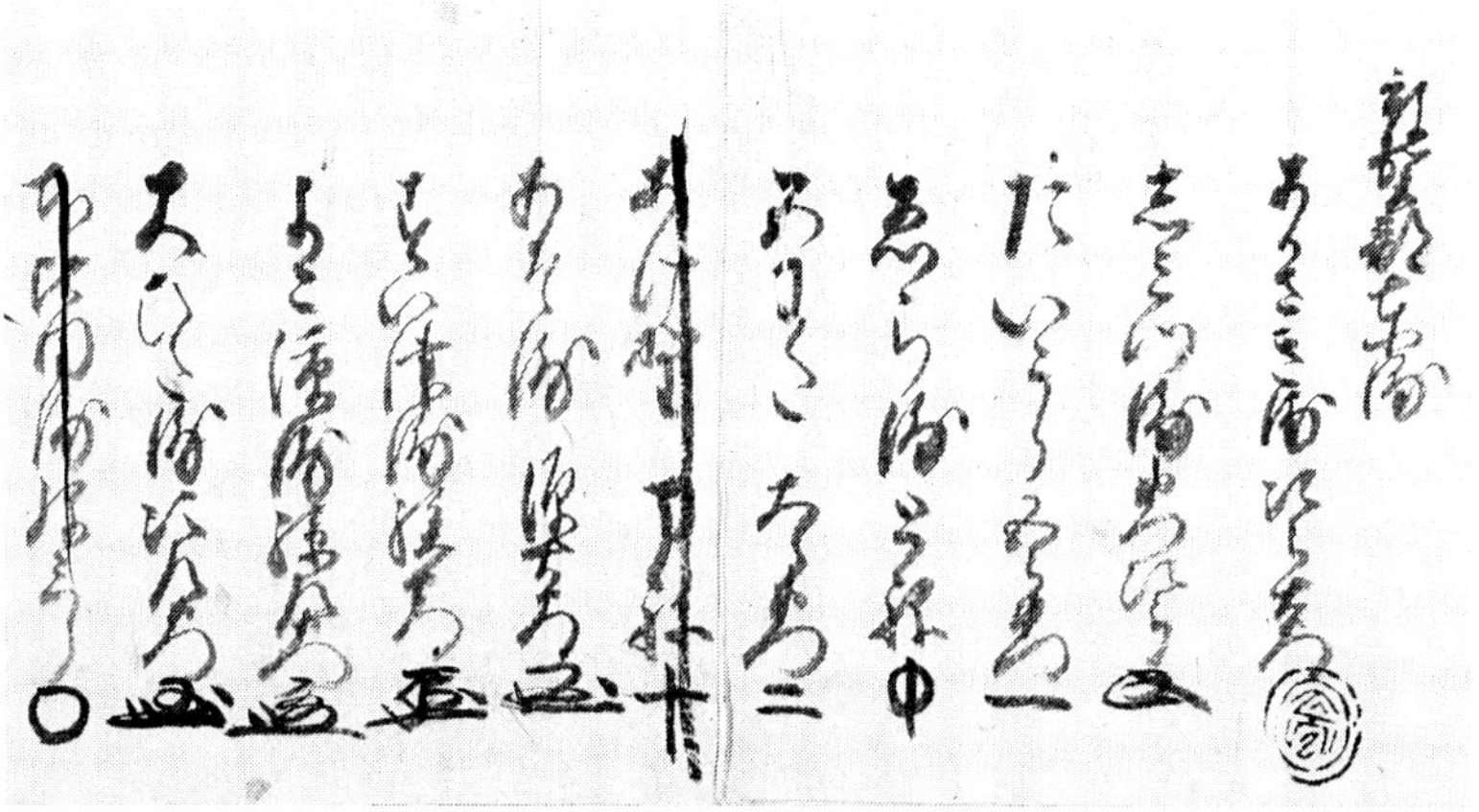

図2　敦賀湾東浦代表連署
元和5年2月8日「乍恐謹言上」(新出来塩ニ付東浦百姓等願書)
(中山正弥家文書、敦賀市立博物館所蔵)

いる。江良浦の刀禰も略押を記しているが、同人は、一六世紀から一七世紀初頭の文書の多くに、略押を記しており、一貫して花押を記しえなかったことがわかるのである。

ところで、この江良浦については、天文二四年（一五五五）に、宗幸という旅僧を留め置いて、「いろは字」の教育および書記を依頼したということが知られている[6]。この史料については、「在所ニいろは字ニても候へ、みる者無御座候間」という文言をめぐる解釈が古くから展開されてきた[7]。とくに、文中の「みる」を文字通り「読む」に解釈して、江良浦では、いろは字さえも読める者がいなかった、とする理解が、現在にも継承されている[8]。しかし久木幸男が論証したとおり、当時の江良浦には、拙いながら文字を書く者が存在したので、ここにおける「みる」とは、面倒をみて教えるという意味であると解される[9]。

その際、久木が例示した識字者の事例が、先の史料の前年にあたる天文二三年の史料である[10]。図3がそれである。末尾に「西兵衛」と差出人の名前が書かれ、「十」の略押がなされている。久木はこの文書について、「いかにもたどたどしく書き慣れない筆致であって、中世民衆文書の特徴を示して

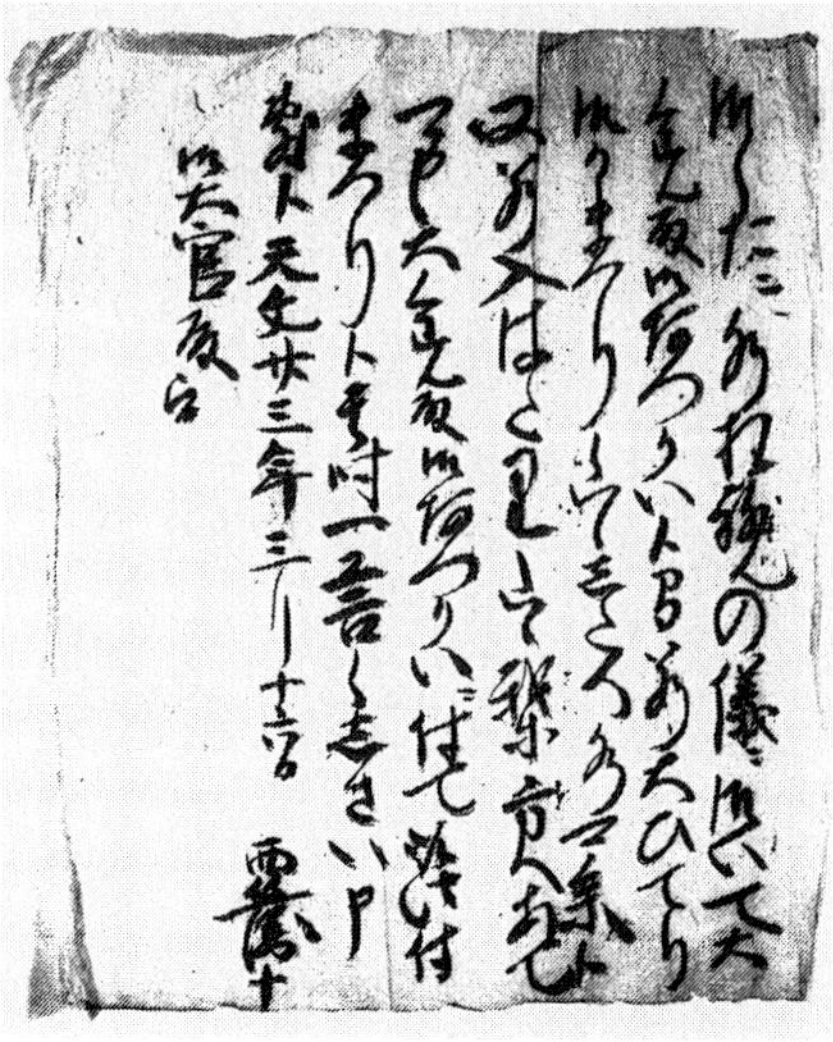

図3　江良浦略押文書
天文23年3月16日「西兵衛請文」
（刀根春次郎家文書、福井県文書館保管）

いる」と評している[11]。またこの執筆者を西兵衛自身であったと推定して、江良浦における識字者の存在を示したものである。この例は、略押を示す者が必ずしも文字を書けなかったものではないことを示しているが、同時に、その筆致が、いまだたどたどしいものであったことをも示すものである。識字者の状況がこのようなものであったからこそ、江良浦では、旅僧を留め置いて教育と書記を依頼せざるをえなかったのであろう。

以上のように、花押を記すことのできる者は、高度の運筆能力を有していることから、文字の読み書きも可能だったと考えられる一方、略押を記す者たちは、まったくの無筆と断定することはできないものの、花押を記す者に比して、その運筆能力が低かったことがうかがわれるのである。

花押と略押の区別が、実際の識字能力とどう関係するのか、それを正確に知ることはできない。しかし西洋における識字研究や、近代日本においても実施された識字率調査が、自己の姓名を記しえるかどうかであったことと比較しても、むしろ花押の方がはるかに複雑であり、識字力の実際により近かったのではないかと思われる。本章では、花押を記すことのできる人を、「流暢に筆を使う人」と呼ぶこととして、このような人々が近世の初期にどのように存在していたのか、ということについて検討してみたいと思う。

ところで、このような花押を史料とした研究には、すでに一定の蓄積がある。木村政仲は、宗旨人別帳を使っ

表１　宗旨人別帳における花押の出現率

	長崎平戸町(1634年)			京都六角町(1635年)		
	自記	花押	花押率	自記	花押	花押率
家持当主	21	23	91.3%	19	19	100.0%
借家当主	10	17	58.8%	6	7	85.7%
家持女性	34	0	0%	12	0	0%
借家女性	24	0	0%	5	0	0%

印鑑・無記の者を除く
女性は当主の女房およびその娘(使用人を除く)
木村政伸『近世地域教育史の研究』(思文閣出版、2006年)より作成

表２　冷泉町における花押出現率

【冷泉町の連署状の署名】

年・月・日		総数	花押	略押	軸印	印	判なし
天正18・11・30	東側	26	13		7(1)		6
慶長８・８・７	東側	29	13				16(2)
慶長18・９・５	西側	28	25	2(2)			1
慶長19・10	西側	28	21(2)		1(1)	6	
	同借屋	9	5			3	1
慶長20・５・23	東側	24	23				1
元和４・２・27	西側	28	24			4	
元和６・３	両側	56	48			8	
寛永11・７・23	西側	26*	19			8	
天和３・２・25	東側	13				13	
	同借屋	5				5	
元禄12・10・28	西側	10				10	
	同借屋	9				9	
元和６・３	３家族 男	17	10	3	2	2	
	女	11		3	8		

(　)は女性、*のうち１名は花押と印の両方(『京都冷泉町文書』第１巻による)
横田冬彦『天下泰平』(講談社、2002年)282頁の表より

て、そこに記された花押と略押を分析している。[12] その結果の一部を表1にまとめてみた。いずれも一七世紀前半の長崎と京都の宗旨人別帳であるが、家持の男性当主層においては、ほぼ全員が花押を記していることがわかる。京都では借家層でも当主の自署率がきわめて高いことを確認できる。これに対して、女性の自署率はきわめて低いことも見て取ることができる。

横田冬彦も、同じような方法で、近世初期の冷泉町における分析をおこなっている。[13] その結果は、表2のとおりである。ここでも、京都における高い花押出現率を確認することができるのである。このように、長崎や京都といった、中心的な地域の大都市では、男性の間に、花押を記す程度の識字力が広範囲に展開していたことが知られるのである。

ではこのような状況は、当時の日本においてどのような分布と展開をみせていたのだろうか。このことがわかれば、日本における識字の歴史を考える上で重要な手掛かりのひとつとなるだろう。そのためには、民衆の花押史料の豊富な一七世紀に焦点をあてて、さまざまな地域で観測をおこなってみることが不可欠である。ここでは、越前・若狭という地域の事例をとおして、観測をおこなってみたい。

二　越前・若狭地域の教育状況

近世初期の越前・若狭における識字状況を検討する前提として、まず同地域における全体的な教育状況について概観しておくこととしよう。

とはいえ、一七世紀前後の教育状況を知ることのできる史料は少ない。越前・若狭地域は、比較的その史料が豊富であるともいえる。そのひとつが、前述した江良浦における天文二四年（一五五五）の文書である。史料には、村に「いろは字」を教える者がいなかったので、宗幸という旅僧を留め置いて村堂で教えさせたと書かれている。この史料から、一六世紀には、村落においても読み書きを学ぶことが必要となっていた状況がうかがわれるわけである。また、このようにして旅僧を留め置いていることから、そう簡単には文字を教える人を村内で確保することができなかった様子もみてとることができるのである。

次に、木崎惕窓が宝暦年間に書いた『拾椎雑話』という史料がある[14]。惕窓は、小浜の富沢町で代々酒造を営む名望であった木崎家に生まれ、元禄二年（一六八九）から明和三年（一七六六）まで存命した。『拾椎雑話』は、町人が執筆した民衆の生活記録として注目されるものである[15]。

この『拾椎雑話』のなかに、寛永一七年（一六四〇）の小浜町家職分けという項目があり、当時の小浜における職業が分類されているが、そこに「手習子取」二人と記されている[16]。また天和二年（一六八三）の同様の記事があり、ここには「手習子取」五人が存在したことが記載されている[17]。以上から小浜町には、一七世紀の前半から後半にかけて、手習を教えることを職業とする者が複数存在したことが確認されるわけである。

また、次のような記事も、一七世紀における小浜の識字状況と関連して興味深い。

【史料1】

一、寛永・正保の頃、小浜にて物書人も少なくして無筆多し。況や書物の字読するものをや。其頃高成寺敬之和尚と申あり、俗に腰抜西堂といふ、多識の僧也。是に諸士の子、医家の者は漢字の素読授かり。西津通り町薬種屋清兵衛少々文字よみよふを子供に教へける。此両人ならては外になし。空山様御初入より田中好庵・千賀源右衛門と云儒士有、空山様仰に町人とも講書聞事有まし聞すへしと有、妙玄寺にて橋本才兵衛殿講書有、町人出席いたす。是より年を追而家中は勿論町家とも学文の道弘まり（後略）[18]

寛永・正保の頃といえば、一七世紀の前半ということになる。惕窓は、一七世紀の末期に生まれ一八世紀を生きた人物であるから、この記事はみずから見聞したものではなく、誰かから聞いて書かれたものである。それによれば、一七世紀前半の小浜には読み書きをする人は少なく、学問をしている人はさらに少なかったという。当時、このような伝聞があったことは興味深いが、これを文面どおりに受け取ることはできないだろう。すでに述べたように、寛永期と天和期に「手習子取」が複数存在していたし、また後述の通り、小浜魚屋町の住民が連署した史料では、ほとんどの者が花押を記しているからである。寛永・正保の頃にも、多数の無筆ではない人たちがいたはずである。

小浜地域は、寛永年間まで支配していた京極家が移封されて、その後に酒井家が入部している。[19] したがってこの記事は、現在の藩主の善政をことさらに強調して、惕窓が生きた時代の学問の状況を、現藩主の善政に帰するところとして描いたものと解したほうがよいだろう。それにしても、一七世紀の後半にかけて、学問が隆盛に向かっていることは、惕窓の生きた時代と重なってリアリティをもっていたのかもしれない。

以上が、一七世紀における越前・若狭地域の教育状況を知ることのできる史料である。一六世紀の後半頃から、村落にも手習いを教える人が登場してきていることや、一七世紀には、小浜のような湊町に、手習を教えることを生業としている人がすでに存在していたことなどが確認できる。しかしそれらの情報はきわめて断片的にすぎず、当時の地域に、識字力がどのように展開していたのかを知ることはできないのである。

三　越前・若狭地域の民衆花押

越前・若狭地域には、民衆が花押を記した多数の史料が残されている。このような花押を有する史料において、当時の地域における識字状況を知る上で有益なものは、その地域に居住するできる限り多数の人が自署をしたような史料である。前述した宗門人別帳などは最も有益な史料ということができる。ある村の全戸主が署名したような史料も、宗門人別帳には及ばないものの、有力な史料といえる。村掟や領主層に提出する誓約書のようなも

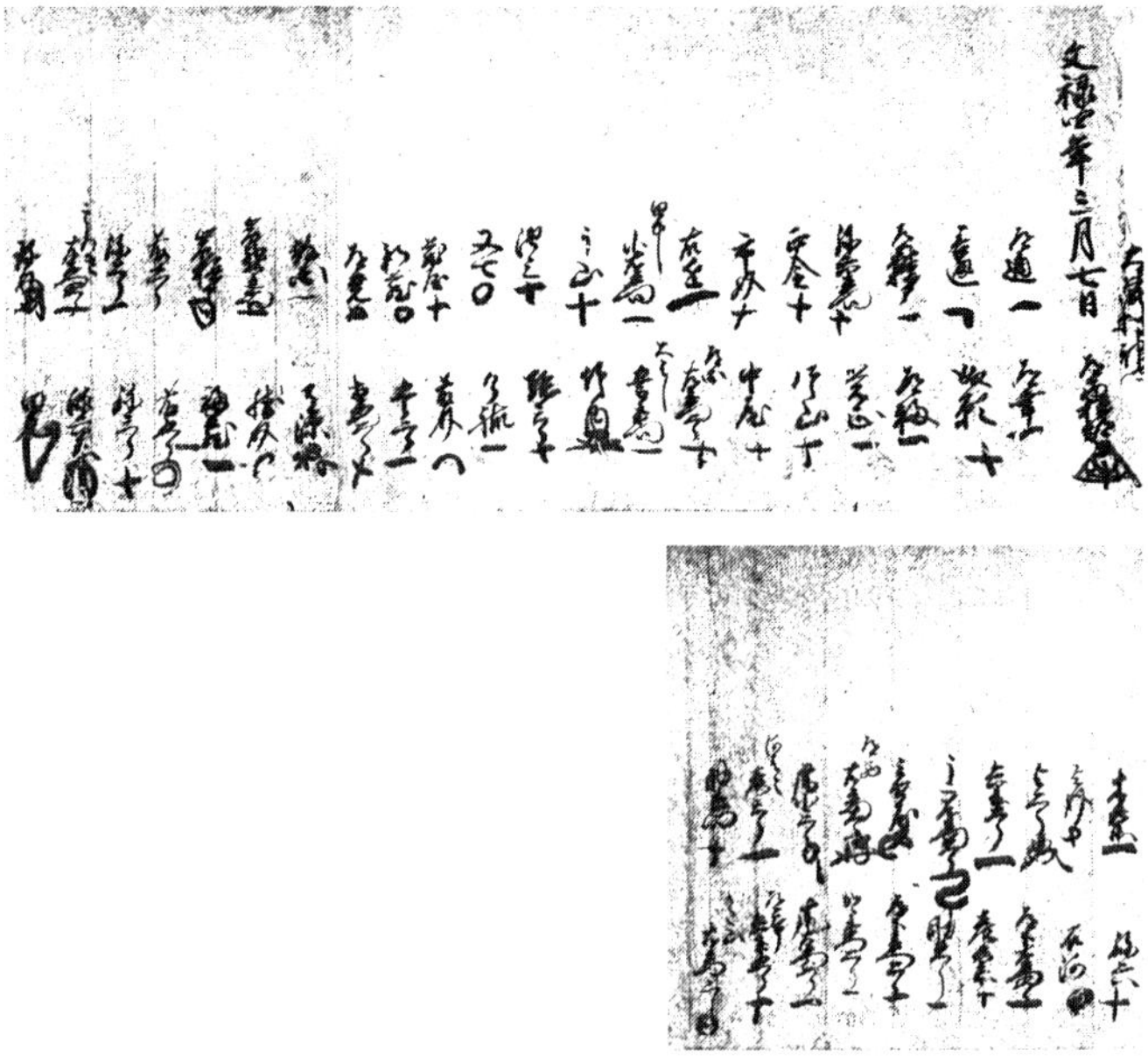

図４　「大滝村惣中定」
文禄４年３月７日（大滝神社文書、福井県文書館保管）
＊略押56：花押７（11.1％）

のがこれにあたる。このような史料は、その村の当主層のなかに、流暢に筆を使う人がどの程度存在したかを知る手掛かりになるものである。残念ながら、越前・若狭地域においては、前者のような当該地域の住民全員が署名したような史料を見出すことはできなかった。しかし、各家の当主が連署した史料をいくつか見出すことができた。そこでまず、これらの史料についてみておきたい。

　図４は、文禄四年（一五九五）に作成された越前国今立郡大滝村（現・越前市大滝町）の「大滝村惣中定」である[20]。年貢の負担に関する定めであるが、文中に「惣百姓」などの言葉があることから、大滝村の主要な年貢負担者の当主が署名したものと思われる。六四人の署名がなされているが、そのうち花押は七人であり、そのほかは、「一」や「十」などの略押が記されている（以下、図の下＊部分に割合を示す）。大滝村は、後述する岩本

村に隣接して、五箇と呼ばれる地域を構成する村のひとつである。岩本村と同様、紙漉きの盛んな地域であるが、岩本村が商業的であったのに対し、大滝村は漉き屋などが中心の工業的な地域であったといわれている。[21]一六世紀末期のこのような村落では、当主層でも花押を記しえる人が少なかったことが確認される。

図5は小浜の魚屋町（現・小浜市小浜塩竈）の間口軒数の書上の一部で、寛永八年（一六三一）の史料である。[22]魚屋町惣中として差し出したものであるから、魚屋町の全戸が書き上げられているとみられる。図にはその一部を示しているが、その範囲でもわかるように、ほとんどが花押である。合計三八人が署名しているが、印鑑を使用している者が一二人いる。『福井県史』では、残りの二六人のうち二一人を花押、五人を略押と判別している。[23]しかし、この五人のうち、「○」のような単純な略押を記しているのはわずかに一人であり、そのほかは、簡略ながら一定の複雑さをもった記号を記している。このため、『小浜市史』では、略押を一人としている。[24]いずれにせよ、魚屋町では、「○」のような単純な略押を記したのは一人だけであり、当主層のほぼ全員が、花押もしくはやや複雑な略押を記すことができたのであり、おそらくは、ほとんど大半の当主が、流暢に筆を使うことが可能であったと考えられるのである。

小浜は、日本海有数の湊町であり、延宝九年（一六八一）の米・大豆・小豆の入津は二四万俵に及んだという。[25]日本海側最大の湊であった敦賀には及ばないものの、西廻航路の安定のために後に敦賀が衰退していくと、小浜も敦賀に匹敵する湊となっていく。[26]図5は、以上のような湊町における住民の識字状況を示しており重要である。前述のとおり、ほぼ同年代の京都や長崎において、男性当主の花押率がきわめて高かったことが知られているが、この史料は、このような状況が京都や長崎といった特殊な地域だけのものでないことを示している。商業的な地域においては、小浜のような地方都市においても、すでに一七世紀前半から、流暢に筆を使う人が、男性当主層のほとんど大部分を占めていたのである。

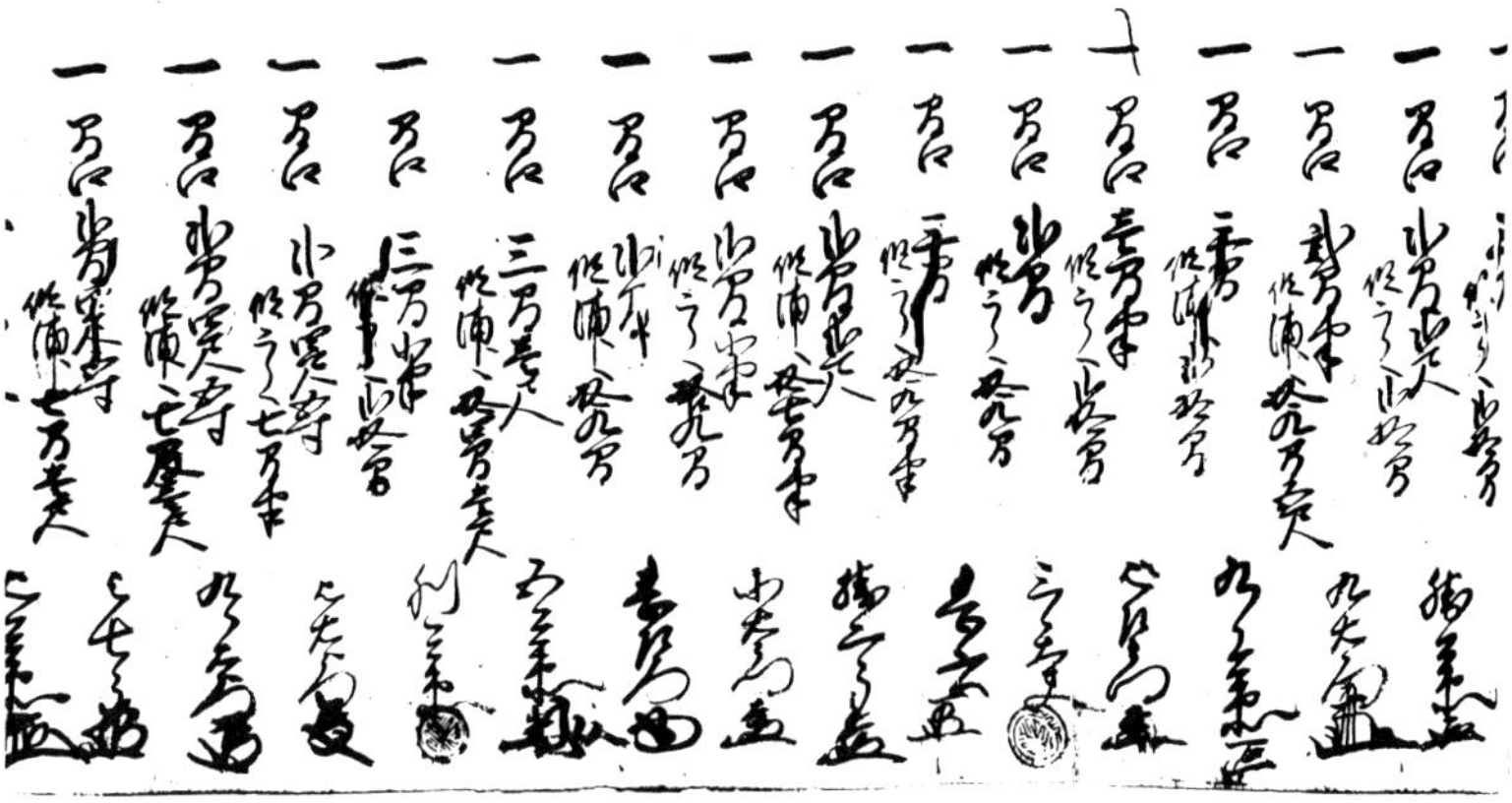

図5　「魚屋町間数等書上」(部分)
寛永８年３月２日(旧天目屋文書、小浜市立図書館所蔵、福井県文書館提供)
＊略押５：花押21(80.8％)

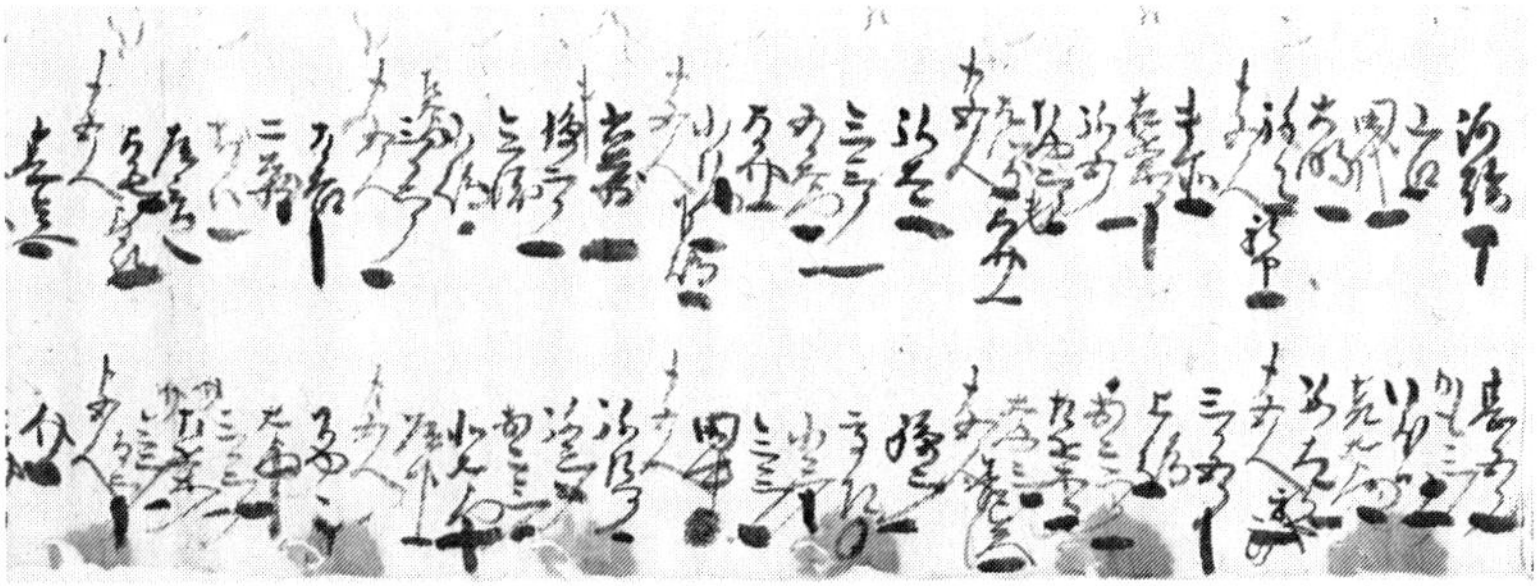

図6　「大比田浦五人組請状」(部分)
寛永12年11月(中山正弥家文書、敦賀市立博物館所蔵)
＊略押105：花押０(0％)

図6は寛永一二年（一六三五）に敦賀郡大比田村（現・敦賀市大比田）の百姓らが連署したものである。(27)その内容は、徒党を結んだり神水を飲んだりしないこと、切支丹《キリシタン》を隠し置かないことなどをはじめとして、他国への奉公やばくちの禁止など、法令の遵守を村内の各五人組が誓約したものである。末尾には庄屋の次左衛門尉の名前と、宛所である敦賀町奉行・敦賀郡代官らの名前が記されている。(28)違反した場合には、五人組のみならず庄屋にも連帯責任を課しており、領主側の強力な村落統制をうかがわせている。ここに連署している者たちは、したがって村内全戸の当主であったと考えられるから、当時の大比田村における当主層の状況を知りうる好史料といえるだろう。

連署した一〇五人のうち、花押を記した者は一人もおらず、すべてが略押である。次左衛門は、ここでは花押も略押も記していないが、他の文書に、次左衛門および次郎左衛門の名前で花押を記しているから、花押を記しえることがわかる。(29)つまり同村の当主では、花押を記しえる者は庄屋の次左衛門だけであったと考えられるのである。先に見た魚屋町とほぼ同時代の史料であるが、事態はまったく対照的なものであった。このように流暢に筆を使う人の存在状況は、地域によって大きく異なるものであった。

大比田村とは、敦賀湾に面する東浦といわれる地域を構成する浦のひとつである。敦賀湾の両岸は、西側に面する地域を西浦、東側に面する地域を東浦と称した。漁業を中心とする西浦の諸浦に対し、東浦地域は漁業をあまり営まず、塩浦と呼ばれる塩業が主な生業であった。(30)太閤検地における大比田村の石高は三七二石余りであり、屋敷持六二軒、無屋敷六八軒、合わせて一三〇軒が書き上げられている。以上から、無屋敷農民がきわめて多いことがわかる。これらの多くは、傍系親族か、名子・下人のような血縁のない隷属的な零細者であったと考えられている。(31)太閤検地に基づいて作成された「大比田浦名寄帳」では、屋敷持・無屋敷の両方を合わせて八一軒の記載しかなく、検地帳に比して極端に少ない。名寄帳に記載されているこの八一人は、租税負担をなしえる独立した有力農民であり、これ以外の四九人は、租税負担をなしえない零細な存在だったと考えられるのである。[32]先に述べた塩業も、立地や厳しい自然条件などから、きわめて零細なものであった。塩業に対する重税のゆえに、むしろ住民らの経営をより一層困難なものにしていた。この結果、村を出奔する百姓も大勢おり、人身売買が、寛文期から元禄期にかけてさえおこなわれていたことがわかっている。[33]

他方、庄屋の中山氏は、中世以来の土豪を出自としており、太閤検地では持ち高一六石であったが、貞享元年（一六八四）には七五石となり、家族は四四人にのぼった。[34]このように、一七世紀の大比田村は、中世以来の土豪を出自とする中山氏が圧倒的な財力と権威を保持する一方、膨大な零細民をかかえる村落構造をなしていたのである。以上のような大比田村の地域性は、庄屋の中山氏以外に花押を書きえる当主が存在しなかった状況の背景となっていたのではないだろうか。

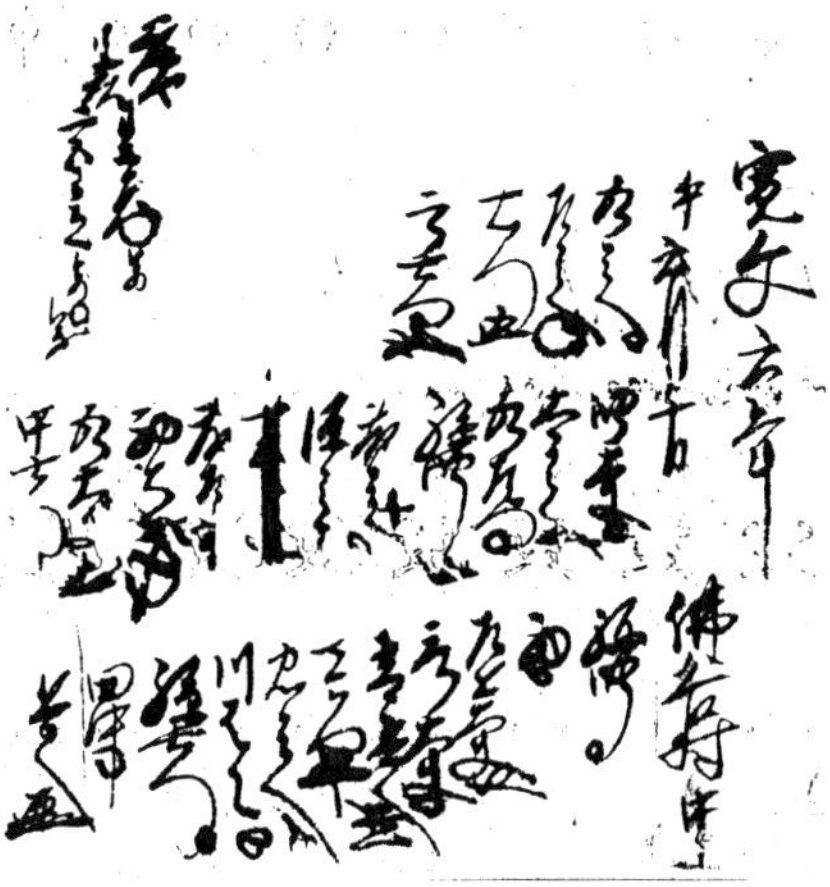

図7　仏谷村百姓連署
寛文6年6月10日「指上ケ申法度状之事」
（大橋脇左衛門家文書、福井県文書館保管）
＊略押18：花押7（28％）

つづいて図7は、寛文六年（一六六六）に作成された仏谷村の村掟のひとつである。[35]仏谷村は、若狭国遠敷郡の村であり、近世期は小浜藩領であった。現在の小浜市に属し、内外海半島の南端に位置している。旧小浜町の市街地とは、小浜湾をはさんで向かい合わせとなる地域である。寛永一五年の年貢状によれば、村高一三七石余りであった。[36]耕地は少なく、すぐ背後に山を負う地形であり、半農半漁の小集落であった。[37]村では、中世以来の文書を有する大橋家が代々庄屋を勤め、脇左衛門と称した。[38]この村における文書の作成授受は基本的に脇左衛門がおこなっていたから、村請制を実施するための最低限の識字力は、脇左衛門が発揮していたといえる。

この脇左衛門以外に、流暢に筆を使う人が仏谷村にどれだけいたのかを、図7から知ることができる。これは、「指上ケ申法度状之事」という表題を有する村掟の署名部分である。大橋家文書には、このような村掟が多数収蔵されており、庄屋たる脇左衛門や組頭などに宛てられている。この史料では、木の盗み取りを禁止すること、またそのようなことをおこなった者は自ら責任を取るべきことが定められている。代々庄屋を勤めた脇左衛門が強い指導力を発揮して、すべての家の当主に署名させたものと考えられる。

図最上段の四人のうち、右二人は名前の下に丸印を書いているのに対して、左の二人、右衛門と二郎右衛門は花押を記している。同様に二段目は、右から二人目の太兵衛が花押らしきものを記している。虫食いで切れているので明瞭ではないが、右から四人目の孫四郎も、花押を記しているようにみえる。左から二人目、五郎大夫の花押はかなり複雑な文様のようである。三段目は、右から五人目、青兵衛の署名が花押になっている。左端、「兵へ」（兵衛）の花押は、このなかでも最も見事なものである。その筆使いは、きわめて流暢なものといえる。

以上のように、この史料に自署している二五人のうち、七人が花押を記しており、その比率は二八％になる。大橋家という、中世以来の出自を有する有力な家が代々庄屋を勤めるような村であったが、この村の場合、大比田村とは異なり、庄屋役以外の階層にも、一定の識字力が普及していたことがうかがわれるのである。

さて、以上に、一定の地域の当主全員が署名したと考えられる史料をみてきたわけであるが、本節の最後に、各村の惣代が連署した史料を紹介しておきたい。図8である。これは、慶長一五年（一六一〇）に、吉田郡室村（現・永平寺町松岡芝原）の徳善寺門徒らが連判をしたものである。(39)一見して花押の数が多いことがわかる。五六人のうち四六人が花押を記しており、その比率は八二％にも及ぶ。文書は葬礼の執行を他宗にさせないことを誓約したものであり、吉野村惣代をはじめ、合計八か村の惣代たちが連署したものである。したがってここに自

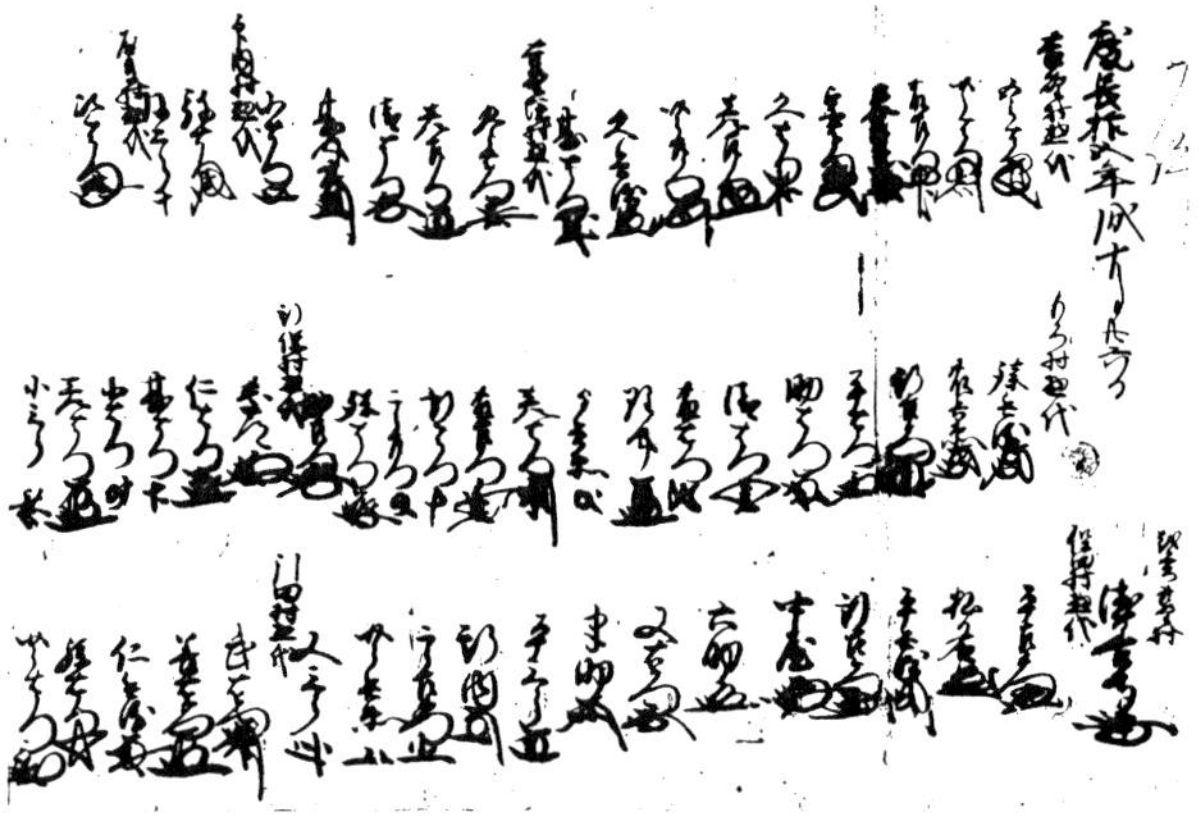

図８　「徳善寺門徒連判申状」
慶長15年10月26日（昌蔵寺文書、福井県文書館保管）
＊略押10：花押46（82.1％）

署しているのは、各村の指導層であった。このように、各村の代表となるような者が連署する場合には、花押の出現率が高くなることを確認しえる資料である。徳善寺の檀家となっている村々では、惣代クラスになると、花押を書ける者が多かったことがわかるのである。

以上、一六世紀末から一七世紀前半にかけての代表的な自署史料をみてきた。都市における文書では花押率が高く、農村的な地域の文書においては低いことが確認される。とくに、小浜魚屋町における当主の花押率が、同時代の長崎や京都などとほぼ同様の水準であったことは注目されるものである。他方、農村部では、花押を記す者は少数にとどまっていた。大比田村のように、庄屋以外の当主全員が略押を記す地域もあったのである。ただし、各村の惣代クラスが連署するような文書においては、花押を記す者が多かった。このことからみて、たいていの村に、花押を記すことのできる者が何人かは存在していたのではないかと考えられる。

四　岩本村の地域特性

本節では、岩本村にしぼって、流暢に筆を使う人がどのように存在したのか、詳細な事例的な検討を加えてみたい。まずは岩本村の地域特性について述べておこう。

岩本村は越前国今立郡に属し、近世期は福井藩領であった。一八八九年に五箇と呼ばれる五か村が合併して岡本村となり、その後今立町に編入、さらに武生市などと合併して越前市の一部となり現在に至っている。五箇というのは、武生盆地の東部、越前中央山脈の西側に展開する五つの村のことである。不老・大滝・岩本・新在家・定友の五ケ村であり、古くから製紙が盛んな地域であった。とくに大滝寺の神郷であった大滝村では、一五世紀から製紙の存在が確認されている。[40]その後、五ケ村地域全体で、奉書紙生産が活発におこなわれ、現在においても、和紙生産がきわめて盛んな地域となっている。

岩本村を含む五箇地域は、中世末期においては、一村または一人の農民さえも、数人の領主に分割して領有されている状態であった。大滝寺は、そのなかでも最も支配的な領主であったが、このほか地域の土豪などの各領主が、散在的に田畠を領して、各経営者から年貢を徴収するという、いわゆる散りがかりの支配となっていたのである。[41]

このような「散りがかり」の支配は慶長三年（一五九八）の太閤検地によって解消され、村落が、基本的な行政単位となり、年貢の請負人が一元的に確定されることとなる。この検地帳には屋敷を登録される者一九人、屋敷を登録されないもの五三人の、合わせて七二人の名前が書き上げられている。[42]

『岡本村史』によれば、この屋敷登録人は、名主百姓の系譜を引く有力農民または独立小農民であった。他方、屋敷を登録されないものの多くは屋敷を持つ土豪ないし有力農民の二・三男・伯叔父母等の血縁者や名子・被官等の小農民であった。名子・被官は中世において土豪や小領主などに隷属して使役されていた人々であり、家長ないし主家の屋敷やその近くの畠地などに小屋住する小家族で、いわゆる「ヘヤ住小農民」であったと考えられている。つまり、中世末期のこれらの村には土豪・名主百姓（有力農民および独立小農民）・ヘヤ住小農民・家内下人などが存在していたと考えられるわけである。これが慶長三年段階の、この地域の基本的な村落構造であった[43]。

この慶長三年検地帳の写しは、岩本村のものだけで何冊か伝来されているが、このうち岩本地区の区有文書として所蔵されるものには、次に示すような別記がみられる。当時の岩本村について知ることのできる非常に有益な史料であるので、全文を示しておこう[44]。

【史料2】

御定法書写

一、岩本村之儀者、家数五拾軒御座候処、奉書紙漉職根元村ニ御座候間、御高ニか、わらす、頭分弐拾軒与申候者、大目百姓与申、其次雑家ヲ中目、水吞ヲ小目与申候、右弐拾軒之百姓株之者居屋敷ハ、御縄入相成、何某屋敷何斗何升と御水帳表御記被遊、中目小目之雑家水吞之屋敷畠と已而御記被遊、右大目百姓之者共、無給金ニ而庄屋廻りニ、壱ケ年宛相勤、中目と申雑家ヨリ横目ト申而長百姓弐人宛相勤申候規定ニ御座候、夫故野辺四郎右衛門事、油屋四郎右衛門義《ママ》ハ、太閤様ヨリ御国中之蠟株　御免被　仰付、其節者国中無類之大家ニ而、居屋敷御朱印ニ被　仰付、別格之家ニ御座候得共、右野辺四郎右衛門儀者、自分之外頭分之大目百姓之縄入御改屋敷地弐ケ所所持仕罷在候故、矢張庄屋壱ケ年ツ、相勤、其明翌年又壱ケ年長百姓相勤、次江相譲り申候、猶又中目ト云雑家之内ヨリ弐人宛長百姓壱ケ年相勤申候、是ヲ横目与云、夫故庄屋長百姓之義者四人宛ニ御座候、歩行役之儀者大目之内ヨリ新株之者ニ而各別之徳分有之田地ヲ為給金与為相持申候、中目と申雑家之儀者何程御高持所持仕居候共、右御改之屋敷無之者之儀者雑家と御定被遊、水吞之儀者畠ヲ壱ケ所ニ而其余御高少々茂所持無之者之儀者水吞ト相定被遊候、右者御検地之節之御奉行服部土佐守様ヨリ被下置候村方水帳之表ニ而此段相訳り申候、中納言様御在見之節者諸事締り方村法之儀御尋ニ付、右前文之儀御達奉申上候、為覚之如此記置末代之心得ニ仕者也

史料から、当時の岩本村には、「大目」「中目」「小目」と称される明確に分化された階層が存在したことがわかる。これらは、ひとつの家格を構成しており、その時々の所有高にかかわらず固定的であったようである。さらに、油屋四郎右衛門こと、野辺四郎右衛門が、蠟の専売にかかわり村内でも別格であったことなどもわかる。おそらく中世においては土豪のような存在であったと思われる。

以上が、岩本村の基本的な村落構造であるが、商業地としての性格を有していたことは、岩本村の地域性を考える上でとくに重要な点である。前述のとおり野辺氏などが蠟の商売を手がけて国中無類の大家とされるほどであったし、中世以来展開している製紙に関しても、大滝が主として紙漉きを中心とする工業的な地域であったのに対し、岩本は、その仲買をもおこなう商業的な地域であった(45)。少し後のものになるが、寛文八年(一六六八)の岩本村における商売に関する史料をみると、紙だけでなく木綿や布をはじめ、種々の商品が列挙されている(46)。この時代までに、岩本村は商業地として展開していることがうかがわれるのである。

福井藩によって指定されていた紙の判元が、京都の商人から岩本の商人たちに変更されたことも、商業地としての岩本地域の実力を物語っている(47)。この時、吉左衛門や小左衛門などの紙仲買人が、判元として指名されている。なおこの吉左衛門というのは、先ほど紹介した野辺家の名跡を継いで内田吉左衛門と称するようになった家のことであり、また小左衛門は、野辺家の分家であった(48)。この両家は、岩本のみならず、五箇地域全体においても、最も有力な商人であった。

岩本におけるこのような商工業の発展は、結果的に農地への生産物地代をきわめて高いものにしていた。『岡本村史』によれば、一七世紀における岩本村の年貢は七割から九割にも達した(49)。これは、同じように紙漉きの盛んな大滝村や新在家村でも同様であった。『岡本村史』は、「このように免が高くなると、未進のため困って田畠を捨てる農民も生じてくる。彼らは無高となってもっぱら製紙業・商業等に参加するようになったのである。つまり、高率の年貢と銀納の増加とは、製紙業・商業の発達および貨幣経済の発展と相まって農民層の分解を促進」した、と指摘している。(50) このようにして放棄された田畠は、村の惣有地とされたようである。つまりこの地域では、農業だけでなく商工業に依存する部分が大きく、農地をもたずに、もっぱら商工業に従事していた人々も多数いたということができるのである。

以上をまとめておけば、岩本村の地域的な特性として次の点を指摘することができる。第一に、中世の散りがかり的な支配は太閤検地によって解消し、行政単位としての村落が明確になった。第二に、野辺氏や内田氏などのように、旧土豪層が商家として成長し、近世においても支配的な経済力を有していた。第三に、傍系親族や名子のような隷属的な存在であったと思われるへヤ住み層が次第に自立して屋敷登録人となりつつあった。第四に、他方では、高率の年貢にたえきれず田畠を放棄して無高になる者も増大していた。つまり、屋敷登録人と無高という二つの方向への分解が、比較的早期に展開した、ということである。第五に、岩本村は、古くから紙や蠟燭・布などの商業が比較的盛んであり、商業地としての性格を有していたが、このような地域的な性格は、一七世紀を通じてさらに発展をしていた。第六に、したがって、岩本村には、田畠を放棄して、このような商工業に従事する者も増大しつつあった。これらの点を念頭に置きながら、いよいよ岩本村における自署史料について検討してみたいと思う。

五　岩本村における流暢に筆を使う人々

最初に取り上げる史料は、図9に示したものである。寛永一一年（一六三四）に岩本村の百姓らが策定した約定である。(51) 内容は、未進銀の支払いについての寄合いについて、「歩行《ぶぎょう》」が二回廻るまでに必ず出席するものとすることを決めたものである。史料の釈文を以下に示しておこう。

【史料3】

一、酉ノ御未進銀ニ付、在所中寄合御未進相立可申談合仕候、若煩なと御座候者断申、出申間敷候、無左候てありきの二へん廻り次第ニ出可申候様ニ相定申通り、相違仕候者銀弐匁ツヽ、過料として出し可申候、則御未進と一所ニ御取立可被成候、少も一言之子細申上間敷候、何とそ御未進早速取立可申相談ニ付如此ニ証文仕候、仍如件

寛永十一戌ノ七月三日　　岩本村

惣兵衛（略）　久蔵（略）　小右衛門（略）　又右衛門（略）　小兵衛（略）
加十（略）　忠兵衛（略）　次右衛門（略）　助二郎（略）　吉右衛門（花押）
吉三郎（略）　甚兵衛（略）　六左衛門（略）　長兵衛（略）　小左衛門（花押）
二郎左衛門　新十郎　理右衛門（略）　太兵衛（略）　柿木（花押）
覚兵衛（略）　弥兵衛（花押）　久右衛門（略）　吉左衛門（花押）　喜兵衛（花押）
弥次右衛門（略）　左太郎（略）　弥左衛門　か兵衛（花押）　藤兵衛（花押）
庄屋助右衛門　久兵衛（略）　長右衛門（略）　善左衛門（略）　善助
同善左衛門　小左衛門（略）　十兵衛（略）　又十（略）　新左衛門（略）
忠右衛門（花押）　四郎兵衛
二郎兵衛（略）　金右衛門

文書は、「未進銀」の支払いに関するものである。この時期福井藩は、高率の年貢のために未進となった分については、「売りつけ米」として、その代銀を村の負債とした(52)。したがって、この文書で「未進銀」といっているのも、このような代銀のことだと考えられる。

本文の後に四四人の名前がみえる。このうち何も記していない者が八人、略押を記した者が二七人、花押を記した者が、吉右衛門・小左衛門をはじめ九人いる。何も記していない八人を除いた三六人に占める花押を記した人数の割合は二五％になる。また、無記ではあるが、庄屋の助右衛門と善左衛門は、当然読み書きができたものと思われるので、実際に流暢に筆を使う人の数はもっと多かったであろう。

約定にみえる名前を慶長三年検地帳[53]、および寛永九年田畠小割帳[54]と照合してみると、表3のような結果となった。

このうちまず、花押を記している者についてみてみよう。小左衛門は、すでに述べたように野辺四郎右衛門の分家であった。その後の史料においても、一貫して花押を記している。村内最大の大高持ちの一人である。柿木も一貫して花押を書いている。内田家文書中に柿木加市右衛門の名前がみえるので[55]、苗字を許されていた者のようである。寛永九年文書では七反の田畠を所有しており、村内上位の有力農民であった。

弥兵衛は慶長三年検地帳において中目百姓に属している。寛永九年小割帳にはその名前がみえないので、あるいは田畠を所有せず商業等に従事していたのではないかと思われる。

喜兵衛は慶長三年にはわずか九

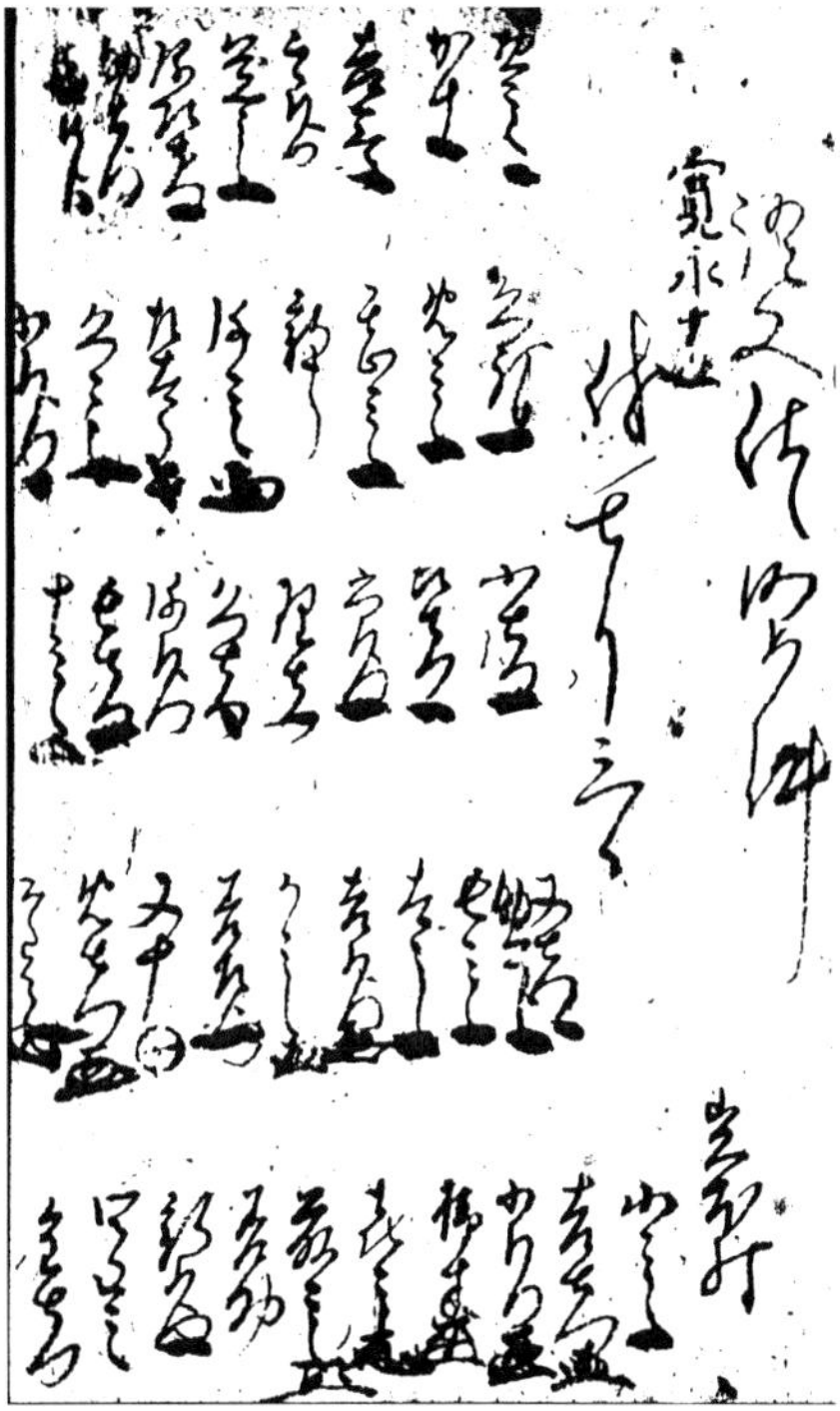

図9　寛永期岩本村百姓連署
寛永11年7月3日「未進銀取立方ニ付惣百姓約定証文」
（大滝神社文書、福井県文書館保管）
＊略押27：花押9（25％）

表3　岩本村連署百姓の比較

「未進銀取立方ニ付惣百姓約定証文」	太閤検地帳田畠高	寛永９年田畠小割帳
寛永11年(1634)	慶長３年(1598)	寛永９年(1632)
助右衛門(庄や無記)	○２反２畝28歩　大	○３反２畝25歩
善左衛門(庄や無記)		○４反４畝20歩
久蔵(略押)	３反４畝５歩　中	
忠兵衛(略押)		○11反２畝
甚兵衛(略押)	○４反３畝25歩　大	
弥兵衛(花押)	中	
小左衛門(略押)	大	○３反７畝７歩
小右衛門(略押)		○２反９畝25歩
六左衛門(略押)	１反９畝26歩	○２反７畝
弥左衛門(無記)		○２反８畝25歩
助二郎(略押)	２反５畝　中	
二郎兵衛(略押)	１反２歩　中	
小兵衛(略押)	５反２畝１歩　中	４反６畝14歩
小左衛門(花押)	○９反２畝16歩　大	○14反４畝27歩
柿木(花押)	○３反９畝25歩　大	○７反５畝22歩
喜兵衛(花押)	９畝	○２反８畝８歩
		２反９畝29歩
善助(無記)		○４反６畝９歩
四郎兵衛(無記)		３反１畝11歩

(尺以下切り捨て)

○は屋敷登録人。大中小はそれぞれ「大目」「中目」「小目」を示す。
小左衛門は２人いるが、花押を記している者を野辺家の分家と推定した。
喜兵衛については、寛永９年文書に２人の記述が見えるので、双方を記した。

畝の土地を有し「大中小」のいずれにも属していなかったが、寛永九年には三反程度の土地を有し、寛永一一年文書に花押を書いている。階層を上昇させた事例のひとつかもしれない。

助右衛門と善左衛門は無記であるが、庄屋であるから、当然、最低限の読み書きはできたものと思われる。

つづいて、略押を記したものについてみると、まず甚兵衛や小左衛門（前述とは別の家）など慶長三年に「大目」に分類されている者でも、略押を記している場合があることがわかる。古来有力農民であっても花押を記せ

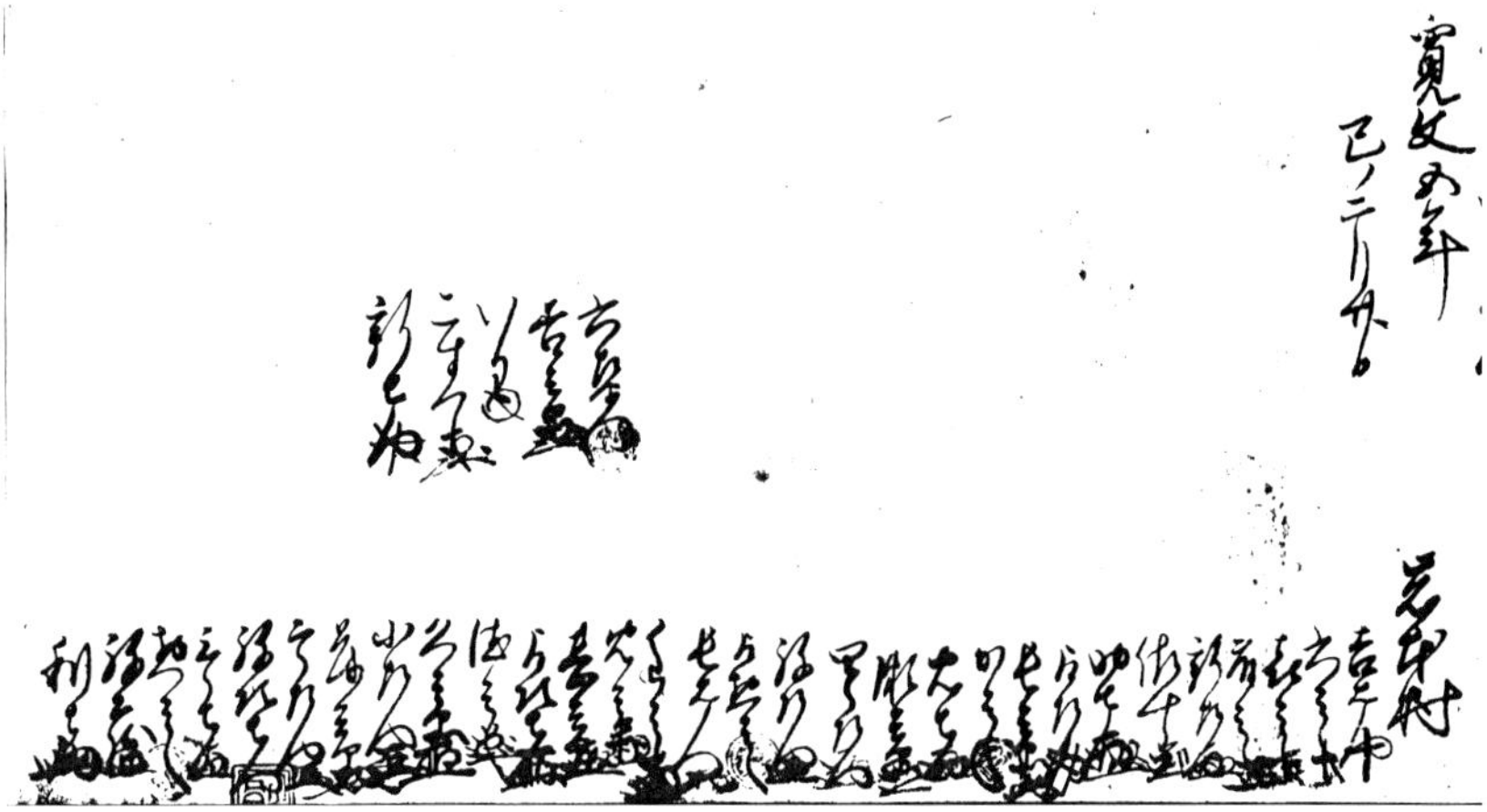

図10　寛文期岩本村百姓連署

寛文５年２月20日「指上申一札之事」(大滝神社文書、福井県文書館保管)

＊略押７：花押23(76.7%)

ない者があったということである。久蔵は慶長三年に中目に属し、野辺家の分家ともみられているが[56]、略押を記している。忠兵衛は寛永九年に一一反の土地を有している、村内有数の大高持ちであるが略押を記している。

以上のように、表3から、花押を記す者たちは、相対的に多くの土地を有しているようであるが、しかし大高持ちでも略押を記している場合があり、必ずしも土地の高だけと関係するわけではなかったことがわかる。

最後に、岩本村における寛文五年（一六六五）の文書を示しておこう（図10[57]）。先に述べたように、当時の岩本村においては商業化が進展しつつあった。土地所有に依存せず、商業等に従事する者が増えつつあったのではないかと考えられる。史料は、このような社会変動とも関係するのではないかと思われるものである。

上図では、史料のうち、署名部分のみを示してある。史料は、岩本村の百姓らが領主に対して種々の決まりを守ることを書き上げた文書である。日ごろ着する衣服についての定めをはじめとして、役人・足軽などに賄賂を贈らないこと、分に過ぎたる祝言などはしないこと、用水の管理についての定め、博打をしないことなどが書き上げられており、その後に、三五人の名前が列挙されている。したがってこの文書に署名をした人々は、当時岩本村にあった各家の当主たちであったと思われる。このうち五人が印鑑を使っている。印鑑以外の三〇人の署名のうち、七人が略押を、その他の者が花押を記している。印鑑を除いた署名者に占める花押の割合は、七七％程度ということになる。これは先にみた寛永一一年（一六三四）の史料における二五％と比べると格段の上昇ということができよう。

実は、寛永一一年と寛文五年のこのふたつの史料に記されている人名を詳細に比較してみると、その人的構成に若干の相違がみられる。寛永一一年文書にあった人名のうち、かなりのものが寛文五年の文書に見あたらず、逆に寛永一一年の文書には見られなかった人名が新たに寛文五年の文書に登場しているのである。この事情について詳細は不明であるが、先にみたように、当時の岩本村が、農地に対する過大な租税を課せられると同時に、商業地として展開しつつあったことを考えれば、少なくない百姓がつぶれてしまう一方で、有力な商家に奉公などをする人々が新たに登場してくるといった、ある種の社会変動にさらされていたのではないかと考えられる。また、寛文五年の文書に新たに署名をしている人々は、ほとんどが花押を記していることも特徴的である。

これらのことからみて、図9に示した史料は、岩本村における商業化の展開のなかで、花押を記す人が急激に増大しつつあったことを示しているものと思われる。

おわりに

本章では、花押の書ける人々を「流暢に筆を使う人」とみなして、そのような人が一七世紀の日本においてどのように存在していたのかについて検討してきた。残念ながらこのような方法で日本全国の状況を正確に知ることはできない。花押を記した史料そのものが、きわめて限定的にしか残っていないためである。しかしながら、たとえ限定的であっても、当時の識字状況をうかがうことのできる貴重な史料ということができるだろう。

越前・若狭における自署史料の分析から、流暢に筆を使う人の存在状況が、著しい地域的な差異を有しているものであることが明らかになった。その差異が何に由来しているのかを全面的に示すことは困難であるが、都市化や商業化と深い関係を有することは間違いないだろう。このことは、ある意味常識的な結論ともいえるが、実際に作成された自署によって確認されたことの意味は大きい。とくに、小浜魚屋町の状況が、同時代の京都や長崎とほぼ同様であったと考えられることは、識字力の分布が、中央の、あるいは特別な都市においてだけでなく、地方の都市においても広く展開していたことを示唆するものである。また、岩本村の事例は、必ずしも都市とはいえない地域においても、商業の展開のなかで、流暢に筆を使う人が増大しつつあったことを示している。

今回の調査結果に関しては、近畿周辺地域という、地域的な特性を考慮する必要がある。古代以来日本の中心的な地域を形成していたこの地域の事例は、安易に一般化されるべきではないだろう。今後、より周辺的な地域についての事例研究も必要である。

本研究は、自署というレベルの識字力に着目したものであるが、これを、一七世紀後半には確認されるという「文化的中間層」の形成過程へと接続させることによって、一七世紀における識字の状況をより質的に検討することが可能となるかもしれない。花押の分布に関する量的な研究とあわせて、今後の課題としたい。

（1）　横田冬彦「元禄・享保期における読者の広がりについて」（一九九八年度日本史研究会大会近世史部会コメント、日本史研究会『日本史研究』第四三九号、一九九九年）ほか、同「益軒本の読者」（横山俊夫編『貝原益軒――天地和楽の文明学――』平凡社、一九九五年）、同「近世民衆社会における知的読書の成立」（『江戸の思想』第五号、一九九六年）、同『日本の歴史　一六　天下泰平』（講談社、二〇〇二年）、同「書物をめぐる人びと」（同編『身分的周縁と近世社会　五　知識と学問をになう人びと』（吉川弘文館、二〇〇七年）など。
（2）前掲注（1）横田『日本の歴史 一六 天下泰平』二二〇頁。
（3）元禄一〇年一月一〇日「法度状之事」（大橋脇三衛門家文書、福井県文書館保管）。
（4）慶長三年一二月二三日「今泉浦住人連署屋敷売券」（浜野源三郎家文書、福井県文書館保管）。この文書は、浜野家に二通あるほか、北野清家にも一通が所蔵されている。
（5）元和五年二月八日「乍恐謹言上」（新出来塩ニ付東浦百姓等願書、中山正弥家文書、敦賀市立博物館所蔵）。江良浦の刀禰は、「〇」の中央を縦に一本線が貫く文様の略押を記している。なお、この元和五年文書では、見せ消ちを有する二人を含め、十人が自署しているが、そのうちの五人は、「〇」「一」「二」のような、単純な略押を記している。この段階でも、すべての浦に、花押を記すほどの識字力を有する者がいたわけではないことがわかる。
（6）天文二四年七月二二日「江良浦刀禰申状案」（刀根春次郎家文書、福井県文書館保管）。
（7）平泉澄『中世に於ける社寺と社会との関係』（至文堂、一九二六年）三二八頁、石川謙「日本近世教育史」（日本学術書院編『教育・倫理講座』二、一九二七年）四五頁、黒田俊雄「中世寺社勢力論」（『岩波講座 日本歴史 中世二』、岩波書店、一九七五年）二七二頁、久木幸男「研究ノート・中世民衆教育施設としての村堂について」（『日本教育史研究』第六号、一九八七年）五八～六二頁、柴田純『思想史における近世』（思文閣出版、一九九一年）など。このほか、『福井県史 通史編二 中世』（一九九四年）九二七頁、『敦賀市史 通史編 上巻』（一九八五年）三七五頁などもこれに言及している。
（8）たとえば前掲注（7）『敦賀市史 通史編 上巻』三七五頁。
（9）前掲注（7）久木論文。
（10）天文二三年三月一六日「西兵衛請文」（刀根春次郎家文書、福井県文書館保管）。
（11）前掲注（7）久木論文、六〇～六一頁。
（12）木村政伸「近世識字研究における宗旨人別帳の史料的可能性」（『日本教育史研究』第一四号、一九九五年）、同「地域の識字能力推定の方法についての試論」（のちに同『近世地域教育史の研究』思文閣出版、二〇〇六年所収）。
（13）前掲注（1）横田『日本の歴史 一六 天下泰平』二八二頁。

(14) 法本義弘校訂『拾椎雑話・稚狭考』（福井県郷土誌懇談会、一九七四年）による。
(15) 同右書、「拾椎雑話・稚狭考解題」より。
(16) 同右書、七一頁。
(17) 同右書、七五頁。
(18) 同右書、二四五頁。
(19) 『福井県史　通史編三 近世一』（一九九四年）一五二頁。
(20) 文禄四年三月七日「大滝村惣中定」（大滝神社文書、福井県文書館保管）。
(21) 小葉田淳編『岡本村史　本篇』（一九五六年）一二七頁。
(22) 寛永八年三月二日「魚屋町間数書上」（小浜市立図書館所蔵、天目屋九郎兵衛家旧蔵、福井県文書館提供）。
(23) 『福井県史　資料編九 中・近世七』（一九九〇年）四一三～四一五頁。
(24) 『小浜市史　諸家文書編一』（一九七九年）八〇六～八〇七頁。
(25) 『小浜市史　通史編 上巻』（一九九二年）八三二頁。
(26) 同右書、八三三頁。
(27) 寛永一二年一一月「大比田浦五人組請状」（中山正弥家文書、敦賀市立博物館所蔵）。
(28) 役職名については、前掲注(7)『敦賀市史　通史編 上巻』四三〇・四三六頁。
(29) 前掲注(5)「乍恐謹言上」（中村正弥家文書、福井県文書館保管）には「次左衛門」、寛永四年三月五日「乍恐申上候」（同上）には「次郎左衛門」の名前がみえるが、いずれも、同じ花押とみられる。
(30) 前掲注(7)『敦賀市史　通史編 上巻』六三九～六四〇頁。
(31) 同右書、五八二～五八五・六一八～六一九頁。
(32) 同右書、六一九頁。
(33) 同右書、六八四～六八五頁。
(34) 同右書、六八六頁。
(35) 寛文六年六月一〇日「指上ケ申法度状之事」（大橋脇左衛門家文書、福井県文書館保管）。

(36) 前掲注(24)『小浜市史　諸家文書編二』五七頁。
(37) 同右書、一〇五頁。大橋大三文書解説より。
(38) 同右。
(39) 慶長一五年一〇月二六日「徳善寺門徒連判申状」(昌蔵寺文書、福井県文書館保管)。
(40) 前掲注(7)『福井県史　通史編二　中世』七九八頁。
(41) 前掲注(21)『岡本村史　本篇』一〇〇～一〇一頁。
(42) 同右書、一一三頁。
(43) 同右書、一一六頁。
(44) 慶長三年「太閤検地水帳」(岩本区有文書、福井県文書館保管)。
(45) 前掲注(21)『岡本村史　本篇』一二七頁。
(46) 『福井県史　資料編六　中・近世四』(一九八七年)五〇七頁。
(47) 前掲注(21)『岡本村史　本篇』二八三頁。
(48) 同右書、一三五頁。
(49) 同右書、一五六～一六〇頁。
(50) 同右書、一六一頁。
(51) 寛永一一年七月三日「未進銀取立方ニ付惣百姓約定証文」(大滝神社文書、福井県文書館保管)。
(52) 前掲注(21)『岡本村史　本篇』一五九頁。
(53) 前掲注(44)「太閤検地水帳」。
(54) 寛永九年三月六日「岩本村田畠小割之帳」(大滝神社文書、福井県文書館保管)。
(55) 寛永二〇年一二月二七日「永代売渡申畠之事」(内田吉左衛門家文書、福井県文書館保管)。
(56) 前掲注(21)『岡本村史　本篇』一三五頁。
(57) 寛文五年二月二〇日「指上申一札之事」(大滝神社文書、福井県文書館保管)。

7 「継声館日記」にみる郷学「継声館」の教育

——近世会津地方における在郷商人の教育意識——

太田素子

はじめに

近世日本の識字状況を多年にわたって実証的に研究してきたR・ルビンジャーは、「読み書き能力は一般的には単純かつ普遍的なもので、何となくよいものだと考えられている。しかし、……読み書き能力というのははるかに複雑で、問題をはらむものであることが分かってきた(1)」と述べる。地域差や階層差の大きい近世日本の識字率を、「高い」と一般的に言うことは間違いであるし、読み書き能力が浸透することで、新たな格差が生じることもある。「読み書き能力の研究の本当の価値は、数量化できる諸要素を計測することにあるのではない。読み書き能力がどのように伝わり、どのように獲得され、どのように用いられるのかという文脈を明らかにすることにある(2)」というのが、氏の研究の方略である。

本章の課題は、近世会津地方の門前町における郷校の記録を読み解き、町のどのような家々から門人・寺子が入門してくるのか、彼らの学習意欲はどのような性格を持ち、身につけた読み書き能力はどの程度のもので何の

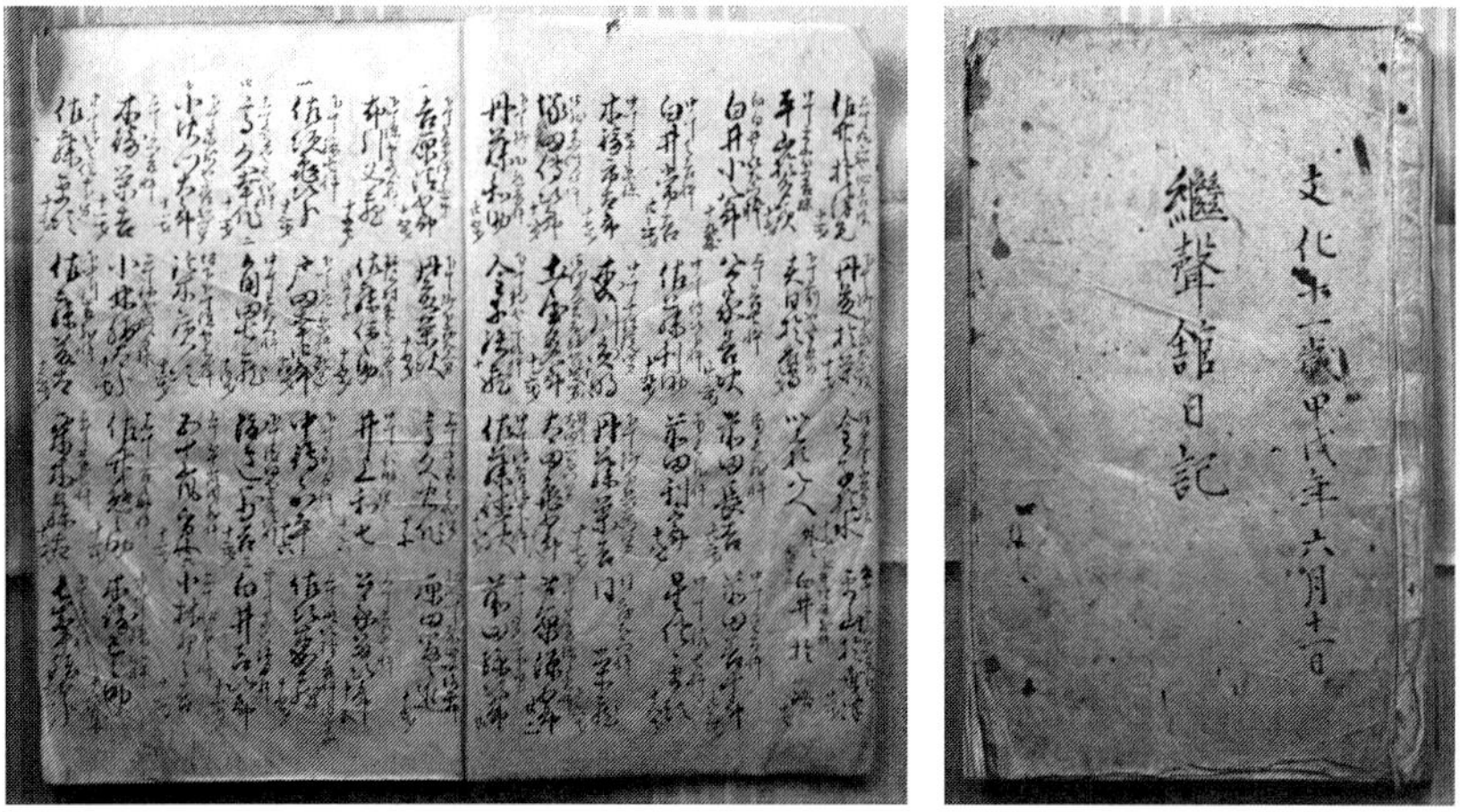

上巻

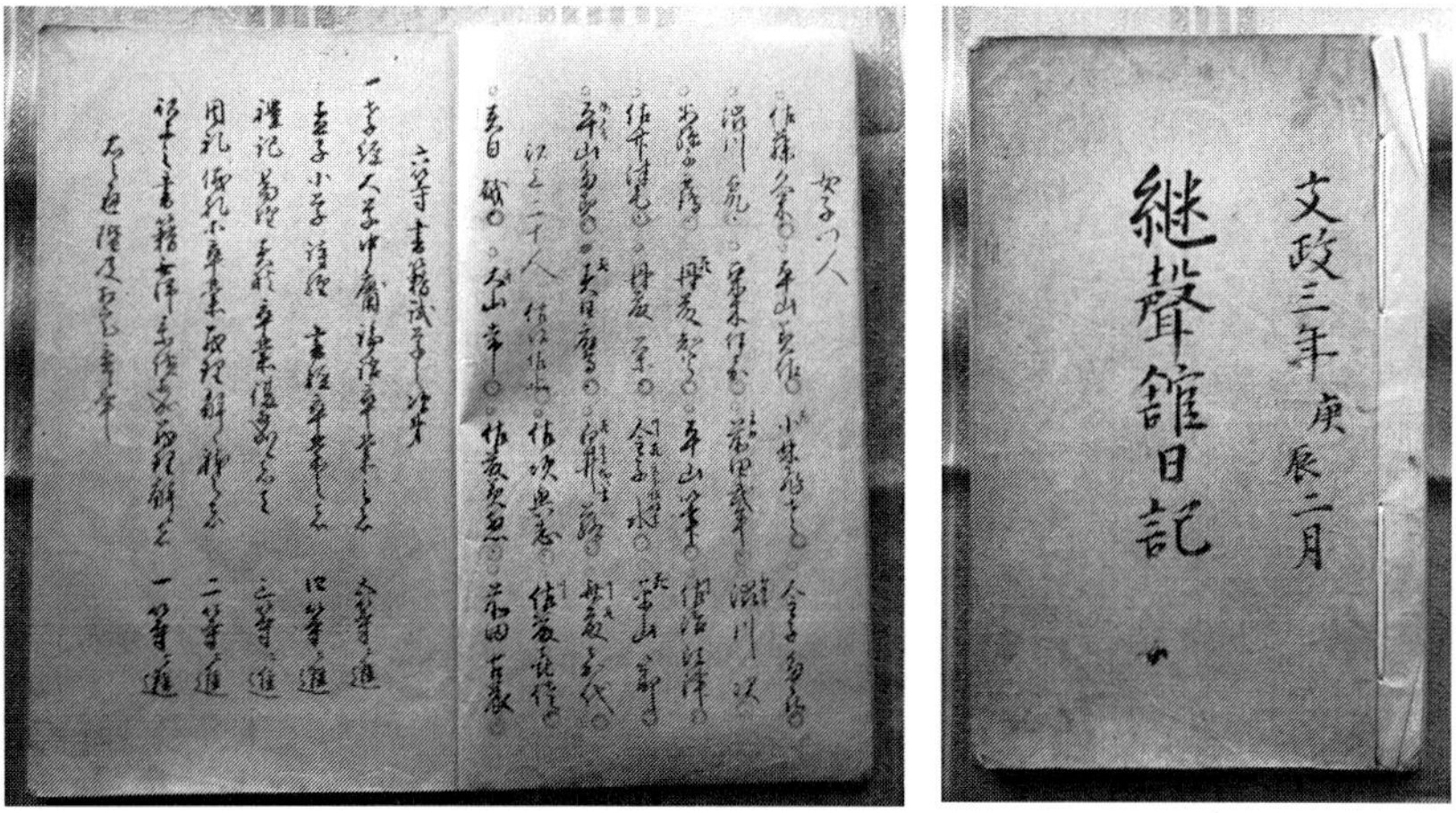

下巻

図１　「継声館日記」

役に立ったのか、長期にわたってこの郷学を維持した教師は、どのような意図からこの仕事を担ったのか、小さな地域の学習活動に限定して、可能な限りその読み書き能力の社会史的な意味を明らかにしようと試みるものである。

主に分析する史料は、会津高田町（現・福島県大沼郡会津美里町高田）田中文庫所蔵の「継声館日記」二冊と関連史料である（図1・2）。日記は、文化一一年（一八一四）起一冊（四七丁）と、文政三年（一八二〇）起一冊（三一丁）の二冊で、執筆者は田中重好（一七八八～一八六〇、通称太郎左衛門、幼名源一郎、号博山）と推定される。

「継声館」は、後述するように会津藩の教学を扱ったこれまでの通史には取り上げられていない。近年『会津高田町史』（一九九八～二〇〇〇年）の第一巻と第七巻が「継声館」を取り上げ(3)、日記を部分的に紹介したうえで、「藩行政をになう立場から」農村統治のために領民の「読み書き算盤といった受け皿」の育成をめざしたものと性格づけている。しかし筆者は、この郷学は農村統治というより、直接には近隣商家の子弟教育を担ったと考えている。また、周辺郷村の名望家層との交際も見られるが、藩と郷村の間にあってその立場は一方的な「統治」と見なせるような性格でもない。田中家の学問と藩政への立場とをよりトータルに理解する必要があると考えること、「継声館日記」を、出席した一人ひとりの生徒の学習の記録として丁寧に読み取ることが重要だと考え、そのような作業の上にこの郷学の性格を実証的に検討したいと考える。

ところで、郷学をめぐる歴史研究は一九三〇年前後から着手され、一九六〇～七〇年代にかけて、近代公教育の前史としての性格をめぐる活発な論争が展開された。また近年は、地域の郷学関係史料の掘り起こしをともなう実証的な研究が各地で着手されており、それらを全体として概括することも重要な課題となっている。筆者にはそれらを整理する準備はないが、研究の視座を限定するために、ここでは入江宏(4)の整理に依拠しつつ、郷学を

図2　田中文庫

めぐる研究史をふまえて「継声館」研究の課題を検討しておきたい。

「郷学」という呼称は、儒者たちのあこがれを反映した雅称であって、公式文書には「教諭所」「教戒所」「学館」という名称が用いられることが多いという。入江によると郷学という言葉を用いた文献は、空海が「綜芸種智院式併序」のなかで、大唐にては「県県開郷学、広導青衿」（天長五＝八二八年、傍点引用者）と用いたのが早い例で、足利学校の復興に寄与した関東管領上杉憲実の『五経疏本』寄進の置文（永享一一＝一四三九年）にも、「凡漢土自国学至郷学及私塾」云々と、「郷学」の言葉が使用されているという。中国古典の「郷学」に憧れ、都から遠くはなれた僻遠の地にも学校があるという文明への憧憬が、法令には使用されていないこの言葉を使い継いできた儒者たちの心意だと入江は指摘している。

近世日本における郷学としては、幕府代官早川八郎左衛門が開設した「美作久世典学館」「備中笠岡敬業館」を担った儒者たちが「郷校」と自称したのが早い例で、著名な事例としては水戸藩において安政三年以降の建営の学館は、すべて「〇〇郷校」と地名を冠して郷校の名称を用いた[5]。いずれも、国学の影響力の強い土地における学館なので、郷校という呼称が古代国家の教学制度への憧憬と結びついていることをうかがわせる。

初等教育と大学教育に当面の力を集中していた明治政府は、明治三年（一八七〇）一二月「太政官布告」第九二八号において、「諸県郷学校の儀追って一定の規則相立て候迄先高壱万石に付き現米壱石五斗宛用度ニ可充置事」と郷学校の言葉を使用したにすぎないが、一八八〇年代になると教育沿革史編纂事業の最終段階である明治二三年（一八九〇）編集がなった『日本教育史資料』巻九に「郷学」の部が設けられ、諸藩の地方社会に設置された学問所や教諭所を「郷学」の名称で統一的に把握しようとした。

郷学研究に礎石を築いたのは石川謙であるが[6]、入江宏は先の論考の中で、石川の郷学論が時期を経て少しずつ深化している様子を次のように整理する。

石川は、当初から郷学を基本的には成人教育の施設としてとらえながら、同時に「公立学校」観念の萌芽としてこれをみる視点を有していたという。つまり、武士教育機関としての郷学と、教諭所、つまり初等教育を施す場としての郷学（庶民教育機関としての郷学）の二類型が郷学の中に存在すると見ていたのである。こうした視点は、『概観日本教育史』（一九四〇年）でさらに深化し、郷学と国民教育の連続性への注目が意識的なものになった。そこでは、「郷にある学校」という意味のみならず、部分的には「郷のための学校」をめざす事例もあったことにふれ、地方知識人が地域社会の文化の向上と成人教育を意識的に追求した場合があったと石川は指摘した。また、経営主体の分類から文化文政年間までは官民協力型が優性だが、天保以降、領主直営や町村組合立型が優勢になって公教育の土壌を準備したと考えた。

戦後の著作になると、石川は①学問所としての郷学（関谷学校）、②藩直営の郷学（岡山藩手習所）、③民間の郷学（会輔堂、懐徳堂、含翠堂）、④官民協力の郷学（伊勢崎郷学）などの事例を検討し、民間有志の経営でも郷学は藩や代官所の認可を要する点で公的性格を有したことを強調した。寺子屋と郷学は、教育の対象が庶民で、教育内容が日常生活に必要な心構えや文字・知識である点は共通であるが、寺子屋が教師個人の経営で対象を子どもに限っているのに対して、郷学は経営主体が個人ではなく、成人と青少年の双方を対象とする点で異なると指摘している。

戦後になると高井浩（伊勢崎藩領郷学の研究）、瀬谷義彦（水戸藩郷校の研究）、津田秀夫（摂津平野郷含翠堂の研究）など、在地資料の発掘を通じて、郷学設立の背景や経営の主体的条件を、社会経済史的手法で実証する研究方法が発展した。そのなかで、津田秀夫と籠谷次郎、石島庸男をはじめとする教育史学研究者との間に交された郷学論争は、寺子屋・私塾と郷学のいずれが近代公教育の基盤を準備したかという点を軸に、教育内容や教育形態、設置主体の性格と教師の位置づけなどをめぐって、多面的な議論を積み重ねた。[7]そのなかで浮かび上がってきた検討課題は、①学校の設置主体・経済基盤、②教師の自立性や権力・民衆との関係性および師弟関係の性格、③教育内容の生活性と即時性および市場経済や近代化との関係、④教育内容の普遍的な人間形成力と民衆教化の性格との関係などであった。

ところで、入江宏は郷学論争を整理したうえで、「近世的郷学」と「維新期郷学」の区別を明確にするよう提案した。「維新期郷学」に関しては、①設立主体が単なる好学の有志ではなく、一郷の人民に、識字の普及や文化的・倫理的水準の向上を意図するリーダーの自覚を持つ、②太政官・府藩県の誘致や勧奨に呼応したものが多い、③大学―中学―郷学という学校構想を前提としているが、まだ articulation をともなうものにはなっていない、④有志の醵金を基金とするものが多いが、町村への割付もおこなう場合がある、⑤官への届出や認可、場合によっては助成金を受ける、⑥寺院や会所等公共的な施設を学舎とする、⑦初等課程と成人課程の併置が多く、定時制の施設である、⑧「学制」実施過程で、小学校へ転換・吸収される場合が多い、といった特徴を指摘しているが、近世郷学に関しては近代公教育との関係を直接に問うのではなく、「近世的公共性」をそこに見いだしたというのである。[8]

その際、近世的郷学から、藩学枝校と陪審学校を除外して考えることも併せて指摘している。その上で、近世郷学は、「好学有志共同の学舎」といった性格をもつ、その意味で「公共性」の概念を当てはめることのできる機関なのだという。入江によれば、「近世的公共性」とは、①特定の家や個人によって成立するのではない、②

受講資格は特定の人々に制限されず、血縁・地縁・身分を超えて広く開放されている、③郷学設立の理念として、一郷の風俗改善と文化の向上が念じられている、などが目安になるという。

「継声館」の場合、藩の教学政策との関係が直接的な側面もあり、時期によっては個人と家とで維持された側面もあるが、日記の記述を手がかりに、これら先行研究の指摘の意味を検討しなければならないと考えている。

一　近世の会津高田町と田中文庫所蔵史料について

会津高田町は伊佐須美神社の門前町として古代以来の文化的な伝統を持ち、中世以降は六斎市で栄える商人の町として発展した。近世に入ってからも、若松や越後から下野国へ抜ける街道沿いの駅所となり、代官所が置かれていた。田中家は天和元年（一六八一）から高田郷の郷頭をつとめてきた旧家で、田中重好の時代にも、郷頭として代官所の統治を受けつつ町政を司る役割を担っていた。

幕末に田中文庫の原型をつくった田中重好は、家系図によると「田中氏三十三代」ということになっている。田中家の所蔵する貴重史料としては、「寛文五年高田組二十箇村土地帳」（一六六五年）、「貞享二年高田組二十二箇村地下万定書上帳」（一六八五年）がある。(9)

また、田中家には代々の家主が書いた日記が残されている。まず天和元年に高田組郷頭坂田五郎兵衛にかわって郷頭をつとめるようになった田中重久（家系図では二八代、宝永六＝一七〇九年まで二七年間郷頭勤務）は、漢文の日記「重久日記」（美濃半紙八二枚）を遺している。この日記では、農業経営の傍ら商売をするなど一七世紀における田中家の日常生活が伝わってくる。

また、田中種富（家系図によると三一代、一七二二〜九五、七四歳没。寛延二＝一七四九年、父の跡を継いで郷頭着任）が記した「万覚日記」（美濃半紙一三二枚）は、一部分が『福島県史』に収録され、とくに金曲百姓一揆の記録や、御用留・巡見使の記録が注目されてきた。

さらに、幕末の家主、重好（天明八年一二月～安政七年四月、七三歳没）は、会津諏訪暦の余白に細字で書き込んだ日記、通称「重好日記」を残した。「重好日記」は、文政一一年（一八二八）から元治二年（一八六五）までの三五冊中三二冊が日記（文政一三～万延二＝一八三〇～六一年）であり、安政七年四月までを重好が、万延二年分は孫の重政が記したものである。重好は、後述する父慶名にかわって、一二歳で郷頭代勤をつとめ、一六歳で本務となった。彼が古記録をもとに記した「桜農栞」「高田徴古録」は県重要文化財に指定されている。また、重好は大沼郡富岡住杉原政善が寛文一〇年（一六七〇）から元禄五年（一六九二）にかけて記した「政善日記」上中下三巻を抜粋して筆写した。この日記も、一七世紀会津地方の風俗を伝える貴重な記録である。

さて、それではここで紹介と分析の対象とする「継声館日記」はどのような史料なのだろうか。日記は前述のように、文化一一年起一冊と、文政三年起一冊の二冊が遺されており、文化文政期の郷学（下巻は私塾）の実態を伝えている。

日記の記録以前、この郷学の出発は寛政元年（一七八九）にさかのぼるという。田中慶名（家系図では三二代。一七六三～一八三八、七六歳没。昌之進、幼名出来蔵・友蔵、号東昌）が初代の教授である。彼は種富の嗣子で、寛政元年、まだ家主になる前に会津藩から郷学師に任ぜられ、「継声館」という名称を藩から賜った。町人の子弟が藩から師範役に任命されるのは、当時の人々には格別のことと意識されたであろう。しかし、寛政七年（一七九五）三三歳で郷頭を継いだ彼は「千余人の門弟があったと」いう墓碑銘の記述があるものの、四年後に病を得て金子氏出身の妻との間に生まれた嫡子重好に役務をまかせて隠棲し、その後は学問文化とくに俳諧の世界に生きた。慶名は俳人田中月歩としての方が有名で、家政や地域支配に関しては、後述するように旺盛に記録を残した地方知識人の家系にあって、何も記録を残さない謎の多い人だったのである。

「継声館日記」は二代目の師範、田中重好によって書かれたものである。そして上巻だけでも門人一三五名の登山（入門）時期、下参（退学）時期、性別、住所と家名、テキストや学業の進捗具合などが細かく書き残されている。一人一人の門人について、テキストや学習の進捗状況を探ることもできるし、彼らが高田町出身であれば、その家を地図上で特定する可能性もある。このように生徒や学習活動について詳しい記録が残されたのは、郷学としての位置づけを与えられたため、公的な記録の必要性を意識したからであろうとひとまずは捉えられるが、筆者は慶名の時代にこの家と郷学は大きな試練に直面しており、重好は家運を盛り返す強い意志を、克明な日記や地域史の掘り起こしにかけていたのではないかと考えている。その点はのちにふれる。

二　会津藩の教学政策と郷学「継声館」

ところで会津藩の教学政策に関する先行研究[10]によると、藩士教育が徹底していた点で会津藩は他に例を見ないという。天明の藩政改革は教学改革を重要な柱の一つとしており、藩費による家中・奉公人の総教育制度実現の基礎を築いた。以降紆余曲折はあるが、幕末までに四等以上の上士（花色紐以上）は藩校日新館へ、お徒以上の中士は東西の素読所、足軽以下の下士は町人と共に南北の講所へと場所を区別しながらも全員が束脩および授業料なしで教育を受けるよう義務づけた。また、勉学の経済的な負担を軽減しようと教科書を藩校附設の開版方で刊行し、実費を分割払いにしていた。

さらに入学年齢と在学年数の規定、年齢と学力の進行に応じた等級制の導入、教育課程の作成を次第に詳細に発展させ、微温的ながら学校間の接続を意識した学校体系を生み出した。具体的には一一歳で日新館素読所へ入学、一八歳までの八年間で四等から一等までの四等級をすませ、一九歳で講釈所に進学する二段構えの複合等級制を規定していた。講釈所は上・中・下の三等級で「大学」とも呼ばれ、進級も進学もすべて試験を通してのみ認められる体制をとったという。

藩が藩士教育を独占したためか、会津藩領内の民間の私塾や寺子屋に関しては、従来特別に注目される事例があったとはいえない[11]。代表的な先行研究である石川謙『近世教育における近代化傾向――会津藩教育を例として』（前掲）は、小川渉『会津藩教育考』と『日本教育史資料』をもとにして考察を試みている。したがって明治初期の二つの調査研究からあたらしい史料の掘り起こしは特には進んでおらず、たとえば石川は会津民間の知的な水準に対して高い評価をおこなっているが、その具体的な根拠は民間人による『会津歌農書』や『孝子伝』の編集と、幕末寺子屋の動向に関する限られたデータによるもので、十分説得力を持つとはいえない。

石川によると幕末（一八一八〜七一）会津藩領内の寺子屋は三五校が新たに開所し、うち一九校が天保年間にできていて寺子屋開設のピークを示している。他藩で多い嘉永から安永年間の開所は比較的少ないという。また一寺子屋一教師という小規模インフォーマルな施設が三五校中二八校、八〇%を占めている。三一校中一八が農商民や村役人層の教師によるもので、近世中期までの神官・修験・医者・武士による経営が相対的に減ってきた。いっぽうで元武士など専業の教師が経営する寺子屋は規模が大きく、厳しいしつけや高度な文字教養を期待されるという、二局分化が起き始めたのではないかという[12]。

それでは、このような会津藩の学校制度の中にあって、「継声館」はどのような性格の学校だったのであろうか。継声館は、在郷町に教学機関を設けたいという藩の政策の中で、田中東昌慶名が寛政二年（一七九〇）「師道被仰付」られて発足したが、何らかの理由から一旦廃止しており、文化八年（一八一一）田中重好を師範役に再興、文政三年（一八二〇）に中止されるまで藩から財政援助を受けた郷学だった[13]。藩の財政支援は年三分の束脩料分というわずかなものだったが、それが停止されて公的な性格が失われたあと「継声館日記」下巻は著しく記録が簡潔になった。しかし記録こそ簡潔になったが、重好は亡くなる七年前の嘉永六年（一八五三）まで、三

○年余にわたって継声館を継続させ、近隣の子どもたちへの教育活動をおこなったのである。つまり継声館は前半三〇年間と後半三十余年の間で性格が異なった、前半が郷学であり後半は私塾とみることができる。以上の前提の上で、継声館教育の歴史的意義と高田の商人たちの教育意識を史料をから探っていこう。教育活動の分析は、とくに記録の詳しい文化一一～一二年（一八一四～一五）を中心にせざるをえないが、全体の性格は下巻の検討によって補い考察する。

第一に、「継声館」の出発点（寛政二年の藩の命）をどう考えるか。この学校はそれ以前からあったのか、それとも藩命によってこのときに生まれたのか、住民主導なのか、それとも藩の主導なのか。「継声館日記」上巻には直接記されていないので、全体として考察したい。

第二に、この学校は初等教育なのか、それとも成人教育なのか。この点は、生徒の年齢構成、テキストの構成、夜学の位置づけなどから、上下巻を通して検討できる。

第三に、この地方の寺子屋との関係、日新館との関係の検討がある。近代小学校との関係は、直接には解明が難しいと考えられる。近世会津地方の他の諸学校との関係における「継声館」の役割を、可能な範囲で明らかにしたい。

第四に、教育者としての田中慶名・重好父子のエートスや思想を明らかにする課題である。地域の文化向上を願う自覚的な在郷の文化リーダーだったのかどうかは興味深い。

筆者の最終的な目標は学校史というよりは、通学した個々の子どもや青年たちの学習に対する意欲やニーズを、その学習ぶりから探るところにある。しかしその前にまず、郷校としての基本的事実を検討しよう。

三　教師としての田中慶名・重好について

田中文庫には、「田中重久より四代目　田中太郎左衛門種富勤書」という田中慶名の父、種富の公的な事績をまとめた文書が残されている。そのなかに、「寛政二戌年より高田村へ幼学校被仰付、悴友蔵方へ師道被仰付候事」「同年同人湯川筋　被仰渡候事」という二条がある。つまり一七九〇年から友蔵（当時二八歳、のちの慶名）は、藩から「幼学校」の教授方をまかされていたことがわかる。継声館の成立に関してはこの一文しか史料がないが、藩が教学に力を入れ始めた時期なので、藩主導で郷学の開設が進められた可能性は大きい。

筆者は当初、この田中文庫に遺されている「継声館日記」を田中慶名の書き記した学校日記だと考えて分析の対象とした。なぜなら慶名にはそれ以外の家政日記も郷頭としての公用日記もなかったからである。若くして民間から郷学師範に任用されるような秀才が何も記録を残さないことはないと考え、学校日記が彼の重視した記録かと推察したのだ。しかし、学校日記も彼の遺した日記ではなかった。

田中慶名について最も基本的な手がかりは、没後に安積艮斎が作成した墓碑銘である。艮斎は直接に慶名を知っていたわけではなく、紹介者は彼の没後に追悼の俳句集「袖塚集」を編集した二本松の俳人大屋士由であった。この「東昌田中翁墓碣銘」（天保一〇年安積信述）は、実物は判読不明なほど傷んでいるものの、「袖塚集」に付録として全文が収録されている。

附録　東昌田中翁墓碣銘

天性忠厚学極博而恂恂若二無レ能者……東昌一大沼郡高田郷頭也系出レ自二敦実親王一所レ謂宇多源氏者父諱種富母川手氏翁英邁明敏髪甫燥即好二読書一弱冠挙　為二郷学師一及レ長経史百家之説莫レ不二淹貫一而於二物産之学一篤好焉寛政乙卯父没襲レ職未レ幾請二于　官一遊学数年文化丙寅以レ病告レ老復歴二遊四方一凡前後二十余年足迹所

レ及二三十余国交道益広聞見益博自二書画医方一以至二於茶儀瓶花鉄筆之属一皆能通暁而尤精二於製物一新創奇闘往往出二平賀鳩渓輩之右一大有……文学二俳歌於洛闌一号二草羅一其多芸如レ此是以遊踪所レ及列侯重レ弊聘レ之然不レ欲二進仕一遂帰二老于梓郷一惟以二風月一自娯澹如也……所レ著訓蒙科条聖学摘要及兵法秘訣等書悉蔵二于家一門人千余人散処二諸州一配二金子氏一生二一男一曰重好亦好レ学克継二其職一云……

二十数年をかけて三十余国を旅したという壮絶な人生を送り、かつ書画・医法・茶道・生花・彫刻などにすぐれ、俳諧は京都の闌更に学んだこと、『訓蒙科條』『聖學摘要』『兵法秘訣』という著作があり、千余人の門弟があったと記されている。特に「物産之学」に造詣が深く、諸処を徘徊すると官途に着くようにたびたび誘いを受けたが、とうとう漂白の身分を捨てなかった云々という指摘もある。若くして「師道」を命ぜられるほど優秀な学徒だったが、寛政七年（一七九五）三三歳で郷頭を継ぎ、四年後に病を得てからは嫡子重好に役務をまかせて、学問文化の世界に生きた隠棲の人であったということになる。

田中文庫に手稿が残されている「田中太郎左衛門重好勤書」、つまり慶名の嫡男重好の業績書には、寛政一一年（一七九九）八月「親昌之進病気」「他邦湯治」のため「肩替勤被仰付」、享和元年（一八〇一）四月から文化三年（一八〇六）まで「親昌之進物産学問修業」、諸国遍歴、重好郷頭代勤、さらに文化三年「親病気退役」というように、慶名が病気や学問修業のために旅に出ていて、その度に当時数え一二歳から一〇代後半だった重好が郷頭代勤を勤めた記述が続いている。文化三年、いよいよ重好が郷頭職を継いだときには、彼はまだ数え一九歳になったばかりであった。

また、「継声館日記」の著者が重好であることは、同じ史料の以下のような記述からわかる。

文化四年卯十月より高田村幼学校御再興ニ罷成候節、師範ニ被仰付、束脩料一年三分ツ、被下置、毎朝素読一ヶ月十二会之臨講出席仕、凡而学校掛り之義私へ世話被仰付、文政三年辰年、学校被相止候節迄、十四年

相務候内、文化十四年丑三月、出精相務、子弟教育宜行届候段、御称美被成下、米三俵被下置候事

（「田中太郎左衛門重好勤書」）

重好は郷頭に就任した翌年文化四年（一八〇七）から師範と学校掛りとを命ぜられ、文政三年（一八二〇）に学校に対する藩の財政的な支援が中止されるまで、その任にあったという。「継声館日記」上巻は文化一一年に書き起こされているが、その際に文化八年（一八一一）まで記録をたどって整理されている[14]。したがって上巻は重好が書いたもので、下巻も主に重好が執筆したものであった。

なお、重好が継声館の師範をつとめるようになった文化四年から八年までの四年間の記録がないことも、一つの検討課題である（日記の上巻は、文化一一年に書き起こされ、その際に文化八年まで記録をたどって整理されたことが書き出しから明らかである。前年の「素読所令」改定が直接の契機になった可能性もある）。

先述の通り、田中家の豊富な文書には種富以前と重好以降の史料ばかりで、慶名（俳号月歩として地元では知られている）の史料がほとんど残っていない。本当に藩に対する届出の通り、彼は病弱で務めが果たせなかったのだろうか。病弱な人が二十有余年の旅の生活に耐えられるのだろうか。

また継声館の教師はこの親子だけだったのか、それとも助教のような立場の者も含めて複数いたのかという点だが、この文面からは少なくとも公的には、師範は一人の可能性が高い。そして、藩の方は「幼学校」として、素読吟味を中心に位置づけていたのに対して、夜学と女子教育は継声館が自主的に展開していた可能性がある。

四　「継声館日記」の概要と「継声館」教育の特質

（1）入門年齢と入門者

前半の門人リストのなかで、注目されることの一つは、一三五名中一九名が女子であること、また「夜学」と

書かれた夜間に勉学に来る一〇代後半の若者たちが八名いることであろう。郷学らしく、習字素読のみでなく講釈会読の課程を持とうとしていたことがうかがわれる。また、「書物手習入込」と書かれた一一名は二〇歳前後から三〇歳近い人々までいて、町外の宗教者や医者が含まれている。習字も練習するが、書物つまり講釈会読も参加するという意味で「入込」という言葉が使われていたのではないかと推定している。

これら特色ある門人は少しおいて、少年期の門人たちの入門（登山という言葉と共に使われている）と退学（下参）の時期は、表1のようになっている。

まず登山から下参までを確認できる二五名についてみると、入門年齢は最も早い例が数え七歳で一例、八歳三例、九歳一二例、一〇歳と一一歳がともに四例、ほかに一四歳が一例という分布になっており、ほぼ八～一一歳頃が入門年齢と考えられていた。また、下参までの修学期間は、多くは四～六年の間で、平均五・三年である。

この結論は、入門時期や退学時期が完全には特定できないより多くの門人を含めて全体にも妥当する。夜学や女子を除いた門人全体の資料が表2である。入門年齢の最頻値は九歳、一六歳以上と不明を除いた平均値もおよそ九歳になる。藩校日新館はこの頃は一〇歳入学となっていたが、それよりさらに早い。また下参のピークは一三歳から一五歳頃となっている。地方の在郷町で、多くは商人の子弟であることを考えると、この学習意欲は驚異的である。いったい何がこのような学習意欲を支えたのか、またどうしてこの地に郷学が長期にわたって維持されたのだろうか。

いっぽう一〇代後半から二〇歳代になって、継声館に入門した門人が一三人おり（再入門は除いている）、晩学が許された時代として印象深い。ところがこれらの門人の多くは通学日数が少なく、一年で下参する者が多い。理由は日記からは判断できないが勉学は不達成のままだったであろう。

表1　継声館門人一覧（文化８～文政３年）　（数字は、数え年齢）

姓名	住所	所属	8年	9年	10年	11年	12年	13年	14年	元年	2年	3年	備考
千葉　戸茂吉	上丁	五左衛門男 和泉や				10	11	12					
千葉　藤三郎	上丁	五左衛門悴						10	11	12	13		
小林　卯之吉〈收之助〉	上丁	勘太郎悴 勘太				11	12	13	14	15			
佐竹　熊之助	上丁	吉之助悴		9	10	11	12	13					☆
佐竹　俊吉〈卯三郎？〉	上丁	吉之助悴						10	11	12	13	14	
木崎　栄吉	上丁	久吉悴	8	9	10	11							
五十嵐　勇伍	上丁	周蔵悴 五十嵐		9	10	11	12	13	14	15	16		☆
佐藤　卯三郎	上丁	仁右衛門悴				9	10	11	12	13			
公家　留次郎	上丁	善七悴	12	13		15							再入門
公家　善次	上丁	善七悴				22							
小林　亀蔵	上丁	忠三郎悴 吉田や			7	8	9	10	11	12	13		☆
小林　勝太郎	上丁	忠右衛門孫 酒や		9	10	11	12	13					☆
小林　房次	上丁	長七悴						9	10	11	12	13	☆
高久　忠作	上丁	長作男 肴や				15	16						
高久　幸作	上丁	長作悴 肴や	8	9	10	11	12	13					☆
栗木　伴助	上丁	伴次悴						9	10	11	12	13	
栗木　銀太郎	上丁	伴次悴 冨野や				10	11	12	13	14			
栗木　藤太	上丁	藤七悴		9	10	11	12	13					☆
佐次　森蔵	上丁	孫吉悴内弟子 銀次			14	15	16	17					☆
阿部　符治太郎	上丁　元越後	勘蔵悴						10	11	12	13	死亡	☆
角田　七蔵	中丁	七左衛門悴 七左		12	13	14	15						
佐藤　卯左之助	中丁	卯左衛門悴 松沢や				10	11	12	13	14			
前田　善十郎	中丁	金太悴				23							
立川　主馬吉	中丁	源四郎悴				10	11	12	13	14	15		
安彦　泰蔵	中丁	玄昌男 安孫子				7	8	9	10	11	12	13	
星　佐吉	中丁	佐七悴			10	11	12	13					☆
星　佐平次	中丁	佐七悴				18							
前田　嘉吉	中丁	善右衛門悴				9	10	11	12				
平山　律次	中丁	泉吉悴 平山					7	8	9	10	11	12	
森川　圓明	中丁	千法院男				18							
丹藤　佐五衛	中丁	太四郎孫						9	10	11	12	13	
佐次〈佐治〉　六蔵	中丁	治右衛門悴					9	10	11	12			
木崎　幸三郎	中丁	孫次三男						9	10	11	12	13	
木崎　平四郎	中丁	孫次悴 木崎										9	
木崎　巳之助	中丁	孫次悴 市兵衛孫		9	10	11	12	13					☆
白井　卯三郎〈真三郎〉	中丁	弥栄門悴					9	10	11	12	13		☆
渡邉　萬吉	中丁	与四郎悴						9	10	11			
白井　常吉	中丁	与吉悴				23							
井上　和七	中丁	和助男				16							
白井　吉次郎	中丁	弥右衛門悴	8	9	10	11	12	13					☆
佐藤　平次	中丁地首	信十郎悴				10	11	12	13	14			
中嶋　嘉平	下丁	嘉右衛門悴	13	14		16							再入門
金子　佐吉	下丁	金蔵悴				9	10	11	12	13	14		☆
芦原　源五郎	下丁	源之丞悴 吉原				22							
吉原　清五郎	下丁	源之丞悴 吉原				15	16						
苅部　勝蔵	下丁	権助悴 越後			11	12	13	14					☆
苅部　要蔵	下丁	権助悴 越後				10	11	12	13				
佐次　左五郎	下丁	次左衛門悴 佐治			9	10	11	12	13	14	15		☆
戸田　幸四郎	下丁	庄兵衛悴 死退				14		死亡？					
吉原　吉太郎	下丁	清吉悴							？	？	？	？	

小沢　門太郎	下丁	善五右衛門悴 米沢や				11	12	13	14				
長峯　鉄五郎	下丁	次右衛門悴		9	10	11	13	14	15				
渡邉　萬吉	下丁	藤次悴 池田や	9	10	11	12	13	14					☆
渡部　兵蔵	下丁	兵吉悴						9	10	11	12	13	
佐次　亀次郎	下丁	孫七悴	10	11	12	13	14	?					
佐治　留四郎	下丁？	孫七悴 佐治										10	
布引　又蔵	下丁	亦右衛門悴 又右衛門		13	14	15	16	17	18	19	20		
布川　又四郎 （引ヵ）	下丁	亦右衛門悴 又右衛門							?	?	?	?	
浅野　吉三郎	下丁	吉次悴					10	11					☆
浅野　門蔵	下丁	吉次悴					?						
浅野　弥吉	下丁	吉次悴					11	12					☆
戸田　吉蔵	下丁	与平次悴 マサヱモン				9	10	11	12	13	14		☆
春日　深蔵	下丁	喜六悴						10	11	12	13	14	
小沢　善次	下丁？	善五右衛門悴 小沢										9	
渡部　亀吉	下丁？	兵吉悴 渡部										10	
丹藤　和助	下丁柳下	兵吉悴				25							
丹藤　茂四郎	下丁柳下	茂左衛門男				7	8	9	10	11	12	13	
丹藤　栄蔵	下丁柳下	茂左衛門悴	13	14		16							再入門
丹藤　栄次	下丁柳下	茂左衛門悴				15	16	17	18	19			
佐藤　留三郎	下中川	藤十郎悴					11	12	13				
佐藤　藤太	下中川	藤蔵悴		11	12	13	14	15					☆
村野井　与市	下中丁	弥五兵衛悴			10	11	12	13					☆
原田　富之進	社人町	阿路正悴 原田	12	13	14	15	?						
田部　巳之助	□久丁	美和□悴						9	10	11	12		☆
馬場　久左衛門 〈基徳〉	袖山村	?						25					
渡部　与三郎 〈渡邉〉	寺崎村	勝之丞悴 渡部渡邉							?	?	?	?	
金子　谷次郎	塔寺？	忠太悴 金子					9	10					
中嶌　玄吾 〈源吾〉	永井野邑	元英弟 中嶌						11	12	13	14	15	
菊池　東之助 〈藤之助〉	中嶋□	俊蔵悴 菊池										15	
佐藤　保之助	松沢村名主	次右衛門悴 内弟子				15							
前田　長吉	南	長蔵悴				22							
白井　藤次郎	向？	喜左衛門悴 白井						8	9	10	11	12	
鈴木　廣次	坂下下丁	長右衛門悴 浜や	8	9	10	11							
塚田　傳次郎	御蔵番	傳右衛門悴				18							
土屋　多一郎	御代官	勝吾殿男 土屋				16							
太田　亀五郎	?	六右衛門男 太田				18							
小林　常太郎	?	七左衛門悴								9	10	11	
斉藤　英之助	?	悦右衛門悴 斉藤					11	12	13	14	15		☆
星　多市	?	幸吉悴								9	10	11	
丹藤　藤太	?	藤七悴							?	?	?	?	
丹藤　藤次	?	茂七悴 丹藤										8	
坂内　茂吉	?	弥吉悴								10	11	12	
三輪　長作 〈長佐久〉	?	勇左衛門悴 三輪										9	
小林　常吉	?	喜之助悴								9	10	11	
渡部　和吉	?	和七悴 渡部										9	
荒川　政吉	?	?								8	9	10	☆
小林　鶴吉	?	?										9	

夜学

姓名	住所	所属	8年	9年	10年	11年	12年	13年	14年	元年	2年	3年	備考
前田　利助 （佐藤）	中丁	傳次郎悴	16	**17**		19							再入門
木崎　市太郎	中丁	孫次悴 市兵衛孫	14	**15**		17							再入門
佐藤　徳次	中丁地首	信十郎悴				18							
金子　鉄蔵	下丁	三郎次悴 糀や				18							
丹藤　栄吉	下丁柳下	兵右衛門男	14	**15**		17							再入門
前田　利三郎	南	長蔵悴				18							
白井　小八郎	向	喜左衛門悴 白井				19							
前田　孫次郎	中丁	寅二郎男				20							

書物手習入込

姓名	住所	所属	8年	9年	10年	11年	12年	13年	14年	元年	2年	3年	備考
穴沢　栄吉	上丁	忠三郎悴 吉田や				18							
春日　利吉	下丁	嘉六悴 吉田や				19							
渡部　兵吉	下丁	友次聟				29							
金子　忠多	塔寺村					?							
佐藤　文泰	塔寺村	医師				?							
僧　妙道	會津生	天台宗				20							
佐藤　弥助	上丁	卯左衛門 坂屋				24							
児嶋　小傳次	屋敷村 肝煎	仁右衛門悴 児嶋				28							
僧　又玄	大坂雲水	浄土宗				26							
佐竹　半四郎	上丁	吉太郎悴 扇や				19							
川嶋　雄蔵	尾岐	与右衛門弟 川嶋				24							

女子

姓名	住所	所属	8年	9年	10年	11年	12年	13年	14年	元年	2年	3年	備考
佐藤　於久米	上丁	卯左衛門女 酒屋				22							
小林　於飛佐	上丁	源蔵娘 吉田や				**18**	死亡						☆
渋川　於つき 〈津喜〉	上丁	善右衛門二女	11	12	**13**	14							再入門
渋川　於虎	上丁	善右衛門娘 近江や				17							
佐竹　おつけ 〈津毛〉	上丁	仙吉女 丸二や		9	11	11							
栗木　於伊駕 〈いか〉	上丁	伴次娘 冨野や 嫡女	13	**14**		16							再入門
平山　於ふて 〈筆〉	中丁	伊右衛門娘 平山	9	10	11	12							
平山　於美佐	中丁	伊右衛門娘 平山				21							
安孫子　於つる 〈鶴〉	中丁	玄昌二女 安孫子	10	**11**		13							再入門
平山　於多美	中丁	泉吉妹 平山				10							
平山　於世津	中丁	泉吉娘 平山				11							
前田　於文 〈武舞〉	中丁南	善次孫	10	11	**12**	13							再入門
佐次　おゑつ 〈江津〉	下丁	次左衛門女 佐次		9	10	11							
春日　於鷹	下丁	半兵衛女 上州や				8							
丹藤　於ちう	下丁柳下	覚左衛門嫡女	9	10	11	12							
丹藤　於栄	下丁柳下	茂左衛門女		8	9	10							
金子　於水	塔寺	忠多娘 金子				10							
白井　於蕗	永井野	鹿蔵妹					11						
金子　於堂喜	?	?				18							

＊ゴシック数字は下参年齢をあらわす。
その他、ゴシック数字でなく、年齢表記が終わっているものは、その年以降記載がないもの。

？マークが並んでいるのは、年齢不詳だが、在学の記事があるもの。

所属は日記に見える肩書等を確認できる範囲で示す。

備考の☆は、期間内に登山、下参で完結している者を示す。

〈　〉は別姓または別名を示す。

（2）テキスト

継声館における学習活動は、年二回六月と一二月に「改」「試学」「清書定」等と記される定期試験の記録から、その内容がうかがわれる。たとえば、文化一一年（一八一四）六月一二日の「改」の記録は、旧暦六月という真夏の「青天大暑」の日に、暗唱した手本を清書するという方法でおこなわれている。この日の「改」の記録からは、門人たちが『古状揃』や『庭訓往来』など中世武家の書状に由来する往来ものを手本にするか、『論語』『孟子』『中庸』『大学』など近世儒学の基本教典、四書をテキストとして暗唱・清書していたことがわかる。

改

孟子四告子下四枚　吉次郎
孟子四告子下十二枚二行　門太郎
孟子四告子下十七枚　幸作

表2　入門・下山年齢と通学期間

入門年齢	人数
7歳	3
8	7
9	30
10	17
11	8
12	2
13	1
14	2
15	5
16歳以上	13
不明	1

下山年齢	人数
10歳	1
11	4
12	5
13	16
14	10
15	11
16	5
17	1
18	4
19	1
20	1
21歳以上	7
不明	24

通学期間	人数	備考＊
1年	14	
2	5	
3	8	内５人はそれ以上
4	15	
5	23	内９人はそれ以上
6	8	内１人はそれ以上
7	4	内２人はそれ以上
8	2	

＊この17人分は文政３年以降で史料の切れ目であるために継続年数不明になったもの。しかしこれをすべて除くと実態より相当短くなるので、３年以上継続しているものを数え、１～２年のものは不明として扱った。

古状弁慶状赴四海則迄　勝蔵
中庸廿八章迄　熊之助
大学在止至善戸　茂吉
庭訓雨皮敷皮迄　平次
中庸九章寛柔迄　左五郎
庭訓二月状開落交枝　鉄五郎
大学五章終　亀蔵
腰越状事新申条　勝太郎
手習状猶以一大事也　佐吉
古状右此条々　吉蔵
経盛返状雖伝承未聞実否　与市
大学如切如磋　佐吉
熊谷状引弓　銀太郎
弁慶状始　泰蔵
先祖之山庄　茂四郎
弁慶状剃除鬢髪　卯三郎
古状手習状習取現当之所領　要蔵
論語三先進五枚半　勇伍
（一〇～一二丁）

会津地方の寺子屋教科書としては、市史によると「九々、町尽し、江戸往来、江戸方角、都路往来、大和廻り、国尽し、名頭、商売往来」等があったことが知られている。しかしそれらの普及は、もっと時代を下ってからであろう。前掲『会津藩教育考』は『古状揃』『庭訓往来』をあげており、[15] 継声館の初歩の教科書は、手習い教科書としていわば伝統的な教材をとり上げていた。また習字と素読は同一の教科書で一体的におこなわれた可能性が高い。こうした教材に、数え七〜九歳の入門間もない子どもたちが長時間とりくむのは、相当な難度があったことだろう。

（3）試学と継声館の教育意識

『日本教育史資料』には会津藩の寺子屋政策として、教授法を藩の儒者から口達することがあったと記されている。そして、「学業進捗スルモノハ、日新館同様ノ試学ヲ行ナイ、及第ノモノニ賞与スルコト藩士ト同等」という。[16] この記事を引用した石川謙はありえないという感想を付け加えているが、[17] この時代の継声館の教育は、この記事の通りだった。文化一一〜一二年の間に試学の方法が確立し、その後の日記には入門、下参、試学の結果の記録がやや形式化して繰り返し記されていくようになる。

また、試学つまり試験の記録を丁寧に見ていくと、どのような勉学方法を採っていたのかを記録の断片からうかがい知ることができる。たとえば、「清書定」という言葉が記されていて、門人が「二七組」と「三八組」に振り分けられている（一四丁）。つまり、二と七のつく日に清書をおこなうグループと、三・八のつく日に清書をおこなうグループに分かれていて、五・一〇の復習の日には、このグループごとに清書の練習が自助努力で進められていたということになろう。

この年の一二月二一日には、「空読」つまり暗唱の試験が実施されていた。

教師である田中重好は、一人ひとりの門人がこの一年間の間に手本を何冊（一本、二本と数えている）暗唱したか、暗唱に際して言えなかった字句はいくつあったか、一年間の登校日数は何日であったかを緻密に書きだしている。

十二月廿一日手本為読候扣并数改状

空ニ而読　正月より十本　外ニ壱本　百八日　主馬吉

弐十五本　内十一字忘　百七十八日　吉三郎

空読　同より十六本　卯三郎

十五本　内廿一忘　外ニ壱本三ツ忘　百三十七日　百六十八日　熊之助

空ニ而読　正月より十本　百八日　主馬吉

同　弐十五本　百七十八日　外ニ壱本内十一字忘　吉三郎

空読　同より十六本　卯三郎

十五本　百三十七日　内廿一忘　外ニ壱本三ツ忘　熊之助

空読　百六十七日　拾五本　上丁亀蔵

四本内拾壱忘　七十五日　藤太

空読　弐拾五本　五ツ忘　百八十九日　弥吉

拾四本内十八忘　百五十九日　銀太郎

（四二丁）

弐拾三本　内三十忘　百七十三日　吉　要蔵

弐拾三本　内七ツ忘　百七十九日　佐五郎

拾弐本　内三十九忘　百三十二日　吉　泰蔵

十壱本臨書済　内六ツ忘　九本空読　十九忘　百四十四日　勇伍

空読　七本　六ツ忘　廿七日　巳之助
空読　廿弐本　三ツ忘　百五十五日　卯之吉
空読　廿五本　二ツ忘　百五十九日　勝蔵
同　弐十本　五ツ忘　幸作
（以下略、四三丁）

門人たちは、一年間に一〇冊から二五冊の手本を暗唱・清書していた。この時暗唱した手本の名前は書かれていない。しかし、先に暗唱し、清書していた手本と同一である可能性は高いだろう。二五冊暗唱して、たった二つしか失敗がなかったとか、二〇冊暗唱して失敗は五つとか、きわめて記憶力のよい門人もいたかと思えば、一四冊で一八失敗があったとか、二三冊読んだが、三〇カ所忘れたなど、生徒の個性や記憶力には大きな個人差がある。

試験には「空読」のみでなく、「記誦文字書出」という、暗唱した言葉を文字に書き出す試験も課されている。単に暗唱するよりずっと難しく、「不当字」は少ない門人で書き出した字全体の二～三％、多い門人では二五％を超える間違い字を書き連ねている。一千字近い文字数を数え、成績をいちいち書き残す精力的な教育活動が印象深い。

記誦文字書出之覚
一　九百六十四　去年より三多　勝蔵　内不当字百四十六
一　三百五十七　巳之助　内不当字四十六
一　七百三十　幸作　内不当字百九十四
一　弐百四十二　侶吉　内不当字三十四
一　三百八十四　卯之吉　内不当字五十四

一　百九十三　　　　　門太郎　　内不当字五ツ
一　三百五十三　　　　平次　　　内不当字六十七
一　百七十五　　　　　斎藤英之助　内不当字三十五下丁
一　三百四十一　　　　佐五郎　　内不当字六十
一　八十三　　　　　　佐吉　　　内
（以下略、四四〜四五丁）

文字書き出しに続いて、読書の試験もおこなわれている。清書した手本を音読するのか、手本そのものを音読するのか、いずれにしても、音読は暗唱とは異なった能力を測ると考えられている。音読の最終的なねらいは、初見の白文でも音読できるような、漢字と言葉の理解をめざした教育活動であろう。門人たちは、まずは暗唱から手本に親しみ、次第に暗記した章句を文字に書き出すことができるような、漢字と章句に関する知識を獲得し、最終的には初見の文書も音読・解読できる力が求められていると言えよう。

「読書百遍意自ずから通ず」という記憶をもとにした古典的な読解力の教育は、少なくともこの学校では、ただ暗唱するような教育ではなく、幾種類かの試験を通じて、相当意図的な勉励によって獲得される読書力だった。

読書改之覚

一　古状・大学・中庸・論語・孟子・書経・詩経壱冊目四拾七枚読　　小沢門太郎
〆十三冊四十七枚読候事、但弐枚より弐枚半迄三遍ヲ限り素読
一　古状・大学・論語・孟子・詩経弐冊四十六枚読　　高久幸作
〆十二冊四十六枚、但弐枚より三枚迄之内三遍ヲ限る素読
一　古状・庭訓・大学・中庸・論語・孟子壱冊目廿四枚読　　〇苅部勝蔵
〆八冊廿四枚、但二枚より弐枚半迄弐遍三返を限り素読

一 古状・大学・中庸・論語二　巳之助書物ニ而廿壱枚〆四冊廿壱枚　佐竹熊之助
〆壱枚弐行を限十返ヲ限る
一 古状・庭訓・大学・論語二十八枚読　○千葉戸茂吉
〆四冊十八枚弐枚半より三枚半迄四返より七返迄
古状・庭訓・大学・中庸・論語・孟子三廿壱枚読　佐藤平次
〆十冊廿壱枚読、但四枚より七枚位迄二返より三返を限
一 古状・大学・中庸・論語・孟子三巻目十六枚読　○佐次左五郎
〆九冊十六枚読、四枚より七枚迄右ニ同
一 古状・大学・論語三巻目廿四枚半読壱枚より壱枚半八返より十返　○小林亀蔵
〆四冊弐拾四枚
（四六〜四七丁）

そして、この年の記録の最後には進級の目安が書かれている。この基準を見ると、四書五経の基本的な教程をもつ学校だということがわかる。そして、往来ものの手習いは、生徒たちの実態に応じた、弾力的な、初等教育から中等教育への橋渡しの役割を有していたと考えることができる。

六等書籍之定
孝経・大学・中庸・論語卒業相済候を　五等ニ進
孟子・小学・詩経・書経卒業相済候者ハ　四等ニ進
礼記・易・春秋・周礼・儀礼相済候者ヲ　三等ニ進
文選卒業相済右書物復相成候者を　二等ニ進
右書籍無点ニ而読候者ハ　一等ニ進む事
（五〇丁）

日記には文化一三年三月九日の学業試験に際して、代官所から見届けのために役人が出張し、成績の良かった八人の門弟がお褒めを頂いたという記録がある。郷学に対する藩の影響力が小さくないことが注目される。

末ニ音し（ママ）候故此所へ記
同九日より学験始、同十五日中荒井見届役人中出席
席書在、御賞美被下候人別
斎藤英之助　小林収之助　千葉侶吉　佐藤平次
高久幸作　小林亀蔵　小沢門太郎　佐竹熊之助
〆八人外ニ小十郎壱人御称候　（五五丁）

以上、門人たちは一年間に一〇冊から二五冊の手本を暗唱・清書し、暗唱した言葉を文字に書き出す試験も課された。さらに読書の試験である。門人たちは、まずは暗唱から手本に親しみ、次第に暗記した章句を文字に書き出すことができるような、漢字と章句に関する知識を獲得し、最終的には初見の文書も音読・解読できる力が求められていると言えよう。

しかし日記の記述のなかでは誰が何級であるかという階梯分けは全く登場しない。試学結果を見ると五等に進級できる門人も少なかったから、階級分けの方が現実的な基準ではなく、学問の道への理想を示したのかと推察される。

また大切にされていた行事として、重好は毎年の初めに「学問始」の会を催した。

文化十二年乙亥正月朔日　快晴　……当日夕学問始、英吉論語序文講談、当晩孝経講読之事　出席人別白井小八郎、丹藤栄吉、金子鉄蔵、吉原清五郎、布引又蔵　（三三丁）

この記録から夜学の門弟と共に講釈を進めることの位置づけは高いことがうかがわれる。しかし夜学は重好の

期待するように継続的に開催はされていない。

以上のような継声館の教育活動からうかがわれるのは、伝統的な習字と素読の教育機関という姿であった。数量化したきめ細かい評価が子どもたちの名誉心を励まし、知的ゲームのように有能な少年たちを競争に駆り立てたかも知れない。「講釈」のような意味の世界を段階論的にあとにおいた教育課程は、意味そのものへの興味以外の学習意欲を引き出す必要があったとみることもできよう。

五　学校の生活指導について

次に、今日で言えば生活指導ないしは生徒指導とよばれる学校生活のルールや慣習について検討しておきたい。

(1) 学校の暦

文化一一年六月一二日「同日申出候休日定」という文章がある。休日を「定」として門人たちに申し渡しているのである。内容を見ると、正月は一一日から始業であるが、本格的な始業日は二一日からであること、休日は、毎月一・一五・二五日と五節句や彼岸の入出・中日、年中行事の祭日、農繁期など、年間百日弱の休業日が定められた。農繁期や祭礼日が近隣の生活誌と符合しており、まとまった長い休みではなく少しずつ休んでいる。

同日申出候休日定

正月十一日学問始　同廿一日より日々出席　毎月朔日　十五日　廿五日　五節句　二月初午　春秋彼岸初中後　三月清明御祭事　御花祭　十七日　四月八日　五月御田植祭前後五日　同六日　六月虫送十四日　十六日　七月十日　盆中五日　弐百十日　八月六日　十日　十七日　十八日　十九日　九月十三日　十六日　十九日　廿九日　十月十日　廿日　十一月冬至　十二月節分　同廿四日仕廻

此外臨時之休日ハ其時々申付候事　（一二丁）

また、試学つまり試験の記録を丁寧に見ていくと、学校の暦をそこからうかがい知ることができる。たとえば、「毎月三八字論」というのだから、三日、一三日、二三日と八日、一八日、二八日には「字」について何らかの形で講義がおこなわれていた。また、一日と一五日には「試学」がおこなわれたという。一日と一五日は休日だという規定があったのだから、一般的な授業は休みだが必要な門人は試験をこの日におこなったということになるだろう。また「五十休ミ復会」という記述があるので、毎月五日と一〇日、一五日、二〇日、二五日も通常の授業はおこなわず、復習の日と定められていたことになる。

そのほか生活の心得に関する「掟」がつくられ、何か問題が生じたとき、折々に音読をさせていた。

（２）生活指導と罰

「継声館日記」には、幼い門人たちのいたずらや、重好の彼らに対する処罰が書き込まれている。たとえば、文化一一年六月一三日の条には、落ち着いて勉強しない佐五郎に対して、一五日間台所で手習いをさせたとか、五日間、皆より線香一本分余計に居残り勉強をさせたと書かれている。

今日、佐五郎義不慎ニ付、十五日之間勝手ニ而手習為致、五日之間線香壱本遅為仕舞候　（一六丁）

また、悪ふざけで他人の硯や手本を隠したり、他所の子どもの文箱にそれらを入れて知らん顔をしたり、さらには四人の子どもたちが喧嘩をはじめて、押さえに入らねばならなかったりと、手習いの時間帯、比較的年齢の低い門人たちの指導には、重好も苦労をしている。彼は「字会」つまり手習いの時間を中断して、ものを粗末にしないよう、また行儀作法の意味について、子どもたちに話をして聞かせた。

一　卯之吉義、人の硯・書物等をかくし陳《(ママ)》し居、其上人の文箱へ入置候ニ付、四日之間慎ミ申付候事

今日、字会相止メ一統へかた長れ（ママ）不致候様申聞候事、并物を□□之紙麁木致間敷旨申聞候事
同五日　昼迄青天、夕立、夜中雷雨、当日熊之助不行義ニ付中飯後遣
同十三日　日和　勝太郎・戸茂吉・銀太郎・卯三郎けんくわいたしニ付、おさひ
此日虫干手伝吉次郎・門太郎・幸作・卯之吉・清五郎　（三三丁）

さらに彼は、こうした機会を捉えてじっくりとルールの確認を計ろうとしている。高久忠作というリーダーシップのある門人に占いをさせ、その結果を披露しながらルールの確認をおこなう。信仰を共有しない地域社会において、占いがある種の権威を持って子どもたちの行動の規制に効力を発揮したことが興味深い。

当日実行を先とすへき旨相定、則高久忠作トをなす、本卦離を得変卦ニ大有を得たり、仍而則可相守条々を定
一　仮初の雑談にも偽りを申間敷事
一　人を誇り人を侮り申間敷事
一　人ニ謙り言葉遣ひ丁寧たるへき事
一　好色の咄は勿論悪敷雑談決而致間敷事
一　起居振舞心を付慎ミ専要たるへき事
一　人の短をいかり或ハ人に怒を移間敷事
一　仮りにも己を慢す間鋪事
一　学問惰る間敷事
一　倹約を専らにし費をはふき可申事
一　衆人ニ深切なるへき事　（三三丁）

重好は何か小さな事件の起こるたびに、生活のルールを確認する。一〇月二九日の条々には、学校の往復の心

構えを確認した。

十月廿九日　日課

一　道にて傍輩に逢は丶冠物をはつし礼すへし、他人者勿論之事

一　学舎往来立止るへから（す脱カ）悪き雑談いた（す脱カ）へからす

一　何事によらす傍輩物を争ふへからす、若又争ふ物あらハ速に教へ諭し、用ひさるものハ右之趣を断るへし

一　往来ニ飛走るへからす

一　偽をなすへからす

（四〇～四一丁）

六　日記下巻にみる私塾「継声館」の足跡

先述のように藩の授業料援助が打ち切られても継声館は存続を続けた。

下巻の始まりは、表紙に「文政三年庚辰二月」とあるにもかかわらず、「新旧門人数覚」という書き上げに始まり、次に天保五～八年の追記と思われる記述が入り、続いて文政四年（一八二一）から毎年の簡単な記録が残されていく。記録は簡単で、毎年歳始めの会の出席者・欠席者や新入の門人が記され、さらにグループの組み合わせが記録される年もあるという程度になっていく。上巻に比べると、本当に簡単な備忘録になるが、しかし三〇年以上の長期にわたって学校が続いている点は注目される。

表3を参照されたい。上巻が一〇年間に一三五名にのぼる門人の名前を記したのに対して、下巻は文政四年（一八二一）から嘉永六年（一八五三）まで三三年間（そのうち記録の欠けるのは七年分）で、二三六人に上る門人の名前を記している。年あたりに平均すると約九人、上巻の時期の三分の二である。また、夜学がないために門人の年齢は概して低く、個別の学習内容に関する記述はないものの、教育活動が初等教育に集中していた。

それではなぜ、公的な援助が打ち切られたのか、その点を考える上で参考になるのが、文政三年（一八二〇）における藩の教学政策の軌道修正だ。前年の凶作と藩財政の悪化によって、教学政策は大幅に後退した。藩が教学活動を財政的に支えるというより、藩士の自発性と師範の努力に多くをゆだねるようになり、天保年間に入って再び教学が重視されるまで、藩の直接的な援助がなくなっていたのである。継声館では、私塾という性格を強めて学校が継続していた。

それにしても、田中重好が亡くなる七年前の嘉永六年まで三〇年余の継続と門人の多さは注目される。門人の

表3　日記下巻記載の門人

入門年	人数	記載ある場合の入門年齢(人数)
〈男子〉		
上巻から継続(文政3年在籍者)	24	
文政 4(1821)	4	8歳(4)
5(1822)		
7(1824)	5	8・15歳(各1)
10(1827)	6	8歳(3)、7歳(1)
11(1828)	24	8歳(3)、7歳(1)
天保 4(1833)	1	
5(1834)	5	8・9歳(各2)、10歳(1)
6(1835)	4	5・8・9歳(各1)
7(1836)	9	8歳(2)、9歳(5)、10・11歳(各1)
8(1837)	3	10歳(1)
10(1839)	13	
12(1841)	3	
13(1842)	6	9歳(2)
14(1843)	10	7歳(1)、9〜11歳(各2)、13歳(1)
15(1844)	10	
16《ママ》(1845)	5	8歳(2)、9〜11歳(各1)
弘化 3(1846)	7	8歳(1)、9歳(2)
4(1847)	3	9・10歳(各1)
5(1848)	8	7・8歳(1)、9歳(4)、10・13歳(各1)
嘉永 2(1849)	2	
3(1850)	14	8歳(2)
5(1852)	2	
〈女子〉		
天保 7(1836)	2	9歳(2)
8(1837)	1	12歳(1)
10(1839)	1	
13(1842)	3	8・10・13歳(各1)
15(1844)	3	
16《ママ》(1845)	6	8歳(2)、9・10歳(各1)
弘化 3(1846)	1	
4(1847)	3	9歳(2)、10歳(1)
5(1848)	3	8歳(2)
嘉永 2(1849)	1	
3(1850)	3	
4(1851)	1	
5(1852) 6(1853)	3	

学習意欲が何に支えられ、どのような人々が学校に通ったのか改めて関心が湧く。

七　入門生徒の背景――佐治家出身の門人たち

次に、日記の中に多く子どもの名前が登場する下丁佐治家に注目して、佐治家の家系図と比較してみることとした。比較する史料は「昭和五七年　本佐治家家系稿　十一代　佐治恒二」と表紙に書かれた手稿である。(18)

表4（271～273頁）は、日記上下巻に登場する成人子どもの名前を、姓別にまとめたものである。多くは商人だったにもかかわらず、日記は門人名簿や読書の試学結果を記すときにはすべて姓名を記載している。また表には名前とともに、肩書きに説明が加えられていればそれもそのまま記載しておいた。佐治家一族は、上巻では登場人物が六人で六番目に多いにすぎない。しかし下巻になると、佐藤や小林とともに三〇人前後の登場人物を有する大きな家になる。次左衛門のほかに八右衛門や下町与松、左五郎などの悴や娘が記載されており、同じ巻の四つくらいの家から子どもが入門してきている。分家を果たせたこと自体、この時代の佐治家が裕福だったことを示していよう。

次に図3（274頁）を参照していただきたい。これは、「家系稿」から次左衛門家の家系図を再構成してみたものである。作成にあたっては昭和五三年九月に作成された手書きの家系図も参照したが、先の「家系稿」と矛盾する記載もあったので、基本的には「家系稿」を優先して修正した。(19)「継声館日記」上下巻と時期的に重なる文化八～天保八年（一八一一～三七）頃に生きた人々を抽出した、きわめて部分的な家系図である。家系図にはこの他に西佐治・南佐治と略称される分家の記述もあるが、「家系稿」の方には分家の詳しい説明はないので、とりあえず「家系稿」で確認できる次左衛門家に限定した。

こうしてできた図3を表4と比較すると、日記に登場した三〇人が決して多くないこと、むしろ学校に通った

表4 「継声館日記」姓別上下巻別入門者氏名

姓	上巻		下巻	
	門人数	名前(付記)	門人数	名前(付記)
佐藤	16	中丁傳次郎悴利助、下中丁藤蔵悴藤太、松沢村名主次右衛門悴内弟子保之助、卯左之助、中丁地首信十郎男七蔵、平次(平治)、徳次、上丁酒屋卯左衛門女於久米、下中川藤蔵悴藤太、中丁松沢や卯左衛門悴卯左之助、上丁仁右衛門悴卯三郎、上丁坂屋卯左衛門男弥助、塔寺村医師佐藤文泰、下中川藤十郎悴留三郎、熊之助、中丁傳次郎悴利助、松沢村名主次右衛門悴内弟子保之助	29	利助、徳次、保之助、平次死、藤太下中川、卯左之助町、卯三郎死、弥助、文泰、留三郎下中川、駒之助町、久米、喜佐、町美恵、政之助、多年、宇兵衛二女輿□、右仲、千代松、忠作、菊次、おやゑ(於屋恵)、惣五郎、阿與徒、千代松、中町傳次郎孫長作、忠之助、おゑつ、おとい
小林	13	上丁酒や忠右衛門孫勝太郎、上丁勘太悴卯之吉(收之助)、上丁吉田や忠三郎悴亀蔵、上丁吉田や源蔵娘於飛佐、五郎八、深蔵、亀左衛門、七左衛門、房次(房治)、七左衛門孫常太郎、喜之助悴常吉、益之助	30	收之助、他邦死勝太郎、亀蔵、他邦房次、常太郎、町常吉、源四郎、死喜七、死益之助、町靏吉、源之助、重五郎、死飛佐、兵吉、長八(長八事滝蔵)、源次郎、美津、登與、茂助二男茂鹿、茂三郎、美亭、巳之吉、おすい、およね、おきの、おみね、常太郎、須味、直四郎、茂四郎
前田	8	中丁傳次郎孫於文、中丁善右衛門悴嘉吉、利三郎、中丁寅二郎男孫次郎、利助、中丁南善次孫於武舞、南長蔵悴長吉、中丁金太悴善十郎	8	長吉、善十郎、利三郎、天保十六(ママ)二月死孫次郎、死嘉吉、宮内武年、古農、悦之助
渡部	7	上丁藤次悴萬吉、下丁友次婿兵吉、下丁兵吉悴兵蔵、雄吉、勝之丞悴与三郎、兵吉悴亀吉、和七悴和吉	10	雄吉坂下、和吉、亀吉、当日入門向おきり三男万三郎、友吉、侶吉、千代松、又吉、兵之助、同兵蔵悴太三吉
金子	7	下丁糀や三郎次悴鉄蔵、下丁金蔵悴佐吉、塔寺村医師金子忠多、金子忠多悴谷次郎、重郎次(十郎次)、於堂喜、塔寺金子忠多娘於水	8	坂下死鉄蔵、佐吉、谷次郎、市之助二男熊之助、十郎次、八木沢行亀次郎、多喜、町死宮下悦治妻水
佐治(佐次)	7	下丁孫七悴亀次郎、下丁佐次次左衛門女おゑつ、此者三年社持候森蔵、左五郎、上丁鍛次孫吉悴内弟子森蔵、佐次森蔵弟六蔵、よし	29	亀次郎嘉永二年死、森蔵他邦、左五郎、六蔵、留四郎死、伊之丞死、江津町、佐止、勇平、きの、幸助、お与し、伊之丞嫡女阿喜野、幸之助、おみへ、八右衛門二女おきし、佐五郎娘おりの、次左衛門悴茂助、八右衛門娘おみを、与三郎、おかの、おいし、下町與松悴虎之助、吾三郎、直之助、おこま、與志、新之助、意□

木崎	5	中丁孫次悴市太郎、上丁久吉悴栄吉、中丁市兵衛孫巳之助、中丁孫次三男幸三郎、木崎孫次悴平四郎	10	市太郎、栄吉、巳之助、幸三郎、平四郎死、亀太郎、市平次、辰吉、多三郎、栄吉
平山	5	中丁平山伊右衛門娘於ふて(於筆)、同於美佐、中丁平山泉吉娘於世津、平山泉吉妹於多美、平山泉吉悴律次	9	律次、逆瀬川文八郎、美佐、筆、死節、瀬戸屋多美、幸之助、権平二男伊三郎、佐井助
佐竹	5	上丁吉之助悴熊之助、上丁丸二や仙吉女おつけ(於津毛)、上丁扇や吉太郎悴半四郎(又四郎？)、俊吉、卯三郎	10	死熊之助、半四郎、町俊吉、吉蔵、津毛、仙吉、銀五郎、栄次郎、菊次(喜久次)、菊三郎
栗木	4	上丁冨野や伴次嫡女於いか(於伊駕)、上丁藤七悴藤太、上丁冨野や伴次悴銀太郎、同伴次悴伴助	9	藤太、銀太郎死、伴助、伊嘉、伴次孫伴之助十才、藤太嫡藤之助九才、勘次郎、周助、助三郎
戸田	4	下丁与平次悴吉蔵、民蔵、徳次郎、下丁庄兵衛悴死退幸四郎	5	死幸四郎、吉蔵、死民蔵、徳次郎、寅吉
浅野	3	下丁吉次悴門蔵、弥吉、吉三郎	2	門蔵、圓蔵嫡重次改メ鶴吉
丹藤	3	下丁兵右衛門悴栄吉、下丁覚左衛門嫡女於ちう、下丁柳下茂左衛門悴栄蔵	19	栄吉、栄蔵、和助、杉原栄次、坂下茂四郎、佐五衛、藤太死、杉原藤次、藤次郎、藤太郎、七郎死、知宇死、栄、玄次郎死、栄助、藤七六男定吉、兵七、佐五衛、勝五郎
吉原(芦原？)	5	吉原源之丞悴清五郎、下丁清吉悴吉太郎、顕吉、芦原夫人(上戸原)、下丁芦原源之丞悴源五郎	6	清五郎、吉太郎、顕吉、菊松、忠之助、顕蔵
中嶋	3	下丁嘉右衛門悴嘉平、永井野邑中嶌元英弟中嶌玄吾、作次郎	5	嘉平、他邦玄吾、巳之松、作次郎、幸三郎
千葉	3	上丁和泉や五左衛門男戸茂吉、侶吉、上丁五左衛門悴藤三郎	9	侶吉、栄吉、北八□悴英吉、藤三郎、死礒八妻、佐五郎、礒八嫡男保吉、礒八、おみす
高久	2	上丁長作悴忠作、上丁長作悴幸作	4	忠作、幸作坂下、巳喜蔵、常吉
立川	2	立川留四郎、主馬吉	7	主馬吉、留四郎死、清之助、周五郎、平次郎、小三郎、丑松
公家	2	上丁善七悴留次郎、上丁善七悴善次	2	善次死、留次郎死
小沢	2	上丁米沢や善五右衛門悴門太郎、善次	4	門太郎、善次、善之助、善次郎
渋川	2	善右衛門二女於つき(於津喜)、上丁近江や善右衛門娘於虎	11	林吉、虎、次永井野、巳之助嫡鶴吉八才、寅八、辰吉、中町巳之助四男藤蔵、上町吉蔵悴金四郎九才、藤蔵、若松や直吉嫡女おしゅん八才、巳之助悴留五郎八才
我孫子(安彦)	2	安孫子玄昌二女中丁於つる(於鶴)、中丁安孫子玄昌男泰蔵	4	泰蔵、町新三郎、鶴、捨松

五十嵐	2	五十嵐周蔵悴勇伍、律次	5	他邦勇伍、大作、豊八、仁八二男金三郎、律次
苅部	2	下丁越後権助悴勝蔵、下丁越後権助悴要蔵	1	死勝蔵
穴沢	2	上丁吉田や忠三郎悴栄吉、亀蔵	1	死栄吉
原田	1	社人町原田阿路正悴原田富之進	1	冨之進
鈴木	1	坂下下丁浜や長右衛門悴廣次	3	廣次坂下、秀蔵他邦、勘右衛門孫阿登理（阿とり）
角田	1	中丁七左悴七蔵	2	七蔵、七蔵悴七三郎
布引	1	下丁染や又右衛門悴又蔵	5	又蔵、又四郎、花都嫡男貞治、近治、又四郎悴又五郎
三輪	1	勇左衛門悴同長作（長佐久）	2	天保四死長作、勇左衛門末子勇之進
長峯	1	下丁次右衛門悴鉄五郎（銀五郎）	1	鉄五郎
森川	1	中丁千法院男圓明	1	圓明
塚田	1	御蔵番傳右衛門悴傳次郎	1	死傳次郎
土屋	1	御代官土屋勝吾殿男多一郎	1	町多一郎
太田	1	六右衛門男亀五郎	1	町亀五郎
井上	1	中丁和助男和七	1	天保四東都死和七
児嶋	1	屋敷村肝煎児嶋仁右衛門男小傳次	3	死小傳次、児嶋仁右衛門弟冨之進、卯太郎
川嶋	1	尾岐川嶋与右衛門弟雄蔵	2	町雄蔵、栄次郎
斉藤	1	斉藤悦右衛門悴英之助	6	死英之助、龍蔵、町死嘉代、清蔵、仲蔵悴久四郎、仲蔵悴留六
坂内	1	弥吉悴茂吉	10	茂吉、丹四郎、弥代吉次男弥五三郎、七郎、波蔵、藤兵衛、上町波吉次弟波治、熊三郎悴左馬之助、保次、おふん
田部	1	美之助（巳之助）	1	死美之助
荒川	1	政吉	1	町政吉

（上下巻で同姓が見出せない者については記載していない）

図3　高田佐治次左衛門家の人々（一八一一～三七＝文化八～天保八年）

- 第四代次左衛門　俊基（一七五一～一八一三）（福原村　佐瀬家四男）
  - 第五代次左衛門　俊治（一七六九～一八四九）（第四代弟　億右衛門改メ）
- 後妻・リキ
  - 直之助
  - 直五郎（第九代次左衛門）※
- 第六代次左衛門　俊知（一七八九～一八五九）
- 妻・金子氏（一七九六～一八三七）　子一三人
  - 第七代次左衛門　俊貞（田嶋村星家出身、～一八八四、七四歳卒）＝ヨシ
  - サノ
  - ウメ
  - 女
  - イシ（平山幸之助に再嫁）
  - 茂吉（佐瀬家へ養子早世）
  - 七人夭逝（一八一五～三七年の間）
- 勇左衛門（三輪氏に養子、真右衛門）―三輪勇喜―〇〇〇―三輪勇八
- 女
- 二代左五郎　光幸（南佐治に養子、万右衛門改メ　興左衛門）

（第七代の子）
- 第八代次左衛門　俊徳（一八二九～一九〇〇）
  - ※（養子）直五郎　第九代次左衛門　俊明
  - チョウ（長）＝幸平
- キシ
- サダ
- ミサ（美佐、幸左衛門家へ嫁ス）
  - 幸平（分家・幸左衛門家より）
- 八重
- 房
- 勇平
- 次八郎

◎他に、同じ町内に、佐治次郎兵衛家、喜右衛門（与兵ヱ、左五郎）家＝南佐治がある。

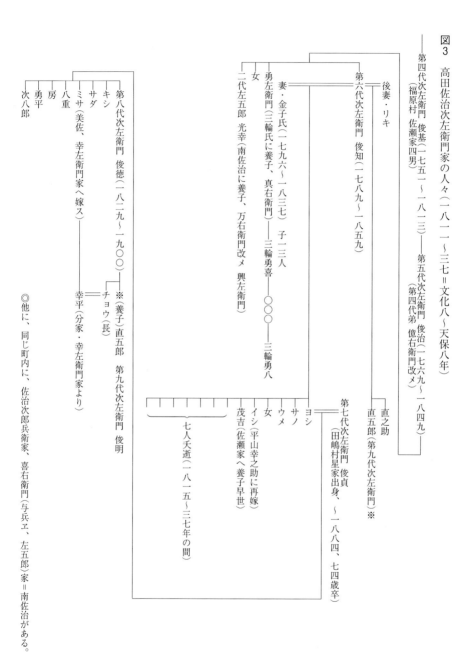

子どもの方が限定されていることが明らかになった。この時期の佐治家は子沢山で、第六代次左衛門は先妻に一三人、後妻に二人という子福者であったし、第七代次左衛門俊貞も八人の子福者であった。近隣の宗門改帳に登場する農民家族の少子傾向と比較すると、近世会津の在郷町にも、子ども数において明らかな格差社会が現出していたと考えられる。

それでは、どのような子どもが学校に通ったのだろうか。この家は男子が少ないのだが、男子は基本的に全員が学校に入門した。女子は人数が多かったが門人には長女子が多い。両者の史料で名前が類似していながら一致しないものがいくつかあるが、ときどき姉妹の下の方も門人帳に登場する。それらの子どもは好奇心や勉学意欲が勝った子どもだったのか、何らかの理由でチャンスが与えられたのであろう。

夭逝した子どもたちが多く、その死亡年齢が不明なので、就学率までは推定できない。しかし、少なくともすべての子どもが学校に通ったのではなく、何らかの学習するチャンスの不平等があったこと、しかし会津地方の一門前町で商人の子弟が、少なくとも男児はこぞって四書五経の読書にとりくんだ時代があったことは驚くべき事実だと考えている。

おわりに――「継声館」の性格と近世高田町の文化状況

以上、明らかになった諸点と今後の検討課題をまとめておきたい。

郷校「継声館」は会津藩の庶民教育に対する施策の中で生まれ、前半三〇年間についてはわずかながらも公費の補助を受けて存続した。素読、暗唱と清書、会読、習字を課業の内容とする、初等教育と中等教育の中間的な性格をもつ学校であった。師範は一人と推定され、少なくとも初代の師範田中慶名は、町人とはいえ墓碑銘から藩校日新館に学んだことがわかる。門下生の日新館への進学の道は試学によって可能な制度に作られていた、つまり接続していたが、現実の門下生たちの学力はとうていその水準にはなかった。後半三〇年間の継声館の記録を見ると、師範が町の郷頭であることもあって、人々は人格的な信頼の上に初等教育をこの学校に期待していたと考えられる。

「継声館」の歴史全期間を通してその性格を見た場合、当初は藩の教学政策の中で生まれた学校であったとしても、藩が財政難で支援を打ち切る中で存続を続けた「地域の学校」であったことの方が重要なのではないか。寛政末から文化八年頃まで、「継声館」は何らかの困難を迎えていた。その点は今後さらに検討を続けるが[20]、それでも門下生は学校と田中家への信頼を失わず再興に期待している。また、天保年間以降、私塾の性格を深めた時代にも、入門生徒はそれほど減っていない。佐治家の文書は一例にすぎないが、高田町で栄えたこの商人の家で、男子には全員初等教育を期待し、女子でも長女と条件に恵まれた子どもには通学を奨励する様子が確認できた。この家の教育熱心は注目に値するが、さらに「継声館」の門人たちは俳句のサロンという別の強い繋がりを持っていた。

田中家が蒲生家遺臣の家系で、門前町高田の歴史に深い愛着を持っていたことは、重好の著作活動からうかがわれる。また、別稿で研究途上にあるが、慶名は俳人田中月歩として江戸や京都、長野、新潟など広範囲に知己を持つ地方文化人であった。その出奔や放浪の旅は、会津藩の教学が古学から朱子学へと展開したこと、三歳年下の甥川島与五右衛門の上訴打首事件と関わりを持つ可能性がある。明治期になって、この地域全体が自由党の影響力の強い土地だったといわれるが[21]、全体としてどのように近代移行期を経験していくのか、今後の検討課題としたい。

（1）R・ルビンジャー（川村肇訳）『日本人のリテラシー 1600-1900年』（柏書房、二〇〇八年）一九頁。
（2）同右書、二一頁。
（3）『会津高田町史 第一巻 通史』（二〇〇一年）三一八～三二四頁。『同 第七巻 文化（各論編Ⅲ）』（一九九九年）三一〇～三一三・七三一～七三二頁。『福島県史 第十巻 近世資料編下』には、五十嵐勇作による『継声館日記』の紹介があり、日記内容の簡潔かつ的確な紹介をおこなっているが評価は加えていない。
（4）入江宏「郷学論」（『宇都宮短期大学音楽科研究紀要』第一六号、二〇〇九年）。
（5）瀬谷義彦『水戸藩郷校の史的研究』（山川出版社、一九七六年）。
（6）石川謙『日本庶民教育史』（刀江書院、一九二九年）、同『概観日本教育史』（東洋図書、一九四〇年）、同『近世の学校』（高陵社書店、一九五七年）。また戦前期の研究としては、中泉哲俊『日本近世教育機関の研究』（目黒書店、一九三七年）に、全国一三一校の郷校の目録がある。なお、石川謙『近世教育における近代化的傾向――会津藩教育を例として』（講談社、一九六六年）は、会津を対象とした研究であるが、継声館に関して直接の言及はない。
（7）津田秀夫「民衆的教育運動と権力による公的教育の成立」（『歴史学研究』第三七〇号、一九七一年）。籠谷次郎「最近の「郷学（校）」の評価について――津田秀夫氏の所説を中心に」（『日本史研究』第二一五号、一九八〇年）。石島庸男「郷学校の組織化過程よりみたる教育近代化の前提――近世先進地域泉州堺の事例を中心に」（『教育学研究』第三一巻三号、一九六四年）。ほかに、竹下喜久男・森川輝紀・梅村佳代などもこの論争に関わった。なお、戦後の研究としては、ほかに倉沢剛『小学校の歴史』一・二（ジャパンライブラリービューロー、一九六三・七〇年）、同『学制の研究』（講談社、一九七三年）、久木幸男・山田太平「郷学福山啓蒙所の一考察」（『横浜国立大学教育紀要』第二九号、一九八九年）、川村肇『在村知識人の儒学』（思文閣出版、一九九六年、第二章で郷学論争、信州の維新期郷学に言及）、宮本又次『町人社会の学芸と懐徳堂』（文献出版、一九八二年）、テツオナジタ（子安宣邦訳）『懐徳堂――一八世紀日本の「徳」の諸相』（岩波書店、一九九二年）など。
（8）前掲注（4）入江論文、二八頁。
（9）この日記を含む史料が保存されている田中文庫に関しては、伊東実「重好日記――郷土資料の宝庫「田中文庫」より」（『会津史談』第五三号、一九八〇年）が早い時期に紹介した。なお、田中文庫は現在、田中家の史料管理を継いだ天野

譲氏夫人が管理している。福島県会津高田町教育委員会編『福島県会津高田町近世近代文書所在目録』第二巻所収「田中文庫　文書目録」（一九九一年）参照。
(10) 小川渉『会津藩教育考』一八八三年稿、一九三一年出版（東京大学出版会、一九七八年復刻版）。前掲注(6)石川書。
(11) 例外的に坂下安応堂の研究が子孫によって発表されている（結城朝茂『会津藩領内の寺子屋教育の実態』一九六九年、私家版）。
(12) 前掲注(9)伊東論文参照。伊東は毎年一二月の門人改めの記録をもとに、その生徒数を文化八年二三人、九年三一人、一〇年五〇人、一一年九六人、一二年一〇一人、一三年一一四人、文政三年一四〇人、女子二〇人を含む、と述べている。
(13) 「田中太郎左衛門重好勤書」、控書とみられる。田中文庫所蔵。
(14) 「文化十一年より以前ハ記載詳にせす故悉知るには須粗日記の有増を模写する者也」（『継声館日記』上巻）。
(15) 前掲注(10)小川書、一九三一年出版、二六二頁。同一九七八年復刻版、九六～一三五頁参照。
(16) 『日本教育史資料』第八巻、六八〇頁。
(17) 「筆の行きすぎであろう」（前掲注(6)石川書、二六二頁）。
(18) 佐治信男氏蔵『昭和五七年　本佐治家家系稿　十一代　佐治恒二』（手稿）。過去帳をもとに作成されたと伝わる。
(19) 推定佐治恒二作成「高田佐治家図　1978」（一紙文書、手稿）。
(20) 一部は研究ノートとして公表している。太田素子「田中月歩と『袖塚集』について――近世会津地方の郷学師と地域文化」（『和光大学現代人間学部紀要』第六号、二〇一三年）。
(21) 『会津高田町誌』（一九九六年）第一〇章人物編参照。

〈付記〉　本論文は二編の研究ノートを改稿して一編とした。初出は、太田素子「研究ノート、『継声館日記』にみる近世在郷町における識字状況」（『和光大学現代人間学部紀要』第二号、二〇〇九年）、同「研究ノート、郷学継声館の足跡と『継声館日記』の人々」（『和光大学現代人間学部紀要』第三号、二〇一〇年）。

謝辞　松居和男様ほか横浜市歴史博物館の横浜古文書を読む会の皆様に多大なご助力を頂きました。また、田中文庫の閲覧調査に関して、天野セイ子様には度々の訪問を快く許可して頂きました。佐治家の史料に関しては、友人佐治登茂子様にご協力を頂きました。記して深謝をお伝えいたします。またこの研究は、二〇〇六～〇九、二〇一一～一四年度ＪＳＰＳ科研費助成（助成番号一八五三〇六四二及び二三三〇二二四）によりおこなったものです。日本学術振興会の助成に感謝いたします。

8 武蔵国増上寺領王禅寺村における識字状況
――寛政・文化期村方騒動を通して――

大戸安弘

はじめに

江戸近郊農村の武蔵国増上寺領王禅寺村における一九世紀初頭の識字状況の一端について、若干の考察を試みたい。同村では寛政期から文化期にかけての間に継続性のみとめられる村方騒動が発生し、名主と小前層を中心とする一般百姓との間の対抗関係のなかで、年貢高と土地所有に関する文書の扱い方をめぐって、両者間の緊張感の伴う駆け引きが見られた。この間、一般百姓の文書管理と所有についての特段のこだわりが、徐々に名主側の譲歩を引き出すに至り、騒動の落着を見ることになったのであるが、その複雑な展開の推移を追っていくなかで、一般百姓の識字に関わる能力などの存在や浸透について注目するべき状況を捉えたい。

近世民衆の識字状況については、重要な識字力形成の場の一つである手習塾・寺子屋研究の展開に伴って語られてきたといってよいであろう。手習塾・寺子屋研究の本格化は、石川謙による数量的研究の導入によって切り開かれ、ハーバート・パッシンやロナルド・ドーアなどの海外の研究動向にも影響を及ぼすなど、その成果はその後の研究のモデルになったといえる。[1] そこでは手習塾・寺子屋の量的普及や子どもの就学率の検討などの結果を通して、近世民衆の識字力の様相についても論じられた。このような研究動向の到達点として指を屈するべきは、籠谷次郎の成果であろう。[2] 籠谷は、乙竹岩造から、パッシン、ドーア、広岡亮蔵、利根啓三郎に至る、寺子屋への就学状況に関する研究史のなかで、[3] 乙竹による江戸の就学率は八六%強という推計を受けて、[4]「小商人や親方以上の子供たちは、ほとんど寺子屋で学んだと見てよかろう」[5] と述べ、さらに幕末明治初期の京都の山村部である北桑田郡の就学率も男子であれば七〇%を下らないとする広岡の推定は、[6] 定説としての位置にあることを指摘した上で、幕末期の北河内農村三七か村の就学状況の分析を試みている。そうして籠谷は、男子のほとんどが、女子は六〇%以上が就学したとの結論を導き出している。

江戸や大坂などの都市部やその近郊農村の就学率の際立った高さが、文部省編『日本教育史資料』を基本とした概括的研究によって示されたといえる。その後、その延長線上に出版物や往来物の普及状況、農村文書の残存状況からも類推が加えられるということも少なくなかった。また就学率の高さは、識字率の高さをもほぼ表しているということもできることから、幕末期大都市部やその近郊農村の民衆の識字状況はきわめて高い位置にあったといえる。そうした地域の男子においては、水準の相違は当然あるものの、一定水準以上の識字力を有する者が一般的であり、民衆層男子はほぼ十分な読み書き能力を有し、また女子の識字力も相当程度に高いものがあったという捉え方が、定説化するに至ったということができる。ただし、その内実は、あくまでも概括的なレベルでの定説としてあったということも、また否定できないことであった。都市部やその近郊農村部の民衆層の識字力の高さが強調されつつも、その地域段階での具体的な論証は課題として残されたままであったといえる。

こうした研究状況に大きな変化が生じたのは一九七〇年代以降からである。石島庸男は下野国真岡田町の寺子屋を取り上げ、具体的な地域的実情のなかにその機能の実相を読み取ろうとした。[7] このような新たな試みをさらに深めたのが入江宏であり、下野国の農村手習塾を対象にし、筆子名寄帳の分析を通して慈恵的手習塾から幕末期の自生的手習塾へと変容していく過程を明快に示すとともに、読み書き能力としてのリテラシーの普及と村内秩序の再編との関係性についても指摘している[(8)]。その後、特定地域・特定年次の事例を対象とした地域研究の積み上げが、識字研究の隘路を切り開く道筋との久木幸男の指摘もあったが[(9)]、梅村佳代は伊勢国と志摩国との個別の三つの寺子屋に注目し、門人帳や仕置帳やそれぞれで用いられた往来物などの分析をおこなうとともに、そこでの学びを求めた子どもの生涯にまで視野を拡げる試みに成功している[(10)]。これらの先駆的な成果の登場によって、手習塾・寺子屋研究がそれまでの量的総体的把握の域を脱して、個別具体的な検討が進められる段階に入ったことは明らかである。

近世民衆の識字状況についても、手習塾・寺子屋の普及や学びのテキストとしても用いられることの多かった往来物出版の数量的推移、あるいは識字を前提に成り立つ一般の書物出版の数量的推移など、どちらかといえば巨視的量的側面からの状況証拠を提示することによりその具体相に論究されるというあり方から、個別の手習塾・寺子屋の多様な教育活動をめぐる内的質的検討を踏まえたものへと変りゆく道筋が開かれたといってよいであろう。

このような新たな動向のなかで注目されたのが、木村政伸によって紹介された宗旨人別帳に記載された花押であり[(11)]、名主選挙の際の入札などであった[(12)]。リチャード・ルビンジャーが総括しているように[(13)]、いずれも個々の町や村に生活する住民の識字状況を推測させるに足るものであるが、それらの文書に、文字や文字に類する記載をおこなった人々の対象範囲については階層的限界があり、花押については用いられていた時期が急速に印鑑に取って代わられる一七世紀中葉頃まで、という時間的制約が伴う。

花押や入札に続く新たな史料の発掘が求められる状況であるが、ここでは、残されている重要な課題である、近世農民の大多数を占める〝小農〟というべき小前層の識字力成立に関わる基礎的状況を把握するための手掛かりを求めてみたい。増上寺領王禅寺村の小前層農民は、寛政期から文化期に連続する村方騒動のなかで、土地所有と年貢高に関する文書の管理についてきわめて強いこだわりを見せていた。その文書をめぐる一連の動きの根源には、彼らの識字力に展開していく可能性を含む基礎的能力に発した、日常生活の様相を左右することになる状況についての認識力があったと考えられる。

王禅寺村といえば江戸近郊農村であり、既述のように在来の幕末期手習塾・寺子屋への就学状況研究では、江戸や河内などの都市部や大都市近郊農村では非常に高い就学率が推定されてきた。そのことをそれぞれの地域に生活する人々の具体的様相から提示していくことが、その定説とも指摘される主張をさらに補強することに繋がるものといえる。このような研究史の把握を前提にして、王禅寺村小前層農民個々が二〇年以上の長期間にわたって管理し保有し続けた文書の存在状況とそこに記載されている内容とに、彼らの日常の生活を支えるに足る識字力に通じる能力の存在をみとめることができるのか否か、検討を進めてみたい。

一　寛政・文化期王禅寺村における村方騒動の概要

(1) 王禅寺村の概況

近世王禅寺村については、研究史の蓄積が少なからずあり、[14] ことに長谷川伸三と井上攻による寛政・文化期村方騒動に関する論考によって、その概況を確認することができる。ここでは両者、とりわけ長谷川の成果に依拠しながら、当該期の王禅寺村の村落状況と同村で発生した村方騒動の経緯について、基本的な理解をしておきたい。

王禅寺村（現・川崎市麻生区）は、戦国期には麻生郷の一部であったが、徳川家康の関東入国に伴い麻生郷から独立し、関東の高野山とも目された真言宗豊山派の古刹王禅寺の寺号により、村名とした。以後、二代将軍秀忠の正室崇源院化粧料となり、秀忠および崇源院の死後芝増上寺が菩提寺となったために、寛永一一年（一六三四）以降、増上寺御霊屋料となった。このために村は御霊屋料として霊廟維持のための諸経費を賄う特別な役（献上役・労役）を担う反面、諸役免除の特権も与えられていた。また、王禅寺村は、多摩川の南側に沿う多摩丘陵の中央部にあったが、土質や水利条件から見て、農業には好条件の土地とはいえなかった。それゆえか、余業として柿栽培が盛んにおこなわれていた。

村落構成の変化が進んだのは、一九世紀前期の文化期から天保期にかけての頃であり、村内の階層分解が進み、上層への土地集中、中層の減少、下層の増大と潰株の続出が見られた。村内の六〇～六五％程度の農民は、自己所有の土地のみでは再生産を持続できない状況に追い込まれていった。しかし、上層への土地集中は極端ではなく、一方無高層も発生していない。天保期以降になると、零細層が増加し、生産力の低さゆえの区分から上層（一町五反以上）・中層（五反以上一町五反未満）・下層（五反未満）として、文化一一年（一八一四）段階で、上層六戸・中層二三戸・下層六三戸の構成であった(15)。

このように農民層分解が進んだ結果、生活を維持するために、王禅寺村村民は農間渡世を余儀なくされていくことになる。とりわけ化政期以降にそうした動向が本格化し、階層に対応した商人・職人化が進んでいった。上層農民は、地主層として商人化し、穀物・肥料・酒・衣料等を扱い、質屋も商うといった在郷商人としてあった。また、中層農民は、自作あるいは自小作としての立場から、ある程度の仕事場・道具・資金を要する手工業に向かった。そして、多数派を占め、農業のみでは困窮化が進むばかりの下層農民は、自小作あるいは小作としての立場から、大工・木挽・屋根葺・縁日商などの職人や小商人として余業に取り組むか、日雇・奉公として労働力提供によって対応するしかなかった。農業における商品生産の展開と余業機会の増大に対応した程度ではあるが、いずれの階層においても、ある程度の離農化が進んでいたことになる。[16]

(2) 増上寺領における領民の識字力形成の基盤

次に、王禅寺村を含む増上寺領[17]全体に及ぶ識字をめぐる状況に関する重要な背景として、増上寺の地方役人奥村喜三郎の活動の一端を見ておきたい。文化期の村方騒動から二四年が経過した天保八年(一八三七)、奥村喜三郎は、四四か村となる増上寺領諸村に『女学校発起之趣意書』を配付している。[18] 奥村は高野長英・小関三英門下の洋学者でもあり、測量・天文・算学や農業などの著作を刊行するほか多方面での活動を展開していた。[19] そうした奥村であるが、同書は女学校創設という、それまでに一度も具体的な検討などなされたことのなかった女子のための学校を立ち上げようという野心的な試みを示すものとはいえ、そこで想定されている教育内容からは奥村の洋学者としての側面をあまりうかがうことはできず、国学的素養が滲み出たものとなっており、伝統的制約という条件下での構想であることが大きな特徴としてある。

同書での提案は、村上直が指摘するように、『女孝経』、『女大学』、教訓になる仮名交り文章、詩歌を手本に手習いをさせ、行儀作法・武芸・裁縫・糸取りをも習得させる女学校を創設するべきというものである。[20]「女学校」という呼称には新しい時代の傾向を感じさせるものがあるが、そこで構想されている教育内容には、化政期の江戸の一般傾向であり近郊農村にも波及していたような華やかさを否定した上で、奥村の江戸近郊農村に相応しいと確信するものを設定しようとする意識が強く感じられる。

また、かつての手習師匠は、一般に指導する子どもに対しての教え方が厳しかったが、近年は門人の子どもの量的多寡を意識するあまりか、子どもや親のご機嫌取りの師匠が目立つと次のように指摘する。

第一手習の師匠といふもの、むかしは門弟の子供の教方厳しかりしに今はあまりに厳しくては子供はいふにおよばず其親々の気にも入らざる故、師匠の方より子供の機嫌を取るようになりたれば、子供の仕つけの為にはならず、殊に右の伎芸人等が所為を真似て折々揃ひの浴衣そろひの手拭を染めさせ社中に売りつけて遊山を催し、頭上に造り華をさらせ大勢をひきつれて遊行し、其の弟子の多きといはるゝを見えとしたるなど手習師匠の所業にはあるまじき事歟

（『女学校発起之趣意書』、五丁）

読み書き能力を身に付けようと入門してきた弟子を多数抱えることを目的となすかのように、揃いの浴衣・手拭で物見遊山をしたり、頭部に造り華を付けて一門打ちそろって出かけるなど、これ見よがしの外面を飾ることに走るばかりのおよそ手習師匠にあるまじき所業が目立つと、手厳しい批判を込めている。このような記述は、一面で手習塾の普及の高まりを示しているということもできるであろう。天明・寛政期の手習塾の激増を受けた第三の激増期として天保期が指摘されているが(21)、奥村が見聞きする手習塾をめぐる状況も、江戸や増上寺領のような近郊農村における手習塾の普及がもたらした競合的環境の結果ということもできよう。『女学校発起之趣意書』の配付は、こうした状況を前提としたなかで、近郊農村の増上寺領に女学校を創設し、江戸近郊農村から江戸市中などに影響を及ぼすべく活動を始めようという宣言がなされたに等しいというべきであろう。

またこれは、天保の改革によって江戸市中における奢侈の禁止、生活統制がなされるなかでの提案であった。同書では「男子には師を取り身を脩る道を習わしむれど、女としては学ぶことの希なる故に」（五～六丁）とも述べられているように、男子は師匠の指導の下に自身を律するためのしかるべき学びの場があり、そうした場で学ばせる一般傾向があるという。男子の学びについての理解は相当な拡がりを見せているが、それに比して女子であるという理由から等閑に付されている女子の学びの軽視という状況を是正するために、不十分な女子のための学校を創設しようとする奥村の発想が示されている。結果としては創設には至らなかったのであるが、「予も日あらず最寄に一箇所右の女学校を取立候、志願にてまづ其趣意を四方の少女の親達に告申度、婆心の一言を書

しるし候、その仕方よろしき事におもはれ候人達は遠慮におよばず候間、右の女学校を何れへなりと取立、御教諭の事希がふ所なり」（九〜一〇丁）と結びに近い箇所で強調しているように、奥村が中心となり増上寺領内にまず一校を設置した後、有志の賛同と協力を得て順次増設も視野に入れていたことがわかる。

このような奥村の女子教育への取り組み方を方向づけた前提として、王禅寺村を含む増上寺領における男子の学びの状況があったといえるだろう。そして奥村は、男子の学びの状況については現状では十分である、という認識があったのであろう。換言すれば、そうした状況から生じてくる増上寺領農村に生活する男子の学びの状況、これは識字に関する能力の投影ということもできるが、それはおおむね十分な域にあるという、奥村の認識であったと見ても誤りではないと思われる。

(3) 村方騒動の経緯

増上寺領ではあるが生産力が決して高いとはいえない条件下の江戸近郊農村である王禅寺村において、寛政四年（一七九二）二月と文化一〇年（一八一三）一一月とに連続性を有する村方騒動が発生した。この時期の村方騒動自体はとくに珍しいものではないが、この騒動に関する先行研究としてある長谷川伸三および井上攻の詳細な分析に即してその推移を追ってみると、王禅寺村村落構成の多数派を占める小前層を中心とする一般農民の間に、識字力への展開の可能性を推測させる状況が、彼らの所有文書に対する姿勢のなかから垣間見えてくる。

この騒動の原因は、同時代の村方騒動によく見られたように、年貢・諸入用の割り付けや勘定に関する負担の不公平感が、階層分解が進むなかで小前農民層に蓄積していったことにある。負担の根拠として用いられる村方帳簿類の記載内容が、時間的な推移とともに実態とそぐわないことが明らかとなり、一般農民への不公正な負担が増していったからである。

寛政期の騒動での一般農民側の重要な成果の一つとして、土地所有権の異動の際には、村役人立会により名寄帳・年貢帳と小前層農民にまで家別に作成され配布されていた「年貢手帳」とを照合・訂正する、という取り決めがなされていた。しかし、二〇年ほど経過した文化年間にはそれが守られることなく、次第に帳簿上の記載内容と実際の土地所有状況との相違が生じていったようである。そこで名主志村弥五右衛門は、手元に保管してある名寄帳と各家で保管されていた「年貢手帳」とを新たに作り直し、帳簿と実態との齟齬を解消しようとした。そのために各家に保管されていた「年貢手帳」を弥五右衛門に提出させ、約一年の時間をかけて書き換えをおこない、その後に修正版の新たな手帳を配布したものの、元来各家が保管していた古い方の手帳を、弥五右衛門は手元に置いたまま返還しようとしなかった。これに対して各家からは古手帳の返還要求がなされたのであるが、弥五右衛門は返還要求の正当性を認められないとしてこれを拒否した。このような名主の対応に対する多くの村民の批判的意識が、文化期の村方騒動を引き起こす要因となったのである。

文化一〇年、小前層を中心とする四六人（下層六三戸の当主を母数とすると七三％、中層二三戸と下層六三戸の当主を母数とすると五三％）の村民が村役人を訴えることとなり、古手帳の返還を求めて領主である増上寺輪番所に訴状を提出した。村役人層と一般農民との間の交渉は、双方の主張が平行線をたどり困難をきわめたが、領主である増上寺側の調停もありようやく決着した。この騒動の結果は、ほぼ一般農民側の要求が認められることとなり、古手帳が個々に返還されるばかりではなく、新たな手帳の作成や修正に際しての公正さが徹底されることにもなった。近世農村における文書主義の浸透はよく知られているところであるが、村落の大多数派である小前農民を含む一般農民にまで及ぶ、家別の文書の作成とその保管という事例は、管見の限りでは他に見出すことができない。

次節では、この「年貢手帳」と同質同類の村方文書類の記載内容についての判断力・理解力の有無から見て、江戸近郊農村の小前層を多数とする一般農民の識字力に繋がる基礎的能力の可能性について、検討を重ねてみることにしたい。

二　王禅寺村村民の識字等をめぐる基礎的状況

(1)「田畑山屋鋪手帳」の検討

ここで第一に検討の対象とするべきは、寛政年間から文化年間の二〇年ほどの間の王禅寺村において、その管理・保管の仕方と内容の記載とをめぐって村役人層と一般農民から重要視され、そのあり方について両者の間に緊迫した交渉や駆け引きがなされ、村方騒動の争点としてあった「年貢手帳」そのものであろう。しかし、現時点ではその存在を確認することができない。この村方騒動をめぐる史料を含む近世王禅寺村に関わる膨大な文書が、名主役を務めることの多かった志村家に引き継がれ、「志村文雄家文書[22]」として残されているのだが、同文書のなかに、「年貢手帳」の存在を確認することができないからである。

この史料上の制約をどのようにして突破するのかということが課題となってくる。おそらく村全体の年貢割付の基本台帳である「年貢本帳」の各家部分を分割して記載したものに「年貢手帳」という名称を付して、村民の各家が原本を、そして名主弥五右衛門が副本を厳重に所持・管理していたのであろう。全体文書の家別け部分を記載した文書を手帳と称して用いていたものと考えられる。

そこであらためて志村文雄家文書のなかに、このような全体文書の家別部分記載という手帳形式の文書が他に残されているのか否か検討してみたところ、史料「田畑山屋鋪手帳」四冊の存在が明らかになった。次に示した図1は、そのうちの一つ市郎左衛門に配布された手帳の手控えとして作成されたものの一部である[23]。これらの手帳が作成された時期は文化一〇年三月であるが、この時期は前節で述べたように、名主弥五右衛門が村民から

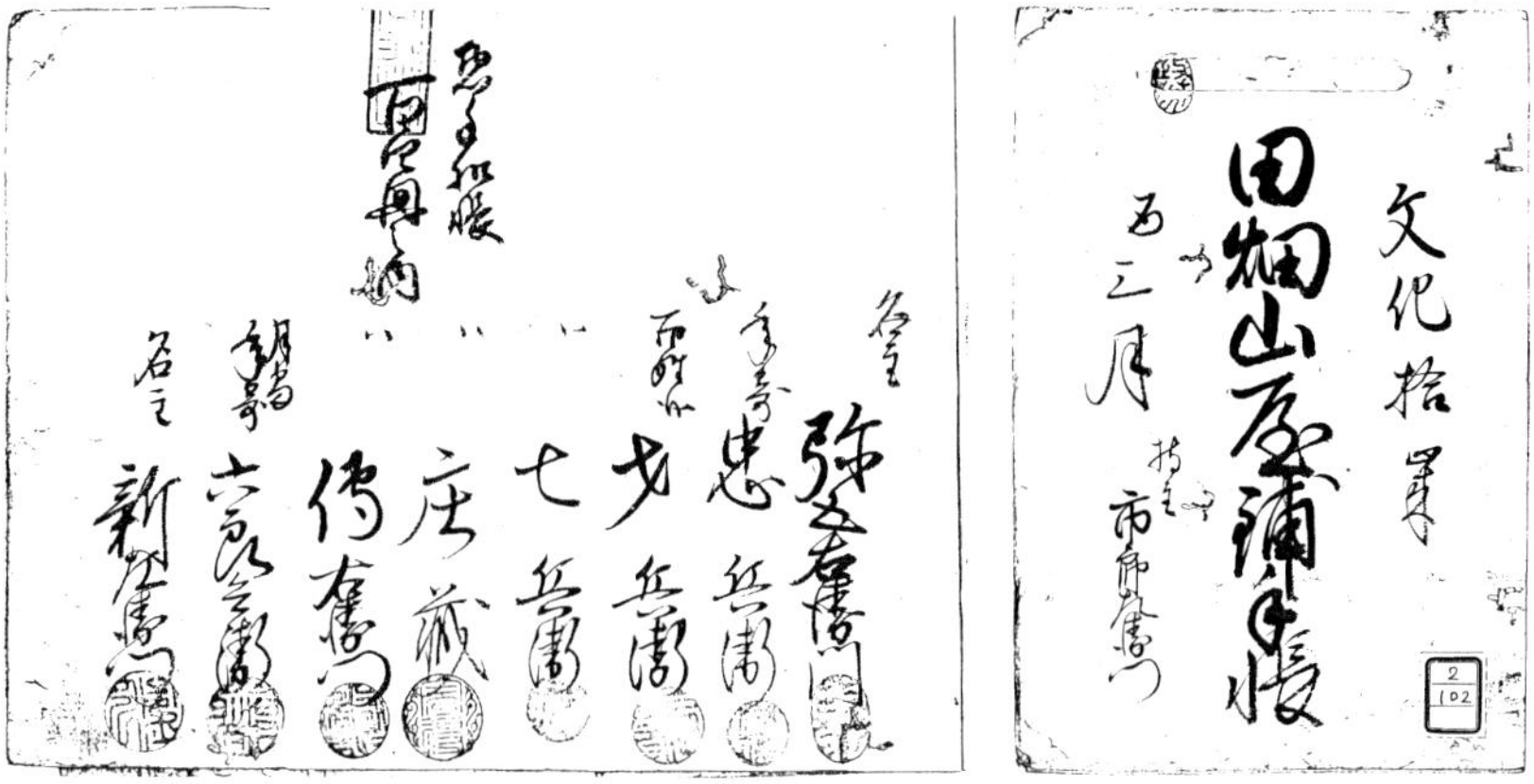

図１　「文化拾年　田畑山屋鋪手帳　持主市郎左衛門」
（志村文雄家文書、川崎市公文書館蔵）

「年貢手帳」を提出させ新たな手帳を作成していた時期と重なる。弥五右衛門がその作業に入ったのが文化九年正月であり、新たな手帳が作成され村民に配布されたのが翌文化一〇年六月であったことから、これらの「田畑山屋鋪手帳」も同時期に「年貢手帳」と併行して作成されていたものといえる。

また、これらの「田畑山屋鋪手帳」も「年貢手帳」と同様に、各家別に作成され原本が各家の当主宛に配布され、副本は名主弥五右衛門の手元に置いて管理されていたことがわかる。いずれの「田畑山屋鋪手帳」第二丁も上のように、弥五右衛門をはじめとして忠兵衛、才兵衛、七兵衛、庄蔵、伝衛門、六郎兵衛、新左衛門と、この手帳の内容確認をおこなった八名の村役人の名が記され押印されているが、その上部に「惣手扣帳」としての「百四冊之内」の一冊であることが明示されている。

つまり手控え用の副本として作成された一〇四冊のうちの一冊であるから弥五右衛門が保管することになったのであり、その結果として志村文雄家文書のなかに残されたものといえる。四冊の手帳の第一丁にはそれぞれ「持主」として、市郎左衛門、安左衛門、伊右衛門、亦右衛門の名が記載されている。この「持主」四名には原本が配布されたはずである。四冊の他に作成された一〇〇冊も、それぞれしかるべき「持主」に配布されたはずである。

このことから「田畑山屋鋪手帳」は、村方騒動の際に争点の対象とはされてはいないが、王禅寺村では「年貢手帳」と同時期に同様の手順で作成され、名主層と一般百姓の村民との双方で厳重に管理されることを前提として、重要な位置づけがなされていた文書とみて間違いはないであろう。両者に違いがあるとすれば、「年貢手帳」は、村民の各家に割り当てられていた年貢高の明細を村全体に及ぶ「年貢本帳」から家別けに記載されたものであるのに対して、「田畑山屋鋪手帳」の方は、「名寄帳」などの村全体の土地台帳から家別けに記載されていたということであろう。したがって村民の立場からすると、「田畑山屋鋪手帳」は、記載の対象が異なることを除けば、「年貢手帳」とほぼ同質の内容を有する重要な家別け文書ということができる。

以上のことから、実質的に「年貢手帳」に相当しうるものとしての「田畑山屋鋪手帳」を手掛かりにして、王禅寺村の一般百姓層の文書への関わり方を見ながら、そこに彼らの文書内容への認識の度合いを探ることにしてみたい。

「田畑山屋鋪手帳」四冊は、それぞれの「持主」の土地台帳であり、当然のことであるが土地の所有面積や種類・等級などが異なる。たとえば、左に図2としてその一部を示した手帳の持主、亦右衛門は土地所有面積が四名の中では突出して広く、そのため手帳も六丁に及ぶ。また、それに応じた持高である惣納高も「八俵八斗五合四勺八毛」あり、王禅寺村では上層の富裕農民ということができる。(24)

他方、四名のうち亦右衛門を除く市郎左衛門・安左衛門・伊右衛門の三名は明らかに土地所有面積が狭く、年貢納高なども一俵にも満たない程度であり、村内の中下層といってよい階層にあり、典型的な小前層ということができる。市郎左衛門の惣納高は「弐斗五升五合九勺三才」、安左衛門の賃引納高は「七合四勺四才壱毛」、伊右衛門の賃共納高は「三斗四升五合三勺三才六毛」に過ぎないものであった。(25) 294頁に図3として持主安左衛門の手

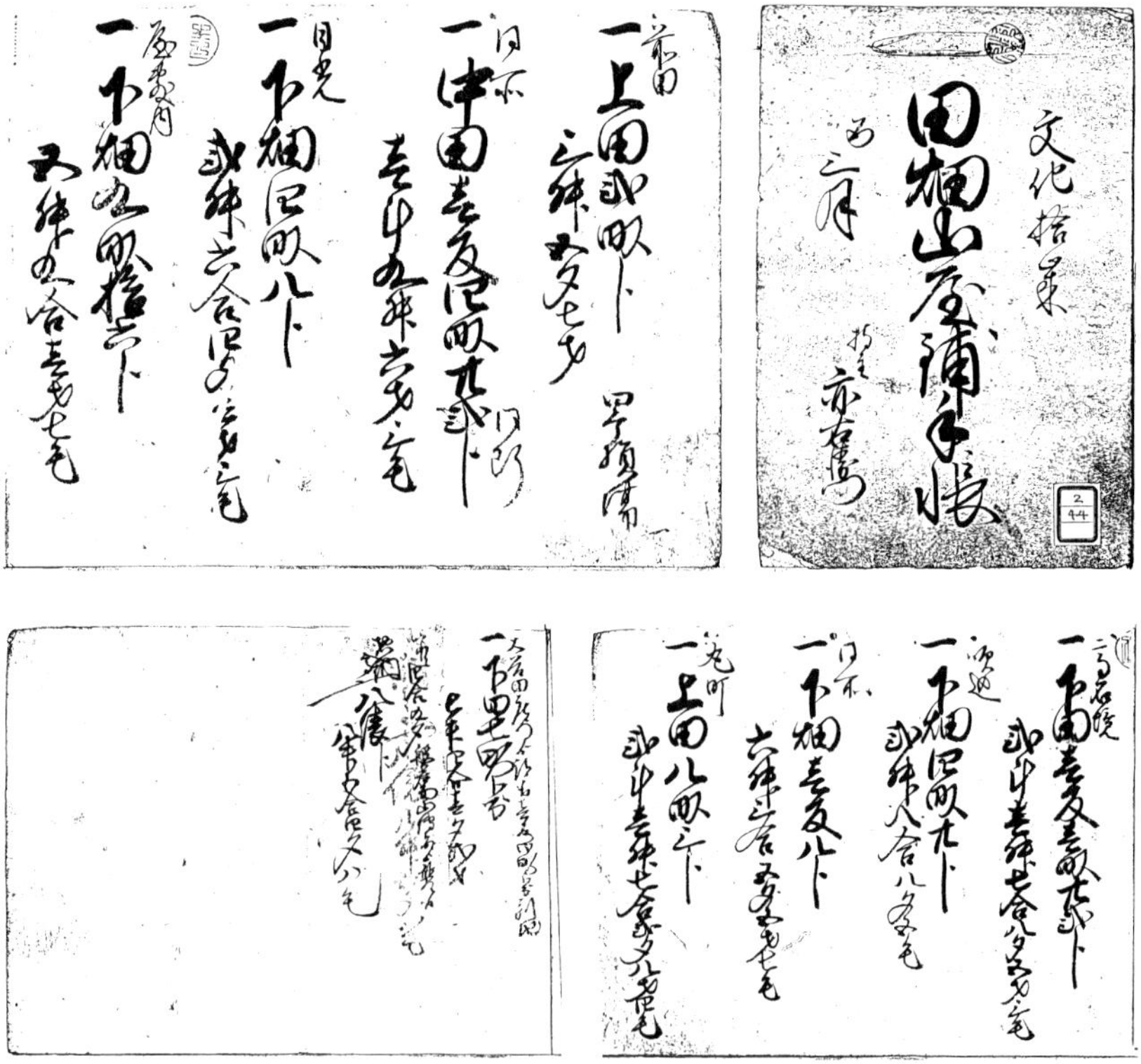

図２　「文化拾年　田畑山屋鋪手帳　持主亦右衛門」
（志村文雄家文書、川崎市公文書館蔵）

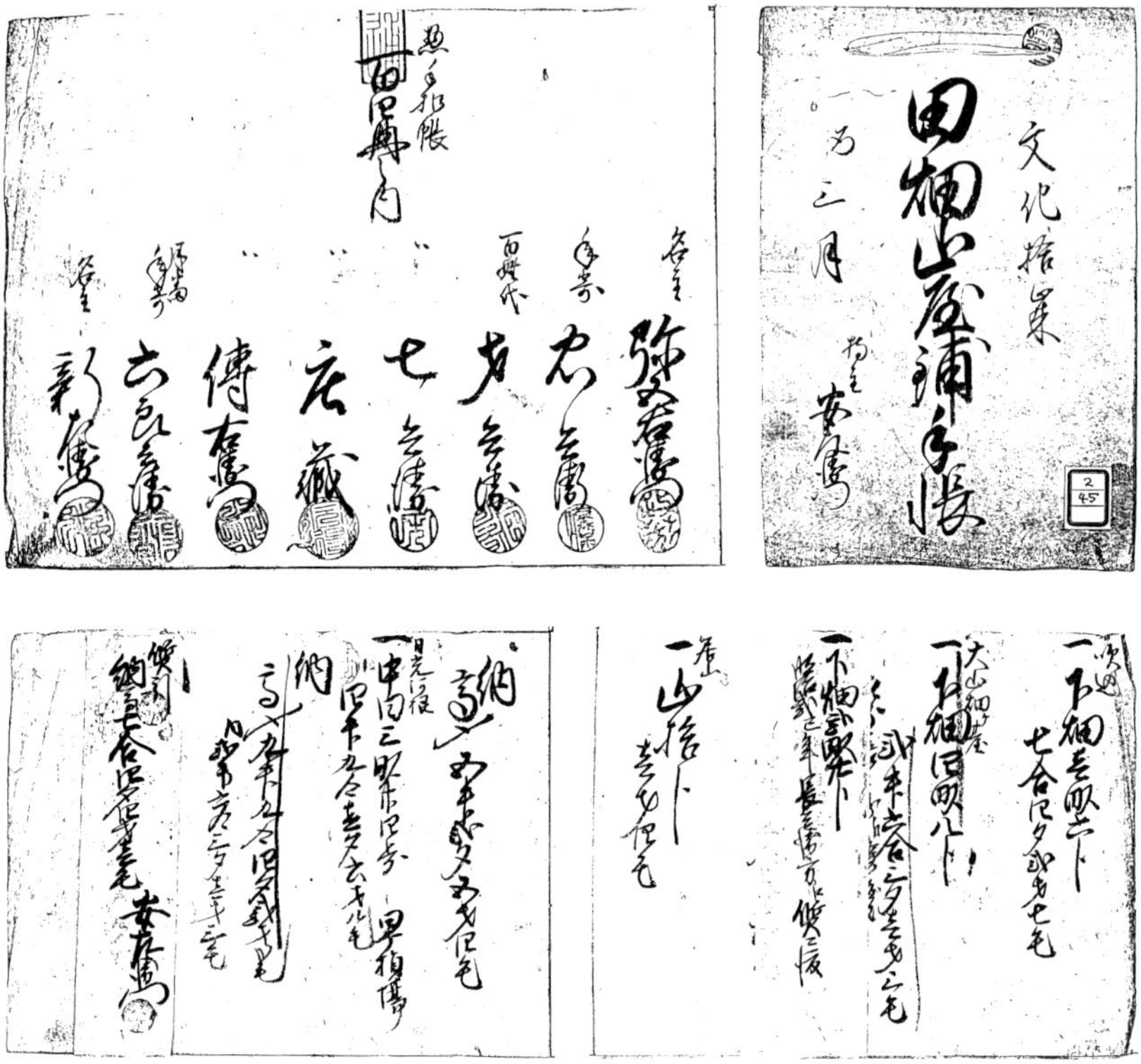

図３　「文化拾年　田畑山屋鋪手帳　持主安左衛門」
（志村文雄家文書、川崎市公文書館蔵）

帳を示してみよう。

このように、「田畑山屋鋪手帳」は村内の階層差が明瞭に現れた内容構成となっているのは当然であるとしても、中下層に属する三名の村民が所持している手帳と、上層の村民である亦右衛門が所持している手帳とに用いられている文字の質という点では、それほど大きな差異が認められない。これも当然のことながら、亦右衛門が所持していた手帳は六丁に及ぶが、市郎左衛門・安左衛門・伊右衛門の三名が所持していた手帳は精々三丁程度に留まるように、土地所有面積の差がかなりあることから丁数が大きく異なるものの、土地台帳に用いられる基本的な文字である数字・人名・地字などが、多少の相違はあるもののいずれにも共通して見られるからである。

それでは、これらの「田畑山屋鋪手帳」あるいは「年貢手帳」を自らの生活基盤を根拠づける重要文書として所持し管理していた一般百姓を中心とする王禅寺村村民、とりわけその当主層の文書に対する認識力は、どの程度の水準と考えられるのであろうか。ここでとくに重要なのは、市郎左衛門・安左衛門・伊右衛門のような、村内でも生活基盤の弱い小前層に属する三名が、こうした文書を所持保有することやその文書の内容について、どのような意識を持ちえたとみることができるのかということである。また、彼らが文化一〇年の村方騒動に際して、弥五右衛門を中心とする村役人を訴えた四六人のなかに含まれているのか否かは確認できないが、彼らと同様な階層の小前層農民が、同様な質の手帳の返還を強く求めて訴えを起し、その後の粘り強い交渉を継続した結果として要求を貫き通したということに、どのような現実的意味が伴っていたのかということである。

名主弥五右衛門を訴えた村民は、村方騒動の根本的な原因となるほどの重みを持つ文書として「年貢手帳」を捉えていたのであるが、それとほぼ同質と目される「田畑山屋鋪手帳」についても同様であっただろう。このような前提に立つとするならば、最低限これらの手帳を、全員とは言わずとも相当数の小前層村民、ことにその当主層は読むことができたと考えても不自然ではないだろう。なぜならば、文書を読み、そこに記載されている内容を正しく理解することができなければ、これらの手帳を特段のこだわりを持って保有することの意味は、希薄化するといえるからである。文書を読み内容を理解することができることによってこそ、手帳に記載されている持高を意識し、自らが所有する田畑と屋敷との質や量的範囲の確認が可能となる。離農化が徐々に進みつつある王禅寺村とはいえ、農民の生活や生産活動の根幹として彼らの年ごとのあり方を大きく左右することになるものとして手帳の内容はあった。そのような現実と結びついたものであることから発して、新手帳のみならず古手帳に対しても、強い所有権を持続的に意識することができたのではないだろうか。

さらに、長期にわたってこれらの手帳を手元に置き厳重に管理していたはずであるから、その間にごく自然のこととして、その帳面を時折取り出して目を通し読み返す機会もあったはずである。そうした経緯のなかでは、手元に毛筆を用意することが困難とも思われない状況が一般的であったであろうから、それぞれに巧拙はあろうが、手帳に記載されているのと同様な文字を書くことができた当主層の村民も、珍しい存在ではなかったと考えられる。

この他に「田畑山屋鋪手帳」には、この種の文書に見られるような、王禅寺村の上層農民から小前層などの中下層農民に至るまでの家別に、地字に対応した一筆ごとの所有地の等級や、面積とその面積に反当たりの収穫量としての石盛を乗じて計算された石高とが記されている。そして引き続き同様に書き継がれて、土地所有者別の持高の合計が末行に「惣納高」などとして明示されている。家別の田畑の年貢量を算出するための基礎情報が示された文書であるが、このことは、「年貢手帳」においてもほぼ同様に記載されていたものといえよう。やはり、これらの文書を読み、その内容をたしかに理解するためには、かなりの計数力も必要である。このような文書に親しんでいるとりわけ当主層の村民には、一定以上の計数力が備わっていたということもできよう。

（2）識字力の水準

「田畑山屋鋪手帳」などの文書に対する王禅寺村の一般百姓村民の相当に強いこだわり方を示しながら、そこから浮き彫りとなる、識字力や計数力の形成へと連続しうる基礎的な状況を縷々述べてきたが、ここで指摘した村民をめぐる基礎的状況の内実は、どの程度の識字力の水準に達しているといえるのだろうか。

王禅寺村での村方騒動から六〇年ほどが経過しているのであるが、長野県の村落で識字調査がおこなわれている。明治一四年（一八八一）四月に同県北安曇郡常盤村で実施されたと思われるその調査結果について、小林恵胤が紹介している[26]。その際の調査報告書である「識字調」では、女子と満一五歳未満の男子を除く八〇歳代に及ぶ男子村民八八二人が調査対象とされ、その結果が八段階の識字階層として分類整理され「識字階層別人数の比率」として上の表1のように提示されている。

表1　「長野県北安曇郡常盤村識字階層別人数の比率」（明治14年）

字ヲ識者ト識ラザル者トノ区別表	人数	%
一　白痴（ママ）	0	0
二　数字及自名自村名ヲ読且記シ得ザル者	312	35
三　較自名自村名ヲ記シ得ル者	363	41
四　較日常出納ノ帳簿ヲ記シ得ル者	128	15
五　普通ノ書簡并ニ証書類ヲ自書シ得ル者	39	4
六　普通ノ公用文ニ差支ナキ者	17	2
七　公布達ヲ読得ル者	8	1
八　公布達及新聞論説ヲ解読シ得ル者	15	2
計	882	100

（小林恵胤「明治14年の識字調―当時の北安曇郡常盤村の場合―」『長野県近代史研究』第5号、1973年）

これは「江戸末期から明治にかけての識字率の変化を示す一つの資料[27]」と目されるものであるが、「年貢手帳」もしくは「田畑山屋鋪手帳」の保有者である王禅寺村村民の場合は、この「識字調」と照合するとどのように位置づけられるであろうか。

約六〇年という時間差や、江戸近郊農村と長野県安曇郡の純農村という大きな地域差もあり、両村の状況を直截に比較してもあまり意味のないことであるので、ここでは、近世末期～近代の長野県農村地帯の識字力の指標からみると、寛政~文化期の王禅寺村村民の文書の保有をめぐる状況から垣間見える識字力や計数力に繋がる可能性のある基盤は、どのレベルに相当するのかという限定的な捉え方としておこなう。市郎左衛門・安左衛門・伊右衛門のような小前層の保有する手帳は三丁程度に過ぎないものではあったが、既述の通り、日々の生産活動に直結し、彼らの日常生活を大きく左右する内実を含むものであり、土地所有の状況が変わった場合には、その内容も修正されるようになっていたことから、厳重に封印して秘蔵するというよりも、時折内容を確認する必要があったであろうし、さらには自ずとその内容を正確に把握しようとしたはずである。

　前節で指摘したように、増上寺領における女学校創設構想が奥村喜三郎によってまとめられた背景には、王禅寺村を含む同領内の男子の学びの状況、その基底をなす識字力普及ともいえる状況ついては、男子にあえてさらなる学びの場を設定する必要性は感じられない、という認識があったと考えられる。江戸近郊農村における手習塾の普及の度合いの根拠を示すことはできないが、江戸のなかでも神田・日本橋・京橋・浅草などの「下町」一帯には小商人ともいえる出自の師匠による手習塾が数多く経営されていたし[28]、また江戸の手習師匠の三人に一人は女師匠であったが、そのことは女児の就学状況の高さを物語っていた[29]。このような指摘は、既述の乙竹岩造や広岡亮蔵の推定を補強するものであり、「天弘《（ママ）》《（保カ）》から嘉安《（ママ）》《（永カ）》にかけての江戸には、大小の寺子屋が到る所に普及してゐて、児童就学の歩合は、今日の学齢児童を標準として見ても、約八割六分という高率を示すことになるのである」[30]との推計が投影されているということもできる。幕末期の北河内農村では男児のほとんどが就学し、女児でも約六〇%が就学していたとの推算もなされ[31]、同時期の上野国北橋村は養蚕地帯ということもあり、男児の八〇%弱、女児六〇%弱が就学していたと推定されている[32]。

　このような江戸・北関東や畿内の普及状況から類推してみると、王禅寺村でも手習塾での学びが広範に普及し、村内のとりわけ男児の手習塾での学びも、小前層にまで及ぶほどに相当進んでいたと考えられる。このことは、王禅寺村を含む周辺地域（図４）での手習塾の活動の足跡を追うことからもうかがえる。

　王禅寺村には、天保一四年（一八四三）九月二八日に没した手習師匠を顕彰する筆塚が、嘉永五年（一八五二）八月一四日に建立されている[33]。この手習師匠は久保倉次郎右衛門と推定されているが、没年からその活動期間を推定してみると、文化・文政期から手習指導の活動を進めてきた可能性が高い。筆塚建立に協賛した筆子は一〇箇村に及ぶ村々からの一五六人であり、そのうちでは塾が存在した王禅寺村の筆子であった者が最も多く六三人であった。この他には、早野村から三一人、真福寺谷から二五人、上麻生村から一八人、下麻生村から一〇人、寺家村から三人、下三輪村・鴨志田村から各二人、上三輪村・岡上村から各一人であった。王禅寺村を中心としながらも隣接の村々から、そうして人数は限られるがかなり距離のある村からも就学していたことが確認できる。次郎右衛門が開設した手習塾の活動が、周辺農村に生活する人々からの強い支持の上に成立していたと考えられるのである。

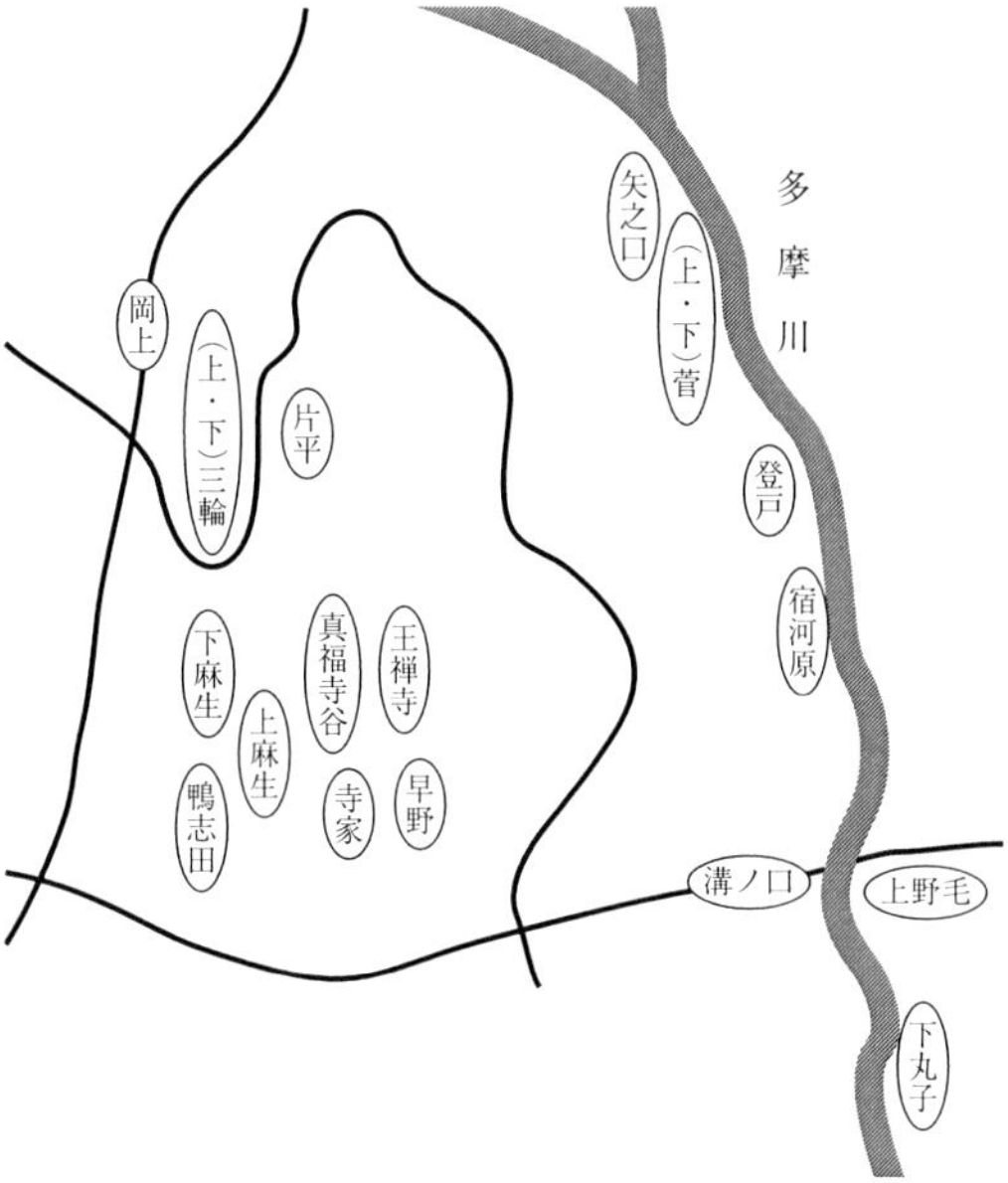

図４　王禅寺村周辺略図

　同時期には近くの片平村でも、曹洞宗修広寺が手習塾としての活動をしていた可能性が高い。同村の長瀬家の娘と推定される「ちゑ」の手習学習記録というべき「さらゐ」が残されているが、そこには文政一一年（一八二八）および一二年の年号の記載があり、修広寺の師匠による朱筆が相当数みられる。[34]同時期の住職が師匠である可能性が高いが、そうであるとするならば、文化一二年（一八一五）に住職就任と推定される二〇世實勤棨趣が師匠である。修広寺の住職は一九世功山指月の代から、また二〇世以後も二一世道一義賢、二二世諦道義僊と同地域で手習指導の役割を担い、修広寺に明治初年の「学制」に対応した片平学舎が創設されるとともに、諦道義僊は訓導に任用され、同時に教導職にも任用されている。[35]修広寺は少なくとも文化期から継続的にこの周辺の地域において手習塾としての機能を果たしてきたということができる。

時期的にはやや下るが、王禅寺村に近接する上麻生村にも手習塾南嶺堂があって活発な活動を展開していたことが、元治二年（一八六五）建立の筆塚の存在から明らかにされている。[36]塾主は小島源左衛門であり、源左衛門を顕彰しようとする筆子として八箇村からの一二八人の名前が刻まれている。このうち最も多くの筆子名が記されているのは下三輪村からの三五人であり、下麻生村からの三一人がこれに続き、さらに王禅寺村から二七人、寺家村から一三人、塾が存在した上麻生村からは一一人、真福寺谷から八人、下菅村と矢之口村から各一人であった。手習塾への就学は、塾が存立する村を越えた周辺の村々からも見られるのが一般的であったが、上麻生村の南嶺堂へも筆塚への協賛者を見た限りでは、王禅寺村から上麻生村からの就学者数の二倍を超えるほどの就学者が見られたということであろう。

このような王禅寺村からの南嶺堂の就学者のなかには、筆塚にも幼名「慶助」を残している青戸桂之助がいた。[37]大正一三年（一九二四）に一四〇人に及ぶ教え子によって建立された「青戸先生報恩碑」の碑文には、「青戸先生幼名桂之助、弘化三年王禅寺村生青戸家、後再興一家改四郎右衛門、幼而好学穎才擢郷友、長開家塾携育英事業、明治維新学制頒布共取小学教鞭、（後略）」とあり、[38]弘化三年（一八四六）王禅寺村に生まれ、南嶺堂に学んだ桂之助は、後に四郎右衛門と改名し、学問に打ち込みその才を発揮し、やがて家塾を開いて手習師匠としての活動を始め、周辺の村々から多くの就学者を受け入れたようである。(39)明治維新以降は手習塾師匠から近代学校教員に転じ、下麻生村に設立された下麻生学舎の教員に就任している。(40)

以上より、王禅寺村を含む周辺地域に生活する村民を取り巻く、手習い学習の層の厚さを確認することとなった。前述のように、増上寺地方役人の奥村喜三郎によって、増上寺領内において女学校を創設しようとする構想が趣意書という形態をもって示されたのであるが、そうした構想が現実的な基盤の上に成り立つものであったことが、王禅寺村を中心とする地域での手習塾の活動ぶりからも理解できるところである。増上寺領は、豊島郡の巣鴨村を除けば他は多摩川を挟んだ四四箇村に及ぶ地域であり、増上寺領としての中心部は江戸近郊西南部一帯の農村にあったといえるが、奥村の女学校創設という先駆的な構想は、これらの村々に拡がりを見せている手習い学習の状況に対応したものであったと指摘できるのではないだろうか。

以上のような状況で育まれてきた文字使用能力を以て、先に見てきたような手帳の類いの文書に日常的に触れることは言うまでもなく、その扱いに十分に通じている村民も少なからず見られたことであろう。そのような村民には、手帳の類の文書に用いられている文字についてかなりの理解力や再現力が備わっていたと考えても不思議ではない。またそれに加えて、自家の持高や納高の総計や変動について把握しうる計数力も身に付いていたといえる。王禅寺村は名主志村弥五右衛門が弘化二年（一八四五）に書き留めた「村明細書」によると、増上寺御霊屋料であったことから、年貢が低く抑えられていたという条件と江戸近郊農村という商品化に有利な条件とに多分に依存し、柿・炭・茅・米を主要な商品として生産し、柿・炭・茅の三種の商品で合計して毎年三三九両二分の現金収入があり、村内七〇戸として一戸あたり五両弱の収入が見込まれていた。(41)

また、天保一四年（一八四三）の時点で、在郷商人化した上層農民に対して、中層農民＝自作・自小作層はある程度の仕事場・道具・資金を必要とする手工業や駄賃馬稼に取り組み、下層農民＝自小作・小作層は大工・木挽・屋根葺・縁日商等の職人や小商人として、あるいは日雇・奉公などの農間渡世をおこなっていた[42]。農業生産への商品経済の浸透と小規模な農間商人・職人化が進行しつつあった。このように離農化が加速していくなかで日々の生活を維持し支えていくためには、多面的な諸能力が必要とされるのであろうが、それらのなかでも基礎的な文字使用能力や計数力の有無が、一九世紀前半の江戸近郊農村社会に生活し、人々の日常の暮らしぶりを左右するほどの大きな意味を持っていたということができよう。

前述の「識字調」では、そこに示されている「識字階層」の八段階のうち第一段階と第二段階は数字・名前・村名などの基本的な文字の読み書きができない層とされ、第三段階以上が一定程度以上の読み書き能力がある層とみなされていた。王禅寺村の手帳の保有者である村民のすべてとは言えないが、そのうちの多くの村民が、常識的に考えてみてその帳面の文字を読み理解することができ、そのなかの相当数が内容を筆記できたものと考えられる。

このような文字処理能力が備わっていたとすれば、王禅寺村村民の能力は、常盤村村民の識字力調査指標のどの段階に相当すると言えるだろうか。第三段階が自名自村名を記すことができる、第四段階は日常出納の帳簿を記すことができる、第五段階は普通の書簡・証書類を自書することができる、第六段階は普通の公用文に差し支えない状態にある、第七段階は公布達を読むことができる、第八段階は公布達および新聞論説を解読することができる、とされている。「年貢手帳」「田畑山屋鋪手帳」という文書へのきわめて強いこだわりを見せていた王禅寺村村民であったが、村民のなかの多くは、これらの日常生活に密着した文書を少なくとも読めたはずであり、二〇年以上も保有し大切に管理していたことから、最低限の毛筆使用能力さえあれば両文書の内容を書き記し、再現することができた可能性は高いといえる。

ここまで述べてきたような前提に立つと、王禅寺村の村民、とりわけその多数派である市郎左衛門・安左衛門・伊右衛門のような中下層ともいえる零細な小前層農民が、後年長野県常盤村で設定された「識字階層」のうち、自身の名と村名を記す能力を表す第三段階は越えて、日常出納の帳簿を記すことのできる第四段階、あるいは場合によっては証書類の自書というレベルの第五段階に達する程度の識字力を保有していたということができる。ただ、実際にこれらの三名が書き残した文書を確認することは、現状では無理であるので、三名が、第四ないし第五段階に対応する能力を形成していたと断定はできない。しかしながら、その可能性は相当程度あったと認めうる状況があったのも、またたしかなことであろう。

おわりに

増上寺領王禅寺村において、一八世紀末の寛政期および一九世紀前期の文化期に発生した村方騒動の展開過程から浮上してきた、手帳形式の文書の存在に注目しながら、同村の小前層農民にまで及ぶ識字をめぐる諸状況について、検討を重ねてきた。あらためて王禅寺村での文書主義の深い浸透ぶりを確認することになった。文書主義の広まりは、近世農村に一般に見られた現象であるが、王禅寺村におけるように各家にまで個別に文書が行き渡り、その保有管理をめぐって長期間、領主・村役人・小前層を多数派とする一般農民の間で緊張関係が持続し、そのことが村方騒動を引き起こし、相互に激しい応酬も見られたという事例は、希有なものであったといえる。

こうした状況は、王禅寺村村民のなかに幅広く文字認識力ないしは文字使用技術が広まり定着していなければ、生じることはなかったといえるのではないだろうか(43)。零細な中下層の小前農民層にまで家別け文書としての手帳が配付され、その管理が徹底されるべきであるという原則が成立していたことから、その扱いに慎重さを欠いた対応をおこなった名主志村弥五右衛門をはじめとする村役人層と、小前層を中心とする村民との間での村方騒動が、ほぼ二〇年という時間的経過のなかで生じ、原則の徹底を求める村民の要求を村役人層が受け入れるという結果で収束することになった。その過程で、手帳形式の文書の自己管理にこだわり続ける人々のあり方とそうした文書の内容面とが持つことの意味について、考察を進めてきた。そこでは一旦決定済みの文書管理の原則を重視しようとする、小前層中心の村民の視点からの全体的な状況把握を試みた。

このような検討を通して、王禅寺村の各家の当主たる男子村民のなかの少なからずの人々は、日常出納の文書を十分に取り扱えるほどの水準の識字力に繋がる基礎的能力を形成していたものと見ることができる。また、王禅寺村は増上寺領村落のなかで、言い換えれば江戸近郊農村の典型的な存在とも見られることから、このような村民の識字力形成の基盤的状況は、江戸近郊農村一帯にも拡がりを持っていたといえるであろう。

（1）寺子屋に関する石川の数多い著作のなかでは、『日本庶民教育史——近世に於ける教育機関の超封建的傾向の発達』（刀江書院、一九二九年）が代表的なものといえよう。パッシンは『日本近代化と教育』（國弘正雄訳、サイマル出版会、一九六九年）、ドーアは『江戸時代の教育』（松居弘道訳、岩波書店、一九七〇年）を刊行している。
（2）籠谷次郎「幕末期河内農村における寺子屋への就学について」（『地方史研究』第二三巻二号、一九七三年）。
（3）乙竹岩造『日本庶民教育史』上中下（目黒書店、一九二九年）、パッシン前掲注（1）書、ドーア前掲注（1）書、海後勝雄ほか編『近代教育史Ⅰ』（誠文堂新光社、一九五一年）、利根啓三郎『寺子屋と庶民教育の実証的研究』（雄山閣、一九八一年）。
（4）前掲注（3）乙竹書、中巻六一二頁。
（5）前掲注（3）『近代教育史Ⅰ』、三一八頁。
（6）同右書、三二一頁。
（7）石島庸男「幕末期一寺子屋の展開（上）（下）」（『栃木史論』第六・七号、一九七〇・七一年）。
（8）入江宏「近世下野農村における手習塾の成立と展開——筆子名寄帳の分析を中心に——」（『栃木県史研究』第一三号、一九七七年）。

（9）久木幸男「前近代民衆の識字率——杉山・酒井両氏の論考によせて——」（『日本教育史往来』第一八号、一九八三年）、後に同『教育史の窓から』（第一法規出版、一九九〇年）所収。
（10）梅村佳代『日本近世民衆教育史研究』（梓出版社、一九九一年）所収の「寛政期寺子屋の一事例研究——伊勢国「寿硯堂」を中心にして——」（『教育学研究』第五三巻第二号、一九八六年）と新稿とによって、伊勢国松阪の寿硯堂、同国多気郡馬之上村の潮田寺子屋、志摩国鳥羽町栗原寺子屋をめぐる実態の解明が進められている。
（11）木村政伸「近世識字研究における宗旨人別帳の史料的可能性」（『日本教育史研究』第一四号、一九九五年）。
（12）高尾善希「近世後期百姓の識字の問題——関東村落の事例から」（『関東近世史研究』第五〇号（二〇〇〇年度大会報告）、二〇〇一年）。
（13）R・ルビンジャー（川村肇訳）『日本人のリテラシー　1600-1900年』（柏書房、二〇〇八年）。
（14）長谷川伸三「近世後期南関東農村の構造——中下層農民の存在形態を中心として——」（『史潮』第九九号、一九六七年）、「文化・文政期増上寺領の村方騒動と改革の展開」（『日本史研究』第一一二号、一九七〇年）、以上は後に同『近世農村構造の史的分析』（柏書房、一九八一年）所収。福重旨乃「村組と村請制——近世中期における武蔵国都筑郡王禅寺村を事例に——」（『法政史学』第五四号、二〇〇〇年）、「村組の領域認識と村運営——正徳期における武蔵国都筑郡王禅寺村を事例に——」（『法政史論』第二九号、二〇〇二年）。井上攻「村社会の正当性と権威——二人の名主弥五右衛門——」（『湘南史学』第一四号、一九九五年）、後に同『由緒書と近世の村社会』（大河書房、二〇〇三年）に「増上寺領王禅寺村の正当性と権威——二人の名主弥五右衛門をめぐって——」と改題し所収。
（15）前掲注（14）長谷川書、六七頁。
（16）同右書、八六～八七頁。
（17）前掲注（14）井上書（二六～二七頁）によれば、増上寺領には、増上寺自体に与えられた本領と、将軍家霊廟の諸経費を賄う御霊屋料の別があった。また、その地域分布は、豊島郡一か村（巣鴨）、橘樹郡二四か村、荏原郡一三か村、都筑郡七か村であり、巣鴨村一か村を除き、他はすべて多摩川を中心にした周辺の江戸西南部にあった。
（18）現存するのは、香川大学附属図書館・国立国会図書館・早稲田大学図書館・筑波大学附属図書館で所蔵されている四冊。

(19) 奥村については佐藤昌介により、渡辺華山や高野長英などの門人として「蛮社」に属し、幕末洋学の担い手となった武士層出身洋学者の先駆者として位置づけられている（『洋学史研究序説――洋学と封建権力』岩波書店、一九六四年、二〇三〜二〇四頁）。長谷川伸三も奥村の地方役人の側面と洋学者としての側面の両面からの検討を進めている。奥村の著作が『女学校発起之趣意書』を含めて一四冊に及ぶなど、おもに洋学的知識の普及に熱意を示す一方で、蘭学・国学・儒学などの教養に根ざした経世家的な発言も見られたことを指摘している（前掲注(14)書、一三〇〜一三七頁）。村上直は、論文「近世・増上寺領における『女学校発起之趣意書』について」（『法政史学』第三〇号、一九七八年）において、奥村の多面的な活動・役割・学問的基盤について検討するとともに、『女学校発起之趣意書』を翻刻紹介し、この取り組みを封建的制約の下での「明治以降にみられる私立女子学校設立の先駆的なもの」「「女学校」の名称からも女子教育を目指した学校設立案の濫觴」と捉えている。

(20) 前掲注(19)村上論文。

(21) 石川松太郎『藩校と寺子屋』（教育社、一九七八年）一四七頁。

(22) 川崎市公文書館所蔵。

(23) 文化一〇年「田畑山屋鋪手帳　持主市郎左衛門」志村文雄家文書（二―一〇二）。

(24) 文化一〇年「田畑山屋鋪手帳　持主亦右衛門」志村文雄家文書（二―四四）。

(25) 文化一〇年「田畑山屋鋪手帳　持主市郎左衛門」（前掲）、同「田畑山屋鋪手帳　持主安左衛門」志村文雄家文書（二―四五）、同「田畑山屋鋪手帳　持主伊右衛門」志村文雄家文書（二―四六）。

(26) 小林恵胤「明治一四年の識字調――当時の北安曇郡常盤村の場合――」（『長野県近代史研究』第五号、一九七三年）。

(27) 『長野県教育史　第四巻　教育課程編一』（一九七九年）一四三頁。

(28) 前掲注(22)石川書、一五五頁。

(29) 同右書、一六〇〜一六一頁。

(30) 前掲注(3)乙竹書、中巻六一二頁。

(31) 籠谷次郎「幕末期北河内農村における寺子屋への就学について」（『地方史研究』第二三巻第二号、一九七三年）。

(32) 石島庸男「近世民衆教育の展開」（石島庸男ほか編『学校と教師の歴史――日本教育史入門』川島書店、一九七九年）

一七頁。
(33)　川崎市立柿生小学校編『柿生の教育のあゆみ　柿生小学校本紀』（一九八〇年）一三四～一三五頁。
(34)　同右書、二五頁。
(35)　同右書、四四～四五頁。
(36)　同右書、一三七～一四一頁。
(37)　同右書、一四一頁。
(38)　同右書、一五二頁。なお「青戸先生報恩碑」の所在地は、現在、川崎市立東柿生小学校。
(39)　『日本教育史資料』巻八には、明治五年の調査結果として、王禅寺村の手習塾（寺子屋）についての報告が一例収められている（二七七頁）。塾主は青戸桂之助。
(40)　同右書、一四二頁。
(41)　前掲注(14)長谷川書、六三頁。
(42)　同右書、八七～八八頁。
(43)　青木美智男は、筆算もできて役所向きの仕事もこなし、「小口も利きて」、小百姓らを煽動して村方騒動を起こす農民たちが、近世の早い時期から畿内の村々に生まれ、一八世紀には関東の村々にも簇生しはじめたと指摘している（「近世民衆の生活と抵抗」青木美智男ほか編『一揆　四　生活・文化・思想』東京大学出版会、一九八一年、一八八～一八九頁）。

〈付記〉　本論文は「武蔵国増上寺領王禅寺村における識字状況――寛政期・文化期村方騒動を通してみた――」（『日本教育史学会紀要』第三巻、二〇一二年）に加筆・修正を加えたものである。

9　明治初年の識字状況——和歌山県の事例を中心として——

川村　肇

はじめに

本章では、明治初年の識字状況を把握することを目指して、まず先行研究に依拠しつつ明治初年の識字状況に関する資料等を検討した上で、和歌山県の識字率に関する資料を紹介・分析し、識字研究の中に位置付けてみたい。後に述べるように、和歌山県の識字率調査は、この時期の識字状況を非常に具体的に私たちに示す資料である。

明治初年の識字状況とは、近世に近接する明治初期の識字状況を意味している。明治五年（一八七二）に「学制」が発布されて以降、全国的に近代学校が設立されていくが、近代学校では文字とその使い方を教えていくから、明治初年の識字状況には、近代学校の影響の有無を見る必要がある。本章に言う明治初年の識字状況とは、学校教育の影響が出てくる前のものを意味しており、従ってそれは近世末期の識字状況でもある。

一　明治初年の識字状況に関する先行研究

木村政伸は、本書の第一章「前近代日本における識字率推定をめぐる方法論的検討」で、様々な先行研究をもとにして近世の識字状況を検討している。そこで木村は『日本教育史資料』などを用いることで様々な推計を引き込むような「全国的規模での統計的手法を用いた推定はもはや有効性を持たな」いということ、「一定の限定された地域の中で実際に書かれたものをもとに識字状況を判断せざるをえない」ということの二点を確認している。詳しくは同章にある通りだが、識字率算定のためには各地域で識字研究のモノグラフを充実させて積み上げるほかなく、要するに全国的な識字率の実像に迫ることはほとんど不可能と言ってよい。何よりも近代以前には、識字率を算出するために統計的な処理が可能なほどの資料は揃っていないからである。

しかし近代に入るとこの事情が変わる。いくつかの組織的調査がおこなわれるようになり、その結果が残っているのである。

その結果を検討する際、最初に二つの注意点がある。まず、明治初年という時期の問題である。右に述べたように、諸調査結果中の学校教育の影響の度合いと有無について判断することが必要になる。次に、識字状況という場合、どの程度の識字能力を示すものなのかにも注意を払わねばならない。この二点に注意しつつ、それらの調査が示す明治初年の識字状況を、八鍬友広とR・ルビンジャーの先行研究に依拠しつつ概観しておこう。

八鍬友広は、近世の識字状況を明らかにする意図を持って、明治期の識字状況調査を検討した[1]。八鍬は、各県による自署率調査（一八七七年の滋賀県から、一八八七年の岡山県まで）、山口県玖珂郡による自署率調査（一八七九年）、長野県北安曇郡常盤村の識字調査（一八八一年）、陸軍の壮丁教育調査（一八九九年）に言及しているが、それらすべてを表にしてみると、表1～3のようになる。

表１　明治期の自署率調査結果

県(郡)名	年次	男子(%)	女子(%)	全体(%)	備考
滋賀県	1877(明治10)	89.23	39.31	64.13	６歳以上調査
山口県玖珂郡	1879(明治12)	54.96	16.48	36.31	全人口調査
群馬県	1880(明治13)	79.13	23.41	52.00	６歳以上調査
青森県	1881(明治14)	37.39	2.71	19.94	同上
鹿児島県	1884(明治17)	33.43	4.00	18.33	同上
岡山県	1887(明治20)	65.64	42.05	54.38	同上

表２　長野県北安曇郡常盤村の識字能力調査結果(1881＝明治14年)

<table>
<tr><th>字を識者と識らざる者との区別表*</th><th>人数</th><th>%</th><th colspan="2">分類a</th><th colspan="2">分類b</th></tr>
<tr><td>1　「白痴の者」</td><td>0</td><td>0.0</td><td rowspan="2">非識字層</td><td rowspan="2">35.3%</td><td rowspan="2" colspan="2"></td></tr>
<tr><td>2　「数字及自名自村名を読且記し得さる者」</td><td>312</td><td>35.3</td></tr>
<tr><td>3　「較自名自村名を記し得る者」</td><td>363</td><td>41.1</td><td>姓名等自署可能層</td><td>41.1%</td><td rowspan="2">姓名等自署可能層</td><td rowspan="2">55.6%</td></tr>
<tr><td>4　「較日常出納の帳簿を記し得る者」</td><td>128</td><td>14.5</td><td rowspan="5">実用的識字層</td><td rowspan="5">23.6%</td></tr>
<tr><td>5　「普通の書簡並に証書類を自書し得る者」</td><td>39</td><td>4.4</td><td rowspan="4">実用的識字層</td><td rowspan="4">9.1%</td></tr>
<tr><td>6　「普通の公用文に差支なき者」</td><td>18</td><td>2.0</td></tr>
<tr><td>7　「公布達を読得る者」</td><td>8</td><td>0.9</td></tr>
<tr><td>8　「公布達及新聞論説を解読し得る者」</td><td>15</td><td>1.7</td></tr>
<tr><td>合計</td><td>883</td><td colspan="5">（本文では882人）</td></tr>
</table>

＊15歳以上の男性のみ

表３　全国壮丁教育調査結果(1899＝明治32年)

自己の姓名や住所が書ける程度	76.61%	姓名等自署可能層	25.99%
小学校卒業程度	50.62%	実用的識字層	50.62%

作表にあたっては八鍬論文掲載の表を下敷きにしているが、本章では姓名等自署可能な層と、それ以上の能力を有する層との間に線引きをしてみた。本章では後者を実用的識字層と名付ける。(2) また、文字自体を知らなかったり、姓名等自署不可能な層を非識字層とする。したがって母集団は、非識字層・姓名等自著可能層・実用的識字層の三層に分けられることになる。

表1は、各県・郡による自署率調査の一覧である。ここには各県の調査の最初の年度の結果だけが記されている。またこれは、姓名等自署可能な層と実用的識字層とを区別して調査していないために、両者の間に線引きをすることはできない。

表2は長野県北安曇郡常盤村の調査である。識字能力を具体的に区分した貴重な調査だが、その能力の線引きに関しては「較日常出納の帳簿を記し得る者」を実用的識字層に含めてよいかどうかが判断の分かれるところである。そのため「較自名自村名を記し得る者」とそれ以上の間に線引きしたものを分類aとし、「普通の書簡並に証書類を自書し得る者」以上を実用的識字層としたものを分類bとした。

表3は全国の壮丁教育調査の結果で、この調査では「自己の姓名や住所が書ける程度」と「小学校卒業程度」を合わせると一〇〇%を超えるため、前者は後者を含む数字と考えて、姓名自署可能な層の割合は、そこから小学校卒業程度の割合を減じたものとした。

なお「学制」によって設立された小学校の就学率は当初大変低いものであり、また常時通学していた子どもたちの数も少なかったので、近代学校の影響は明治一〇年代半ばの調査までほとんど無視しても構わないとここでは考えている。

次に、R・ルビンジャーの研究を見てみよう。ルビンジャーも八鍬の検討したこれらの調査に注目した。中でも各県の自署率調査のうち、滋賀・岡山・鹿児島の三県の結果の変遷をグラフ化しているので、それを見てみよう。(3) 図1は三県の非識字率の推移であり、図2はそれを男女別に示したものである。

以上の二つの先行研究が検討したこれらの調査は、明治初年を含めた明治期の状況をそれぞれ部分的に示している。時期も対象もバラつきが大きく、単純に統合して論じることは難しいが、おおまかな明治期全体の識字状況を我々に語ってくれている。

明治期の識字状況の特徴は第一に、地域間格差が非常に大きいということである。また明治期の早い時期ほどそれは顕著である。青森と鹿児島は自署率が低く、特に女性のそれは両県とも五%にも満たない。両県の男性の自署率は女性に比べれば高いが、それでも滋賀県や岡山県の女性にも及ばない。こうした状況の背景には産業の

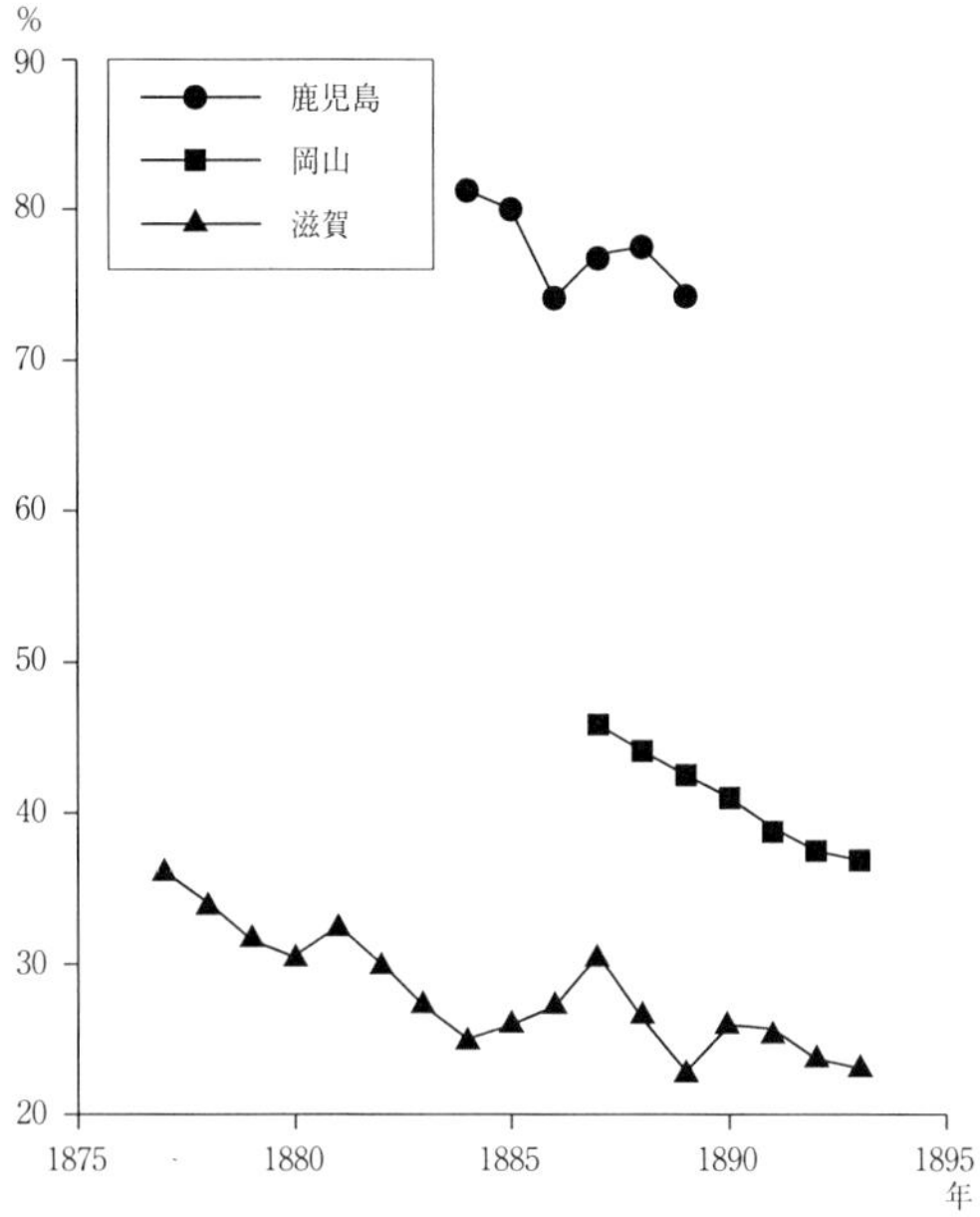

図1　滋賀・岡山・鹿児島3県の非識字率推移（全体）

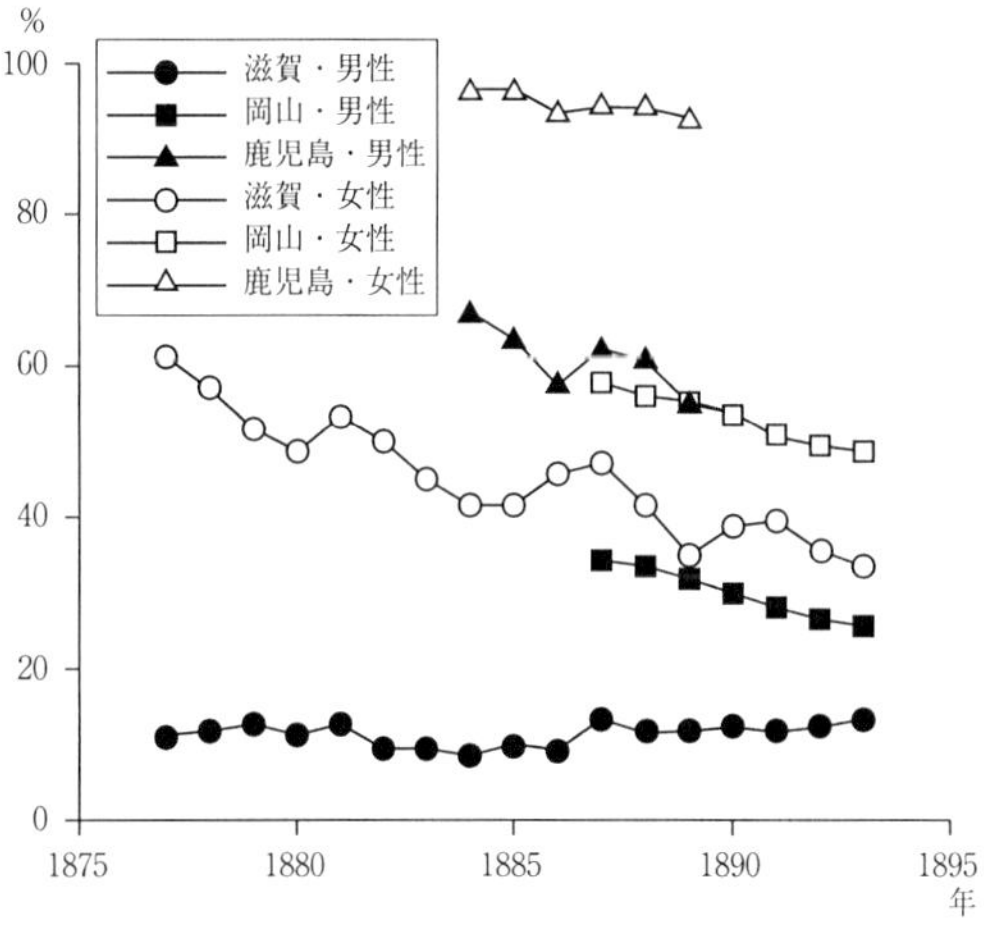

図2　滋賀・岡山・鹿児島3県の非識字率推移（男女別）

問題と、近世の「遺産」があることを、ルビンジャーは指摘している(4)。

第二に、男女間の差が非常に大きいということである。そしてその差は自署率が高い県ほど縮まっているのが特徴的である。

第三に、どの県も非識字率は漸減していることである。多少の揺れはあるものの、明治中期を通じて自署率は高くなっていった。明治三〇年代になると、二〇歳の男性の記録ではあるが、自署率は七割を超えるようになっている(表3より)。これは学校教育の影響によるところが大きいのであろう。

さて、以上の明治期全体の特徴は自署率に注目したものであるが、さらにその自署可能層を、姓名等自署可能層と実用的識字層とに分けた場合、どのようなことをいいうるだろうか。

この問いに答えられるのは、長野県北安曇郡常盤村の調査のみである。八八〇名を少し超えた一五歳以上の男性に対する一八八一年の調査結果からわかるのは、非識字層が三五%強、姓名等自署可能層が四割強で、実用的識字層は多く見積もっても二五%に届かない(分類a)、ということである。

前述したように、表2の中では実用的識字層の最低能力を、日常の出納帳記入可能というところに置いたが、このレベルを手紙が書けるところまで上げた場合には、一割にも満たない数字になる(九・一%、分類b)。要するに明治一〇年代半ばの長野県の農村地域の男性の実用的な識字能力は、最大で二五%、最小で九%程度であった。

ちなみに、この調査の非識字率を図2の中にプロットすると、最も近いのは岡山県の男性の数字である。しかし岡山県の調査は時期も六年離れている上に全県調査であり、長野県の一農村と比較することは難しい。

時代を下ると、一八九九年から一九三七年にかけては『陸軍省統計年報』に新兵を対象に実施した試験結果(前出全国壮丁調査はその初年分)が掲載されており、自署可能層の能力別の分布をうかがうことはできる。しかしこれらの調査では、明治初年のことはわからない上に、二〇歳の男性のみを対象にしており、女性や、二〇歳以外の人々の識字状況は全くわからない。さらに資料は県単位ではなく連隊区単位であるため、地域との関係を問うことも難しい。(5)

こうして明治初年の識字状況については、従来知られていた資料では、長野県北安曇郡常盤村における明治一〇年代半ばの男性のみ、九〇〇人弱の識字能力がわかる程度であった。

二　和歌山県の識字資料

本節で以下紹介する和歌山県の資料は、明治初年の五一ヵ村の識字状況をさらに詳しく我々に見せてくれるもので、女性も含めた一万人を超える調査結果であり、当時の識字状況の研究に新たな知見をもたらしてくれる。

(1) 旧野上町・かつらぎ町・美浜町資料

和歌山県の自治体史等の中には、明治初年の識字調査の記録が掲載されているものがある。その元となっている資料は、次のA～Eの三種五点である。まずは資料を紹介しておこう。

A旧野上町野上八幡宮所蔵「総人員之内文通出来ル者性（ママ）名自書スル者文字ヲ知ラサル者取調書」第三大区十小区、二五ヵ村分（明治七年調査、「識字取調帳十ノ小区」と略称）

B同右所蔵の同名資料、第三大区十二小区、二四ヵ村分（同右、「識字取調帳十二ノ小区」と略称）

Cかつらぎ町教良寺区文書「教良寺村識字者内わけ届」、一ヵ村分（明治七年九月二日）

Dかつらぎ町佐野区文書「佐野村識字者内わけ届」、一ヵ村分（明治八年四月四日）

E美浜町吉原浦戸長文書「文通不文通調査報告」、一ヵ村分（「御達控」明治七年七月）

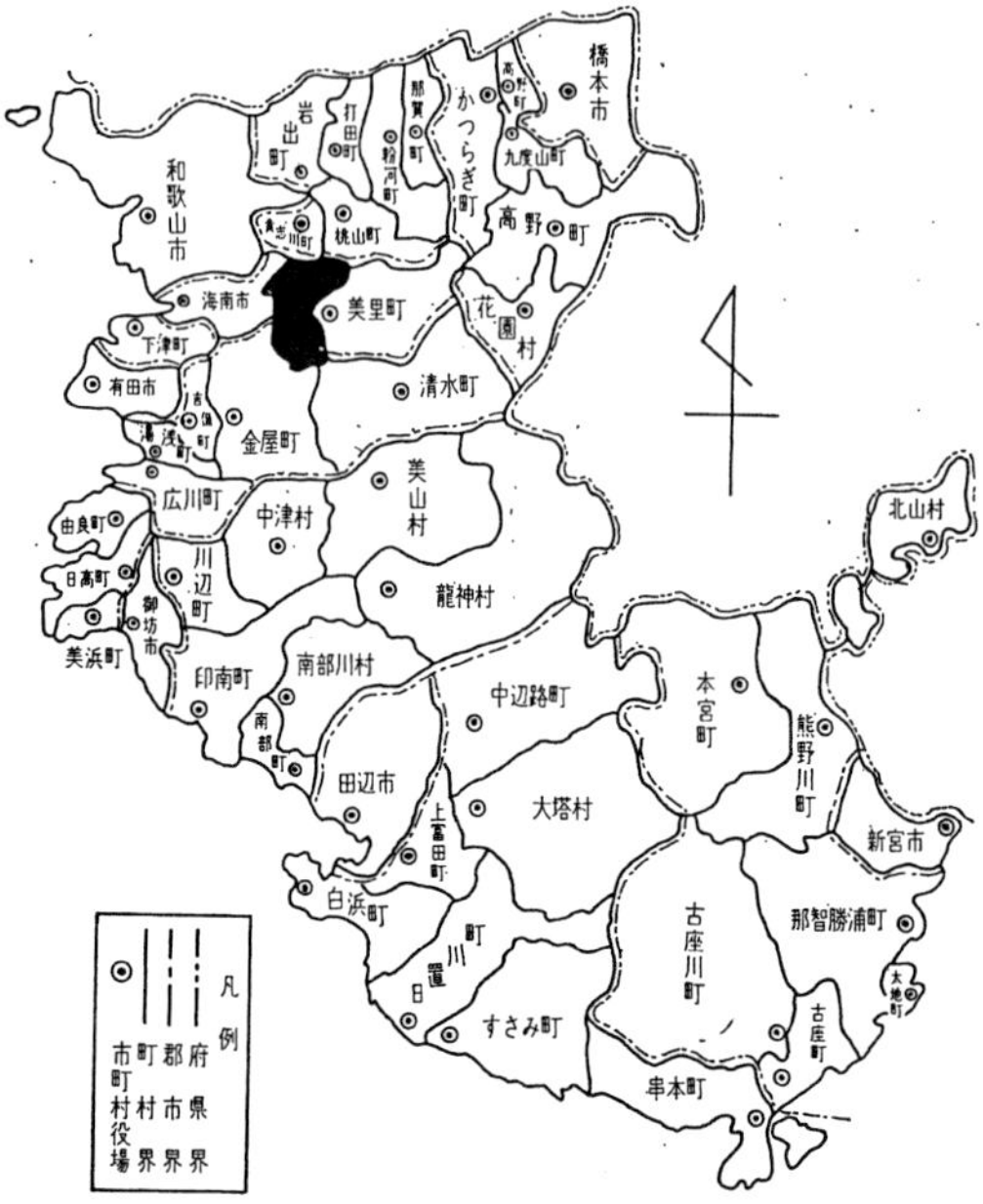

図３　旧野上町の位置
（「和歌山県旧市町村地図」『野上町誌』上巻、1985年、４頁）

資料Ａの存在については『海南市史研究』創刊号（一九七五年）で紹介されていたが、その紹介は総数のみの記載で、焦点も学校の設立にあてられていた。(6)

続いて、旧野上町（現・紀美野町、図３参照）の『野上町誌』下巻（一九八五年）に、旧野上町関係部分の数字が一覧表の形で紹介された。それは、十小区の中の東野上地区、すなわち小畑・動木・下佐々・柴目・長谷の五ヵ村と、十二小区の中の志賀野地区、すなわち松瀬・国木原・釜滝・西野・東野の五ヵ村、合計で一〇ヵ村の、総人口、七歳以上・男・女の各人口、各男女・文通できる者、各男女・姓名自署できる者、各男女・文字を知らない者、六歳以下幼児の数字である。ここで資料Ｂの一部が紹介されたことになるが、Ａ・Ｂとも同一の表題であったために、その区別がわかりにくくなっていた。さらにまた、旧小区と当時の行政区が一致していなかったため、自治体史として紹介する際に、当該自治体の行政区範囲部分に限って紹介しており、大区・小区制が遠い昔の話となった今、元の資料の調査範囲は鮮明ではなかった。

次に資料Ａに触れているのは高岡楠太郎論文である。(7) 高岡は右の『海南市史研究』創刊号所載の数字を引用しつつ、そこから識字率を算出している。

そして『海南市史　第五巻　史料編Ⅲ近現代』（二〇〇〇年）に、十小区部分、すなわち海南市市域と旧野上町一部に該当する地域部分、つまり資料Aの全体（二五ヵ村分）が翻刻された（ただし、後に述べるように、翻刻された数字の一部に問題がある）。

したがって現在のところ、A・Bについて、自治体史で翻刻されているのは資料A「識字取調帳十ノ小区」の全部と、資料B「識字取調帳十二ノ小区」のうちの、旧野上町部分の五ヵ村分ということになる。

C・Dの二点については、ともに『かつらぎ町史　近代史料編』（一九九五年）に翻刻されている。前記『海南市史』第五巻の「解説」には、このかつらぎ町の資料にも言及がある。

Eについては、『美浜町史　史料編』（一九八四年）に、大畑浅吉氏所蔵文書として紹介されており、戸長田端伝兵衛の進達記録だと説明されている。同町史通史編にはこの資料に関する言及はない[8]。

以下、資料Aは表4（328～329頁）、資料Bは表5（330～331頁）、資料CとDは表6（332頁）、資料Eは表7（332頁）に整理して示す。

(2)「識字取調帳十二ノ小区」

以上に見たように、自治体史ではまだ翻刻されておらず、数字もその半分しか紹介されていない資料Bについて、やや詳しく見ていこう。

この資料は罫線が入った半紙を半分に折り、右上一カ所を紙縒りで綴じている。表紙は付されていない。資料冒頭には次のように記されている。

総人員之内文通出来ル者性（ママ）名自書スル者文字ヲ知ラサル者取調書

明治七年六月一日現在　第三大区

一　総人員四千三百八拾七人　十二ノ小区
内　百四拾九人　　　文通出来ル者
　内　男　百四拾四人
　　女　五人
七百九拾八人　　　性名自書スル者
　内　男　七百六十六
　　女　三十弐人
三千四百四拾六人　文字ヲ知ラサル者
　内　男　千弐百九十六人
　　女　弐千百七拾六人
但本行人員之内六年以下幼男女五百七十六人無之候
右之通相違無御座候也
明治七年九月七日
第三大区十二ノ小区
副区長　中谷彦次郎

図4の写真にもあるように、ここには朱筆で訂正が入っている。通例では翻刻の際には朱筆で訂正されたものに基づくのだが、右の翻刻には元々の訂正前の数字を入れた。その理由は、資料中にある数字を検算した結果、朱筆の訂正が間違っていて、元々の数字が正しいことが判明したからである。ただし、元々の数字でも六歳以下の子どもの総数の五七六は間違っており、正しくは五六六だった。さらに、宮村は、資料に総人員一八〇となっ

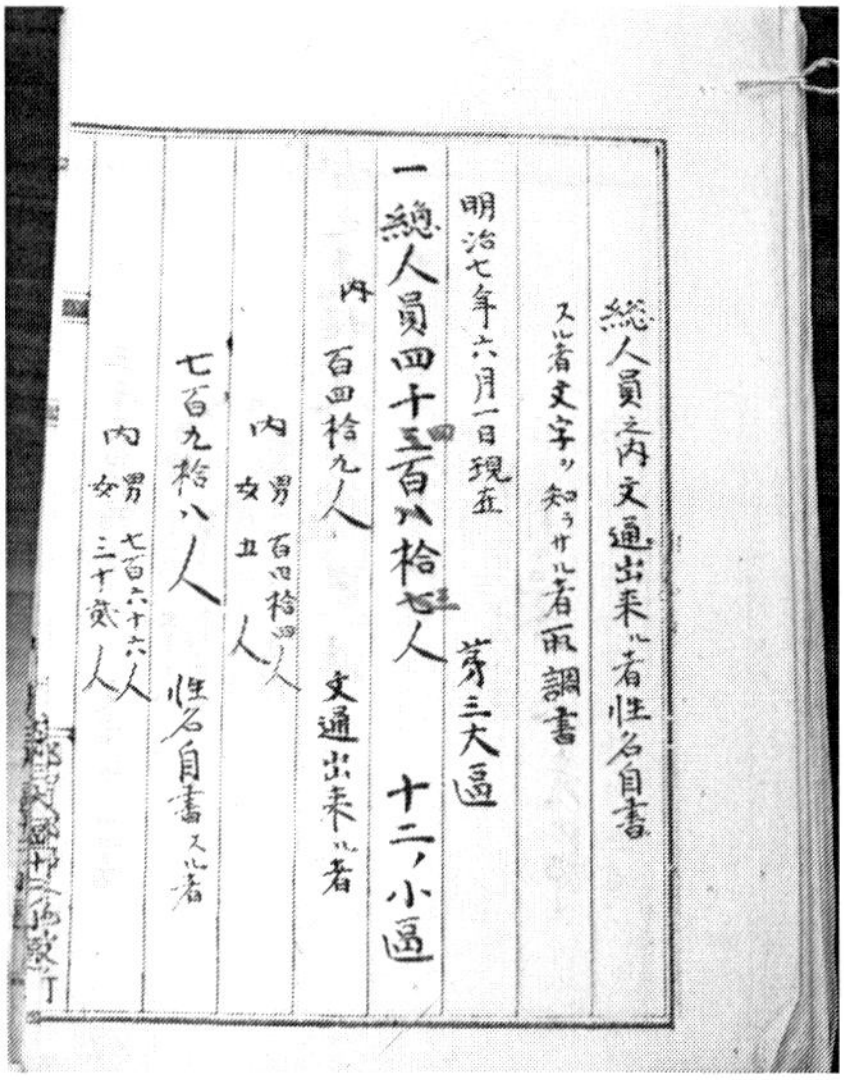

図４　「識字取調帳十二ノ小区」

ていたが、一八一の計算違いだった。そのため区全体の総人員も、正しくは四三八八である。

　これと同様のことは、資料A「識字取調帳十ノ小区」にもある。朱筆で総人員の「八千二百五拾五」とされた数字は、「八千百二拾五」、文字知らず総数の「五千四百八拾弐」は「五千弐百八拾弐」、うち男性数の「千五百五十七」は「千四百九拾弐」、女性数の「三千八百五十五」は「三千七百九拾」がそれぞれ正しい数字で、いずれの数字も朱筆が入る前のものである。逆に、六歳以下の子どもの総数の「千五拾四」は、九五四の計算違いであることがわかったが、ここには朱筆は入っていなかった。

　なお、資料Aを最初に紹介した前掲『海南市史研究』では、すべて朱筆の入る前の数字を採用しているが、子どもの総数は元資料の計算違いを、注釈なくそのまま紹介している。ところが前掲『海南市史』では、注釈なくすべて朱筆の数字を採用し、また元資料の計算違いも、そのまま翻刻している。この理由についてはよくわからない。朱筆が入った時期や経緯についても不明である。

　資料AもBも同様に、本章前掲の表には訂正した数字を入れている。

　さて、資料Bの続きを見ていこう。

　総人員之内文字出来ル者性名自書スル者文字ヲ知ラサル者取調書

明治七年六月一日現在　第三大区十二ノ小区

一　総人員百四拾五人　　松瀬村

内　九人　　文字出来ル者

内　男　六人

女　三人

弐拾八人　　性名自書スル者

内　男　二拾七人

女　壱人

百八人　　文字ヲ知ラサル者

内　男　三十六人

女　七十弐人

但本行人員之内六年以下幼男女六年以下十人有之候

右之通相違無御座候

副戸長　森下浅治良

明治七年九月

戸長　柳沢　広　印

和歌山県権令神山郡廉殿

ここでは「文字ヲ知ラサル者」の総数が黒字で訂正されているが、訂正された数字が正しい数字である（訂正前は「九拾八」）。

このの ち、文書の形式はほぼ同一である。各村の記述の最後に戸長と副戸長が連名で登場して、両者とも捺印を伴っているが、権令の名前は冒頭の松瀬村末尾にのみ登場している。

これ以下の数字と、各村の戸長と副戸長の名前については表5に記入した。

その他、数字の処理にあたっては、六歳以下の子どもの数は書かれているが、男女別の数字はないため、子どもの数を男女半々と仮定して、それを総数から除いて七歳以上の男女の数字を得ている。それゆえ、子どもの数が奇数の場合には、〇・五という数字になっている箇所がある。

なお実用的識字者と姓名自署者とを併せて、それを「文字を知っている」者として表に記入した（以下同じ）。

東野村では、子どもの数が五二名でその半数は二六となるが、子どもを含めた男性の非識字者は二〇名とされているので、その全員を子どもとして処理している。

松瀬村の文通できる女性三名が、前掲『野上町誌』下巻では「すべてが松瀬権守の娘である」と特定し断定されている(9)。この件について野上八幡宮の宮司藪洋平氏に問い合わせたところ、松瀬では当時、それ以外の女性に文通できる可能性のある者はなく、そのように断定したものだろうとのことだった。

なお、野上八幡宮には、明治初年に小学校が置かれており、明治九年に別の場所に移されたということだが、その際、教育と学校に関連する文書のごく一部が残されたらしく、その中に資料A・Bが残存していたとのことであった。これ以外には、明治初年の試験問題と答案、成績表などが残されているが、識字調査に関連する周辺資料は見当たらなかった(10)。

（3）かつらぎ町資料

資料C・Dは、所蔵先等の事情によって、現在まで現物を見ることができていない。ここでは比較検討のため、翻刻されたものを引用する。

まずは資料C。

御届

第四大区五小区　教良寺村

一　人員　弐百弐拾九人

但シ六歳以上男女トモ合計

内

当用ノ文通出来候者　男拾壱人

自分ノ姓名ニテモ記ス者　男七拾七人

女弐十人

無筆ノ者　男弐十三人

女九十八人

右之通取調相違無之候也

明治七年九月二日　戸長　結城嘉市郎　印

和歌山県権令神山郡廉殿

右の資料には、六歳以上の男女別数の記載がないが、「当用ノ文通出来候者」「自分ノ姓名ニテモ記ス者」「無筆ノ者」を男女別に合計すると、男性一一一名、女性一一八名となり、合計が二二九名と一致する。

続いて資料D。

記

第四大区一小区　佐野村

一　人員五百拾四人　男

　内

　　四拾人　　文通相整候者

　　百五拾人　姓名記得ル者

　　三百廿四人　文盲ナル者

〆如高

一　同四百八拾七人〔女脱ヵ〕

　内

　　拾人　　文通相整候者

　　三拾人　姓名記得ル者

　　四百四拾七人　文盲ナル者

〆如高

右之通取調申上候也

　明治八年四月四日　　副戸長　高瀬孫次郎

資料CとDとを見比べると日付が違っている。資料Cは「明治七年九月二日」であり、資料Dは「明治八年四月四日」となっていて、半年以上の懸隔がある。調査主体は戸長や副戸長で共通しているが、片方には差し出した相手の名前もなく、捺印もされていない。また、資料Dは男性と女性を最初から分けて記述しているし、六歳以下の子どもについての言及がなく、この点では資料A～Cと異なっている。

（4）美浜町資料

資料Eも同様、現在まで現物を見ることができていない。ここでも翻刻されたものを紹介する（表7／332頁）。

記

一　人員六百五拾人　　吉原浦

（朱筆）七拾人六年以下男女　男弐十九人

女四十一人

残而五百八拾人　内　三百人男

弐百八拾人女

内

三十一人　文通出来候もの

三百人　員数字

人名字出来候もの

二百四十九人　文盲之者

小以

右は文通不文通之者取調候処、当浦之分如此ニ御座候、依而上申仕候也

明治七年七月　吉原浦副戸長

高垣小平

同浦戸長

田端伝兵衛

資料Eは、資料A・Bに続いて実施された調査らしく、A・Bの翌月の七月が記されている。調査主体も同様だが、控えのため宛先は欠いている。ただし、記入漏れなのか、文通できる者、名前が書ける者、「文盲」の者の各男女別の数字が入っていない。

なお、以上すべての調査を通じて「姓名が自署できる者」等の数字には、「文通可能な者」等の数字は含まれていない。

（5）和歌山県による識字調査

資料DとEを除く報告の宛先が「和歌山県権令神山郡廉《こうやまくにきよ》」宛になっていることで明らかなように、これらの調査が県の指令によるものであることは間違いない。資料AからCまでは県に提出した届の写しで、資料A・Bはそれを小区ごとに綴ったものであろう。資料D・Eには宛先はなく、日付も異なっているが、資料Dは前年調査の遺漏に対する補遺で、その控えの写しではないかと推察される。資料Eは提出されたものの控えであり、そのため宛先を欠いていると見ることもできよう。

残念なことに、明治初年の和歌山県行政資料については、火災と戦災によって県庁文書が失われているため、調査の経緯を詳らかにしない。国立公文書館所蔵の『府県史料』（和歌山県史料）に収録されている資料を用いて『和歌山県史　近現代史料八』（一九八四年）が編まれたが、明治初年の県政の全体像はまだわかっていないようである。識字調査についても、どういう指示が、どういう意図のもとに発せられたのか、実際にはどのような調査がおこなわれたのか（目的、方法および範囲と対象）、そしてこの結果はどのように用いられたかなど、右の『和歌山県史』には収録されていない。「和歌山県史料」にも関連資料は見当たらなかった。そのためこれを県内各地に散在している地方文書等で補っていかなくてはならないが、現在までのところそれを見出すに至らず、不明なままである。[11]

しかしながら、現在までに判明しているところから、ここに紹介した資料群は、調査結果の報告先、調査内容、調査項目、時期の点からほぼ一致した調査であり、一体の調査結果がそれぞれの地元で控えとして残ったものであると見ることが可能である。それゆえ、本章でも次節では、以上のデータを一体化した上で分析を試みようと思う。

なお、今後も同時期に別の地域の地方文書から、同様の資料が見出される可能性が高い。その意味では、本章の紹介と分析は中間報告ということになる。

三　和歌山県識字調査の分析

(1) 識字調査の結果

①各村の調査結果

前節で紹介した資料は、従来の資料と比べて二つの点で大きな利点がある。

一つは、この調査では、文字が書けるか否かという二者択一ではなく、文字が書ける場合でも、自分の名前程度なのか、それとも文通までできるのか、ということを明らかにしているということである。言い換えれば、非識字層・姓名等自署層・実用的識字層の三層を区別することができるということである。日本語は文字が三種類もあるために、書けるか、書けないか、という調査だけでは日本語の識字の程度を知ることができない。しかしこの一連の調査では、文字が書けるか否かに加えて、文通が可能なのか否かまでを明らかにしているため、識字状況の実態に近く迫ることが期待できる。以下の分析では、文通可能な者の層を実用的識字層とする。

もう一つは、近接した五〇を超える村々の村ごとのデータを明らかにしうる調査は、八鍬友広が紹介分析した山口県の調査に続くものである。[12] 県の全域で調査をおこなっている県は本章冒頭に触れたようにいくつかあるが、村単位の調査結果が明らかになっているものは山口県の調査を除いては知られていなかった。調査対象者は男女の合計で一万人を超えており、マスとしての識字状況を把握することを可能にする資料でもある。

まずは旧野上町他と海南市の一部にあたる、十小区と十二小区の調査結果を見てみよう。

十小区の村々二五ヵ村全体では、七歳以上の男女のうち、非識字者は六〇・四％（男性二八・一％、女性九三・〇％）、姓名を書き得る者は三一・〇％（男性五七・八％、女性五・八％）、実用的識字者は七・七％（男性一四・〇％、女性一・二％）であった（表4）。

十二小区の村々二四ヵ村全体では、同じく非識字者は七五・二％（男性五一・七％、女性九八・四％）、姓名を書き得る者は二〇・九％（男性四〇・四％、女性一・七％）、実用的識字者は三・九％（男性七・六％、女性〇・三％）である（表5）。

両者を比較すると、男女とも十小区の方に実用的識字者が多く、十二小区に少ない。前者の実用的識字者は後者の倍近くもいる。

両者の内容をもう少し詳しく見ておこう。

十小区では、動木村に実用的識字者が多い。動木村全体で実用的識字者は二割を超えて突出している（男四割弱、女七％強）。これに続くのは九品寺村で実用的識字者はその半分の一割強である（男二割強、女四％強）。逆に新村・溝口村・沖野野村などに非識字者が多い。新村の非識字者は全体の九割弱（男八割弱、女は全員）で最も多く、溝口村と沖野野村の全体の非識字者はほぼ同じ八割強である。

姓名自署というところに注目すると、最も高いのは孟子村で全体の四割強、続いて椋木村が四割弱と続いている。孟子村では、姓名自署の男性は八割だが、文通可能者となると二割を割り込んでおり、文字を知ってはいて

表４　十小区識字状況（資料A）

村名（旧名）＼人数・%	総人員	七歳以上(a+b+c−d)	abc内男性(−d/2)	abc内女性(−d/2)	文通可能a	男性	女性	姓名自署b	男性	女性	文字知らず(含d)c	男性	女性	六歳以下d	文字を知っている	男性	女性
動木《とどろき》村（野上）	787	705	352	353	163	137	26	245	190	55	379	66	313	82			
					23.1	38.9	7.4	34.8	54.0	15.6	42.1	7.1	77.1		57.9	92.9	22.9
中《なか》村（海南）	401	384	191.5	192.5	15	14	1	152	146	6	234	40	194	17			
					3.9	7.3	0.5	39.6	76.2	3.1	56.5	16.4	96.4		43.5	83.6	3.6
小畑《こばた》村（下津野）	296	251	127.5	123.5	16	14	2	101	98	3	179	38	141	45			
					6.4	11.0	1.6	40.2	76.9	2.4	53.4	12.2	96.0		46.6	87.8	4.0
椋木《むくのき》村（海南）	138	114	62	52	8	7	1	55	52	3	75	15	60	24			
					7.0	11.3	1.9	48.2	83.9	5.8	44.7	4.8	92.3		55.3	95.2	7.7
柴目《しばめ》村（野上）	401	360	167.5	192.5	30	30	0	109	105	4	262	53	209	41			
					8.3	17.9	0.0	30.3	62.7	2.1	61.4	19.4	97.9		38.6	80.6	2.1
長谷《ながたに》村（野上）	286	246	123	123	20	20	0	76	76	0	190	47	143	40			
					8.1	16.3	0.0	30.9	61.8	0.0	61.0	22.0	100.0		39.0	78.0	0.0
木津《きづ》村（海南）	168	146	73	73	11	9	2	61	52	9	96	23	73	22			
					7.5	12.3	2.7	41.8	71.2	12.3	50.7	16.4	84.9		49.3	83.6	15.1
冷水《ひやみず》村（海南）	203	163	81	82	7	7	0	71	64	7	125	30	95	40			
					4.3	8.6	0.0	43.6	79.0	8.5	52.1	12.3	91.5		47.9	87.7	8.5
次ケ谷《つげだに》村（海南）	218	184	92	92	14	11	3	67	65	2	137	33	104	34			
					7.6	12.0	3.3	36.4	70.7	2.2	56.0	17.4	94.6		44.0	82.6	5.4
下津野《しもつの》村（海南）	128	112	51	61	4	4	0	40	39	1	84	16	68	16			
					3.6	7.8	0.0	35.7	76.5	1.6	60.7	15.7	98.4		39.3	84.3	1.6
別院《べついん》村（海南）	219	192	101.5	90.5	8	8	0	73	68	5	138	39	99	27			
					4.2	7.9	0.0	38.0	67.0	5.5	57.8	25.1	94.5		42.2	74.9	5.5

沖野野《おきのの》村	661	574	272.5	301.5	8	8	0	96	90	6	557	218	339	87			
（海南）					1.4	2.9	0.0	16.7	33.0	2.0	81.9	64.0	98.0		18.1	36.0	2.0
野尻《のじり》村	145	133	63	70	8	7	1	38	30	8	99	32	67	12			
（海南）					6.0	11.1	1.4	28.6	47.6	11.4	65.4	41.3	87.1		34.6	58.7	12.9
孟子《もうこ》村	466	387	202.5	184.5	38	36	2	196	162	34	232	44	188	79			
（海南）					9.8	17.8	1.1	50.6	80.0	18.4	39.5	2.2	80.5		60.5	97.8	19.5
原野《はらの》村	400	331	176.5	154.5	30	30	0	153	135	18	217	46	171	69			
（海南）					9.1	17.0	0.0	46.2	76.5	11.7	44.7	6.5	88.3		55.3	93.5	11.7
高津《たかづ》村	376	321	157.5	163.5	23	23	0	103	100	3	250	62	188	55			
（海南）					7.2	14.6	0.0	32.1	63.5	1.8	60.7	21.9	98.2		39.3	78.1	1.8
七山《ななやま》村	730	632	312	320	35	35	0	253	235	18	442	91	351	98			
（海南）					5.5	11.2	0.0	40.0	75.3	5.6	54.4	13.5	94.4		45.6	86.5	5.6
九品寺《くほんじ》村	204	182	89	93	23	19	4	24	24	0	157	57	100	22			
（海南）					12.6	21.3	4.3	13.2	27.0	0.0	74.2	51.7	95.7		25.8	48.3	4.3
溝　口《みぞのくち》村	346	322	161	161	18	18	0	40	35	5	288	120	168	24			
（海南）					5.6	11.2	0.0	12.4	21.7	3.1	82.0	67.1	96.9		18.0	32.9	3.1
新村《しんむら》	415	374	187.5	186.5	8	8	0	35	35	0	372	165	207	41			
（海南）					2.1	4.3	0.0	9.4	18.7	0.0	88.5	77.1	100.0		11.5	22.9	0.0
海老谷《えびだに》村	130	115	66.5	48.5	5	5	0	45	45	0	80	24	56	15			
（海南）					4.3	7.5	0.0	39.1	67.7	0.0	56.5	24.8	100.0		43.5	75.2	0.0
東　上谷《ひがしかみだに》村	190	171	93.5	77.5	5	5	0	59	57	2	126	41	85	19			
（海南）					2.9	5.3	0.0	34.5	61.0	2.6	62.6	33.7	97.4		37.4	66.3	2.6
西上谷《にしかみだに》村	31	26	16.5	9.5	2	2	0	10	9	1	19	8	11	5			
（海南）					7.7	12.1	0.0	38.5	54.5	10.5	53.8	33.3	89.5		46.2	66.7	10.5
赤沼《あかぬま》村	116	101	61.5	39.5	4	4	0	31	30	1	81	35	46	15			
（海南）					4.0	6.5	0.0	30.7	48.8	2.5	65.3	44.7	97.5		34.7	55.3	2.5
下佐々《しもささ》村	670	645	328.5	316.5	46	46	0	161	146	15	463	149	314	25			
（野上）					7.1	14.0	0.0	25.0	44.4	4.7	67.9	41.6	95.3		32.1	58.4	4.7
各村合計	8125	7171	3610	3561	549	507	42	2294	2088	206	5282	1492	3790	954			
					7.7	14.0	1.2	32.0	57.8	5.8	60.4	28.1	93.0		39.6	71.9	7.0

「識字取調帳十ノ小区」（野上八幡宮所蔵／『海南市史 第5巻 史料編Ⅲ近現代』、2000年）より作成。

表5　十二小区識字状況（資料B）

村名（旧名）　人数／%	総人員	七歳以上(a+b+c−d)	abc内男性(−d/2)	abc内女性(−d/2)	文通可能a	男性	女性	姓名自署b	男性	女性	文字知らず（含d）c	男性	女性	六歳以下d	文字を知っている	男性	女性
松瀬《まつせ》村（野上）	145	135	64	71	9	6	3	28	27	1	108	36	72	10			
①柳沢広　②森下浅治良					6.7	9.4	4.2	20.7	42.2	1.4	72.6	48.4	94.4		27.4	51.6	5.6
国木原《くにきはら》村（野上）	124	116	53	63	5	5	0	20	20	0	99	32	67	8			
①—　②辻田新兵衛					4.3	9.4	0.0	17.2	37.7	0.0	78.4	52.8	100.0		21.6	47.2	0.0
釜滝《かまたき》村（野上）	151	142	63.5	78.5	9	9	0	42	39	3	100	20	80	9			
①—　②西喜平次					6.3	14.2	0.0	29.6	61.4	3.8	64.1	24.4	96.2		35.9	75.6	3.8
西野《にしの》村（野上）	227	167	83	84	10	10	0	51	51	0	166	52	114	60			
①溝ノ上藤四郎　②野尻勝右衛門					6.0	12.0	0.0	30.5	61.4	0.0	63.5	26.5	100.0		36.5	73.5	0.0
東野《ひがしの》村（野上）	180	128	52	76	4	4	0	48	48	0	128	20	108	52			
①溝ノ上藤四郎　②伊南久右衛門					3.1	7.7	0.0	37.5	92.3	0.0	59.4	0.0	100.0		40.6	100.0	0.0
井堰《いせき》村（美里）	133	117	62	55	5	5	0	55	53	2	73	12	61	16			
①宮西喜左衛門　②植田新右衛門					4.3	8.1	0.0	47.0	85.5	3.6	48.7	6.5	96.4		51.3	93.5	3.6
蓑垣内《みのがいと》村（美里）	99	84	42.5	41.5	9	9	0	26	24	2	64	17	47	15			
①宮西喜左衛門　②上田伊太郎					10.7	21.2	0.0	31.0	56.5	4.8	58.3	22.4	95.2		41.7	77.6	4.8
真国宮《まくにのみや》村（美里）	155	134	65.5	68.5	10	10	0	38	32	6	107	34	73	21			
①宮西喜左衛門　②坪井善八					7.5	15.3	0.0	28.4	48.9	8.8	64.2	35.9	91.2		35.8	64.1	8.8
蓑津呂《みのつろ》村（美里）	190	159	87.5	71.5	4	4	0	39	34	5	147	65	82	31			
①宮西喜左衛門　②西浦市兵衛					2.5	4.6	0.0	24.5	38.9	7.0	73.0	56.6	93.0		27.0	43.4	7.0
花野原《はなのはら》村（美里）	116	110	50	60	7	7	0	23	23	0	86	23	63	6			
①宮西喜左衛門　②半田吉兵衛					6.4	14.0	0.0	20.9	46.0	0.0	72.7	40.0	100.0		27.3	60.0	0.0
初生谷《ういだに》村（美里）	85	78	38.5	39.5	3	3	0	18	16	2	64	23	41	7			
①宮西喜左衛門　②南佐助					3.8	7.8	0.0	23.1	41.6	5.1	73.1	50.6	94.9		26.9	49.4	5.1

北埜《きたの》村(美里)	179	154	84.5	69.5	5	5	0	14	14	0	160	78	82	25			
①宮西喜左衛門　②盛脇嘉兵衛					3.2	5.9	0.0	9.1	16.6	0.0	87.7	77.5	100.0		12.3	22.5	0.0
円明寺《えんみょうじ》村(美里)	144	125	63.5	61.5	4	4	0	15	15	0	125	54	71	19			
①西垣内亀五郎　②上北丹次郎					3.2	6.3	0.0	12.0	23.6	0.0	84.8	70.1	100.0		15.2	29.9	0.0
四郷《よごう》村(美里)	109	93	48	45	4	4	0	18	18	0	87	34	53	16			
①西垣内亀五郎　②南忠五郎					4.3	8.3	0.0	19.4	37.5	0.0	76.3	54.2	100.0		23.7	45.8	0.0
中畑《なかはた》村(桃山)	176	150	80	70	5	5	0	20	20	0	151	68	83	26			
①西垣内亀五郎　②前久保利兵衛					3.3	6.3	0.0	13.3	25.0	0.0	83.3	68.8	100.0		16.7	31.3	0.0
垣内《かいと》村(桃山)	95	74	31.5	42.5	4	4	0	5	5	0	86	33	53	21			
①西垣内亀五郎　②大西吉次郎					5.4	12.7	0.0	6.8	15.9	0.0	87.8	71.4	100.0		12.2	28.6	0.0
勝谷《かちや》村(美里)	193	178	90.5	87.5	5	5	0	15	15	0	173	78	95	15			
①西垣内亀五郎　②井ノ本林右衛門					2.8	5.5	0.0	8.4	16.6	0.0	88.8	77.9	100.0		11.2	22.1	0.0
根来窪《ねごろくぼ》村(桃山)	17	17	7	10	0	0	0	4	4	0	13	3	10	0			
①西垣内亀五郎　②林清右衛門					0.0	0.0	0.0	23.5	57.1	0.0	76.5	42.9	100.0		23.5	57.1	0.0
峰《みね》村(桃山)	186	164	82	82	5	5	0	15	15	0	166	73	93	22			
①西垣内亀五郎　②門徳太郎					3.0	6.1	0.0	9.1	18.3	0.0	87.8	75.6	100.0		12.2	24.4	0.0
下番《しもばん》村(粉河)	613	536	273.5	262.5	12	12	0	129	127	2	472	173	299	77			
①堀口差右衛門　②向房太郎					2.2	4.4	0.0	24.1	46.4	0.8	73.7	49.2	99.2		26.3	50.8	0.8
中番《なかばん》村(粉河)	590	531	259.5	271.5	12	11	1	123	116	7	455	162	293	59			
①堀口差右衛門　②前房太郎					2.3	4.2	0.4	23.2	44.7	2.6	74.6	51.1	97.1		25.4	48.9	2.9
谷口《たにぐち》村(美里)	158	142	73	69	4	3	1	21	21	0	133	57	76	16			
①柳生重三郎　②上本金藏					2.8	4.1	1.4	14.8	28.8	0.0	82.4	67.1	98.6		17.6	32.9	1.4
宮《みや》村(美里)	181	161	86	75	9	9	0	17	15	2	155	72	83	20			
①柳生重三郎　②北田宗左衛門					5.6	10.5	0.0	10.6	17.4	2.7	83.9	72.1	97.3		16.1	27.9	2.7
馬場《ばば》村(美里)	142	127	57.5	69.5	5	5	0	14	14	0	123	46	77	15			
①柳生重三郎　②前田定助					3.9	8.7	0.0	11.0	24.3	0.0	85.0	67.0	100.0		15.0	33.0	0.0
各村合計	4388	3822	1898	1924	149	144	5	798	766	32	3441	1235	2176	566			
					3.9	7.6	0.3	20.9	40.4	1.7	75.2	51.7	98.4		24.8	47.9	1.9

「識字取調帳十二ノ小区」(野上八幡宮所蔵／「郷役所記録」『野上町誌』下巻、1985年)より作成。

各村名の下の①は戸長、②は副戸長を示す。

表6　かつらぎ町の識字状況（資料C・D）

区　別	教良寺《きょうらじ》村		佐野《さや》村	
	人数	7歳以上	人数	総員
6歳以上人員	229		1001	
男性	111	—	514	—
女性	118	—	487	—
文通可能	11	4.8%	50	5.0%
男性	11	9.6	40	7.8
女性	0	0.0	10	2.1
姓名自署	97	42.4	180	18.0
男性	77	67.2	150	29.2
女性	20	17.5	30	5.8
無筆	121	52.8	771	77.0
男性	23	20.1	324	63.0
女性	98	85.6	447	91.8
文字を知っている	108	47.2	230	23.0
男性	88	79.3	190	37.0
女性	20	16.9	40	8.2

「教良寺村識字者内わけ届」（明治7年9月、教良寺区文書、『かつらぎ町史 近代史料編』、1995年）より作成。

表7　美浜町の識字状況（資料E）

区　別	吉原浦《よしはらうら》	
	人数	7歳以上
6歳以上人員	580	
男性	300	—
女性	280	—
文通可能	31	5.3%
男性		
女性		
姓名自署	300	51.7
男性		
女性		
無筆	249	42.9
男性		
女性		
文字を知っている	331	57.1

「文通不文通調査報告」（明治7年7月、大畑浅吉氏所蔵『明治七年　御達控』、『美浜町史 史料編』、1984年）より作成。

も、実用的な識字能力を持つ者が多くはなかったことを示している。また、女性の姓名自署率も孟子村は最も高い（一八％強）。これに対して椋木村は男性の自署率は最も高いが、女性のそれが低く（六％弱）、全体として孟子村には及ばない。

十二小区では、簑垣内村の実用的識字者が全体で一割を超えているのが一番多く（男二割強、女ゼロ）、真国宮村がそれに続く（男一割五部強、女ゼロ）。女性に限れば、松瀬村の四％（三名）が最も高く、この三名と谷口村と宮村のそれぞれ一名の計五名を除くと、十二小区では女性の実用的識字者はいないという結果になっている。非識字者では全体として、勝谷村と峰村、北埜村が八割五分を超えて高く、円明寺村・中番村・谷口村なども八割を超えてこれに続く。姓名自署率は、井堰村が全体で四割を超えて一番高いが、男性では東野村の男性が九割を超え、女性では真国宮村が九％弱で一番高い。真国宮村は女性の非識字率も最も低い。

続いて、かつらぎ町の二つの村では、実用的識字

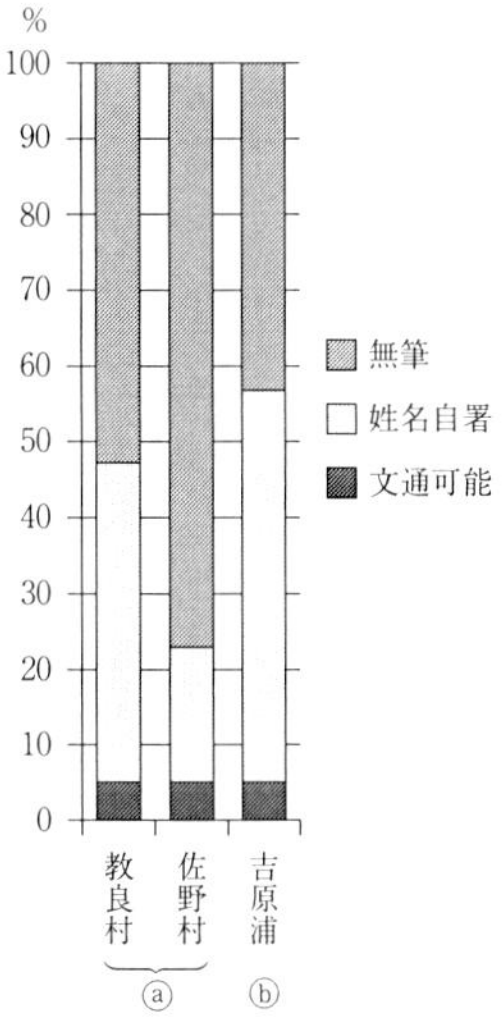

図5　かつらぎ町・美浜町識字状況

者は男性が五%前後、女性がゼロから二%とほぼ同様だが、非識字者は教良寺村全体で五割を超え、佐野村全体で八割弱である（表6、図5ⓐ）。この違いは男性の非識字者の割合の違いによるもので、教良寺村では男性の非識字者が二割なのに対して、佐野村では六割を超えている。逆に姓名自署率では教良寺村全体で四割強、佐野村で二割弱となっている。

美浜町の吉原浦では、男女別の数字はわからないが、実用的識字者が五%程度、非識字者が四割強、姓名自署率が五割強となっている（表7、図5ⓑ）。

②和歌山県五一ヵ村の調査結果

次に、調査内容がほぼ一致している調査結果を一つにまとめて考察してみよう。すなわち、十小区、十二小区とかつらぎ町の二つの村のデータ、合計五一ヵ村のデータを結合して、これを実用的識字者の率が高い順に並べてグラフにすると、図6―1～3を得ることができる（1は男女の全体、2は男性、3は女性、次の図7も同じ）。続いて「文字を知っている者」の割合が高い順に並べてみると、図7―1～3を得ることができる。

第一に、実用的識字層は男女合わせて一割以下が普通で、男性の場合には二割以下、女性の場合には五分にも満たないのが一般的だということがわかる。動木村の数字は突出しており、他と同列に扱うことはできない。

第二に、男女の差が著しく、その能力の差は圧倒的だということである。女性の場合、文字を知っている層が二割を超すことはまれで、多くの場合には五分か、それ以下である。非識字率が一〇〇%の村ですら一六ヵ村あ

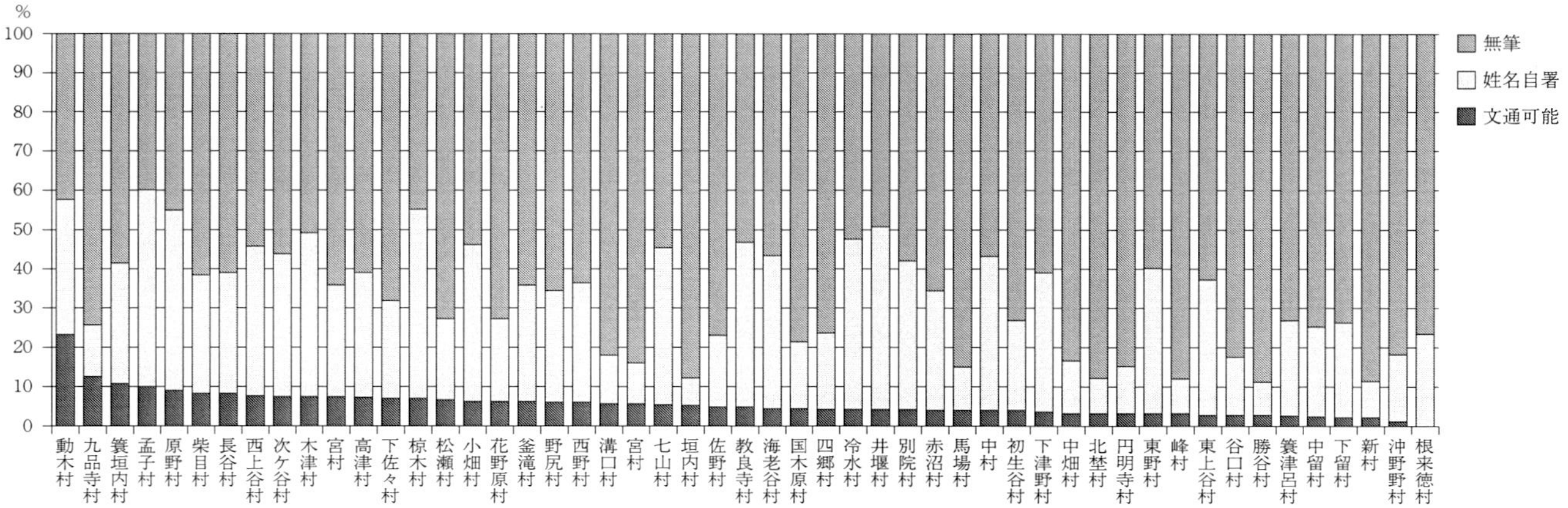

図6－1　51ヵ村識字状況・実用的識字層の割合の多い順(全体)

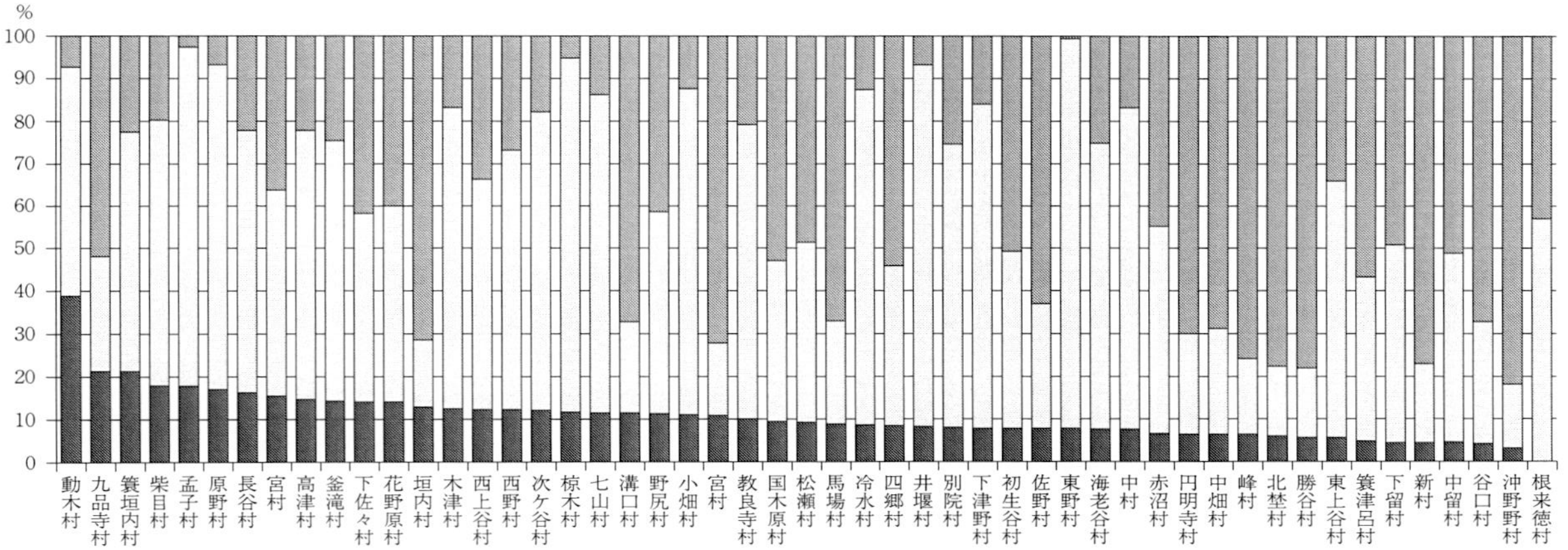

図6－2　51ヵ村識字状況・実用的識字層の割合の多い順(男性)

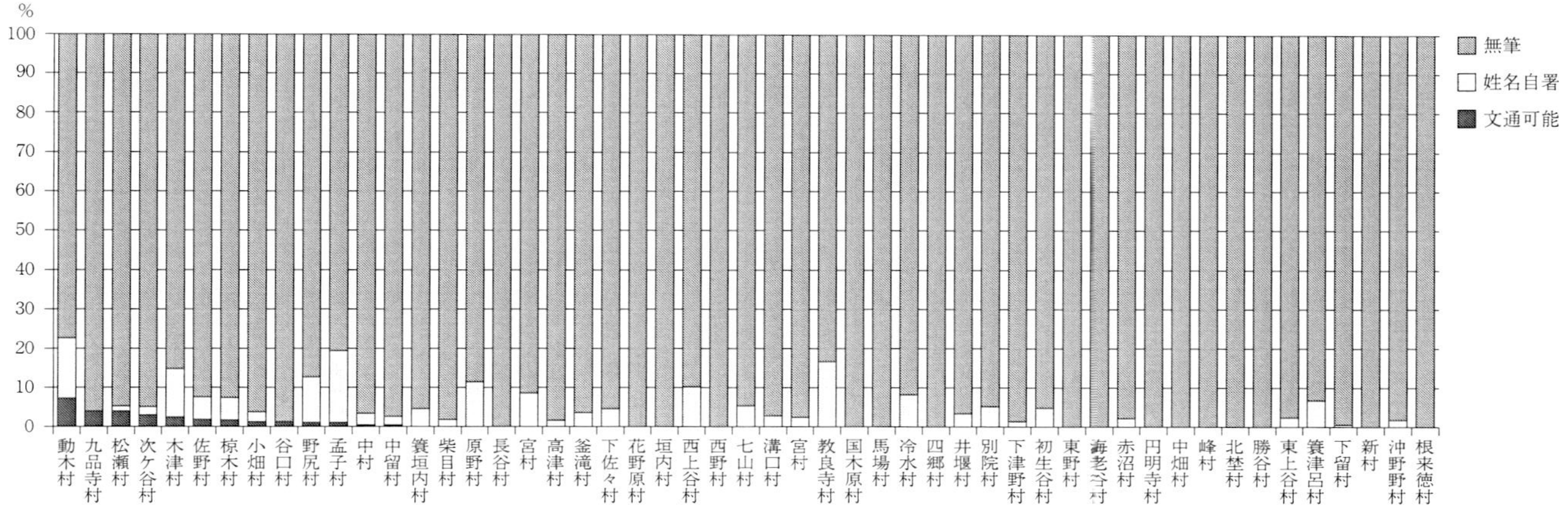

図6－3　51ヵ村識字状況・実用的識字層の割合の多い順(女性)

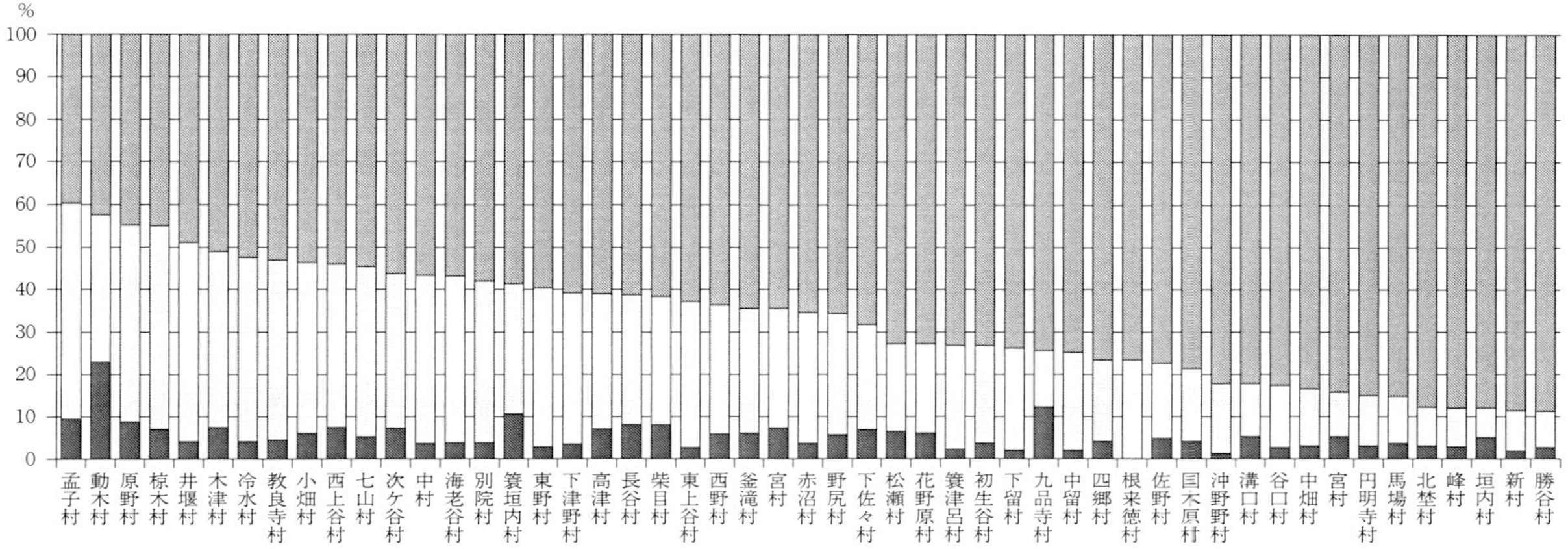

図7－1　51ヵ村識字状況・文字を知っている者の割合の多い順(全体)

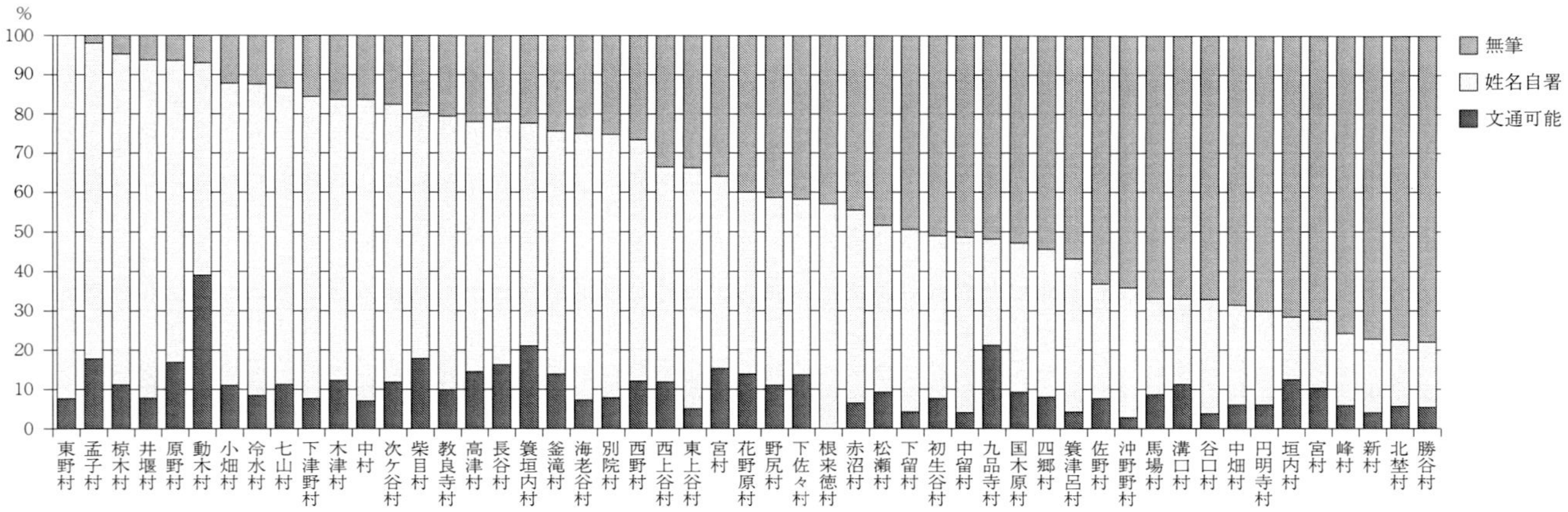

図7－2　51ヵ村識字状況・文字を知っている者の割合の多い順(男性)

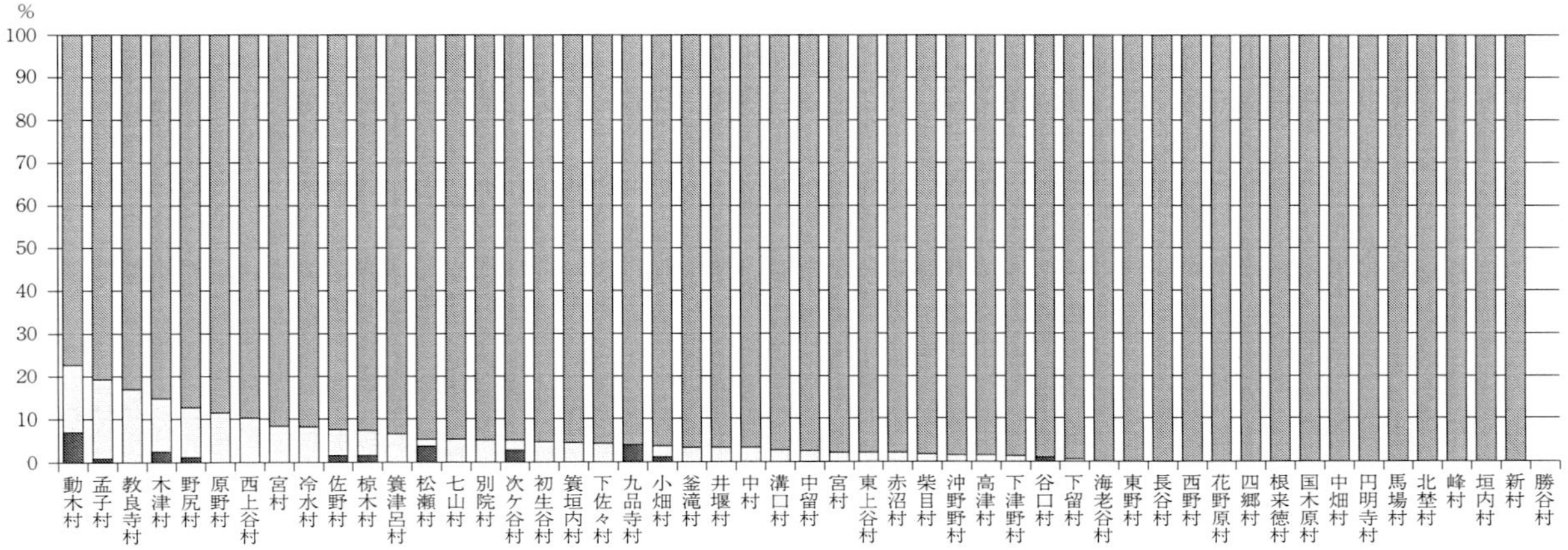

図7－3　51ヵ村識字状況・文字を知っている者の割合の多い順(女性)

り、村数全体の三割を超えている。男性の場合には、文字を知っているという点では三分の一近くの村で五割を超えている。

第三に、実用的識字層が多い村と文字を知っている層が多い村は必ずしも一致していないと言うことである。これが意味するところは不明だが、手習塾などの教育程度の反映が考えられる。すなわち、姓名自署程度までを教えていた手習塾には多くの子弟が通い、それより教育程度の高い手習塾には少数の子弟しか通わなかった、などの事例の組み合わせによる結果ではないか、ということである。このことが最もありそうな理由ではあるが、『日本教育史資料』段階の手習塾の調査結果はかなり粗く、右のことを証明することはできない[13]。他方、調査の精粗によってもたらされた可能性も否定できない。一人一人にあたって調査員の目の前で文字を書かせる、というような方法をとったとは考えにくく、お互いによく知り合った村の内部のこと、顔や名前を思い浮かべれば、その人物の能力も同時に思い浮かべることができただろう。もしそうだとすれば、文通が可能であるか、姓名自署程度であるかの線引きは、調査にあたってそれをまとめる者の恣意的な判断が入り込む余地は十分にあり得る。しかし前述したように調査方法は不明であり、恣意性の指摘も仮説にとどまる。

第四に、実用的識字層や文字を知っている層の高い順に並べたグラフは、ともにほぼ右下がりの直線を描いている。これは村によってかなり識字状況には差があったことを示しているが、近隣の村であっても状況は異なっているため、識字の度合いは、いわば万華鏡の中を覗いたような状況になっている。これはルビンジャーが大阪の都市部でこれよりも数十年の後のデータから指摘したことだが、和歌山山間部でも確認することができる。その直線の傾きは実用的識字層に少なく、文字を知っている層に大きい。実用的識字層の村による差異よりも、文字を知っている層の差異が大きいということを示しているが、それは姓名自署程度の文字教育が、主として男性を対象にある程度なされていた可能性を示唆している。

(2) 産業と識字率

以上のように隣接する村でも識字者の率や文字を知っている者の割合、男女間の差異に差ができる理由は何だろうか。

旧野上町八幡宮には、「物産取調」と題された明治七年から八年の記録がある。(14) そこには、動木・小畑・柴

明治7年			明治7年			明治7年		
原野村			七山村			下佐々村		
収穫	金額	%	収穫	金額	%	収穫	金額	%
635	4445.000	69.6	671	4294.400	52.8	572	4169.460	55.7
210	861.000	13.5	150	450.000	5.5	304	912.000	12.2
2	8.200	0.1	23	78.200	1.0	20	60.000	0.8
2	11.000	0.2	15	90.000	1.1	25	151.170	2.0
0.2	1.280	0.0	8	52.000	0.6	5	30.000	0.4
1	3.500	0.1	1.2	3.600	0.0	3.5	10.500	0.1
			0.5	1.000	0.0			
0.5	1.600	0.0	3	8.400	0.1	5	12.000	0.2
			2	9.000	0.1	7	21.000	0.3
			8	28.800	0.4	3	9.000	0.1
	5331.580			5015.400			5375.130	
						107,136	551.000	7.4
			66	495.000	6.1			
			120	756.000	9.3			
			0.5	5.000	0.1	3.8	34.200	0.5
						40	330.000	4.4
	0.000			1256.000			915.200	
			700	4.480	0.1	50	40.000	0.5
20	89.600	1.4	25	112.500	1.4	30	129.600	1.7
			0.8	4.800	0.1	0.3	1.260	0.0
						20	4.800	0.1
	89.600			121.780			175.660	
50〆	1.600	0.0	570	21.660	0.3	200	8.000	0.1
			110	4.400	0.1	150	5.200	0.1
						100	40.000	0.5
						300	15.000	0.2
	1.600			26.060			68.200	
1.9	24.600	0.4	45	630.000	7.7	16	256.000	3.4
			117	7.400	0.1	50	3.000	0.0
1700斤	144.500	2.3						
	169.100			637.400			259.000	
20本	190.000	3.0				100	32.000	0.4
			30	11.230	0.1	100	36.000	0.5
	190.000			11.230			68.000	
180〆	391.000	6.1	1500	810.000	10.0			
500斤	134.400	2.1	480	204.000	2.5	300	129.600	1.7
			12	32.000	0.4			
						13	7.360	0.1
	525.400			1046.000			136.960	

表8　明治初年旧野上町6カ村の産業

		明治8年2月15日			明治7年			明治8年2月17日		
		動木村			小畑村			柴目村		
		収穫	金額	%	収穫	金額	%	収穫	金額	%
米穀類(石)	米	432	3143.400	40.2	415.66	3029.850	68.1	132	962.181	52.2
	麦	262	648.600	8.3	166.264	425.635	9.6	50	175.000	9.5
	小麦	5	20.000	0.3			0.0	10	40.000	2.2
	大豆				4.5	28.800	0.6	20	110.000	6.0
	小豆	1.5	10.500	0.1	0.85	5.440	0.1			
	粟	5	15.000	0.2				20	50.000	2.7
	黍									
	蕎麦	3	9.000	0.1				20	37.500	2.0
	蚕豆				3	9.600	0.2			
米穀質(石)	豌豆	2	6.000	0.1				5	15.000	0.8
	大角豆	10	30.000	0.4				3	7.500	0.4
米穀小計			3882.500			3499.325			1397.181	
醸造物類(石)	清酒	205.2	1063.350	13.6	190.5	736.476	16.5			
	醸造中									
	醸造下									
	焼酎	24	192.000	2.5						
	酢	30	120.000	1.5						
	醤油	144	720.288	9.2						
醸造小計			2095.638			736.476			0.000	
園蔬類(貫目)	蘿蔔	50	8.000	0.1				500	5.000	0.3
	薩摩芋							300荷	120.000	6.5
種子並ニ菓子実類(石)	菜子	20	90.000	1.2					40.000	2.2
	胡麻									
菌蕈類	松茸(貫目)									
野菜類小計			98.000			0.000		500.000	165.000	
柑類(貫目)	柿生	1200	32.000	0.4	5荷	2.500	0.1	50荷	22.500	1.2
	梅子							100〆	4.000	0.2
	蜜柑	1200	32.000	0.4				50荷	25.000	1.4
	柑子	500	15.000	0.2				70荷	28.000	1.5
果実類小計			79.000			2.500			79.500	
油蠟類	菜種油(石)	83.6	1337.600	17.1	3	22.400	0.5	10	40.000	2.2
	櫨(貫目)				150	7.500	0.2	800	40.000	2.2
	櫨蠟	2000斤	130.000	1.7	2000斤	160.000	3.6			
油蠟類小計			1467.600			189.900			80.000	
飲料類	製茶(貫目)									
	茶(斤)	500	32.000	0.4						
煙草類	葉煙草(貫目)	100斤	6.400	0.1	100斤	9.500	0.2	40	12.500	0.7
商品作物類小計			38.400			9.500			12.500	
織物類	紋羽(反)									
糸綿類	綿(貫目)							60	27.000	1.5
	木綿糸(貫目)	500斤	50.000	0.6				12	10.000	0.5
染草類	木附子	200斤	12.800	0.2	50斤	3.200	0.1	39	21.025	1.1
繊維染物類小計			62.800			3.200			58.025	

目・原野・七山・下佐々の六ヵ村の農業生産物が、その金額とともに記されている（表8）。それを、金額ベースで、米穀・醸造・野菜・果実・油蠟・商品作物（茶、煙草）、繊維染め物・木皮（棕櫚）・木竹にまとめてグラフにしてみる（図8）。

ここから読み取れるのは、まず、いずれの村でも米を中心とする農産物が主要な産業になっているということ

						5000	7.200	0.1
			2000	16.000	0.2	36000	288.000	3.8
						100	15.000	0.2
						50	4.000	0.1
			7	0.700	0.0			
						1000	18.000	0.2
						4000	155.000	2.1
10600〆	76.800	1.2						
	76.800			16.700			480.000	
	6384.080			8130.570			7485.350	

原野村金額	%	七山村金額	%	下佐々村金額	%
5331.580	83.5	5015.400	61.7	5375.130	71.8
0.000	0.0	1256.000	15.4	915.200	12.2
89.600	1.4	121.780	1.5	175.660	2.3
1.600	0.0	26.060	0.3	68.200	0.9
169.100	2.6	637.400	7.8	259.000	3.5
190.000	3.0	11.230	0.1	68.000	0.9
525.400	8.2	1046.000	12.9	136.960	1.8
	0.0		0.0	7.200	0.1
76.800	1.2	16.700	0.2	480.033	6.4

である。しかしその中にあって、動木村の米穀類の割合は半分を切っており、ほかの村とは産業構造に違いがあったものと見られる。

このことを識字との関連で見ると、米穀類の割合が二番目に低く、動木村に比較的近い産業構造の七山村は、最も産業構造の形が遠い原野村と比べると、動木村に近いのは原野村の方である。また米穀類が三番目に低い下佐々村についても、文字を知っている者の割合は三割に届かず、この六ヵ村の中では、動木村と最も遠い。産業構造といっても、米穀類の占める割合と実用的な識字率との間には関係があるとは見られない。

また、旧野上町の明治期の交通を示した地図に置いてみた時も、実用的な識字率の高い動木

木皮類	棕櫚皮	10000枚	15.000	0.2	1500	9.600	0.2	25000	37.500	2.0
竹木類	柴(貫目)	5000	20.000	0.3						
	丸太(本)									
	竹(束)									
	竹小(束)	100	7.000	0.1	10	0.640	0.0	400	14.000	0.8
	竹大(束)	100	10.000	0.1						
	松灰(貫目)									
	割木(貫目)	10000	50.000	0.6						
	薪									
木竹類小計			87.000			0.640			14.000	
総合計			7825.938			4451.141			1843.706	

	動木村金額	%	小畑村金額	%	柴目村金額	%
米穀小計	3882.500	49.6	3499.325	78.6	1397.181	75.8
醸造小計	2095.638	26.8	736.476	16.5	0.000	0.0
野菜類小計	98.000	1.3	0.000	0.0	165.000	8.9
果実類小計	79.000	1.0	2.500	0.1	79.500	4.3
油蠟類小計	1467.600	18.8	189.900	4.3	80.000	4.3
商品作物類小計	38.400	0.5	9.500	0.2	12.500	0.7
繊維染物類小計	62.800	0.8	3.200	0.1	58.025	3.1
木皮類	15.000	0.2	9.600	0.2	37.500	2.0
木竹類小計	87.000	1.1	0.640	0.0	14.000	0.8

「物産取調帳」明治７年(野上八幡宮所蔵、『海南市史』第５巻、2000年)より作成。

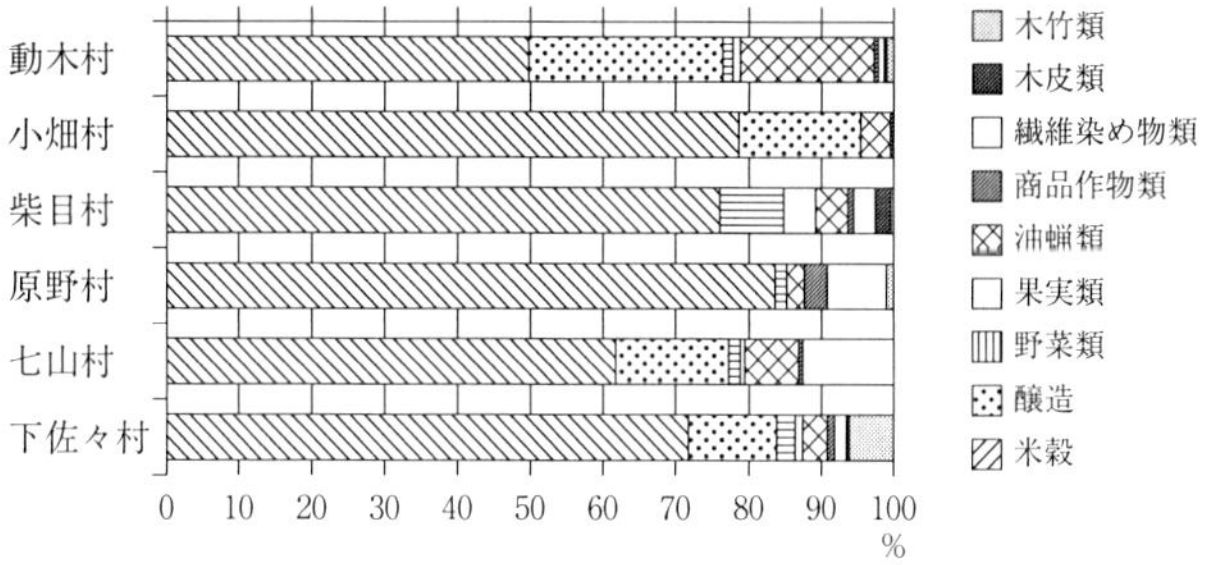

図８　明治初年旧野上村６ヵ村の産業

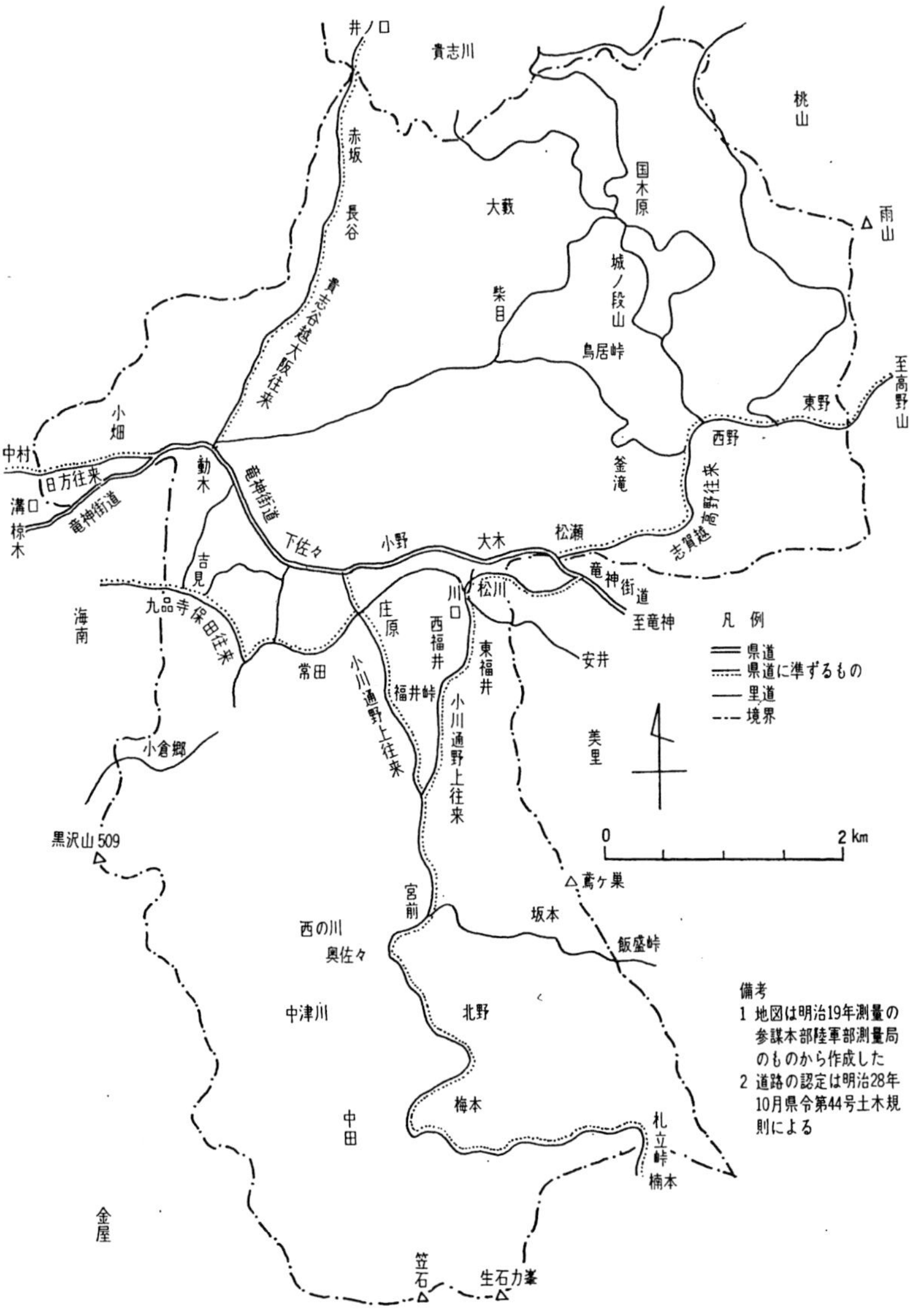

図9　明治期の野上町の道路

（『野上町誌』下巻、1985年、10頁）

村は交通の要衝にあると言いうるが、下佐々村も県道筋にあって、実用的な識字率は高くない（図9）。
木皮産業は棕櫚を扱い、また、当地では櫨を栽培して、質の良い蠟を作るようになっていたと指摘されている。そうした産業を土台とした商業活動が識字を促したのではないかとも考えられるが、当該する時期にそれを示す資料は見当たらず、現状ではこれも仮説的提起にとどまる。

おわりに

和歌山県の自治体史に翻刻されている識字率に関する調査資料は、明治七年前後の五〇ヵ村以上、総数で一万名を超える男女の識字状況を明らかにしている。こうした規模の資料は現在までのところ他には知られていない。さらに、単に文字を知っている、または自分の名前が書ける程度の識字ではなく、文通が可能であるという実用的な識字層の割合をも知らせてくれている。

この結果を、冒頭に見た長野県北安曇郡常盤村の調査結果（男性のみ）と比較してみよう。指標を統一するために、書簡を書くことができるレベル以上を実用的識字層と見なすと、その割合は九・一％である（分類b）。姓名自署可能層と実用的識字層の合計（文字を知っている男性）の割合は六四・七％となるから、どちらの数字をとっても、常盤村は和歌山五一ヵ村のほぼ中位にあたっている。

こうしてみると常盤村の調査結果は、同じ農村の類似した傾向を示しているものと見てよいだろう。とすれば、書簡を書ける以上の能力の傾向についても、ほぼ同様のものと見ても大過あるまい。

また、各県の自署率調査と比較してみると、非識字層について、男性は滋賀県の女性程度であり、女性は鹿児島県の女性とほぼ同じであった。

学校教育の影響がまだ及ばない明治初年の農村における識字状況は、近世末の識字状況とほぼ同じものと考えられるが、手紙を書きうるという意味での実用的識字率は男性で二割以下、女性では五分にも満たないのが普通であった。村による違いもかなりあり、それが近隣の村であっても識字状況は異なっている。また何らかの事情によって実用的識字率の高い村も存在するが、それは農村においては異例と見てよい。

姓名自署可能な層は、男性の場合一〇〇％を占める村もあり、少なくとも二割以上の男性は姓名を自署することができた。他方女性は、全員が非識字者である村も三割ほどあり、姓名を自署できる層が多い村でも二割程度、一割に満たないのが普通であった。実用的識字層ともなると、女性には一人もいない村が七割を超えていた。言い換えれば、七割の村には手紙を書きうる女性は皆無だったのである。

以上は農村の状況であって、都市部ではかなり違っていたものと推察される。前述したとおり、和歌山県の調査は村ごとに全県でおこなわれている可能性が高く、和歌山市などの比較的都市部での資料が発見されればその事情も明らかになろう。今後の課題としたい。

（1）八鍬友広「近世社会と識字」（『教育学研究』第七〇巻第四号、二〇〇三年）。

（2）従来、「機能的（functional）」識字と訳されてきたものと同じで「人々が社会の一員として基本的な生活能力を獲得したり社会参加をおこなったりするうえで必要不可欠とされる読み書き能」を意味する。右引用は、小柳正司「「機能的リテラシー」の成立と展開」（『鹿児島大学教育学部研究紀要』教育科学編、第四九巻、一九九八年）。本章ではその語感から「実用的」を訳語に充てた。

（3）R・ルビンジャー（川村肇訳）『日本人のリテラシー　1600-1900年』（柏書房、二〇〇八年）、エピローグ参照。

（4）同右書、エピローグのまとめ参照。

（5）同右書、エピローグ参照。

（6）「明治初期における学校の設立――野上地区を中心に」。執筆者不詳。

（7）高岡楠太郎「海難地方の小学開学事情――寺小屋《ママ》教育との関係――」（『海南市史研究』第一二号、一九八九年）。高岡は、『日本史研究』第一九九号所収の、明治一七年に実施した「大阪府刑務所受刑者ノ教育ヲ受ケタルモノ調べ」を分析した論文を引用しながら、識字率の数字について「決して小さくはない」と述べているが、当該号にはそうした論文はなく、代わりに籠谷次郎「明治教育の確立と「私学」――教育史の再検討のために」が『明治三十三年度大阪府壮丁普通教育程度取調書』を用いて、当時の識字能力に言及している。なおこの調査結果については、前掲注（3）ルビンジャー書にも分析がある。

（8）なお、教育委員会などを通じて資料の所蔵元を確認したが、世代がかわっており、子孫が地元を離れているなどの事情で、確定することができなかった。教育委員会などには自治体史編纂時収集資料などの写しは存在していなかった。

（9）四一七頁。

（10）これらの資料に大間敏行が検討を加えている。大間「鉛筆のアリバイ――試験はいつ行われたのか――」（『日本教育史往来』第一九九号、二〇一二年八月）。

（11）たとえば前述の『美浜町史』には史料目録が掲載されている。そこに明治初年の「御布令」や「御布達」、「諸達」、「御用留」などの史料の存在が記され、所蔵先も明記されているが、該当しそうな史料の中で確認できたのは、松洋中学校所蔵の明治八年「御用留」のみであった。そこには識字調査に関連するような記述は見いだせなかった。

（12）前掲注（1）八鍬論文。

（13）『日本教育史資料』巻二四、「私塾寺子屋表」所載の和歌山県那賀郡には、当該地域の窪村（根来窪村か）、下佐々村、高津村、別院村、宮村に各一ヵ所、西野村に二ヵ所、合計で七ヵ所の手習塾（すべて師匠は男性）が報告されているのみで、しかもそのいずれも寺子数などは記述されていない。

（14）明治八年二月五日付県令名で「生産物之部類并数量之価等」を取り調べて差し出すよう通達が出されている（乙第五十九号、前掲『和歌山県史』、九〇〇頁）。この通達に基づく調査結果と考えられる。

あとがき

二〇〇一年の夏、八月上旬の焼けつくような厳しい日差しのなか、郊外の私鉄駅を下車し獨協大学キャンパスを目指して歩いたことを、ついこの間のことのように思い出す。六名のメンバーが集い識字研究会を立ち上げ、共同研究を本格的に進めようという意志の下で、その第一回研究会が開催されることになった日のことである。梅村佳代（奈良教育大学、現在同大名誉教授）、木村政伸（筑紫女学園大学、現在新潟大学）、川村肇（獨協大学）、八鍬友広（新潟大学、現在東北大学）、天野晴子（日本女子大学）、大戸安弘（筑波大学、現在横浜国立大学）の面々だった。梅村、木村、川村、八鍬、天野の五名は近世教育を、大戸は中世教育を主な対象として研究活動を進めてきていた。それまで独自の道を歩んできたメンバーが、個々の課題意識を尊重しながら、伝統社会における識字状況について共同研究に取り組もうということで思いが一致したことにより、識字研究会は始まった。それから今日まで、ほぼ一三年の日月が過ぎ去ったことになる。

研究会立ち上げの際の議論の出発点といえるのが、さらに遡ること二〇年程前に、久木幸男「前近代民衆の識字率――杉山・酒井両氏の論考に寄せて――」（『日本教育史往来』第一八号、一九八三年）において指摘された課題であった。久木は、西洋史分野での識字研究の動向を紹介しながら、識字状況の解明が重要なテーマとして設定されてもおかしくないはずの日本教育史分野では、前近代民衆の識字率が少しも明らかにされていないばかりではなく、手がかりになるものさえほとんど示されていない現状を指摘していた。その後久木は、序論でも述べたように古代社会に生きた成人男子の識字率を試論的に示しているが、こうした状況を前にして、久木によって示された課題をどのように受け止め、どのように乗り越えていくべきなのかと議論を重ねることがあった。そこから行き着いた結論は、個々がアプローチする仕方よりも、多様な問題関心や研究手法を持つメンバーによる共同研究を進めていくことにより、識字に関する研究の閉塞ともいうべき状況を突破していく可能性の扉が開けてくることになるのではないかというものであった。

それまでの個々の日常の研究活動のなかで、関連する最も基本的な問題として中世・近世社会を支えた人々の文字使用技術の状況について思いを巡らすことはあったものの、メンバーのなかで正面からの課題として先駆的に取り組んでいたのは、八鍬友広と木村政伸であった。とりわけ木村の論考は、京都や長崎のような都市部の男性当主層の花押署判能力の高さを論証したことにより、学界に強いインパクトを与えていた。その成果が共同研究の初発の拠り所として、私たちが向かうべきその後の方向性を示唆するものとしてあったことは間違いのないところである。

一般的には伝統社会の日本人は、同時代の他国と比べ、きわめて高い水準の識字力を持っていたと思われてきたが、その具体的な根拠を求めていくと、思いの他に曖昧な状況があるという認識を共有するに至ったメンバーは、一つ一つ個別具体的な状況を解き明かしていく必要性があることを強く感じていた。もちろん、それまでの在来の研究において示されてきた識字を取り巻く周辺状況である、たとえば寺子屋・手習塾の爆発的とも言える量的な普及や、少なくとも七〇〇〇種類以上とも目される往来物の残存状況、民衆レベルにまで深く浸透した読物の刊行を支えていた出版状況、さらには膨大に残されている民衆文書の存在、幕末維新期に来日した外国人による紀行文や日記など、伝統社会に生きた人々の識字状況が語られる際の論拠について、承知していることは言うまでもないし、それぞれの論拠を掘り起こされてきた先学への敬意を保持しつつのことではあったが。識字に関連するテーマに取り組まれた先行研究のなかでも、とりわけ寺子屋・手習塾や往来物に関する石川謙の一連の業績は、後続の研究者にとっては巨大な巌のごとき存在であり、これを乗り越えることの難しさは誰しもが感じていたことであろうが、識字状況の解明を課題とする立場からは、この関門を突破することも意識せざるを得なかった。

また、識字研究で先行する西洋史分野では、同時代人の証言、出版状況、学校の普及などから推定される識字率には、信頼性が欠けるとみなされており、まず自署率を明らかにしなければ、信頼される識字率は導き出されないということが、共通の理解となっているようである。ここでいう自署とは一般的に結婚誓約書や婚姻届に認められるサインであるが、前近代日本の社会にはそれらに相当する史料は存在しない。このような隘路を切り開くことになる新たな自署史料や識字関連史料を発掘し、新たな角度からの照射を進めることが求められた。

その後、二〇〇二年～二〇〇五年度「前近代日本における識字状況に関する基礎的研究」で日本学術振興会・科学研究費補助金・基盤研究（B）〈JSPS科研費一四三一〇一一三〉を得て、本格的な共同研究の活動が始まり、あれこれと試行錯誤を繰り返すことになった。寺子屋・手習塾、往来物、書物などに関する研究の進展を受けて、私たちメンバーがどのようにして伝統社会に生きた人々の識字状況に、より接近することができるのか、様々な角度から検討を重ねることになった。そうした試行錯誤のなかから、起請文・請文・人別帳・連判状・村掟・契約書などにみられる、民衆の手になる花押・略押に可能な限り着目しようということになった。

この期間は研究会の活動の第一期となるのだが、その間の到達点として蒐集した花押・略押史料やメンバーが個別に取り組んだ研究成果の一部を研究成果報告書としてまとめている。第一期では、個別の歴史的状況のなかでの識字率を浮き彫りにしようとすることに力点が置かれていたが、さらに研究対象の幅を拡げ識字をめぐる多様な状況を明らかにしようという前提で、新たに太田素子（湘北短期大学、現在和光大学）、鈴木理恵（長崎大学、現在広島大学）の両名に参加していただくことになったのが、二〇〇五年のことであった。その後、第二期として、二〇〇六年〜二〇一〇年度「前近代日本における識字力の分布および展開過程に関する研究」によって科学研究費補助金・基盤研究（B）〈JSPS科研費一八三三〇一六一〉も得た。

この第二期が始まった二〇〇六年一一月には、メンバー全員がアメリカ合衆国インディアナ大学で開催された国際カンファレンス"The International Conference on the History of Popular Literacy in Japan"に参加した。このカンファレンスは、インディアナ大学のリチャード・ルビンジャー教授を中心とする同大学東アジア研究センターおよび東アジア言語・文化部門の支援により成立したものであり、当時、海外研修のためにルビンジャー教授の下で研鑽を続けていた川村肇のサポートを受けながら、他の七名が報告をおこなった。晩秋の季節の移ろいゆく大学キャンパスと大学街であるブルーミントンの美しさを堪能しつつ、あまり経験することのない海外での研究発表に臨んだ時の緊張があったことも思い起こされる。識字率という範囲から少しずつ研究の幅を拡げようとしていた時期でもあり、個々のそれまでの研究成果を生かしながら、広い意味での識字研究への取り組みを発表したものである。カンファレンスの内容は、"New Materials for the Study of Literacy in History: Report of the Indiana Conference on Literacy in Japanese History"と題するレポートにまとめられ、同大学東アジア研究センターのウェブサイトでも公開されている。

一方、国内学会での研究成果の発表については、単独でおこなうことは第一期の当初から見られたが、メンバー共同によるものとしては、京都大学で開催された二〇一一年の教育史学会第五五回大会におけるものがあり、それは本書に結実した最も直接的な研究としてある。この大会の分科会の一つにおいて、識字研のメンバーである鈴木理恵、八鍬友広、大戸安弘、太田素子（発表順）の四人が連続して研究発表をおこなった。当初、より自由な形式で発表とディスカッションをおこなうことができる「コロキウム」においてセッションを開催することも考えたのだが、あえて大会分科会において発表をおこなうこととした。その方が、結果的に多くの方に聞いていただけるだろうと判断したからである。また、学会のいわば本割で勝負をしたいという思いもあった。この時に分科会で発表された内容は、すべて本書に盛り込まれている。なお、梅村佳代はこの第二期をもってメンバーから退いた。また、天野晴子は事情により本書への寄稿を見送った。

識字研は、その後、さらにメンバーを拡大し、柏木敦（兵庫県立大学、現在大阪市立大学）、軽部勝一郎（熊本学園大学）、大間敏行（武蔵野美術大学非常勤講師）、池田雅則（日本学術振興会特別研究員、現在兵庫県立大学）の四名が加わっている。現在は、第三期として、「日本におけるリテラシーの歴史的形成過程と「学び」の変容に関する実証的研究」（科学研究費補助金・基盤研究（B）〈JSPS科研費二三三三〇二二四〉）という課題に取り組んでいる。識字率についての関心からはじまった識字研究会の活動であったが、現在はリテラシーと学びの内容にまで研究対象を拡大してきている。

以上のような視点は、本書にも反映されている。識字の量的な側面だけでなく、質的な側面についても考察の対象とされているのである。この結果、花押による自署率の推定や明治期の識字率調査に関する分析とならんで、一向宗門徒やキリシタンにおける学習、在郷商人の教育意識など、多様な内容の論稿が配されることとなった。

「一文不通の貴族」の時代から、明治期までの日本を対象として、識字およびリテラシーという一貫した視点から書かれた論文集として、本書は、現時点では類のないものとなっているとのいささかの自負はある。しかしながら、序論においても述べたように、日本の識字に関する統一的なイメージを形成することには、十分であるとはいえない。各論考は、それぞれがとりあげる時代や対象によって、個々の識字とリテラシーについてのイメージを紡ぎ出しているものの、それらが全体として一つの像を結ぶには至っていないということも認めざるをえない。それはもちろん、この共同研究が未だ途上段階にあるということを示しているのであるが、しかし長年このテーマに取り組んできた率直な感想として、むしろ識字やリテラシーという対象それ自体のなかに、一筋縄では把捉できない本質的ともいえる問題が隠されているようにも思われる。

この点に関して興味深い指摘が、近年、大黒俊二によってなされている。大黒は「限界リテラシー」という概念を用いて、識字やリテラシーのもつ複雑な性質の一端に言及しているように思われる。「限界リテラシー」とは、大黒の造語で、「書字に不慣れな者がぎりぎりの状態で発揮する読み書き能力、最小限のリテラシー」のことを指している（大黒俊二「俗人が俗語で書く――限界リテラシーのルネサンス――」『こころ』第五号、平凡社、二〇一二年）。ラテン語ではなく俗語によって、たどたどしいとも言える筆致で書かれたこのような限界リテラシーが、一四～一五世紀のイタリアで奔流のように噴出したというのである（なお、限界リテラシーについては、歴史学研究会二〇一四年大会においても発表されている）。

本書の内容に即してみても、大黒が指摘するようなリテラシーの多様な性格が示されているといえる。「一文不通」の貴族たちのリテラシーは、限界リテラシーとはいかないまでも、ある種の制約されたリテラシーの水準にあったものとみなされる。このような制約性が歴史上どのようにして成立してくるのかは、きわめて興味深い問題である。越前敦賀郡江良浦の百姓、西兵衛が天文二三年に書いた文書も、素朴な美しさを有してはいるが、平仮名主体のたどたどしいともいえる筆致で書かれている。西兵衛は花押を記さず略押を記していたが、このような書き手が記した限界リテラシーの一事例といえようか。和歌山県における明治初年の識字調査は、「文通可能」「姓名自署」「文字を知らず」などのように、単純な識字能力の有無に二分化しえない、多層的なリテラシーの状況を明らかにしたものであった。

リテラシーの多様な存在形態は、個々人のリテラシーにかかわる能力においてのみ展開するものではなく、それらの集積の結果として、地域的にも展開するものであると考えられる。ある地域ではすでに濃密なリテラシーが成立していたとき、別の地域ではごく少数の人のみが文字の読み書きをおこなっているというようなことは珍しくなかったであろう。またそのような状況さえ、常に変容しつつあるものでもあった。このように考えてくれれば、識字とリテラシーの状況について、一定の像を描き出すことが相当に困難なことであるのか、理解していただけよう。私たちにできることは、さまざまな地域・時代におけるリテラシーの断面を一つ一つ切り出してきて、それらを可能なかぎり連結させて、全体像に少しでも接近するということしかないだろう。本書が、たとえ断片的であったとしても、そのような試みの一つとして粗描できていれば幸いである。

こうしてこれまでの一三年の足跡を振り返ってみると、各章の論考は実に多くの人々によって支えられ結実したことに気づく。とりわけ史料の閲覧、撮影、引用などにご高配いただいた数多くの史料提供者および史料所蔵機関の関係者の皆様に、心からの感謝の念を表する。

また、昨今の出版事情の厳しさのなかで、本書刊行をご快諾頂き、刊行までの煩雑な仕事で大変お世話になった思文閣出版の原宏一取締役、編集担当の大地亜希子氏に心からの感謝の意を表する。

二〇一四年七月二一日

大戸安弘

執筆者紹介
（収録順）

※初版発行時

大戸安弘（おおと・やすひろ）
1951年東京都生。横浜国立大学教育学部卒業。筑波大学大学院教育学研究科博士課程単位取得退学。東京学芸大学助教授、筑波大学教授などを経て、横浜国立大学教育人間科学部教授。博士（教育学）。主な著書に『日本中世教育史の研究―遊歴傾向の展開―』（梓出版社、1998年）、『教育社会史』（共著、山川出版社、2002年）、『仏教教育の展開』（共著、国書刊行会、2010年）など。

八鍬友広（やくわ・ともひろ）
1960年山形県生。山形大学教育学部卒業。東北大学大学院教育学研究科博士後期課程単位取得退学。新潟大学教授などを経て、東北大学大学院教育学研究科教授。博士（教育学）。主な著書に『近世民衆の教育と政治参加』（校倉書房、2001年）、『識字と読書―リテラシーの比較社会史―』（共編著、昭和堂、2010年）、『知の伝達メディアの歴史研究―教育史像の再構築―』（共著、思文閣出版、2010年）など。

木村政伸（きむら・まさのぶ）
1957年長崎県生。九州大学教育学部卒業。同大学院教育学研究科博士後期課程単位取得退学。筑紫女学園大学教授などを経て、新潟大学教育学部教授。博士（教育学）。主な著書に『近世地域教育史の研究』（思文閣出版、2006年）、『教育から見る日本の社会と歴史』（共著、八千代出版、2008年）、『仏教教育の展開』（共著、国書刊行会、2010年）など。

鈴木理恵（すずき・りえ）
1961年高知県生。広島大学文学部卒業。同大学院教育学研究科博士課程単位取得退学。長崎大学助教授などを経て、広島大学大学院教育学研究科教授。博士（文学）。主な著書に『近世近代移行期の地域文化人』（塙書房、2012年）、『教育社会史』（共著、山川出版社、2002年）など。

梅村佳代（うめむら・かよ）
1944年三重県生。名古屋大学教育学部卒業。同大学院教育学研究科修士課程修了。名古屋大学助手、暁学園短期大学教授、奈良教育大学教育学部教授などを経て、同大学名誉教授。博士（教育学）。主な著書に『日本近世民衆教育史研究』（梓出版社、1991年）、『近世民衆の手習いと往来物』（梓出版社、2002年）、『〈江戸〉の人と身分4　身分のなかの女性』（共著、吉川弘文館、2010年）など。

太 田 素 子（おおた・もとこ）
1948年東京都生。東京学芸大学教育学部卒業。お茶の水女子大学大学院人文科学研究科修士課程修了。修士（教育学）。湘北短期大学教授、埼玉県立大学教授などを経て、和光大学現代人間学部教授。主な著書に『子宝と子返し―近世農村の家族生活と子育て』（藤原書店、2007年）、『近世の「家」と家族―子育てをめぐる社会史』（角川学芸出版、2011年）、編著書に『近世日本マビキ慣行史料集成』（刀水書房、1997年）など。

川 村　　肇（かわむら・はじめ）
1960年長野県生。東京大学教育学部卒業。同大学院教育学研究科博士課程中退。鳴門教育大学助手を経て、獨協大学国際教養学部教授。博士（教育学）。主な著書に『在村知識人の儒学』（思文閣出版、1996年）、翻訳書にR.ルビンジャー『日本人のリテラシー1600-1900年』（柏書房、2008年）、共編著に『戦時下学問の統制と動員―日本諸学振興委員会の研究』（東京大学出版会、2011年）など。

索　　引

【人　名】

あ行

か行

さ行

【事　項】

さ行

た行

な行

は行

ま行

や行

ら行

【書　名】

あ行

か行

さ行

た行

な行

は行

ま行

や行

ら行

わ行

A～Z

【地　名】

あ行

か行

さ行

た行

な行

は行

ま行

や行

識字《しきじ》と学《まな》びの社会史《しゃかいし》
—日本《にほん》におけるリテラシーの諸相《しょそう》—

2014(平成26)年10月5日発行

編　者　大戸安弘・八鍬友広
発行者　田中　大
発行所　株式会社　思文閣出版
〒605-0089 京都市東山区元町355
電話 075-751-1781(代表)

印　刷
製　本　株式会社 図書印刷 同朋舎

ISBN978-4-7842-1772-4　C3037

識字《しきじ》と学《まな》びの社会史《しゃかいし》
—日本《にほん》におけるリテラシーの諸相《しょそう》—
(オンデマンド版)

Digital Publishing

2016年10月1日　発行

編　者　　大戸　安弘・八鍬　友広
発行者　　田中　大
発行所　　株式会社 思文閣出版
〒605-0089　京都市東山区元町355
TEL　075-533-6860　FAX　075-531-0009
URL　http://www.shibunkaku.co.jp/

装　幀　　上野かおる(鷺草デザイン事務所)
印刷・製本　　株式会社 デジタルパブリッシングサービス
URL　http://www.d-pub.co.jp/

AJ808

ISBN978-4-7842-7023-1　C3037　Printed in Japan